文史

2001 年第 2 輯

總第五十五輯

全國古籍出版規劃領導小組資助出版

中華書局編輯部編

中華書局出版

編委會名單

主編　宋一夫

編委（依姓氏筆畫排列）

田餘慶	任繼愈	安平秋	李學勤	李家浩	汪聖鐸
吳榮曾	吳樹平	宋一夫	季羨林	周紹良	金開誠
岳慶平	俞偉超	胡平生	徐蘋芳	袁行霈	陳金生
陳高華	陳祖武	陳鐵民	啓功	張岱年	張澤咸
張傳璽	費振剛	曹道衡	崔高維	董乃斌	裘錫圭
楊牧之	樓宇烈	寧可	閻步克	龔書鐸	

目　録

祝賀季羨林先生從事東方學研究六十六周年

CONTENTS

后土后稷神農蓐收考(上)

丁　山遺著

(一)論烈山氏子曰柱即后土

海鳥曰爰居,止于魯東門之外三日,臧文仲使國人祭之。展禽曰:

> 越哉!臧孫之爲政也!夫祀,國之大節也,而節,政之所成也。故慎制祀以爲國典。今無故而加典,非政之宜也。夫聖王之制祀也,法施于民則祀之,以死勤事則祀之,以勞定國則祀之,能禦大災則祀之,能扞大患則祀之。非是族也,不在祀典。

> 昔烈山氏之有天下也,其子曰柱,能殖百穀百蔬;夏之興也,周棄繼之,故祀以爲稷。共工氏之伯九有也,其子曰后土,能平九土,故祀以爲社。……社稷山川之神,皆有功烈于民者也。……今海鳥至,已不知而祀之,以爲國典,難以爲仁且智矣。……(詳《國語·魯語》上)

昭廿九年《左傳》紀蔡墨論社稷五祀來歷,亦有如是敘述;但其語意,略有不同,其辭曰:

> 共工氏有子曰句龍,爲后土,……后土爲社。稷,田正也。有烈山氏之子曰柱,爲稷,自夏以上祀之。周棄亦爲稷,自商以來祀之。

《禮記·祭法》雖襲展禽、蔡墨爲説,但烈山氏則作厲山氏;烈山子柱則作"厲山子農";且"夏之興也",《祭法》則作"夏之衰也"。一興一衰,相差數百歲;而柱與農,在文字上末由觀其聲音之通假,形體之譌互。興衰之差,余在《由三代都邑論其民族文化》中,嘗因《世本》及《周本紀》所傳周開國前世系,説明周棄之生,應在夏之衰世。若柱與農,由其"能殖百穀百蔬"論之,似以農字爲是,然以地神本是農神,周人所謂后稷,本后土之化身考之,則作柱者亦未必非。

柱,《説文》作𣕛云:"楹也,从木,主聲、𡳿,鐙中火主也,𡳿象形,从丨,丨亦聲。"考之金文,若父、土等,字皆從丨,未嘗有火主誼,而《矢人盤銘》"陝以西封于散氒柱木",柱則從杜作𣏒。柱木,《格伯敦銘》正作杜木,由是言之:柱即杜之繁形;所謂"烈山氏子柱"者,當即杜主。《史記·封禪書》:"于社亳有三社主之祠,壽星祠;而雍菅廟亦有杜主。杜主,故周之右將軍,其在秦中,最小鬼之神者。各以歲時奉祠。"社亳,及三社主,《漢書·郊祀志》引社並作杜。證諸

《地理志》京兆尹杜陵縣下："故杜伯國，有周右將軍杜主祠四所"；則《封禪書》所謂"三社主"，實"三杜主"傳寫之誤。此四杜主祠，太史公謂"故周之右將軍"。顏師古《漢書注》以來皆引《墨子·明鬼》周宣王殺其臣杜伯而不辜杜伯死乃射殺宣王爲説。按：周宣王殺杜伯，由舊史傳説，誠爲不辜；顧杜伯射王于鎬，亦足以報矣，何必偏祀雍中，歲時奉祠乎？"由歲時奉祠"核之，所謂杜主者，疑仍當從《封禪書》作社主。社，古文作禣（見《説文》示部），字或從木，《周官·大司徒》所謂："設其社稷之壝，而樹之田主，各以其野之所宜木"是也。《禮記·祭法》：

　　　　　天下有王，分地建國，置都立邑，設廟祧壇墠而祭之。……王爲羣姓立社，曰大社；
　　王自爲立社，曰王社；諸侯爲百姓立社，曰國社；諸侯自爲立社，曰侯社；大夫以下成羣立
　　社，曰置社。

國社，卜辭則作"邦土"（《前編》四，第一七葉）。而《詩·商頌·玄鳥》："宅殷土茫茫"，《史記·三代世表》引亦作"殷社茫茫"。則是土者，社之初文也；因社必樹其土所宜木，乃或從木作杜；因杜爲土神，故或又從示作禣；禣也，柱也，杜也，余得謂皆社之別體，所謂"烈山氏之子柱"，更得謂即"后土曰社"矣。

（二）論八愷主后土，后土即司徒，八愷即"謍令開明"之簡稱

后土來歷，據春秋時士大夫傳説，因共工氏句龍能平九州也。句龍，余在《禹平水土本事考》中已説明即禹之化名，故《淮南·氾論》有"禹勞天下而死爲社"的傳説。社者，地神也。地神何爲又名后土？按，后，篆文作后，《説文》云："繼體君也，象人之形，從口。"又曰："司，臣司事于外者，從反后。"以卜辭字例不分左右向爲證，后司當本一字。且司之見于金文者，若《毛公鼎銘》云："司余小子"，《叔向父禹殷銘》云："余小子司朕皇考"，《宗周鐘銘》云："我唯司配皇天王"，司並讀爲嗣。嗣在《説文》，訓爲"諸侯嗣國"者，《爾雅·釋詁》亦謂，"嗣，繼也"。是司亦"繼體之君"，誼正同于后字，則所謂后土者，若以官名言，當爲司徒之誤。司徒之徒，載籍相傳，雖通作徒；其見于金文者，則通作土（如嗣土嗣殷載殷諸銘）。文十八年《左傳》："昔高陽氏有才子八人，蒼舒、隤敳、檮戭、大臨、尨降、庭堅、仲容、叔達，齊聖廣淵，明允篤誠，天下之民，謂之八愷。……舜臣堯，舉八愷，使主后土"。杜《注》："后土，地官。"地官，《周官》正謂之司徒。故以官名考之，知后土即司徒。《傳》曰："后土爲社"，蓋謂平水土之官，生爲司徒，死則爲社神。是社神來歷，據左氏《國語》所傳，柱、禹、句龍之外，更有"八愷"。

愷之言豈弟也。《詩·載驅》："魯道有蕩，齊子豈弟。"《箋》云："豈讀爲闓。"《方言》："闓，苦，開也，楚謂之闓。"（卷六）《廣雅·釋詁》亦曰："闓，明也。"蓋愷闓與開，一聲之轉，字得相

通。所謂八愷者，竊嘗疑即開明；而烈山氏子柱，則又疑即杜宇之別名。《華陽國志·蜀志》：

> 周失紀綱，蜀先稱王，有蜀侯蠶叢，其目縱，始稱王。……次王曰柏灌，次王曰魚鳧。……後有王曰杜宇，教民務農，一號杜主。

> 七國稱王，杜宇稱帝，號曰望帝。自以功德高諸王，乃以褒斜爲前門，熊耳、靈關爲後戶，玉壘、峨眉爲城郭，江、潛、綿、洛爲池澤，以汶山爲畜牧，南中爲園苑。會有水災，其相開明，決玉壘山以除水害；帝遂委以政事，法堯、舜禪授之義，遂禪位于開明。巴亦化其教而力農務。迄今巴蜀民農時，先祀杜主君，開明位，號曰叢帝……

杜宇禪位開明，亦見來敏本《蜀論》。《水經·江水注》引《蜀論》云："荊人鱉令死，其尸隨水上。荊人求之不得。令至汶山下復生，起見望帝。望帝者，杜宇也。望帝立以爲相。時巫山峽，而蜀水不流，帝使令鑿巫峽通水，蜀得陸處。望帝自以爲德不若，遂以國禪，號曰開明。"開明，《海內南經》又謂爲夏后啓云："夏后啓之臣曰孟涂，是司神于巴。巴人請訟于孟涂之所，其衣有血者乃執之。"巴人之巴，與鱉令之鱉，聲紐俱同于八；余故謂"八愷"也者，或即"鱉令開明"之簡稱。開明決玉壘，鑿巫峽，使"蜀得陸處"，與《左傳》所謂"使八愷，主后土，地平天成"，實爲同一神話所演變。"八愷"之名，除庭堅即皋陶，見于文五年《左傳》，（《傳》云："臧文仲聞六與蓼滅，曰：'皋陶、庭堅不祀忽諸。'"）餘多無徵。即以皋陶言，《堯典》但稱其作士、《說苑·脩文》亦但曰："皋陶爲大理"，未嘗有"主后土"傳說。有之，惟《管子·五行》云"后土辨乎北方，故使爲李"，頗似《呂刑》所謂"伯夷降典，折民惟刑"耳。伯夷，《鄭語》謂其"能禮于神以佐堯"，《周語》謂之四岳，亦嘗佐禹治水，宜即《管子》所謂后土。然而，伯夷自伯夷，皋陶自皋陶，不得謂佐禹治水之伯夷，即爲大理之皋陶；爲大理之庭堅，又即主后土之八愷。是故主后土之八愷，謂即杜宇相開明之本名，名諨既近，事跡又同；如服虔、杜預《左傳注》謂即"垂、益、禹、皋陶之倫"，則單文孤證，終嫌不倫。

（三）論柱即杜主、"后稷"亦"司畯"傳寫之誤

"杜宇，一號杜主"，杜主合而爲柱，"柱能殖百穀百蔬，夏以上祀爲稷"。《說文》："稷，齋也，五穀之長，從禾，畟聲。"又曰："畟，治稼畟，畟進也，從田儿，從夂。《詩》曰'畟畟良耜'。"余謂畟畟猶夋夋。夋，從夊，允聲，其見于金文偏旁者，字但作允，如畯字：

《孟鼎》：畯	《宗周鐘》：畯	《秦公段》：畯
正畯民	保三國	虔在天

《頌鼎》：畯臣	《大克鼎》：錫汝
天子靈終	田于畯山

昹，今皆讀爲允。允，本從古文儿；而稷之古文亦或省爲𤔔，則金文所見昹字，實即㚟之初文；《左傳》所謂"稷，田正也"者，亦田畯之字譌。

《爾雅·釋言》："畯，農夫也。"郝懿行《義疏》云："農不言大夫，省文也。實則田畯是官名，大夫是爵號。故《詩》，田畯至喜，《毛傳》，田畯，田大夫也。田大夫，即農大夫。古人文字不拘，故有稱農大夫者，《周語》命農大夫咸戒農用是也；有稱農夫者，《爾雅》是也；有稱農父者，《酒誥》是也；亦有稱農正者，《周語》云，農正再之，韋昭注，農正，后稷之佐田畯也；亦有單稱農者，《郊特牲》饗農，鄭《注》，農，田畯也；亦有單稱田者，《月令》，命田舍東郊；鄭《注》，田謂田畯，主農之官是也。"此述古代農官甚備，獨不及田正，頗疑田正若非農正之譌，當爲田畯之聲誤。昔者，周宣王不藉千畝，虢文公諫曰：

> 夫民之大事在農，……是故稷爲大官。古者大史順時覛土，陽癉憤盈，土氣震發，農祥晨正，日月底于天廟，土乃脉發。先時九日，大史告稷曰："自今至于初吉，陽氣俱蒸，土膏其動，弗震弗渝，脉其滿眚，穀乃不殖。"稷以告王曰："史帥陽官，以命我司事曰：'距今九日，土其俱動，王其祗祓，監農不易。'"王乃使司徒咸戒公卿、百吏、庶民，司空除壇于籍，命農大夫咸戒農用。先時五日，瞽告，有協風至。王即齋宮，百官御事，各即其齋三日。王乃淳濯饗醴。及期，鬱人薦鬯，犧人薦醴，王祼鬯饗醴，乃行，百吏、庶民畢從。及籍，后稷監之，膳夫、農正陳籍禮，大史贊王，王敬從之。王耕一墢，班三之，庶民終于千畝。其后稷省功，大史監之；司徒省民，大師監之；畢。……是日也，瞽帥、音官以省風土，廩于籍東南，鍾而藏之，而時布之于農。稷則徧誡百姓，紀農協功，曰："陰陽分布，震雷出滯。"土不備墾，辟在司寇。乃命其旅，曰："徇。農師一之，農正再之，后稷三之，司空四之，司徒五之，……王則大徇。耨穫亦如之。"民用莫不震動，恪恭于農。……（《國語·周語》上）

如虢文公説，周時農官，皆屬司徒。證之《𢦒段銘》云："王曰：𢦒，令女作嗣土（即司徒）官嗣耤田"，不稱后稷；而《小雅·甫田》一則曰："我田既臧，農夫之慶"，再則曰："饁彼南畝，田畯至喜"，亦未嘗道及后稷之官。使以《小雅》"農夫"當虢文公所謂"農大夫"，則所謂"稷爲大官"者，非田畯莫屬。田畯，由鄭玄《詩箋》云："司嗇，今之嗇夫"也，似與后稷無與。顧《禮記·郊特牲》："蜡之祭也，主先嗇而祭司嗇也"，鄭《注》則謂："先嗇，若神農者，司嗇，后稷是也。"以后稷證司嗇，以司嗇證田畯；是知后稷之稷，確爲畯之後起字。后稷之后，有上文后土一曰司徒爲證，以官名言，似亦當爲"司畯"。"司畯"于《詩》、《書》、金文雖無徵，若以《兮甲盤銘》"王命甲政嗣成周四方責"，嗣或作𤔲爲例，則司之古文得或假𢀛爲之。卜辭有云：

貞令𢀛畯于□（《前編》四，第廿八葉）。

此𢀛畯者，當讀"司畯"。畯在精紐，嗇在斜紐，斜精同爲舌頭音，二紐相轉，不乏其例，則《郊特牲》所謂"司嗇"者,當"司畯"聲誤;虢文公所謂"稷爲大官"者,"后稷"當爲"司畯"形誤。《堯典》:"帝曰,棄,黎民阻飢,汝后稷,播時百穀",《管子·法法》則謂:"舜有天下,后稷爲田。"田即田畯,故知傳云"稷,田正也",稷碻當爲畯。周棄爲畯,據《祭法》云,在夏之衰,則《吕刑》所謂"稷降播種,農殖嘉穀",稷非周棄,當爲烈山氏子柱。柱即杜宇,杜宇教民務農,故柱,《祭法》又謂之農。農之"能殖百穀也",杜宇之教民務農也,名號功烈,無一不同,余故謂杜宇即烈山氏子柱之化名。柱生于周棄以前,而《華陽國志》乃謂"六國稱王,杜宇稱帝",其失甚矣。

(四)論杜主開明别號叢帝,叢帝即叢社

"巴蜀農時,先祀杜主君,開明位,號曰叢帝。"叢帝來源,由《華陽國志》全文考之,似因蠶叢爲名。余謂叢帝,即叢社。《墨子·明鬼》:"昔者虞、夏、商、周三代之聖王,其始建國營都日,必擇國之正壇,置以爲宗廟;必擇木之脩茂者,立以爲菆位。"菆,畢沅以爲"薙字假音",非也。菆即叢之形誤。《吕覽·懷寵》:"兵之來也,以救民之死;故克其國,不及其民。問其叢社大祠,民之所不欲廢者而復興之。"《墨子·耕柱》亦有"季孫與孟伯治魯國之政,不能相信,而祝于叢社"(叢,今本或誤禁)之説。是《墨子》所謂"置爲宗廟,立爲叢位",即《考工記》云:"匠人營國,左祖右社",叢位碻即叢社。《大戴禮·千乘》"千乘之國,受命于天子,通其四疆,教其書社,脩其灌廟,建其宗主。"孔廣森《補注》云:"灌,社壇也。社有灌木,因以爲名。"又引《墨子·明鬼》、《吕覽·懷寵》謂"古者皆謂社爲叢",則杜主開明之號"叢帝",亦"叢社之神"。

社神何以稱叢?《論語·八佾》:"哀公問社于宰我,宰我對曰:'夏后氏以松,殷人以柏,周人以栗,使民戰栗。'"《尚書》之逸篇亦曰:"大社惟松,東社惟柏,南社惟梓,西社惟栗,北社惟槐。"(《白虎通·社稷篇》引)是即《墨子》"必擇木之脩茂者立以爲叢社"説之碻據也。《周官·大司徒》則謂"辨其邦國都鄙之數,制其幾疆封之;設其社稷之壝,而樹之田主,各以其野之所宜木,遂以名其社與野。"鄭玄《注》:"所宜木,謂若松柏栗也。若以松爲社者,則名松社之野,以别方面。"别方面,即《逸書》所謂"東柏西栗";以松爲社,即宰我所謂"夏后氏以松"矣。考之《莊子·人間世》云:"匠石之齊,至于曲轅,見櫟社。"《史記·封禪書》云:"高祖初起,禱豐枌榆社。"則社所樹木,因地制宜,非因方面而異。又據《墨子》云:"三王建國,擇木之脩茂者立社",是社之所在,因于叢木,亦非先社然後樹其野。《周官》與《逸書》所云,疑皆有誤。《爾雅·釋木》:"灌木,叢木也。"《淮南·俶真》:"鳥飛千仞之上,獸走叢薄之中,禍猶及之。"高《注》:"聚木曰叢。"是社之名叢,即《孟子·梁惠王》"所謂故國者,非有喬木之謂也"。喬木即叢木。木之茂者,神所馮依,故《戰國策》謂"恒思有神叢",《大戴禮》又謂社神曰灌廟。灌廟猶言叢社已。

(五)論"東木而塗之"爲社主,主以木爲質,故或謂之杜主

雖然《論語》所傳哀公問社事,漢儒傳説,不盡謂樹其土所宜木也。社,《釋文》引鄭本《論語》作主,《注》云:"主,田主,謂社也。"《禮記正義》引《五經異義》説,亦以爲"夏后以松,殷人以柏,周人以栗,謂社主也。"《管子·侈靡》"夫事左,中國之人,觀危國過君,而弋其能者,豈不幾于危社主哉。"社主,猶言社稷,非許慎所謂社主也。許慎所謂社主,即社神之主。社神之主,《淮南·齊俗》則謂:"有虞氏用土,夏后氏用松,殷人用石,周人用栗",頗異宰我所聞矣。然而,此正《五經異義》説所祖。周社用栗、主,此《論語》、《淮南》之所同也。考之《晏子春秋·問篇》上則謂:

景公問于晏子曰:"治國何患?"

晏子對曰:"患夫社鼠。"

公曰:"何謂也?"

對曰:"夫社,東木而塗之,鼠因往託焉。熏之則恐燒其木,灌之則恐敗其塗;此社鼠所以不可殺者,以社故也。"

此喻田氏蠹國,勢不可除也。《韓詩外傳》引此作"社鼠出竊于外,入託于社,灌之則恐壞墻,燻之則恐燒木"。(卷七)壞墻與敗塗,事頗不同,證之《韓非子》暨《説苑》,雖爲管仲答桓公辭,《説苑》則全同《晏子春秋》,韓非亦謂"社木而塗之,灌之則塗阤。"是古代社主,皆東木而塗之,非徒用栗用柏而已也。卜辭"貞勿皋年于邦社"(《前編》四,第十七葉),社之篆文但作,即土字也。土之見于金文者,雖但從卜辭作(《盂鼎》)(《宗周鐘》)。或謂像男性生殖器,即祖之别搆,而卜辭則或作:

(《藏龜》二三六葉)　(《前編》六,第六一葉)　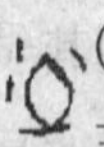(《前編》七,第三六葉)　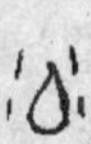(《復編》下,三八葉)

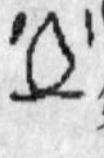(甲骨文字二,第一二葉)

人又謂"加點者,象揚塵形"。余謂即《管子·輕重戊》所謂"封土爲社";其無點者,即《晏子》所謂"東木而塗之",皆像社主形。封土爲社,故社主初但作土,《淮南子》謂"有虞氏其社用土"是也;爲其東木而塗之,故杜或從木從土作杜,余故謂"杜主"即"社主"矣。

殷人以石爲社主,他書無徵。《五經異義》:"《古春秋左氏説》:古者日祭于祖考,月薦于高曾,時享及二祧,歲祫及壇墠,終禘及郊宗石室。終者,謂孝子三年喪終,則禘于太廟,以致新死者也。又《春秋左氏》曰:徙石主于周廟,言宗廟有郊宗石室,所以藏石主也。《今春秋公

羊説》:卿大夫士,非有土之君,不得祫享,序昭穆,故無木主。大夫束帛依神,士結茅爲蕝。許慎謹按:《春秋左氏傳》曰:衛孔悝反祏于西圃。祏,石主也,言大夫以石爲主。今山陽民俗,祭皆以石爲主。"鄭玄《駁異義》云:"大夫無昭穆,不得有主,《少牢饋食》,大夫禮也,束帛依神;《特牲饋食》,士祭禮也,結茅爲蕝;大夫以石爲主,禮無明文。"大夫石主,雖不見《禮經》,山陽民俗,固可以證士大夫主得用石,不獨天子有郊宗石室也。石室之石主,古謂之祏。莊十四年《左傳》,鄭大夫原繁曰:"先君桓公,命我先人典司宗祏,社稷有主,而外其心,其何貳如之?"杜《注》:"宗祏,宗廟中藏主石室。"宗廟中木主,《五經異義》引《今論語説》則謂:"夏人都河東,河東宜松也;殷人都亳,亳宜柏也;周人都豐、鎬,豐、鎬宜栗也。"《春秋》文二年"作僖公主"。《公羊傳》:"主者曷用?虞主用桑,練主用栗。"何休《解詁》亦引《論語》"夏后氏以松,殷人以柏,周人以栗"爲説,與《五經異義》所引《今春秋公羊説》同。則是"哀公問社",社,古文本也;今文通作主者,宗廟木主也。鄭玄《論語注》釋主爲田主,而又謂之社,固糅合今古學爲説。若《淮南子》云:"殷人其社用石",疑涉"宗廟石主"而誤。近年,殷墟出土石刻男性生殖器甚夥,説者疑即社主,且引《淮南》石社説爲證。證之"后土爲社"説,則恐非是。

（六）論社音轉爲坤,坤爲地爲母,故知后土即原始地母神

《堯典》:"棄,汝后稷",后稷以官言,當爲"司畯"之誤。顧俞樾《羣經平議》及王先謙《尚書孔傳參正》則並謂"后稷"當爲"居稷"。"居稷"雖嘗見于古籍,居土則無可考。余謂"居稷"、"居土"之"居",並爲毓之形譌。毓之見于卜辭者,繁簡不一,如

𣫭（《前編》二,第二四葉）	𣫭（《前編》二,第二五葉）	𣫭（《龜甲文字》一,第二一葉）	𣫭（《戩壽堂》,第三葉）
𣫭（《前編》二,第二五葉）	𣫭（《龜甲文字》一,第二一葉）	𣫭（《前編》六,第五葉）	𣫭（《前編》六,第二六葉）
𣫭（《龜甲文字》,第十二葉）	𣫭（《後編》下,第二二葉）	𣫭（《後編》上,第廿葉）	𣫭（《前編》一,第卅葉）

𣫭雖形若似居,實即毓之省形。毓,王國維謂即后之本字云:"𣫭從母,從𠫓(倒子)象産子之形;其從點者,則象産子之有水液也。或從𠂯,與從母同義。故以字形言,此即《説文》育之或體毓字。然卜辭假此爲后字。古者育胄后聲音相近,誼亦相通。《説文》:'后,繼體君也,象人之形,施令以告四方,故𠂆之,從一口。'是后從人,𠂆當即𠂯之譌變;一口亦𠫓之譌變也。后字之誼,本從毓義引申,其後毓字專用毓育二形,后字專用𠂆,又譌爲后,遂成二字。"(詳《殷先王先公考·多后節》)則"居稷"仍當釋爲"后稷","毓土"亦當釋爲"后土"。后,《説文》訓"繼體

君”,郭沫若先生則辨其非云:

> 考古人之用后字,並無繼體君之意,如《書·盤庚》曰古我前后,曰我古后,曰我先神后,曰高后,曰先后,及《商頌》之商之先后;凡此等稱述之中,即創業垂統之成湯,亦被含括,且爲主要之中心人物,此非繼體君之謂也。又,《詩·下武》以太王、王季、文王爲三后,《書·呂刑》以伯夷、禹、稷爲三后,此亦非繼體君之謂也。卜辭屢稱自上甲至于多毓,則自上甲以後之先公先王均在其中,成湯亦在其中,此亦不得爲繼體君。又典籍中用后之例,均限于先公先王,其存世者則稱王而不稱后,卜辭亦如是。是則后若毓必王者之稱謂之至古者。準此,余謂后迺母權時代女性酋長之稱謂。母權時代族中最高之主宰爲母,而母氏最高之屬德爲毓,故以毓爲王母之稱。其用爲先後字者,蓋出于假借矣。

(詳《甲骨文字研究》上册《釋祖妣》)

準此以論,有夏諸王,若啓,若相,若荒,若臯與發,及篡太康位有窮之君,先秦載記,統稱爲后,固猶殷王之稱祖,周人之稱先王,皆後王所追尊者也。則后土,后稷,生既非王,死而稱后者,若非因周人尊祖配天追尊“司畯”爲“后稷”,而連帶追尊“社神”爲“后土”,竊疑“后土”即“地母”或“大祖母大地”之簡稱。

若干現代民族,因萬物生于地,擬于人之有母也,輒稱地爲地母。如芬蘭之拉甫人(Lapps),埃兹人(Esths),皆以“地母”爲最高尚之神,固矣。秘魯人呼地曰“姆姆巴差”(Mama Pacha),在奧琪勃瓦(Ojibuwa)之印第安人採藥之時必以祭物獻于“大祖母大地”,即號稱文明優秀之安格魯薩克遜民族亦有“大地,人的母親”之稱,與《吠陀典》所謂“人有二大父母,一爲天父 Dyaushpiter,一爲地母 Prthivi mâter”者語意正相似。(詳林惠祥著《神話論》三四葉及鄭振鐸譯《民俗學淺説》一四四葉)可見崇拜“地母”之俗,幾徧于世界各民族。在我國古代,則有《莊子·達生》云:“天地者,萬物之父母也”;《管子·五行》云:“人道以六制,以天爲父,以地爲母,以開乎萬物”説。若《淮南·精神》云:“精神者,天之有也,骨骸者,地之有也;故聖人以天爲父,以地爲母。”《白虎通·爵篇》釋天子名義云:“王者父天母地,爲天之子”;專以大地爲聖王之母,轉失“地母”之初誼。“地母”,或曰“大祖母大地”。若譯爲先秦古語,則“大祖母”即“后”,“大地”即“土”。余故謂“后土”也者,當爲初民所崇祀“地母”之舊名。

《禮記·禮運》:“祀社于國,所以列地利也。”又《郊特牲》曰:“社所以神地之道也。”地,《説文》作埊云:“从土,也聲。”也,金文作𠃟(《𠧫伯殷》)或𠃟(《甫人匜》)皆像匜形。也即它字,它土一聲之轉,故地字諧其聲。但,《説文》則謂,也像“女陰”。段玉裁《注》云:“坤道成女,玄牝之門,爲天地根,故地字从也。”段君以玄牝釋也,以也釋地,雖失牽附,要其“坤道成女”説,出于《繫辭》,亦足以證地神古本女性。

《周易·卦象》,嘗以《乾》、《坤》象徵天地,以天地象徵陰陽男女。如《説卦傳》云:“乾爲天，爲父；坤爲地，爲母。"又云："乾，天也，故稱乎父；坤，地也，故稱乎母。"晋文公卜返國，遇貞《屯》，悔《豫》皆八，司空季子曰：坤，地也，母也。（詳《晋語》四）《坤》之卜辭曰："元亨，利牝馬之貞。"《象》曰："至哉坤元，萬物資生，乃順承天。坤厚載物，德合無疆，含弘光大，品物咸亨。牝馬地類，行地無疆。"當即《郊特牲》所謂："社，所以神地之道也。地載萬物，天垂象。取材于地，取法于天，是以尊天而親地也。"地道爲坤。《説文》云："坤，地也。從土申，土位在申也。"余謂申之爲言神也。坤從土申，猶言土神。且，申社一聲之轉，土神爲坤，即所謂"后土爲社"矣。

知"后土爲社"，社與后土皆"地母"也，則今有井水處必有土地祠，土地祠中必有社公、社母神像；所謂"社母"者，當即原始"地母"。"地母"爲神，不獨后土之后與"坤爲地爲母"諸説足徵也。《淮南·説山》："東家母死，其子哭之，不哀。西家子見之，歸謂其母曰："社何愛速死，吾必悲哭社。"高《注》："江淮謂母爲社。社讀雖家謂公爲阿社之社。"古之方言，既或謂母爲社；此獸之雌性者所以讀爲牡。牡所從土，古有母音，是知卜辭所見：

> 貞，叀于東母，豕三，犬三。（《藏龜》一，五四葉）

> 貞，于東母，有冂。（《龜甲文字》一，第二葉）

> 貞，叀于東母，三牛。（《後編》上，廿三葉）

> 壬申卜，貞，告于東母西母若。（《後編》上，廿八葉）

東母、西母，母亦當讀爲社。"東母"者，蓋即東方地母神，"西母"蓋即西方地母神。地母所以有四方之别者，蓋産生于"地道曰方"觀念。

（七）論方社象徵地道曰方

《大戴禮·曾子天圓》："單居離問于曾子曰：'天圓而地方者，誠有之乎？'曾子曰：'天之所生上首，地之所生下首。上首之謂圓，下首之謂方。如誠天圓而地方，則是四角之不揜也。參嘗聞之夫子曰：天道曰圓，地道曰方。'"《坤》之《文言》曰"坤至静而德方"是也。然而《吕氏春秋·序意》則謂："嘗學得黄帝所以誨顓頊矣，爰有大圜在上，大矩在下，汝能法之，爲民父母。"又《圜道》曰："天道圜，地道方。"何以知地道方耶？其《有始覽》解之曰："凡四海之内，東西二萬八千里，南北二萬六千里。凡四極之内，東西五億有九萬七千里，南北亦五億有九萬七千里。"《管子·地數》則謂："地之東西二萬八千里，南北二萬六千里。"《山海經》之《五藏山經》末亦有如是記載，但謂之"禹曰"。其《海外東經》又謂："帝令竪亥步自東極至于西極五億十選九千八百步。"至《淮南·墜形》又綜《吕覽》、《山經》而爲之説曰："闔四海之内，東西二萬八千里，南北二萬六千里。禹乃使大章步自東極，至于西極，二億三萬三千五百里七十五步；

使豎亥步自北極,至于南極,二億三萬三千五百里七十五步。"夫地球東西直徑長于南北極徑,爲十九世紀以來白塞爾(Bessel)輩實測之定論,不意公元前二三九年(即《吕覽》成書之年)吕不韋輩已發其疑,(謂四海之内,東西長、南北短。)此實世界天文學史上極有價值之紀録,姑書此以待天文學家探討。若四極之内,自南徂北,自東徂西,《吕覽》謂各五億有九萬七千里,《淮南》謂各二億三萬三千五百里七十五步,雖其數值不同,其謂地方則一也。

《曲禮》:"天子祭四方,諸侯方祀。"鄭《注》"祭四方,謂祭五官之神于四郊,句芒在東,祝融后土在南,蓐收在西,玄冥在北。《詩》曰來方禋祀。方祀者,各祭其方之官而已。"按,《小雅·大田》云:"來方禋祀,以其騂黑",即《甫田》所謂"以我齊明,與我犧羊,以社以方"。毛《傳》云:"方,迎四方氣于郊也。"此鄭君"祭四方,謂祭五官于四郊"説所本。顧《祭法》則云:"四坎壇,祭四方也。山林川谷丘陵能出雲,爲風雨,見怪物,皆曰神。"鄭《注》又謂:"四方,即謂山林川谷丘陵之神也。祭山林丘陵則于壇,祭川谷于坎,每方各爲坎爲壇。"同此"四方",何在《曲禮》爲五官之神,在《祭法》又爲山林川谷之神?余謂:"祭四方",即祭大地,地道曰方,社壇似之,故或謂之四方。昭十八年《左傳》:"鄭子産爲火故,大爲社,祓禳于四方";故《大雅·雲漢》又謂之"方社"。《儀禮·覲禮》:"諸侯覲于天子,爲宫,方三百步,四門,壇十有二尋,深四方,加方明于上。方明者,木也。方四尺,設六色,東方青,南方赤,西方白,北方黑,上玄,下黄。……天子拜日于東門之外,反祀方明。"方明雖不必即方社。《周書·作雒》則謂:

　　　　乃建大社于周中,其壝,東青土,南赤土,西白土,北驪土,中央疊以黄土。將建諸侯,鑿取其方一面之土,苞以黄土,苴以白茅,以爲土封;故曰,受則大于周室。

《白虎通·社稷》亦曰:"社者,土地之神也。其壇大如何?《春秋文義》曰:'天子之社,廣五丈,諸侯半之。其色如何?'《春秋傳》曰:'天子有大社焉,東方青色,南方赤色,西方白色,北方黑色,上冒以黄土。'"大社之壝,《白虎通》謂之壇。《祭法》:"置都立邑,設廟祧壇墠而祭之。"鄭《注》:"封土爲壇。"壇社一聲之轉,故《管子》謂之"封土爲社"。社土所以有方色不同者,當象徵"地道曰方"。卜辭有云:

　　　　辛卯卜,御,肜,酒,其又于四方。(明義士藏片)

　　　　庚戌卜,[虫]于四方,其五犬。(容庚藏拓本。二片,均董作賓先生摹示。)

"四方"者,當爲四方地神,即卜辭所見東母西母等之共名。然而東母未必句芒,西母未必蓐收也。則昭廿九年《左傳》,蔡墨所謂社稷五祀者,實春秋士大夫見解,非詩人所謂方社,尤非殷人所祀地母。

《小雅·楚茨》:"祝祭于祊,祀事孔明。"毛《傳》:"祊,門内也。"《爾雅·釋宫》:"閍謂之門。"孫炎《注》,引《詩》祝祭于祊云:"祊,謂廟門也。"證之《郊特牲》云:"直祭祝于主,索祭祝于祊,不知神之所在,于彼乎?于此乎?或諸遠人乎?祭于祊,尚曰,求諸遠者歟?祊之爲言偟也。"又引孔子曰:"祊之于東方,失之矣。"《禮器》亦曰:"設祭于堂,爲祊乎外。"余謂祊讀爲方,即方社矣。方社者,封土爲壇,壇成四方,以象地道曰方也。《逸書》因方社引申之爲天、東、南、西、北五社,且謂樹松樹柏,社各不同,其失愈遠。

總之:卜辭所見"東母、西母",母即地母,地母而有四方不同,蓋産生于"地道曰方"觀念。換言之:天圓地方,此爲我國人最原始之宇宙觀。《吕覽》、《淮南》所謂四極之内,方若千里步;即其數學上證明。蔡墨變四方地母神爲社稷五祀,地神乃由女性磚變爲男性。僖十五年《左傳》:"晋大夫三拜稽首曰:'君履后土而戴皇天,皇天后土實聞君之言'"。皇天,如例以皇祖皇考,則后土亦地母也。

(八)論姜嫄爲原始地母神,其生后稷故事演自農耕神話

印度孟加拉之剛特人(Khonds)艮求五穀豐穰,播種時,常以人犧獻于"大地女神",而埋其骨肉之灰于田中。(詳江紹源譯《宗教的出生與長成》第三章《羣神的出現》節)在菲律賓羣島中,亦有播粟前殺奴隸以獻于"地母"之俗。(詳《文化人類學》二八一葉)殺人祭地,以求農作物豐登,宗教家謂爲原始催生術。《管子·揆度》所謂:"自言能治田土,不能治田土者,殺其身以釁社",固即原始催生術之遺迹。《春秋》僖十九年:"夏六月,鄫子會盟于邾。己酉,邾人執鄫子,用之。"《公羊傳》云:"惡乎用之? 用之社也。其用之社,奈何? 叩其鼻以血社也。"《左傳》則謂:"宋公使邾文公用鄫子于次睢之社,欲以屬東夷。司馬子魚曰:'古者六畜不相爲用,小事不用大牲,而況敢用人乎? 祭祀以爲人也。民,神之主也。用人,其誰饗之?'"又昭十年《左傳》:"平子伐莒,取郠。獻俘,始用人于亳社。臧武仲在齊,聞之,曰:'周公其不饗魯祭乎! 周公饗義,魯無義。……將誰福哉?'"由臧武仲及司馬子魚之説,用人于社,似始于春秋。其實,古代獻馘于王,獻俘于廟,多以人爲犧。邾人之用鄫子于次睢之社,魯人之用莒俘于亳社,猶原始催生術之意也。

原始催生術,皆祭"地母",我國古代,則祈年于社。《月令》:"孟冬之月,天子乃祈來年于天宗,大割(讀爲匄)祠于公社。"以"公社"對"天宗",與天父地母説正相應;是社在周末,猶未失"地母"意義。再以社會進化程序言,"一個民族,從倚賴自然的食物進到飼養動物,男子便由獵夫變爲牧人;而婦女仍處于舊時原始狀況下,採集食物,補助食品。由採集植物,變爲農業;故農業應爲婦女所發明。"(詳陶孟和譯 F. Muller – Lyner《社會進化史》第三卷第三章《性別的分工》節)則原始農神,亦當爲女性。如周代《詩》、《書》所傳:

王(武王)曰,在昔后稷,惟上帝之言,克播百穀,登禹之跡。

凡在天下之庶民,罔不惟后稷之元穀,用蒸用匄。在商先誓王,明祀上帝,亦惟我后

稷之元穀，用告和，用胥飲食。肆商先誓王，維厥故，斯用顯我于西土。（《逸周書·商誓》）

思文后稷，克配彼天，立我烝民，莫匪爾極，貽我來牟，帝命率育。無此疆爾界，陳常于時夏。（《詩·周頌·思文》）

赫赫姜嫄，其德不回，是生后稷，降之百福。黍稷重穋，稙穉菽麥，奄有下國，俾民稼穡。有稷有黍，有稻有秬，奄有下土，纘禹之緒。（《魯頌·閟宫》）

厥初生民，時維姜嫄。履帝武敏歆，載震載育，時維后稷。……誕后稷之穡，有相之道，茀厥豐艸，種之黄茂，實方實苞，……實穎實栗，即有邰家室。（《大雅·生民》）

所謂后稷，以后土爲例，當爲原始農神，亦爲女性；而所謂姜嫄者，以"土爰稼穡"爲解，若非原始農神，當爲"地母"。

姜嫄，據毛傳云："姜，姓也，后稷之母，配高辛帝焉。"鄭《箋》亦謂："姜者，炎帝之後，有女名嫄。當堯之時，爲高辛氏之世妃。"姜嫄爲高辛元妃説，似出于《大戴禮記·帝系》。《記》云：

帝嚳卜其四妃之子，皆有天下；上妃有邰氏之女也，曰姜嫄，産后稷；次妃，有娀氏之女也，曰簡狄，産契；次妃陳鋒氏之女也，曰慶都，産帝堯；下妃娵訾氏之女也，曰常儀，産帝摯。

《世本》之説亦然。四妃，適當于四方，當即殷人所謂東母西母等；此姜嫄即后土之證一。先秦婦女名字，多先名而後姓，如《左傳》、《國語》所見，魯惠公娶于宋，曰，孟子、仲子，鄭武公娶于申曰武姜；晋文公娶于齊，曰文姜；晋懷公娶于秦，曰懷嬴；皆名在姓前。見于《詩》者，若王季之妃大妊，文王之妃大姒，無不名在姓前。則姜嫄，果姜姓而嫄名也，當曰嫄姜。不曰嫄姜，而曰姜嫄，知漢以來謂之姜姓嫄名者，實大謬不然。嫄姓，于古蔑考；而姜則字通爲羌。《後漢書·西羌傳》云："西羌之本，姜姓之别"，是也。西羌種姓，雖極模糊，顧其族常祀西王母。西王母事，由《穆天子傳》説，似爲西域之女王。顧《道書》所傳，黄帝嘗見西王母矣。《周易·晋》之六二曰："晋如、愁如，貞吉。受兹介福，于其王母。"此"王母"，猶卜辭言"高妣"，余謂即姜嫄之初名。王母者，皇母也。齊壝子《鞥鎛銘》："用亯用孝于皇祖聖叔，皇妣聖姜，皇考遵仲，皇母"。"皇母"在《史顙鼎銘》則又謂之王母云："作皇考釐仲王母泉母尊鼎。"若由《禮經》王父即祖父之殁稱，則祖母以上亦得稱爲"王母"或"皇母"。周人所以尊姜嫄爲王母者，當自"西母"演來。西母，即西方地母神，此姜嫄即后土之證二。姜嫄履帝武敏歆而生后稷。帝，鄭玄《詩箋》謂"上帝也"。哀十三年《左傳》："魯將以十月上辛有事于上帝、先王，季辛而畢"。《郊特牲》亦曰："郊之用辛也，周之始郊，日以至。"余謂上帝，即高辛，高辛所以爲辛，即由辛日郊祀而名。姜嫄既爲上帝上妃，由天父地母爲證，其爲地母無疑；此姜嫄即后土之證三也。由上三證，以論《大雅》所謂"厥初生民，時維姜嫄"，姜嫄當爲周人所傳原始地母神,亦即原始農神。觀于夏以上所祀稷,稷即烈山氏子柱,柱即杜主,可知我國古代,礦以后土爲稷神。而烈山氏,賈逵、鄭玄皆謂"炎帝之號"(昭廿九年《左傳正義》引),余于《論炎帝太岳及昆侖山》篇亦已說明即伯夷,伯夷炎帝,由左氏《國語》說,姜姓之祖也。則《周頌》所謂姜嫄者,又得謂即烈山氏子柱。姜嫄生后稷,亦演自柱本后土,又爲稷神傳說,後迺自社神分化爲稷神。

《魏書》諸志時誤補校(一)

牛繼清　張林祥

中華書局點校本《魏書》(1974 年版)在時誤校勘方面做出了很大成績,但仍有許多時誤未經校出,現就薄力所及,對諸志時誤補校如下(依陳垣《二十史朔閏表》定朔。點校本卷數及頁碼隨引文標出):

1.〔道武帝天賜〕五年七月戊戌朔,日有蝕之。(卷一百五之一頁 2334)

按七月癸巳朔,非戊戌朔。《宋書》卷三十四《五行志五》、《晋書》卷十《安帝紀》、卷十二《天文志中》均繫晋安帝義熙三年七月戊戌朔,當北魏天賜四年,天賜四年七月戊戌朔,是。此"五年"爲四年之訛,屬《魏書》作者抄録誤置。

2.太宗神瑞二年八月庚辰晦,日有蝕之。(卷一百五之一頁 2334)

按神瑞二年當晋安帝義熙十一年,《晋書》卷十《安帝紀》、卷十二《天文志中》載該年"七月辛亥晦,日有蝕之";《宋書》卷三十四《五行志五》繫于"十年",《校勘記》從《晋紀》改。無連續兩月晦日日蝕之理,此文之前又不載"七月辛亥"條,疑誤。《資治通鑑》卷一百一十七晋紀三十九從《晋書》,當是。

3.〔太武帝太平真君〕三年八月甲戌晦,日有蝕之。(卷一百五之一頁 2335)

按是年八月癸卯晦,非甲戌晦,甲戌七月晦日。《宋書》卷五《文帝紀》、卷三十四《五行志五》、《資治通鑑》卷一百二十四宋紀六均作元嘉十九年(當北魏太平真君三年)"七月甲戌晦,日有蝕之",是。此"八月"爲七月之訛。

4.〔太平真君十年〕六月庚寅朔,日有蝕之。(卷一百五之一頁 2335)

按是年六月乙未朔,無庚寅。十一年六月庚寅朔,或本繫下年之事竄亂至此。然《宋書》《文帝紀》、《五行志》及《資治通鑑》元嘉二十六、二十七兩年(當太平真君十年、十一年)六月均不載日蝕事,姑存疑。

5.〔獻文帝皇興〕三年十月丁酉朔,日有蝕之。(卷一百五之一頁 2336)

按皇興三年當劉宋明帝泰始五年,《宋書》卷八《明帝紀》、卷三十四《五行志五》、《資治通鑑》卷一百三十二宋紀十四均作該年"冬十月丁卯朔,日有蝕之"。該年閏,劉宋閏十一月,十月丁卯朔;北魏閏九月丁卯朔,當劉宋十月。此《魏書》作者抄録《宋書》時未加辨別,亦將日蝕繫於十月,又據"魏曆"改"丁卯朔"爲"丁酉朔"致誤。"十月丁酉朔"當作"閏九月丁卯朔"。

論殷墟卜辭命辭語言本質及其語氣(上)

張 玉 金

研究卜辭命辭語言本質及其語氣時，會涉及到以下六個方面的問題。對這些問題一一究明，對于正確把握卜辭命辭語言本質及其語氣類別有非常重要的意義。

1.關于"抑、執、乎"是否句尾語氣詞的問題

這個問題相當重要，它直接關係到我們對卜辭命辭語言本質及其語氣的認識。卜辭中到底有没有句末疑問語氣詞？最早談到這個問題的是郭沫若，他在《殷契粹編考釋》中，指出卜辭句末疑問語氣詞有"不(否)"、"乎"、"才(哉)"三個。李學勤在1980年發表了《關于師組卜辭的一些問題》一文，① 首先，他部分同意郭沫若的説法，把卜辭中的"不"和"乎"看成是語末助詞。李文所舉的例子如下：

(1)癸巳卜，王：夕羊父甲不？（乙編456）

(2)乙卯卜，師：一羊父乙不？／一羊父乙不？（綴合353）

(3)丁未扶：屮咸戊學戊乎？（綴合88）

其次，他認爲在師組卜辭中還有一個語末助詞"㞢"。例如：

(1)丙辰：丁巳其雀㞢？ 允雀。（乙編307）

(2)辛亥：方圍今十一月㞢？（乙編28）

李文認爲，"㞢"和"不"均屬古之部，音近可通。他指出，把"㞢"看成語末助詞，從一些卜辭的貞辭和驗辭的關係中也可以得到證明：

(1)戊午卜曰：今日啓㞢？ 允啓。（乙編100）

(2)戊戌卜：其雀翌己㞢？ 啓，不見云。（乙編445）

李文指出，"㞢"還可以跟另一個助詞"執"結合起來，這種卜辭都是把正反兩句併于一辭之中，正問用"㞢"，反問用"執"；有時則相反。例如：

(1)癸酉卜，王貞：自今癸酉至于乙酉，邑人其見方㞢，不其見方執？（南北·師1·59）

(2)癸酉卜，貞：方其圍今二月㞢，不執？ 余曰：不其圍。允不。（乙編135）

文章還指出,也有省去"叟",只用"執"的正反問句。例如:

(1)丙寅□今夕虎不其禽,禽執?(金璋 727)

(2)丙寅□今不其禽,禽執?(遺珠 1023)

裘錫圭先生在 1988 年發表了《關于殷墟卜辭的命辭是否問句的考察》,② 在此文中他指出,見于殷墟甲骨卜辭的最確切無疑的句末疑問語氣詞,是李學勤在《關于師組卜辭的一些問題》一文中指出來的"叟"和"執"。但是裘先生認爲,李文把前者釋爲"叟"是有問題的,應該從羅振玉説釋爲"抑"。李文認爲,這兩個語氣詞只見于師組卜辭,而裘文指出,這種用例實際上並非只限于師組卜辭,也見于賓組和午組卜辭。例如:

(1)壬午[卜],爭貞:□其來抑,不其來執?(合集 800)

(2)貞:御婦抑,勿執?(合集 802)

以上兩例是賓組卜辭,以下兩例則是午組卜辭:

(1)壬戌卜,蔡侯□余□乎見君以蔡侯抑?(合集 22065)

(2)□申卜:束御子自祖庚至于父戌抑?(合集 22101)

關于"乎"字,裘文在列舉了一些句末用"乎"的例子之後指出,這些卜辭都是卜祭卜辭,而且句式相當一致,"乎"字一般緊接在被祭者之名後面,前邊不出現祭牲之名;"乎"只在這種句子裏出現,它可能不是句末疑問語氣詞,或許是指跟祭祀有關的某件事。卜辭中的"才"有出現在句子末尾的,例如:

(1)貞:呼伐邛人才。/貞:勿人才。(合集 6252)

(2)□五牲二□用才。(合集 34406)

郭沫若《殷契粹編考釋》把上引兩例中的"才"都讀爲"哉",認爲都是表疑問語氣的。裘文指出,在古漢語裏,表疑問語氣的"哉"通常用于反問句,而且要靠疑問代詞和反詰副詞的幫助才能表示反問,據此看來,卜辭中的"才"顯然不能讀爲"哉"。裘文認爲,上引兩例中"才"字之後,很可能有未刻出的字。對卜辭句末的"不",裘文用了較大的篇幅來論述,結果認爲卜辭句末的"不",有些是驗辭,有些是用辭,並無與後世的"否"相當的用例。日本學者高島謙一近來發表了《殷代貞卜言語的本質》,在文中他首先認爲,裘文訂證李文,把"叟"改釋爲"抑"是正確的;李文把"執"釋爲"執"也沒有問題。有問題的是,"抑"和"執"是否應看作句末疑問語氣詞。高島認爲,對裘氏"抑、執句末疑問詞説"不利之處,有以下四點:一是在一個句子裏可以看出,意義論上的對照,雖然是廣義上的選擇,可那不一定能形成疑問句;二是在甲骨文中,選擇、順接和逆接基本上不需要表面化的標記,古代漢語也是這樣;三是在對貞形式裏,裘氏的"抑"作爲句末疑問語氣詞在正反兩貞裏都用這樣的説法,是令人感到奇怪的,從在這樣的正反兩貞句裏"執"字一個也不用這一點來判斷,不僅"執"不是句末語氣詞,

"抑"也不是;四是裘氏的在對貞中即使没有"抑"也能看成疑問句這樣的提法,削弱了"抑、執句末疑問詞說"的可信度。據此,高氏不認爲"抑"和"執"是句末語氣詞,而把它們看成是名詞。高島謙一考察了用在"抑"和"執"前的動詞,有以下幾個:▨、▨、▨、▨、▨、▨、▨、▨等。高文認爲,"▨"應隸定爲"雈",其意義是生擒、活捉;"▨"應釋爲"圍",意思是圍困;"▨"字是"見",它有時是用眼睛看、看到的意思,如"見牛"、"見豕",有時是謁見的意思,如"見王";"▨"應隸定爲"章",即是楷書中的"敦",意思是打、打擊;"▨"字如何隸定雖不明白,但如果用後世的具有弄彎屈和折斷之義的"拐"來理解,是容易明白的;"▨"字從語言和字形來看,可以釋爲"氏",意思是帶來、率領;"▨"釋爲"咼(禍)"是没有問題的,它通常作名詞用,不用作動詞;"▨"字應釋爲"蔑",作動詞用時,是"使……滅亡"的意思。高文認爲,上述八個字,除第七個字外,都是作他動詞用的,其意義大都是與戰争、追及這樣的行動有關的;出現在這些動詞後的"抑"和"執"是名詞,一般是指某種特別的人類或動物。高文認爲,在甲骨文中,"執"既用作動詞,也用作名詞;作動詞用時應釋爲"執",作名詞用時應釋爲"摯";"執"的擬音是＊tjəp,"摯"的擬音是＊tjiəbh,一個是入聲,一個是去聲,兩者有派生關係;"執"的意義是戴上手銬、抓起來,"摯"的意義是囚徒、犯人。高文同時認爲,"抑"在卜辭中也是既用作動詞,也用作名詞:作動詞用時應釋爲"抑",作名詞用時應釋爲"印";"抑"的擬音是＊jit,"印"的擬音是＊jinh,一個是入聲,一個是去聲,兩者有形態論上的派生關係;"抑"作動詞時的意義是按、抑、壓,"印"是由"抑"派生出的名詞,其意義是加上烙印的人類或動物,或應該按上烙印的。這樣高島就提出了他的新假説,即"摯、印名詞説",並用此説解釋了幾乎全部相關例句。下面我們先引出一些高氏所引的相關卜辭,然後再看看他是怎樣解釋的:

(1)丙辰卜:丁巳其雈印。允雈。(合集 19781)

(2)辛亥卜:方圍今十一月印。(合集 20818)

(3)癸酉卜,貞:方其圍今二月印,不執。余曰:不其圍。允不。(合集 20411)

(4)癸酉卜,王貞:自今癸酉至于乙酉,邑人其見方印,不其見方摯。(合集 34)

(5)□辰卜,王□于大方□敦印,不執。(合集 20468)

(6)丙寅卜,□貞:衣今月虎其禽印,不禽摯。旬六日壬禽。(合集 21390 + 40819)

(7)壬□貞:□牛在□弗克氏印,其克氏摯。(合集 19779)

(8)□貞:有禍印,亡禍摯。(合集 19784)

(9)癸酉卜,王□告蔑圍戎摯,弗其蔑印。三月丙午□方不獲。(合集 20449)

(10)戊申卜:方啓自南,其圍印。/戊申卜:方啓自南,不其圍印。(合集 20415)

(11)涉三羌,既獲印。/允獲印。(合集 19755)

(12)甲午卜:征亡累印。/甲午卜:徣古累印。(屯南 4310)

(13)甲午卜,扶:往其古印。/□不其古。(合集2096)

(14)丙寅卜:有涉三羌其得□□印。/丙寅卜:有涉三羌其得至師印。(合集19765)

(15)癸亥卜:方不圍今秋印。(合集28476)

(16)戊戌卜,王貞:余并立員寧史暨見鄭印。(英國1784)

(17)戊午卜,曰:今日啓印。允啓。(全集20968)

(18)戊戌卜:其雀翌日己亥印。(合集20988)

(19)□陷印。明雀,不其□。(合集20717)

(20)庚戌卜:今日狩,不其禽印。(合集20757)

(21)戊戌卜:勿追□印。(合集19783)

(22)□王貞:馬方□亞隉曰喪印□。(合集20407)

(23)甲辰卜□乙其焚又□中風印。小風,延陰。(合集20769)

對上引諸例,高島謙一做了如下解說:例(1)命辭的意思是,在丁巳那天擒獲"印"(人牲)。例(2)中的"今十一月"是修飾"印"的,其命辭的意思是,方圍住這個十一月的"印"。例(3)中的"今二月"也是修飾"印"的;命辭中用了"其",抑制了"圍"的語氣。此例命辭的意思是,方圍困了今二月的"印",可是沒有被抓住。例(4)命辭兩個子句之間是逆接關係,此例命辭的意思是,從今日即癸酉日起到乙酉日邑人雖然可見到方的"印",可是不會見到方的"摯"。例(5)中的"印",可看成族名或人名,其中的"敦印,不執",也是逆接關係的複句。例(6)中的"禽"是屈服的意思,例中命辭是預言性的言辭,意思是今月雖可使印族屈服,但是不能使"摯"屈服。例(7)中的"弗克氐印,其克氐摯",可譯爲雖不能讓印族來,但可使"摯"來。例(8)中的"禍"是人名,命辭的意思是雖然有"禍印",但是沒有"禍摯","禍印"和"禍摯"都是名詞性詞組。例(9)命辭的意思是,缶雖可滅掉"圍戎摯",但是不會滅掉印族。例(10)中的"印"是"圍"的直接目的語,是族名或屬名詞。"方啓自南"是說方由南方開來。"圍印"是說把"印"圍住。例(11)可能是驗辭。"涉三羌",意思是涉河的三羌,乃是名詞性詞組。"既獲印"是說已經獲取了"印",這不是對貞,沒有必要用句末疑問詞。例(12)中的"累"是人名或族名。"亡累印"是說沒有"累"的印,"古累印"是說古(動詞)累的印。例(13)中的"印"是"古"的直接目的語,"不其古"後可能是省去了"印"。例(14)中的"有涉三羌",是說有涉河之事的三羌,"其得至師印",意思是獲得了到"師"的印。例(15)中的"圍"是動詞,"今秋印"是目的語。例(16)的"見"是動詞,"鄭印"是目的語,"鄭"是人名或地名。例(17)的命辭如果有否定形式,應是"勿曰今日啓印"。例(18)中的"翌日己亥"是修飾"印"的。例(19)的動詞是"陷",因此它的賓語"印"也許不是指人,而是指動物。例(20)命辭的句意是,今日如果狩獵,也許不會擒到"印"。這裏的"印"也是指動物。例(21)中的"印"可能是族名。例(22)中的

"印"應是指人類。例(23)的釋文也許應該是"丙辰卜:乙其焚☒。又羌十風印,小風[印或摯]。"其意義是:在乙日焚燒。抓獲有十個羌、風族的印、小風族的印。

高島謙一認爲,只有下一個例子,是用他的"摯、印名詞説"不能解釋的:

(1)己酉卜:☐陰其雨抑不雨,曾啓。(合集 21022)

他認爲,此例中的"其雨抑不雨",可以斷句爲"其雨,抑不雨",意思是可能下雨,抑或不下雨,兩個分句之間是選擇關係。

其實,哪止這一個例子不能用高氏的"摯、印名詞説"來解釋,上引諸例皆不可。例(1)中的主要動詞是"雀",高島認爲它的意義是擒獲,這毫無根據。對于這個字,于省吾早有考釋,認爲是天氣陰晴之"陰"。③這種考釋早已爲學者們所接受。既然"雀"的意義不是擒獲,那麼其後的"印"就不會是名詞賓語,其意義更不會是人牲。例(2)中的"今十一月"不可能是"印"的定語,而應是謂語動詞"圍"的時間補語。卜辭或曰:"小方其圍今八月"(合集 20473),可證。"小方其圍今八月"還可説明例(2)中的"印"是可有可無的,是句末語氣詞。如果"今十一月"是"印"的定語,那麼"今十一月印"這類名詞性詞組就不但可作賓語,也還可以作主語,但是"時間詞語＋印＋謂語動詞"這樣的例子是根本見不到的。例(3)與例(2)相類。例(4)中的"方"也不會是"印"和"摯"的定語,"見"的賓語並不是"方印"和"方摯",而是"方"。下引諸例可以證明這一點:"辛巳卜,古貞:呼見方。"(合集 6740)"丁巳卜:医其見方,弗遘戉。"(合集 20413)"☒見方于☒"(合集 6743)。這些例子還能説明,例(4)中的"印"和"摯"若被刪去,基本句意並不受影響,它們應是句尾語氣詞。"方印"和"方摯"不會是一個名詞性詞組,因爲它們都未曾作爲一個整體出現在諸如主語之類的語法位置上。例(6)中的"印"和"摯"都不會是"禽"的賓語。有一例卜辭可以爲證:"丁巳卜,師:自丁至于辛酉虎禽。/丁巳卜,師:自丁至于辛酉虎不其禽。"(合集 21387)此例不但説明"禽"是個自動詞(它前面的否定詞是"不"),也説明例(6)中的"印"和"摯"是句末疑問語氣詞,因爲若兩者被刪去,基本句意並不受影響。例(7)中的"印"和"摯"也不會是"氏"(應釋爲"以")的賓語。這是因爲,有"正"有"反"的卜辭,其賓語一般是一致的,如"貞:冓以巫。/貞:冓弗其以巫。"(合集 946)這是"正"和"反"分爲兩條卜辭;又如"邑人其見方印,不其見方摯。"(合集 34)這是"正"和"反"被併于一辭之中。例(7)是與後者相同的,所以把"印"和"摯"看成句末語氣詞才講得通。例(8)中"有"和"亡"的賓語都是"禍","有禍"和"亡禍"之語,卜辭習見。此例也是把"正"和"反"併于一辭之中,跟例(7)相同。"禍"不會是"印"和"摯"的定語,"禍印"和"禍摯"也不可能是名詞性詞組,因爲它們都未曾以一個整體出現在別的語法位置上。例(9)中的主要動詞是"蔑",它的賓語應是"圍戎",即被圍住的"戎"。"弗其蔑印"中的賓語是承前省去了。"摯"和"印"只能看成句末語氣詞。例(10)兩條卜辭中的後一小句,即"其圍印"和"不其圍印",其主語

"方"都承前省去了，"方其圍"、"方不其圍"之語，卜辭習見，如"貞：乙未方其圍"（合集6681）、"貞：方不圍"（英國625）。動詞"圍"的賓語往往是"我"之類，如"貞：方不我圍"（合集6680），但一般省而不說。高島把"印"看成是"圍"的賓語，顯然是不可信的，"印"應是句末語氣詞。例(11)中的主語是"涉三羌"，意即徒步過河的三個羌；謂語動詞是"獲"，它是被動用法，意即被擒獲。既然如此，從語法上來說，"印"不會是"獲"的賓語；從語義上來說，"獲"的受事是"三羌"，而不是"印"。"獲羌"之語，卜辭習見。變成被動式就是"羌獲"。例(12)的句意雖不太懂，但是其句法結構大抵是清楚的。前一條卜辭中的主要動詞是"亡"，其賓語也是"累"。後一條卜辭中的主要動詞是"古"，其賓語也是"累"。"累"並不是"印"的定語，"印"也不是中心語，只是個句末語氣詞。例(13)中的"其古印"義同"其古"。"其古"之語，卜辭習見（例如《合集》17319），此外，"其古印"的對貞是"不其古"。可見"印"不能是"古"的賓語，它只是個句末語氣詞罷了。例(14)可有兩種分析，第一種是像高島那樣，把"有涉三羌"看成主語，而把後面的部分看成謂語。第二種是在"三羌"後標點，標點前後是兩個分句。如果按第一種分析，句中的謂語動詞是"得"，它是被動用法。卜辭或言"戊辰卜，貞：弗其得羌。"（合集520），可證"得"的受事是"羌"，而不會是"印"。如果按第二種分析，則"其得"前邊是承前省去了主語"三羌"，"得"仍是被動用法。總之，無論採用哪一種分析，"至師印"和"□□印"都不會是"得"的賓語。"至師"應是"得"的補語，而"印"是句末語氣詞。例(15)跟例(2)、例(3)是句法結構很相近的卜辭，可作類似分析。例(16)中的"見鄭印"跟例(4)中的"見方印"是同樣的句法結構，應作同樣的分析："見鄭印"中的"見"是動詞，"鄭"是賓語，而"印"是句末語氣詞。例(17)的"啓"是天晴的意思，後來被寫成"晵"，它是個自動詞，不可能帶賓語"印"。若把"印"看成是意義爲人牲的名詞，則句意不可通。因此，只能把"印"看成句尾語氣詞。例(18)中的主要動詞是"雈"，同例(1)中的"雈"一樣，都是自動詞，都是天陰之義。但例(1)中的時間詞語出現在"雈"前作狀語，而例(18)中的出現在"雈"後作補語。"其雈翌日己亥印"意即"翌日己亥其雈印"，"印"不可能是自動詞"雈"的賓語，而是句末語氣詞。例(1)中的"印"，高島認爲是指人牲。而例(19)中的"印"，他又認爲是指動物。這就前後矛盾了，"印"不可能一會兒指人類，一會又指動物，它仍應看成句末語氣詞。若把例(20)與下例相比較："□辰卜：王狩雈，弗禽"（合集33384），則可知例(20)"不其禽印"中的"印"是個刪去後不影響基本句意的句末語氣詞，而不會是"禽"的賓語。這類卜辭中"禽"所帶的賓語，一般是"鹿"、"麋"、"兕"等等。其驗辭常說擒獲了多少鹿（或麋、或兕），而在卜辭中卻從未有過擒獲多少印這樣的記載。可見"印"決不是跟"鹿"等同類的詞。例(21)若與下例相比較："貞：勿追"（懷特401），則可知其中的"印"仍是句末語氣詞。例(22)是個殘辭，其中的"印"若看成句末語氣詞也是可以的。例(23)中的"風"被高島看成族名，但是在卜辭中找不到"風"作族名的其它例證,僅把此例中的"風"看成族名,這是不妥的。"風"之義就是刮風,它是個自動詞,它後面的"印"確定無疑是句末語氣詞。"□陰其雨抑不雨"中的"抑"被高島看成是連詞,是抑或之義。然而他只能舉出這一個例子爲證,再也找不出其它例證,這是令人懷疑的。其實,高島混淆了命辭和驗辭的界綫,"抑"之前,應屬于命辭的,"抑"之後,應是驗辭。"抑"不是出現在分句之首的,而是用于句末的,是個疑問語氣詞。總之,卜辭命辭中的"執"和"抑",不會是名詞或連詞,而應是句尾疑問語氣詞,高島謙一的"摯、印名詞説"不可信,李學勤、裘錫圭之説可從。

卜辭中有些"乎"出現在句尾。例如:

(1)壬午卜:燎土,延巫帝乎。(合集 21075)

(2)丁未卜,扶:屮咸戊、學戊乎。(合集 20098)

(3)丙午卜,王:禱卜丙乎。(合集 19891)

(4)丁酉卜,王:屮祖丁乎。(合集 1843)

把上引四例依次與下引四例加以比較:

(1)壬午卜:巫帝。(合集 21078)

(2)□未卜,扶:屮學戊。(合集 20100)

(3)己未卜:禱大庚。(合集 1483)

(4)丁卯卜:屮祖丁。(合集 1844)

可知前四例中的"乎",有可能是句末語氣詞。這種例子裏的"乎",若不是看成句末語氣詞,那麼其他可能恐怕只有三種:一是祭牲或祭品名,二是祭祀動詞,三是一般動詞,表示與祭祀有關的事情。這種"乎"是祭牲或祭品名的可能性不大,因爲如果是這樣,那麼在"乎"之前應出現數詞如二、三之類的,可是這種例子從未見過。這種"乎"是祭祀動詞的可能性也不大,因爲它從不出現在"于＋祭祀對象名"之前,而祭祀動詞都可以出現在這種語法位置上。這種"乎"可能也不會是一般動詞(讀爲"呼"),因爲如果是這樣,那麼"乎"要出現在其他動詞(包括祭祀動詞)之前。例如"貞:乎皋酒岳"(合集 14469)、"己丑卜,争貞:亦乎雀燎于云犬"(合集 1051)。這兩例"乎"後都帶有"兼語",下一例子中"乎"後的兼語被省去了:"癸卯卜,殼貞:翌甲辰勿乎酒大甲"(合集 1443)。像"屮祖丁乎"這類句子,如果要把其中的"乎"看成是動詞,那麼可以在"乎"前標點,即"屮祖丁,乎",意即將要屮祭祖丁了,應該呼叫神靈的名字(或叫某人去做)嗎?

既然"抑"、"執"和"乎"("乎"也可能是動詞)都是句末疑問語氣詞,那麼以這些句末語氣詞結尾的句子——命辭就都應該是疑問句。既然有句末語氣詞的命辭是疑問句,那麼那些沒有句末語氣詞的命辭也是疑問句。因爲種種迹象表明,兩種命辭的句類性質是相同的。

關于這一點,我們曾著文詳加論述過,此處從略。④

　　對"甲戌卜,扶:□其由抑"(合集 20196)一例中的命辭,裘錫圭先生認爲是疑問句。在刻有這一辭的甲骨的右上角,還有一辭"☑不其由"。對此裘先生指出:"這兩條卜辭大概也是正反對貞的關係,但反面命辭未加'抑'字,似可説明不加句末疑問語氣詞的命辭也有可能是問句。"⑤針對裘先生的這句話,高島謙一議論説:"如果像這樣,對貞幾乎都可以理解成疑問句。"⑥的確是這樣,如果"□其由抑"是問句,那麼"☑不其由"也應是這樣;如果這對對貞卜辭的命辭是問句,那麼所有對貞卜辭的命辭都應是問句;如果對貞卜辭的命辭是問句,那麼所有卜辭命辭都應是如此。這是完全符合邏輯的,因爲卜辭命辭的句類性質基本是一致的。正因如此,要想論證卜辭命辭不是問句,就必須先證明"抑"、"執"等不是句末疑問語氣詞。高島謙一用了大量篇幅,論證"抑"和"執"是名詞,就是企圖爲他的命辭非問句説奠下基石。然而如前所述,他的名詞説根本就站不住脚,基石不存,大廈焉立,所以命辭非問句説是不能讓人接受的。

2.關于卜辭"其"、"惠"、"唯"等虚詞的意義問題

　　卜辭中虚詞"其"的確切含義是什麼? 對這個問題司禮義做出了自己的解答。他的基本觀點是:"其"可用于命辭中的肯定句或否定句裏,無論是哪種場合,其意義對占卜者這方面來説都是不希望的。⑦下面這類例子是他建立此説的根據:

　　(1)丙辰卜,殼貞:我受黍年。

　　　　丙辰卜,殼貞:我弗其受黍年。(丙編 8)

　　(2)乙卯卜,殼貞:王從望乘伐下危,受有祐。

　　　　乙卯卜,殼貞:王勿從望乘伐下危,弗其受有祐。(丙編 22)

　　(3)丙辰卜,殼貞:帝唯其終茲邑。

　　　　貞:帝弗終茲邑。(丙編 71)

　　(4)戊申卜,爭貞:帝其降我艱。

　　　　戊申卜,爭貞:帝不我艱。(丙編 67)

　　(5)貞:祖乙其害王。

　　　　貞:祖乙弗害王。(丙編 332)

　　(6)戊午卜,古貞:般往來亡禍。

　　　　貞:般往來其有禍。(丙編 130)

上引例(1)中的"我弗受黍年"、例(2)中的"弗受有祐"、例(3)中的"帝唯終茲邑",這些事都是

占卜者所不期望的、反感的,在這些句子中都用了"其",它表達出了不希望的語氣。而例(1)中的"我受黍年"、例(2)中的"受有祐"、例(3)中的"帝弗終茲邑",這些事都是占卜者所期望的,在這些句子中就都不用"其"。餘例類此。

如果僅看上引6個例子以及與它們同類的例子,那麼司禮義說似爲可信。然而若把視野放開,全面考察使用"其"字的卜辭,則可知司禮義說並不可從。理由有以下三點:

第一、在卜辭命辭中,有許多例子是司禮義說的反證。例如:

(1)貞:方其戋我史。

　　貞:方弗戋我史。

　　貞:我史其戋方。

　　我史弗其戋方。(合集6771)

(2)己酉卜,㲋貞:危方亡其禍。

　　己酉卜,㲋貞:危方其有禍。(合集849)

(3)▢貞:兔以三十馬,允其執羌。

　　貞:兔以三十馬,弗其執羌。(合集500正)

(4)貞:不唯其有災。

　　唯其[有]災。(合集13762)

(5)其作茲邑禍。

　　弗其作茲邑禍。(合集7859)

(6)壬午[卜],爭貞:其來抑,不其來執。(合集800)

(7)貞:其唯王獲射兕。(合集10422)

(8)癸卯卜:其克戋周。(合集20508)

(9)弗克以抑,其克以執。(合集19779)

(10)臣不其骨凡目抑,骨凡目。(合集21036)

(11)庚戌卜:今日其擒,狩。(合集20756)

(12)▢弗其孽王。(合集17338)

例(1)中的"戋"有戰勝之義。"方戋我史",這對占卜者(殷人)來說,是不希望看到的事,此句中用了"其",這是支持司禮義說的。然而"我史戋方",這事是占卜者所希望的,這個句子中也用了"其",這就是司禮義說的反證了。"我史戋方"和"我史弗戋方",前者是占卜者所期望的,而後者則不是,這兩個句子中都用了"其",這說明"其"的語氣無所謂希望或不希望。例(2)中的"危方",是占卜者(殷人)的敵人。"危方亡禍",這是殷人所不希望的,句中用了"其",這是支持司禮義說的。可是"危方有禍"應是占卜者所希望的,這個句子中也用了

"其",這就是司禮義説的反證。例(3)中的"免"是殷人名。"弗執羌"是占卜者不希望的,"允執羌"是占卜者所希望的,這兩個小句中都用了"其",説明"其"所表示的語氣既不是希望,也不是不希望。例(4)中的"不唯有災"是占卜者所希望的;"唯有災"則是不希望的。這兩個句子中都用了"其"。例(5)中的"(洹)作茲邑禍"是占卜者不希望的;而"洹弗作茲邑禍"是占卜者所希望的。這兩個句子中也都用了"其"。例(6)中的"來抑"和"不來執"是相互矛盾的,如果前者是希望的,那麼後者就是不希望的;反之亦然。在這兩個小句中也都用了"其"。例(7)中的"王獲射咒",没疑問是占卜者所希望的,但是在這個句子前用了"其"。例(8)中的"克戦周",也是占卜者所企盼的,但句子中使用了"其"。例(9)中的"克以執"(能帶來呢)應是占卜者所希望的,但句子中用了"其";"弗克以抑"應是占卜者所不希望的,可句子中反而没有用"其"。例(10)中的"臣不骨凡目"是占卜者所希望的,然而句子中用了"其",而"骨凡目"是占卜者不希望的,句中卻没有用"其"。例(11)中的"今日禽"無疑是占卜者盼望的,然而句子中用了"其"。例(12)中的"孽"有害義,"弗孽王"明顯是殷人盼望的,可這句子中也用了"其"。以上諸例,其中的主要動詞,都是表示客體的行爲和變化的,這種行爲和變化不是占卜者所能控制的。而下引諸例,其中的主要動詞則是表示占卜主體所能控制的動作行爲的。例如:

(1)貞:其侑于祖乙牢。(合集557)

(2)乙巳卜,殼貞:王其取唐襆。(合集1295)

(3)丁未卜:其御。/丁未卜:其禱。(合集22043)

(4)辛酉卜:中己歲,其戠日。/弜戠日,其侑歲於中己。(懷特1371)

例(1)中的"侑于祖乙牢"是辭主(殷王)應做的事,而不是殷王所不希望做的事。例(2)中的"王取唐襆"也是殷王應做的事,占卜一下看看是否吉利,而不是殷王不想做的事。例(3)是一對選貞卜辭,占卜者詢問是進行"御"祭好,還是進行"禱"祭好。"御"和"禱"都不能説是殷王不希望做的。例(4)是一對對貞卜辭,占卜者詢問是在己日歲祭中己好,還是不這樣好。"中己歲,戠日"和"弜戠日,侑歲于中己"都不能説是占卜者不希望做的事。

第二、在卜辭的占辭中,也有許多例子是"司禮義説"的反證。例如:

(1)甲辰卜,殼貞:奚來白馬五。王固曰:吉,其來。(合集9177)

(2)王占曰:吉,其曰邛來。(合集5445)

(3)王占曰:吉,其庚柵。(合集707)

(4)王占曰:其唯丁弘戦。(合集5637)

(5)王占曰:其唯丁娩,嘉;其唯庚娩,弘吉。(合集14002)

(6)王占曰:吉,我受黍年。丁其雨,吉;其唯乙雨,吉。(合集9934)

上引例(1)中的"奚來白馬五"是好事,是占卜者所希望發生的。然而在占辭中,"來"之前用了"其","其來"前還有"吉"。可見"其"顯然不能表示不希望的語氣。例(2)中的"曰邛來"(意即叫邛前來)顯然是占卜者所希望發生的事,"其曰邛來"前還有"吉",然而在這個占辭中却用了"其"。例(3)中的"庚衶"是殷王應做的事,"其庚衶"前還出現了"吉"。可見"庚衶"不能説是占卜者所不希望做的。例(4)中的"戔"有戰勝(敵方)之義。"唯丁弘戔"無疑是占卜者所希望發生的事,然而這個句前却用了"其"。例(5)中的"唯丁娩"後出現了"嘉"。這説明"唯丁娩"並不是占卜者所不希望發生的,然而這小句前却用了"其"。"其唯庚娩"後出現了"弘吉",這説明"其唯庚娩"中的"其"也不是表示不希望語氣的。例(6)"丁其雨"和"其唯乙雨"後都出現了"吉",這説明"丁雨"和"唯乙雨"都不是占卜者所不希望發生的事。

第三、在西周金文和古代文獻中,更有一些司禮義説的反證,而無其佐證。例如:

(1)用作寶齍障鼎,其用夙夜享孝于厥文且乙公,其子子孫孫永寶。(《伯戥鼎銘》)

(2)其自今日,孫孫子子母(毋)敢望白休。(《縣妃簋銘》)

(3)戥其萬年子子孫孫永寶用享。(《師戥簋銘》)

(4)申敢對揚天子休令,用作朕皇考孝孟尊簋,申其萬年用,子子孫孫其永寶。(《申簋蓋銘》)

上引四例中的"其"字,不是表示不希望語氣的,而是表示祈使語氣的,有希望之義。[⑧]例(1)中的"其子子孫孫永寶",是説希望子子孫孫永遠珍惜它。例(2)是説,希望從今以後,子子孫孫不要忘記伯犀父的好處。例(3)意思是戥希望萬年珍藏,子子孫孫永遠用它祭祀。例(4)中的"申其萬年用",意思是申希望萬年享用。在周代金文裏,找不到一個這樣的例子:其中的"其"可以解釋爲表示不希望語氣的;在古典文獻中亦然。熟悉古文獻的人,對于"其表示不希望語氣"説一定感到很奇怪。古文獻中有些"其",表示勸告、命令,可譯爲"要"、"一定"等。這種"其"的存在,也是"司禮義説"的反證。例如:

(1)聊布往懷,君其詳之!(《文選·與陳伯之書》)

(2)二三子其佐我明揚仄陋,唯才是舉,吾得而用之。(《曹操集·求賢令》)

例(1)中的"君其詳之",可譯爲"您要認真考慮"。"君詳之",肯定不是説話人所不希望的。例(2)中的"其"可譯爲一定要,"二三子佐我明揚仄陋"顯然是曹操所希望的。

由上述三點看來,司禮義説確實是不可信的。

司禮義説的提出,有利地支持了"卜辭魔力説"等學説。按照"卜辭魔力説",命辭有着對未來的積極作用。以下引卜辭爲例:"丙辰卜,殻貞:我受黍年。/丙辰卜,殻貞:我弗其受黍年。"(丙編130)例中的"我受黍年"具有"魔力"性質,人們説出並刻出這句話,未來就會變成這句話所説的那樣。若僅有這"正"面的卜辭,我們是可以接受"卜辭魔力説"的,可是還有

"反"面卜辭"我弗其受黍年"。這就講不通了,誰也不會詛咒自己"弗受黍年"。但這反面卜辭中用了"其",提出和贊同"卜辭魔力説"的學者們,就依據"司禮義説",認爲"其"表示不希望的語氣,"我弗其受黍年"的意思是我們不希望不獲得黍子方面的好收成。這樣,"反"面卜辭就與"正"面卜辭意義一致了,用"卜辭魔力説"就可以把這類卜辭講通了。但是如前所述,"司禮義説"有大量反證,不可信從。既然如此,"卜辭魔力説"就失去了立脚的基石。對卜辭中虛詞"其"的意義,我們曾詳加討論過,此處從略。⑨

關于卜辭中虛詞"惠"和"唯"的意義,雷焕章提出了自己的説法。⑩他認爲,古代要用古人的眼睛來看。他説:"原始泛靈論與人類初面對宇宙不可控制的力量時的驚訝,是同時發生的。所以語言學者在探求原始意義時,應該捐棄現代人的觀念,儘可能以古代人的眼光來看宇宙。"他認爲,語言學領域和文化人類、宗教學的領域是對立的,應從後者的視野來看前者。他説:"我們將要討論的那些字,有些是與生命和存在起源之某些基本觀念有關,有些則與占卜儀式有關。"他認爲,"隹"和"叀"就是與人類的生命和存在的起源有關係的詞語;"隹"就是"鳥",殷人相信,鳥就是他們神聖的祖先,也就是其生命、存在的根源。用他的話説,就是"隹'tobe'則表示分受鳥之生命。"關於"叀"字,他認爲具有"應該是"這樣的意義,殷人在那樣的詞語中能感受到神聖的意味。他説:"……'使其是'之主格當指説話者而如果誠如前文所述商末人相信自己與神明間能有一密切之接觸——尤其是與氏族始祖和居地守護神間——那麼,'使其是'的主格應指神明。這麼一來,'叀'當意爲……'因神明使其如此,故該是。'"按着雷焕章的説法,虛詞"隹"和"叀"暗示了殷人的宗教觀念,隨着它們被世俗化,其與神明的關係就逐漸地淡薄;在世俗化進一步發展的現代,中國學者們感覺到"隹"和"叀"是同義的了。

高島謙一指出,把神聖的意味給予"叀"字的,並不是殷代人,而是雷氏。高氏認爲,在使用"叀"的對貞之否定句中,使用的是否定可控動詞的"勿";在這裏所謂可控動詞的"控",發出這種動作的是人類;如果聽從雷氏,承認在"叀"字上有神聖的意味,那麼"叀"字的神聖,與在對貞中表現出來的人類的意志、意向和願望就發生了衝突;"叀"字之所以不被否定,並不是因爲它所意味的是"因爲是神的命令,故不能違反",而是因爲它的情態性、樣態性非常强,外向性語氣非常顯著;"叀"常與"勿"構成對貞,説明"叀"跟"勿"所否定的動詞一樣,是可控動詞的一種。⑪

雷氏主張"以古代人的眼光來看宇宙",如果這句話意味着用古代人眼光來看待古人的語言、文字和文化現象,那麼當然是正確的。但是,對古人語言文字和文化現象的闡釋,還是要依據那些古人遺留下來的原始材料,從中歸納、概括、推斷,而不能用今人的憑空想像代替從原始材料中總結出來的認識。虛詞"隹"和"叀",在其初始階段,可能與殷人的某些宗教觀念有關,特别是"叀"字更有這種可能性。然而在殷墟甲骨卜辭中,已經很難看到這一點了。雷氏認爲"叀"之義是"因爲神明使其如此,故該是",然而考察卜辭實例,難以讓人信從。例如:

　　(1)叀母先酒。/叀兄先酒。/叀父先酒。(合集27489)

　　(2)叀辛丑酒。/叀辛亥酒。(明續1686)

按照雷氏的説法,例(1)當譯爲:(因神明使其如此),故該是先酒祭先父(其餘兩辭類此)。例(2)類此。如果這樣翻譯,那麽例(1)的每個句子都是肯定句,都肯定地説出了神明的意旨。如果用"叀"的卜辭都是單貞卜辭,如果例(1)中每條卜辭之間毫無關係,那麽似乎還講得通。可是像例(1)這樣的例子,其實是圍繞一件事而進行的占卜,三條卜辭構成一組選貞卜辭,神明之意在一件事情上竟如此多樣,這是令人困惑的。其實,例(1)是因爲占卜者不知道先酒祭誰好,故有此卜。例(2)類此。例(1)可譯爲:是先酒祭先母好呢,還是先酒祭先兄或先父好。例(2)類此。可見,"叀"表示出的,確實是人類的意志、意向和願望,而非神明的意旨。根據我們的研究,卜辭中的"叀"和"隹"都是語氣副詞,"叀"不能像高島謙一那樣看成動詞。兩個虚詞都是"焦點"(指一句話中説話者最强調的部分)的輔助標記,都有强調語氣;"叀"所在的語句,其謂語動詞都是表示辭主能够控制的動作行爲的,因此它可以表示必要的語氣,而"隹"没有這種語氣;"叀"都出現在肯定語句中,可以表示肯定語氣,"隹"也没有這種語氣;"隹"可以表示判斷的語氣,而"叀"不能。⑫

3.關于卜辭的辭式、辭序和句式問題

　　殷墟卜辭的辭式有四種基本形式,即單、重、對、選。所謂單貞卜辭,就是對某件事、某個内容只進行一次占卜,如下引例(1)。所謂重貞卜辭,是指對相同的某一内容進行二次或二次以上的連續占卜,如下引例(2)。所謂對貞卜辭是指對某一内容,以否定和肯定語意各占卜一次,如下引例(3)。所謂選貞卜辭,是指選擇兩個或兩個以上並列的内容分别進行一次占卜,藉以肯定其中某内容是合適的,如下引例(4):

　　(1)丙寅卜,貞:王今夕亡禍。

　　　戊戌卜,貞:王今夕亡禍。

　　　庚子卜,貞:王今夕亡禍。

　　　壬寅卜,貞:王今夕亡禍。(合集38861)

　　(2)甲子卜,寧貞:王賓報甲叀,[亡尤]。

　　　甲子卜,寧貞:王賓報甲叀,亡尤。

　　　　甲子卜，寧貞：王賓報甲昚，亡尤。

　　　　甲子卜，寧貞：王賓報甲昚，亡尤。（甲圖 125）

　　(3)翌癸卯帝不令風。

　　　　貞：翌癸卯帝其令風。（丙編 109）

　　(4)屮于咸。

　　　　屮于大丁。

　　　　屮于大甲。（合集 1369）

　　高島謙一認爲，有些單貞卜辭，例如卜旬卜辭、卜夕卜辭和卜寧卜辭，難以看成疑問句。他指出，卜旬和卜夕是從殷王武丁時期到帝辛時期連續進行的，若把這些卜辭中所出現的"亡禍"看成純疑問句，訓爲"没有禍患嗎"，那麼就永遠也不能從神龜那裏得到具體的答案。比神龜更静默的東西是没有的，神龜對于提問給予回答這是不尋常的，也是不自然的；與此相對的是，卜寧卜辭中的"寧"，只有"正"的意義，没有"反"的意義，因此把這些卜辭解釋成祝禱的、修被的，這是自然的，也就是説，這些卜辭是卜者對于將來的回答；在這裏，想要豫知本來意義上的未來這種占卜行爲的意義喪失了，變成了對未來的推動。他還指出，在卜旬、卜夕、卜寧之外，還有所謂卜田游的一事一貞的定型卜辭，典型的例子如"戊午卜，貞王其田，往來亡災"（甲編 3918），對此如果用命龜説來解釋，那麼就應理解爲通過貞卜手段僅把意義上是"正"的東西命令給龜，這些至少可以説是"祝禱性"的。[13]

　　上述問題的關鍵是"貞"字之後以"亡禍"結尾的句子到底是什麼語氣的。爲弄清這個問題，先看下引卜辭：

　　(1)▨貞：▨有禍抑，亡禍執。（合集 19784）

此例中的貞辭，是正反問的疑問句，根據是在兩個小句句末都用了句末疑問語氣詞。正反問句是疑問語氣詞的，構成正反問句的兩個分句原來也是問句。若把例(1)中的"貞辭"拆開，那麼"有禍抑"是疑問句，"亡禍執"亦然。在漢語中，疑問句句末可以有句末疑問語氣詞，也可以没有。既然如此，那麼下兩例貞辭之後也可以標問號：

　　(2)癸酉卜，出貞：旬有亡禍在内？（合集 41228）

　　(3)己巳卜，王貞：亡禍？

　　　　己巳卜，王貞：其有禍？（合集 24664）

例(2)是把正反兩問併于一辭之中的正反問句，而例(3)則是把正反兩問分列于兩辭之中，形成了正反對貞卜辭，兩辭之貞辭都是疑問句。既然"己巳卜，王貞：亡禍"中的貞辭是疑問句，那麼卜旬，卜夕卜辭中的貞辭也應如此，如"癸巳卜，賓貞：旬亡禍"（甲 2122）、"己卯卜，行貞：今夕亡禍"（合集 26221）兩例中的"亡禍"後都應標問號。卜旬、卜夕卜辭中的貞辭既然是這樣,那麼卜寧卜辭、田獵卜辭的貞辭亦然。如"貞:今夕師亡禍,寧"(粹 1206),例中"亡禍"後是"寧",兩者之間是並列關係,"亡禍"後既然應標問號,那麼"亡禍 + 寧"後也應標問號。再如"戊午卜,貞:王其田,往來亡災"(甲 3918),例中的"亡災"義同于"亡禍","亡災"後也應標問號。

至于高島謙一提出的另一個問題,即在卜旬、卜夕、田獵卜辭中,只有"亡禍""亡災"而沒有"有禍""有災";在卜寧卜辭中,有"寧"而無"不寧",這是值得重視的。前面已說過,這類單貞卜辭中的"亡禍"、"亡災"、"寧"後都應標問號,這就是說,這類卜辭命辭語言的基本性質仍是詢問。但是,由于在這類卜辭中只見"正"意義的話,而不見"反"意義的話,這說明殷商人已知道語言禁忌,儘可能避免說不吉利的話,說明這類貞辭在詢問中含有祈禱盼望之義。這樣看來,有些卜辭命辭語言本質並不是單純的詢問,而是在詢問中含有希冀、祈盼。

關于對貞卜辭,高島謙一說:肯定與否定的組合,在現代漢語中形成了"去不去"、"行不行"、"有沒有"這樣的疑問句;可是依據句法論知道,肯定和否定必須收在一個句子之中;但是,在甲骨文中"貞"這樣的詞在肯定前也用,在否定前也用,而且同一個主語在各對貞中都使用,因此,不能把由"正"和"反"構成的對貞句看成是一個句子,而應把對貞中的"正"和"反"都看成是一個獨立的句子。如果把對貞看成是兩個疑問句,那麼可能的解答就會出現兩種,或者說那樣的解答肯定會發生衝突,這樣對貞中的"正"和"反"都難以解釋成疑問句,而應認爲是非疑問句。在前面舉過的現代漢語的例子中,例如"去"是肯定,"不去"是否定,這類非疑問句成了基礎。由此看來,在需要解決事情的答案時,在潛在心理上,雖然可以說有疑問的觀念,但是作爲語言表達,却不是疑問句。⑭

在高氏上述的論說中,有一個明顯的錯誤,即認爲構成正反問句的兩個句子,原來是叙述句。拿現代漢語來說,構成正反問句的兩個句子,原來也必須是疑問句。例如:

是非問 1	是非問 2	正反問
他來?	他不來?	他來不來?
你知道這件事?	你不知道這件事?	你知道不知道這件事?⑮

如果原來的兩個句子不是疑問語氣,那麼正反問句的疑問語氣自何而來? 現代漢語是這樣,殷代語言也是如此。拿前面舉過的"有禍抑,亡禍執"來說,這是個正反問句,構成這個正反問句的"有禍抑"和"亡禍執"原來也都是疑問句。這個例子是"正反合一"的,而前面舉過的"己巳卜,王貞:亡禍? /己巳卜,王貞:其有禍?"則是"正反爲二","合一"時句末是疑問語氣,"爲二"時兩個句子末尾也都是疑問語氣。

把對貞卜辭中的"正"和"反"都看成疑問句,這是沒有障礙的,占卜者是會得到解決事情的答案的。臺灣學者丁驌說:"凡卜事如契文所見者,最簡單的方式,即爲發一明確不移之問

題而視兆之可否,爲決策之依歸。"⑯例如:

　　貞:今夕不雨?

　　貞:其雨?(合集24803)

　　在這個對貞卜辭中含有兩條貞辭,一條是"今夕不雨",一條是"其雨",一條卜辭跟一個卜兆對應。卜兆只能給人們一個然否或吉凶的回答。如果對第一個問句,卜兆回答爲"然",那就是説今天晚上不會下雨;對第二個問句,卜兆如果回答爲"否",那麼也是不會下雨。這樣占卜者就可得出結論,今晚不會下雨。如果對第一個問題,卜兆回答爲"否",對第二個問題,卜兆回答爲"然",那麼也可得出結論:今晚會下雨。如果對第一個問題,卜兆回答爲"否";對第二個問題,卜兆也回答爲"否",或者是相反,這就是無結論,還要繼續進行占卜,直到有結論。如果占卜一次就得出結論,那麼形成的卜辭就是對貞卜辭:如果需要占卜幾次才能得出結論,那麼就會形成重複對貞卜辭。對貞卜辭的例子前面已經舉過,重複對貞卜辭的例子如下:

　　貞:方允其來于沚? 一

　　不其來? 一

　　方其來于沚? 二

　　方不其來? 二

　　其來? 三

　　不其來? 三(合集6728)

　　這是對"方會不會來到沚這個地方"連續占卜了三次才得出結論的。這種重複對貞卜辭,在甲骨文中很常見,有的占卜次數達到5次,有的甚至達到8次。大量重複對貞卜辭的存在,這是對貞卜辭是疑問句的最好説明。

　　吉德煒認爲,不能把"貞"字以下的命辭看作是疑問句,而應看作是預言、宣言句;如果這樣來解釋卜辭性質,那麼就將得到"貞卜工程解釋的平易化"。這個"平易化"是什麼意思呢?與以往的卜辭疑問、質問説相比,吉氏的卜辭預言宣言説在哪一點上進行了占卜工程解釋的平易化呢? 先看下例:

　　(1)戊辰卜,[img]貞:又來艅自[img],今日其[img]于祖丁。(甲2772)

　　吉氏認爲,這個例子,除去"戊辰卜,[img]貞"這樣的序文,若把"又來艅自[img]"這個部分看成是事實的叙述,看成是表示原因、理由的從屬節,而把"今日其[img]于祖丁"看成是表示疑問的,看成是主節,那麼,雖然不能斷定這是不可能的,但是由于在這個例子中沒有文法上的標誌,所以不能把它看作是複句而應看作是並列句。這樣的解釋是平易的。這就是説,在吉氏看來,若把例(1)的貞辭看成是合成的並列句,這樣的解釋就是平易的;如果看成是由主節、從

屬節複合而成的複句,這就不是平易的。再看下例:

(2)庚申貞:今來甲子酒王　大禦于大甲燎十六小宰劉九牛,不遘雨。(南明 432)

此例張聰東曾把它譯爲德語,吉氏以張譯爲參考,譯成英語。若把吉氏的英譯再譯成漢語,那就是:"在庚申貞:今來甲子,在大禦王時,酒祭大甲嗎,燎六小宰嗎,劉九牛嗎,不會遇到雨嗎?"吉氏質問道:如果這樣翻譯,這就是一個疑問句,那麼對這些提問的回答怎樣得到呢? 吉氏認爲,與這樣的命辭相應的,規則上只有一個卜兆,而不是幾個,因此,這個例子,除"禦于大甲"外,若把餘下的部分看成是並列句,也就是認爲"酒"、"燎"、"劉"、"不遘雨"都是並列的,對把這些包括在一起的全體尋求卜兆,那麼就得到了貞卜工程解釋的平易化。需要指出的是,吉氏的理解與張聰東的不盡相同,吉氏雖把例(2)貞辭後部分看成並列句,但並不是疑問句的並列,而是非疑問句的並列。吉氏認爲,若是疑問句型式,那麼回答應是"然"或"否",但是這樣的回答卻看不到:要是預言、宣言形式,那麼就可以用是柔性反應的"吉"來對應。

高島謙一不太贊同吉氏之説,他認爲,在甲骨文、金文和早期古典漢語中尋找表示主節和從屬節的語法上的標誌或虛詞,這是沒有道理的,因爲在當時的語言中,這樣的標誌或虛詞是很少見的。這樣,人們就會産生一個疑問,即把例(1)例(2)的命辭解釋成並列句果真是正確的嗎? 高氏認爲,這些例子的命辭,既不是由主節和從屬節構成的複句,也不是並列句,而是單句。他列舉了以下一些例子:

(3)丙午卜,即貞:有以羌,翌丁未其用。(續存 1·1605)

(4)乙未卜,旅貞:有以牛,其用于妣,惠今日。(庫方 1172)

(5)丙寅卜,賓貞:有來羌,來甲戌盤用。(前編 6·67·4)

高氏認爲,上引三例,若按吉氏的説法,"貞"字之後都是並列句。但是由于在吉氏自身的對卜辭的英譯中看到了複句的解釋,所以自然而然地露出了破綻。比如,像下面這樣的句子:

(6)辛酉卜,殼貞:今載王從望乘伐下危,受有祐。

　　辛酉卜,殼貞:今載王勿從望乘伐下危,弗其受有祐。(丙 12)

在這個對貞中"正""反"兩句都是複句,這是裘錫圭先生的看法,還沒有人提出異議。高氏認爲,雖然還不知道以裘氏爲代表的其他學者如此解釋的理由,但是,從語言學的角度來看,是可以提出如下看法的:即在例(6)的對貞正反兩句的主要動詞都是"從"和"受"兩個,"從"所支配的節是"王從望乘伐下危",把它叫作"S1";"受"所支配的節是"(王)受有祐",把它叫做"S2"。否定方面的句子,僅是把"勿"和"弗"附加在主要動詞上,文法的構造沒有變化,因此,它也是"S1 + S2"。問題是"S1 + S2"中的" + "是怎樣的? 這要從"S1 + S2"之間的邏輯關係中尋求對" + "的解釋。這個邏輯關係,雖然有各種各樣,諸如順接、逆接、假定和條件、原因和理由、並列、選擇、時間、場所等等,對此認識不同,在解釋上也就有很大差異。高氏認爲,在這個對貞的場合中,可以把S1解釋成從節,並把"＋"解釋成理由,這樣的看法可以説是定論性的。高氏問道,沿着上述分析,若認爲"有來辥自戰"、"有以羌"、"有以牛"、"有來羌"是事實的叙述,把它們看作是S1;把其後的"今日其祉于祖丁"、"翌丁未其用"、"其用于妣,惠今日"、"來甲戌盤用"等解釋爲S2,那麼果真是妥當的嗎? S1和S2之間的邏輯關係又該如何解釋呢? 高氏認爲,在這樣的場合,還是把S1解釋成名詞性詞組,這是平易的,而且也是正確的;把這個名詞性詞組看作是S2中主要動詞的目的語。如果用古代漢語來表達這樣的意思,那麼例(1)相當于"有來辥自戰者",例(3)相當于"有所以羌者",例(4)相當于"有所以牛者",例(5)相當于"有所來羌者",這些全都是名詞性詞組,它們的語法功能是主題目的格。因此上述四個句子都是單句。高氏指出,吉氏作爲貞卜工程解釋的平易化而提出的並列句之解釋,其根基是難以令人接受的。如果複句這方不如並列句平易的話,那麼單句比並列句更爲平易,因此,吉氏的議論是不能成立的。在甲骨文中單句也有,複句也有,這些在語法上都沒有標記。高氏認爲,對于上引例(2),張聰東也好,吉德煒也好,都未能正確理解文意。對例(2)可做如下解釋:"庚申貞:今來甲子酒祭,王大祭大甲時,燎十六小宰,劉九牛,不遘雨。"如果這種解釋是正確的,那麼在句中並列的只是"酒"和"燎"兩個地方,而不是由五個動詞構成的並列。在這個句子中,有主從關係,主要部分是"燎十六小宰、劉九牛,不遘雨。"而從的部分是準備祭祀"酒"。高氏最後指出,吉氏所提出的"貞卜工程解釋的平易化"很有修正的必要,這個説法難以支持卜辭宣言預言説,而排斥卜辭疑問、質問説。

在吉德煒寫他的長篇論文的時候,人們尚把卜辭中的兆語"ᛚ"、"二ᛚ"、"ᛚᛚ"解釋爲"吉"、"上吉"、"小吉"。據此他認爲卜兆對人們提問,只能回答一個程度不同的吉或凶。又以此作爲一個根據,他認爲卜辭命辭不是疑問、質問,而是預言、宣言。但是今天人們已經修正了對這些兆語的考釋,把它們釋爲"告"、"二告"、"小告"。這樣,吉氏的卜辭預言宣言説便失去了一個重要的支柱。吉氏認爲,若把命辭看作預言宣言,就可以得到占卜工程解釋的平易化。他認爲前舉例(1)不是因果複句,而是並列句,前舉例(2)亦然。但是,前舉例(1)並不是並列句,而很可能如高島謙一所指出的那樣,是個單句;前舉例(2)也不是一個並列句,高島謙一的看法也不一定可靠。例(2)其實是一個多重複句,應作如下分析:"庚申貞:今來甲子酒,‖王大禦于大甲,‖‖燎十六小宰,‖‖‖‖劉九牛,｜不遘雨。"我們知道,一個多重複句的類型,要依這個複句的第一層關係而定,這個複句顯然是假設複句。前舉例(1)、例(2)既然都不是並列句,那麼"卜辭預言宣言説"、"占卜工程解釋的平易化"等説法,就失去了確立的根基。卜辭中的命辭,從其句型來看,有單句,也有並列複句和其他關係的複句,要實事求是地進行分析。單句也好,並列句也好,其他關係的複句也好,在其後標問號並無問題,沒有扞格難通之處。吉氏的説法是不可信的,連高島謙一也不贊同。還要指出的是,高島所舉的前引例(6)兩辭,並不是因果複句,而也應看作是假設複句。

對下引諸例,高島謙一提出了自己的分析:

(1)貞:勿詳酒姒癸舞,正。(乙 4119)

(2)辛亥卜,殻貞:王其乎供爰伯出牛,允正。(丙 471)

(3)貞:勿乎供爰伯出牛,不其正。(丙 471)

(4)貞:惠乙未酒,有正。(甲 1645)

高島認爲,若把例(3)中"不其正"之前的句子看成是從屬節,那麼,句意就是"若勿呼供爰伯出牛,就不其正。"若這樣解釋,就讓人不明白爲何進行占卜。因此,這個句子要訓爲:"不要呼供爰伯出牛,如果不正的話","不其正"是與"勿乎供爰伯出牛"這樣的主節相對的,是附加理由的從屬節。這樣,若把它看作是句子,那應理解爲叙述句;若把它看作是"從屬言辭",那麼其語氣應是命令調、勸告調。高氏指出,若採用卜辭疑問、質問説,那麼就應把主節看作是"勿要呼供爰伯出的牛嗎"這樣的疑問句,把從屬節也看作是"不會正嗎"這樣的疑問句。可是,想從一個卜兆中尋求兩個答案,這是不自然的。對例(1)、例(2)和例(4),高氏也做了同樣的分析。[17]

在這裏首先要指出的是,高島是認爲上例中的"正"是與序辭中的"貞"相呼應的,但是"正"並不與"貞"相呼應,而是與它前面的小句"勿乎供爰伯出牛"相呼應。此外,如前所述,高島對"正"字意義的解釋也是有問題的。還有,例(4)"惠乙未酒,有正"這樣的句子,應是一個假設複句,可譯爲"若在乙未這天進行酒祭,那麼會'正'嗎"。在假設複句的末尾標問號並無障礙。"惠乙未酒,有正"這類假設複句,被標上問號後,只是一個問,而不是兩個問;對于這個提問,卜兆給一個"然"或"否"的回答即可以了。

裘錫圭先生在《關于殷墟卜辭命辭是否問句的考察》一文中指出,目前能夠確定不是問句的命辭,主要是一部分複句式的命辭,如"今者王勿比望乘伐下危,弗其受⊥祐"、"壬勿田,其雨"等,這些卜辭從語義上看不可能是問句。[18]但是,我們通過對卜辭句式的全面考察,認爲裘先生所舉的這兩類句子,看成問句也並無障礙。第一類句子是條件複句,翻譯時要在後一分句的前面加上"否則"。這樣的句子在其句末標問號並無問題。"今者王勿比望乘伐下危,弗其受⊥祐"一句可譯爲"現在大王不要跟望乘一起去征伐下危,否則不會得到佑助嗎?"第二類句子是偏正在後的假設複句,在這樣的句子末尾標問號也無問題。"王勿田,其雨"一句可譯爲"大王不應該田獵嗎,要是下雨的話?"因此,就句子末尾的語氣來説,殷墟卜辭的命辭都是疑問句,並不存在確定無疑的"非問句"。[19]

①　　見《古文字研究》第 3 輯,中華書局,1980 年 11 月版。

②⑱　　見《中國語文》,1988 年第 1 期。

③　　見《甲骨文字釋林》,111 至 112 頁,中華書局,1979 年版。

④⑲　　拙文《論殷墟卜辭命辭的語氣問題》,《古漢語研究》1995 年第 3 期。

⑤　　《關于殷墟卜辭命辭是否問句的考察》,《中國語文》1988 年第 1 期。

⑥　　《殷代貞卜言語的本質》,122 頁,東洋文化研究所紀要,第 110 冊。

⑦　　"Studies in the Language of the Shang Oracle Inscriptions," T'oung Pao, Vol, LX, 1 – 3(1974), pp12 – 120.

⑧　　崔永東《兩周金文虛詞集釋》,33 頁,中華書局,1994 年版。

⑨　　拙著《甲骨文虛詞詞典》,140 頁至 174 頁,中華書局,1994 年版。

⑩　　Collections of Oracular Inscriptions in France, Taipei, Paris, Hong kong: Ricci Institute, 1985.

⑪　　同⑥,86 至 87 頁。

⑫　　參看拙文《甲骨文中"惠"和"唯"的研究》,《古漢語研究》,1988 年第 1 期。又參見拙著《甲骨文虛詞詞典》,5 至 6 頁;92 至 115 頁;193 至 212 頁。

⑬　　同⑥,23 至 24 頁。

⑭　　同⑥,11 至 12 頁。

⑮　　林祥楣主編《現代漢語》,339 頁,語文出版社,1991 年 8 月版。

⑯　　丁驌《殷貞卜之格式與貞辭允驗之解釋》,臺灣《中國文字》,新 2 期,1980 年 9 月版。

⑰　　同⑥,78 頁。

從西周的甸服制度論矢、吳、虞的關係

王　貴　民

關于甸服，古籍記載經師的説解，都止限于王朝政區和諸侯等級的稱號。根據甲骨、金文的實録，甸服却起源于商周王室的農業經濟，與當時的社會制度密切相關，王室的農業區稱"甸"，起初作"奠"或"田"字，農田之外，還有山林川澤所出的收入，其中有一種管理者稱爲"虞"。而"虞"字從"吳"，吳族有虞仲其人，最初吳、虞同源，在古文字中表現十分明顯。吳字從"矢"，西周出有矢國的銅器，有"矢王""矢伯"的稱號。因而又有矢、吳同源之説。這樣，矢、吳、虞在文字上和國族上究竟是什麽關係，吳國和西周甸服制度又有無關係，本文想在已有的研究基礎上，作一簡要的討論。文分三部分：（一）簡述西周甸服制度；（二）矢、吳、虞的文字考證；（三）西部的矢國同東南吳國的淵源，吳與甸服的關係。

一

先説西周的甸服制度。商周都出現了甸服制度，而它有一個形成和完備的過程。它是根源于商周王室的農業經濟，並不像後來的文獻記載的、那種規整化如"五服"、"九服"的制度。《尚書·酒誥》説到商朝的外服有"侯、甸、男、衛、邦伯"，《康誥》説西周有"侯、甸、男邦、采、衛"。此説合乎史實，今天有甲骨文、金文可證。甲骨文有"多田與多伯"的稱呼，這裏的"田"應該就是"甸"，它與"伯"並列，顯然是一種侯伯的稱謂。周初《大盂鼎》銘文云："惟殷邊侯、田"，《令彝》則説到西周的"諸侯：侯、甸、男"，商代的侯、甸、男、衛，甲骨文有不少資料並作過研究。[①]西周的五服，文獻資料更多，也有研究成果。[②]

甸服，作爲王室的農業經濟實體，史料也更爲翔實，古文字資料與古籍記載都能够互相證明。甸地最早用"奠"字，"奠"本來是放置酒樽之象，故饗宴、祭神有祭奠、奠爵、奠酬之語。由于酒器置之几上平穩，就藉爲奠定之義。金文已有不少這種用法，如"奠我邦我家"，"溥奠王命"，可以引申爲奠定農業區之義。商代王朝四面農田區，甲骨文就稱作"奠"，如"我奠受年"，"南奠受年"，就是爲甸地農業祈年，還有"西奠""北奠"等，（9767、9768、24、32275、32276[③]）甲骨學者早已指出"奠"是郊甸之甸。[④]《尚書·禹貢》説禹"奠高山大川"，而《詩經·

信南山》則説："信彼南山,維禹甸之",足見奠、甸通用。甲骨文第一期有"多奠",如"呼省牛于多奠";又有"奠臣",(見 8938、11177、7239)相當于西周金文的"奠人"、"田人"、"甸人"。"多奠"到第四、五期就寫作"多田"。西周金文早、中期也用"奠"字,如"賜奠七伯","奠司徒","王在奠","司奠、遝、林","司奠田","奠人"等。⑤以後形成國名的"鄭",其原義也應該是甸地。

西周的甸地建置,繼承商代而更發展完備。

(一)如同商王室,西周王室也有自己的田莊建置。

　　　　庚午,王令寑晨省北田四品,十二月。(《庚午父乙鼎》)

　　　　王大耤農于諆田,錫,王射,有司暨師氏小子合射,王歸自諆田。(《令鼎》)

"省北田四品"是視察在北郊的四種農田,文句與甲骨文的"貞:我北田,受年?"(9750)"呼省我田?"(9611)等相類;《令鼎》所記特指諆田,就不像史籍所載王室只在南郊的一處籍田。西周這類土地,中期金文中漸見增多,如:

　　　　王若曰:揚!作司工,官司量田甸,暨司空暨司芻暨司寇暨司工事。(《揚殷》)

　　　　王呼作册尹册命柳司六師牧場大〔　〕,司羲夷場甸事。(《南宮柳鼎》)

　　　　仲大師右柞,賜……,司五邑甸人事。(《柞鐘》)

這是任官管理王室甸田的銘文,《䏧殷》記載"作司土,官司耤田",也與此同類。"官司量田甸",與《周禮·甸師》"掌帥其屬而耕耨王籍"的記載相近。

(二)甸地另一項就是對山澤的經營:

　　　　王在周,令免作司土,司奠遝(苑)、斁(林),暨吳(虞)暨牧。(《免簠》)

　　　　王令免疋(疋)周師司斁(林)。(《免殷》)

　　　　王命同左右吳大父,司場、林、吳(虞)、牧,自東至于河,厥逆(朔,北)至于玄水。(《同殷》)

　　　　王呼内史先册命諫曰:先王既命女攝(?)司王宥(囿)……今余惟或申命汝……(《諫殷》)

　　　　王呼作册尹册命師史曰:"備于大左,官司豐遝(苑),左右師氏。(《師史殷》)

　　　　王在宗周,令微樂攝(?)司九陂。(《微樂鼎》)

　　　　王在師司馬官……内史尹册賜救……用大備于五邑守堰。(《救殷》)

這一批銘文顯示周王任命職官管理的甸地經濟單位有:苑囿、山林、牧場、陂池、水堰等等,與商代比較,擴大了甸地範圍。這些部門的職官,與《周禮》中的山澤之虞,川林之衡,牧人、場人、囿人、斂人、牛人之類可以互相印證。于此可見這方面經濟的發展概況。

(三)根據銘文的時代,西周大致從共王以後的一個歷史階段,王室甸地經濟有明顯的發展,主要原因是西周前中期相對穩定的統治局面,整個社會經濟發展到奴隸制時代的一個高峰期。

(四)西周的諸侯公室和公卿貴族都邑也同樣有甸地或類似的土地。史載周初分封魯、衛、晉、齊、宋以及後期分封韓、申、鄭等,其中封賞的項目,都可以看到這方面的內容。金文《宜侯矢殷》就很詳明,宜侯除受賜山川邑落的領土之外,還受"賜奠七伯,厥盲(?)……又五十夫,賜宜庶人六百又〔十〕六夫。"這些就是用作甸地的管理者和勞動者。畿內貴族以禄田經營農業,有金文的《次卣》、《瑚生殷》(一)、《大克鼎》還有《墻盤》等,都是實例。《詩經》裏面的"農事詩",不少篇實際上就是描寫貴族們甸地經營農業的盛況。所以,甸地的農業經濟在西周構成了一種體制。

這種生產體制,概括起來說,就是:甸地大面積土地屬于王侯貴族所有,他們設置很多田官,監督指揮生產者"衆人""庶人"或"盲"等,田上的收入藏之千倉萬箱,必要時"布之于農","我取其陳,食我農人。"主要的產品供給統治者享用,在還沒有完備財稅收斂制度的當時,也只能如此。這方面,儘管還得用祭祀需要供粢盛的名義,如《國語·周語》說的"規方千里以爲甸服,以供上帝山川百神之祀……",事實上並非完全如此。《禹貢》雖晚出,但說到甸服的五百里內,都是貢納糧食,近處還帶穗秸都上交,就透露甸服本來的面貌。春秋時人還說:"卑而貢重者,甸服也。"⑥這裏反映的就是甸服諸侯的負擔和奴隸制農業經濟的實質。

(五)王田區形成的甸服,隨着甸地的農業經濟的發展,由甸地管理機構、職官也就發展或受封爲甸服諸侯。甸地職官可說是一種君長,不一定是諸侯;而受封爲甸服諸侯,則是五服之一的稱號,這時便不一定管理甸地事務。

西周甸地的管理者有若干級,如免作司土管理甸地的苑囿山林,而敔作司土只管耤田,揚作司工只管量田甸和芻牧,他們分管的領域有大有小,等級當有差別。至于宜侯受賜的"奠七伯"該是司土之下的甸地七個頭目,再下就是"甸人"。銘文所記並非同一時期的,也不是同一處甸地的,不過大體上可以互補。"奠七伯"有可能是分管林、苑、虞、牧、陂、堰等部門的頭目。這些頭目有的可以直接成爲甸服諸侯,也有新從別處分封來而爲甸服諸侯的。

西周的甸服諸侯,可考者,一是晉國,一是曹國。《左傳》定公四年衛祝佗說:"曹爲伯甸",杜預注:"以伯爵居甸服",是曹爲甸服諸侯之一,而爵級較高。曹接近商朝早期亳都,或北亳,那裏早有"亳衆"爲統治者耕作,後期有王室在商丘一帶種黍的卜辭,曹很可能是商朝甸(奠)地之一,入周之後,叔振鐸受封于曹,仍襲其舊稱,這是有可能的。

晉國爲甸服諸侯,史籍已有記載。《左傳》桓公二年:"今晉,甸侯也。"《國語·晉語一》:"今晉國之方,偏侯也。"韋昭注謂"乃甸內偏方小侯也。"顧頡剛先生分析說:"晉何以在甸服?蓋汾沁之域,王季已伐燕京之戎,西伯已勘黎,厲王亦流彘,宣王又料民太原,足證其爲周之王畿；唐叔虞封晋，自在甸服中矣。"⑦晋文公勤王有功，向王朝"請隧"，襄王拒絶了他，説不能"班先王之大德，以賞私德。"意思實爲晋是畿内甸服，没有再置"隧"的必要。于是賜晋以南陽數邑，這裏也還是周王室的甸地，晋人收取其中的陽樊時，其首領還説："陽不承獲甸"，即指他們不得再繼續爲王室甸服。（《國語·周語（中）》及韋注）

"奠"字後來衍爲鄭地、鄭國，起初也就是甸地之名。從上列銘文已知周王室甸地分布在多處，包括山林牧地圃囿和池陂在其中，所以周王經常巡視甸地，故不止一次有"王在奠"之記録。（《免觶》《大毁》等）這個"奠"起初並不是一個專有地名（鄭），而是一個場所即甸地，正像周王時在某京某宫一樣。學者已經指出過：先有奠地而後有鄭國，後者是由前者發展來的。⑧當時西周畿内有幾個鄭地，所謂南鄭、西鄭，史載穆王入于南鄭，懿王居過鄭地，周宣王封弟桓公友于鄭。這些，也正如商代有南、西、北奠，西周也該能有南奠、西奠（鄭）；而且周王所"居"實是臨時巡察甸（奠）地，甸地本爲管理者君長所居，桓公居、徙之地都可能是奠，也就分别是周王室的甸地之一，據説桓公又爲司徒，也許他原是管理甸地的君長。後來他所遷徙的"鄭父之丘"、"新鄭"都是從這裏帶去的名稱，最後成爲專有的地名和國名。到春秋時，子産就説："鄭，伯男也"。（《左傳》昭公十年）據考：男與任相通，男服或作任服，"任土作貢"，也和甸服的任務相近。那末，子産的話就説明了鄭國的歷史淵源。

金文裏還有井叔、奠井叔之名，陳夢家考證，井叔在共王以前，稱奠井叔在其後，是先爲井叔而後食邑于奠。⑨那就是奠井叔可説是奠桓公的先驅，他因居于或管理王室甸地而得名，與"衛康叔"的稱名例相似。井（邢）本是氏（地）名，到甸地再加上"奠"名。井叔爲甸地之長也有所證明，懿王時的《免觶》記周王在奠地任命免爲司工，《免簋》記免又爲司徒管理甸地的苑林虞牧。而在《免毁》中免受命爲司林時，這個井叔擔任册命的右者，依據那時規矩，右者與受封賞者之間往往有上下級的關係，那末，井叔此時正合于甸地君長身份。後來，奠桓公是否直接繼替奠井叔，還未可知，但他們都先後封在奠（甸）地則是清楚的。

宗周既滅，原來畿内的大部分領地拱手給了秦國，秦都雍城還有一個"大鄭宫"之名，最初也應該是奠宫，即周王曾經以這一甸地爲駐蹕之所。⑩

至于虞，自然同甸地的虞人相關，這在下邊討論。

二

其次，關于矢、吴、虞三個字的考證，這三字之間關係密切，結構上次第相從，音義上也有聯繫，又都涉及到甸服制度和吴國的族系源流。

虞字從吴，吴字又從矢。而虞字也直接從矢，見《宜侯矢毁》。所以有學者説矢就是吴字的省聲。

虞、吳通用，在西周金文裏"吳"即用爲"虞"字，凡説到甸地的"林虞牧"，都寫作"斁吳牧"。文獻裏也有例子，《詩經·絲衣》："不吳不敖"，《史記·武帝本紀》引作"不虞不敖"。周族的吳太伯，下有虞仲。武王分封爲二，一爲虞，在中國(即中原)；一爲吳，在夷蠻。(《吳太伯世家》)封在中原的虞，就是虞仲。據近來學者考證，地爲吳山或稱吳岳，在陝西汧隴，《漢書·地理志》説："吳山在西，古文以爲汧山，《國語》所謂虞也。""又封周章弟中(即虞仲)于河北，是爲北吳，後世謂之虞。"

虞、吳的音義也一致，"不吳不敖"的"吳"字，就是今天的"娛"樂字，而娛與虞是一個音，上古也都在魚韻、平聲、合口和疑紐。又吳與吾同音，春秋時金文裏的吳國，字作吾或敔，吾即"我"的音義；虞在《詩經·騶虞》篇中，叶音讀"牙"，"我"、"牙"古音也相近。

虞、吳用作甸地的職官名，如《周禮·地官》的山虞、澤虞，即金文所記甸地的"吳"。"吳"即是"虞"，不僅郭沫若在《兩周金文辭大系》考釋中這麽説，唐蘭早年考釋《同段》時就已經提出。[11]春秋時代還是"藪之薪蒸，虞候守之"。[12]爲什麽起這樣的名稱，一説，虞讀牙音，相當後世的"牙行""牙人"，監視交易，引申監視奸人、敵人的踪迹，故稱作虞候。[13]只可備一説。其實，它來源于甸地的"吳"，吳在先周很可能就擔任甸地的管理職務。後來加虎頭成"虞"字，是爲了監守山澤，防禦有人違時進山砍伐，入澤濫捕；也爲了防禦野獸，戴起虎頭面具，武裝起來可以威嚇小獸，免受猛獸的傷害，有如古代打仗時"蒙皋比先犯"敵人一樣。

至于矢字，本于《説文》，説是傾首之義。甲骨文和金文此字，也正是寫成"大"字的人形，其頭部向一邊傾側，即讀爲"昃"字之音，一般都這樣隸定和讀音。但是，也有不少甲骨文金文學家並不信從，認爲矢就是"夭"字，矢、夭同形，或同音，或説這個"夭"字形"像西夷推髻之狀"。或説矢就是吳字；是吳字的省(聲)。[14]這些釋義都各有一定的根據和道理。因此，"矢"字從《説文》所定的音義，是值得懷疑的。今更提出二證：(一)傾側之字本是"昃"字，這是有所本的。甲骨文有"𣊸"字，取日已偏西人影斜之意，古文獻即有"日中即昃"之語。從此一直沿用，由偏側引申爲傾側，用于指一切事物的傾側現象。而"矢"却没有這樣沿用下來。(二)"矢"的原形作𢼸，人的頭部向一邊傾側(向左邊傾者多，亦有向右傾者)，可以有更合適的解釋。吳、虞既然有娛樂的意思，作爲它們所從的詞根𢼸，此字傾頭形象正是表示人在娛樂的一種姿式。南方有描述人得意洋洋、搖晃身軀的一句土語叫"夭頭擔頸"，説的就是這種情景。因此，釋此字爲"夭"應該是正確的，人一歡樂則爲"夭矯"之狀，"矢"(夭)和"吳"起初可能有内在的聯繫。只是，夭是指具體的歡樂形象，而娛樂則有引申爲概括的意義，最初的娛樂字就是"矢"，也即是"夭"字；"吳"字是在"矢"字上再加"口"爲𢁏，《説文》："一曰：吳，大言也。"這就是説除了搖頭歡樂的形象之外，還加上"口"表示歌唱歡嘩的"大言"，"吳"作爲娛樂的内涵就更完備了。《宜侯矢段》銘文裏兩個虞公的"虞"字都寫成"虞"字,唐蘭先生説這字確是"從矢,卢聲,應當是虞字的早期寫法。"⑮這説明"吴""矢"(矢)都可以作虞字的偏旁。

這樣,從文字的構形,音義,職官名和族名的源流上,可以看出矢—吴—虞,是一個字源所孳衍。因此,我們可以説:傳統的認"矢"爲傾首如"吴"的音義,没有多少根據,是應該懷疑乃至加以揚棄的。

文字上疏説清楚,則吴、虞在西周的族屬,他們與王室甸地的關係,北虞、南吴的史迹等,就可以進一步説明。

三

最後,我們就來討論西矢、北虞、南吴的國族源流和吴與甸服制度的關係。

考古發現,關中西部從隴縣到寶鷄、鳳翔,都出土了不少矢人的銅器,並有銘文,早者約在商周之際,稱爲"矢伯"的鬲和成、康之際的稱"矢仲"的戈,成王晚期至康、昭之際的稱"矢王"的方鼎、卣、觶,中期至晚期屬王時仍稱"矢王"的同卣和矢人盤。⑯就是説矢有矢伯、矢仲等人物,並且發展爲稱王,時代從西周建國之際直到西周晚期,地域占有隴汧下至渭水流域。這是一個相當發展的國族。

如果矢可與吴通用,那末矢伯、矢仲、矢王就是吴伯、吴仲、吴王,與文獻上的吴太伯、虞仲、吴王,則當可對應,而時代則有先後。伯仲是排行標幟字,各代都有,文獻上的虞仲所見者即有二。南方的吴國也稱王,所以矢王的出現也不足爲奇;還可以推測這是矢、吴共有的風氣。上面提到吴山或吴岳,也正好在這個地方。凡此,都很難説是巧合,因此,説這個矢就是吴、虞早期活動的國族,是有根據的。由于地域較寬,族屬分布就廣,史稱文王"詢于八虞",(《國語·晋語(四)》)就是他們本有許多族系,有伯仲的稱謂,構成大小宗族。種種情況説明,矢很像是從吴太伯那一支分衍下來的族系。另一支分封到晋南的虞仲,或叫北虞,到春秋前期被晋國所滅。

作爲周族的矢(吴),竟又稱王,這不能不是個問題。古諸侯稱王,早有定説。但是一般爲異姓異族所爲,同族系而且是周族直系下面的,又當周初正是向上發展的時期,稱王很少有可能。我們認爲其中有歷史變化。吴起初是以吴爲名的,同姓族分立到某一地方,即以其地名爲族氏名,若是後來有轉移,新遷入者也仍然以此地名爲族氏名。這是當時的習俗。矢稱王在成王晚期,成王分封諸侯時,西部也可能重新調整,分封君長,這矢王很有可能是他族遷入的,而太伯的那一支就往内遷,移到王畿的發達農業區,所以甸地就出現了吴族;接着康王時又把宜侯矢分往江南的宜地,這大概可作追踪的綫索。至于宜地的矢是否是後來的吴國,還有待探討。

那稱矢王者一直延續到西周厲王時代,可見這一族不再是原來吳太伯的一支了。因此關于矢的姓,究竟爲姬爲姜,學界有分歧。所用的史料也是晚期的銘文,有兩件銘文涉及作器與受器者婦女的姓氏問題,還待深入分析。這時即使矢不再是姬姓,乃由于歷史的這種變化,也就可以理解。

西周而後,吳、虞一直沿至東周,後世以之爲姓爲地名者,比比可見,而矢在西周之後則寂然無聞。這種現象也只能説明矢就是吳、虞,吳看來是很早而且善于經營農業的國族,《同段》銘文云:"王命同左右吳大父,司場、林、吳(虞)、牧"。同(人名)受王命輔助吳大父管理甸地,下文講到地方範圍不小,可見吳大父管理的甸地,具有相當規模,當然這還是王室的一處甸地。這個吳大父當是吳太伯的舊族,亦即從西部内遷的。唐蘭先生早就考證説:"吳即虞國,殆以虞牧之事爲國名。"⑰當時可謂卓見。今天看來可以這麼説,吳作爲國名是源于吳山;後加虎頭的虞字,則是由虞牧之事而衍出的。吳衍出虞字,最早出現在康王時的《宜侯矢段》,史稱武王時就有"虞"仲,不大可能,當是用的後來文字,原本應作"吳仲"。整個西周中期關于甸事的金文也還没有用"虞"字,族名與虞牧之事依然都用"吳"字。説明吳族與虞牧之事關係很深。《宜侯矢段》記録虞侯受封,得到成批的甸地管理者和勞動者,推測他就是把王畿甸地的制度移殖到江南去的,可能他實際上是甸服諸侯之一。學界有人認爲江蘇的吳國應當即是從宜侯矢創始。正因爲宜侯矢有善于經營甸地農業的傳統,後來吳國在江南,農業也有相當的發展,看它春秋時邊境種桑,一次借給越國的萬石糧食,故吳國能築大城,開邗溝,造姑蘇臺,擁有三萬兵力,一度稱王稱霸等,可知它具有農業經濟發展的歷史基礎。

補記:

殷墟甲骨文裏有一個"吳"字,就有隸定爲"吳"字的。他的職務是商王室的"小耤臣"即管理耤田亦即甸地之官,可以考慮與西周的"吳""矢"(夨)或許有淵源。

這個字也像一個大頭人形,古書中吳字的音義是魁梧,《説文》解吳字"一曰大言也",而《方言》十三直云:"吳,大也。"古時凡大而可畏之物如鬼、畏、昊諸字皆此類形義。《詩經·邶風·簡兮》:"碩人俁俁,宫庭萬舞。"舊訓"俁"爲"容貌大也"。都是説吳、俁具有大的形和義。而且"俁俁"固然可以形容"碩人"的"容貌大",同時又是講萬舞的活動,這個"俁"字也就寓有夭矯和娱樂的含義,便回復到夨—吳—虞這個系列中來。不同的是:"俁"又有"大"的意義,這又可以解釋"吳"字與吳字的關聯。

《周頌·絲衣》的"不吳不敖",這裏的"吳"是指喧譁,也與《説文》解吳字之義相同,喧譁就是"大言"。清人陳喬樅作《齊詩遺説考》,説這詩中"吳"本直作"吳",是吳字的變體。並説古文字從“夫”或從“大”可通。據此，則ꓘ與矢（夨）字也許可以相通，即是説商代的小耤臣與西周的吴—虞是源與流的關係。若然，則虞作爲甸地的職名，出現的時間就可提到商代後期。

上述觀點僅聊備一説，甲骨文的ꓘ字原篆始終無變化，還没有發現它與“夨”或“吴”字混用，所以這裏只是一種極初步的探討。

① 拙作：《就甲骨文所見試説商代的王室田莊》，載《中國史研究》1980 年第 3 期；《衛服的起源和古代社會的守衛制度》，載《中華文史論叢》1983 年第 3 期；裘錫圭：《甲骨卜辭中所見田牧衛等職官的研究》，載《文史》第十九輯。

② 參見徐中舒、唐嘉弘：《論殷周的外服制》，載《先秦史論文集》（人文雜志增刊）；沈長雲：《金文所見西周王室經濟》，載《西周史研究》（人文雜志叢刊）；拙著：《商周制度考信》第六篇第二部分，明文書局（臺北）1989。

③ 爲《甲骨文合集》片號，下同。

④ 見王襄：《簠室殷契徵存·地域》；董作賓：《殷曆譜》上編卷九。

⑤ 見《宜侯夨段》《永盂》《免段》《守鼎》《師晨鼎》等。

⑥ 《左傳》昭公十三年。

⑦ 顧頡剛：《史林雜識·甸服》。

⑧ 楊樹達：《積微居金文説·免簠跋》卷四。

⑨ 陳夢家：《西周銅器斷代（六）》。

⑩ 此節詳述請參看拙作：《周代的籍田——奴隸制田莊剖析》，載《華夏文明》第二集，1990。

⑪ 《同段地理考》，載《禹貢》雜志第三卷第十二期，1935。

⑫ 《左傳》昭公二十年。

⑬ 張筱衡：《散盤考釋》載《人文雜志》1958：3—4。

⑭ 見《甲骨文字集釋》卷十，《金文詁林》卷十。

⑮ 《宜侯夨段和它的意義》，載《文物》1955：5，《西周青銅器銘文分代史微》卷三。

⑯ 所舉銅器參見劉啓益：《西周矢國銅器的新發現與有關的歷史地理問題》，載《考古與文物》1982：2；盧連成：《西周矢國史迹考略及相關問題》，載《西周史研究》（人文雜志叢刊）。

⑰ 《同段地理考》載《禹貢》第三卷第十二期。

孫吳武昌又稱"東關"考

宋　傑

一、對太和二年孫吳"東關"地理位置的疑問

三國魏明帝太和二年(228)，魏吳之間發生了石亭之戰，其整個過程爲：孫權令吳鄱陽太守周魴施詐降計，誘使魏揚州牧曹休領兵十萬深入皖地(今安徽潛山)，至石亭(今安徽潛山、桐城間)被吳將陸遜擊敗，"因驅走之，追亡逐北，徑至夾石，斬獲萬餘，牛馬騾驢車乘萬輛，軍資器械略盡"。[①]由於魏豫州刺史賈逵及時率兵援救，曹休的部隊才避免了全軍覆没的厄運。因爲恥言其敗，《三國志·魏書》中的《明帝紀》和《曹休傳》載此事甚略，僅寥寥數語。從其他記載來看，曹魏發動的這次進攻規模很大，實際上是兵分三路，由豫州、揚州、荆州轄區的魏軍主將賈逵、曹休和司馬懿親自出征，企圖分別攻擊孫吳的要鎮——東關、皖和江陵。可參見《三國志·魏書·賈逵傳》："太和二年，帝使逵督前將軍滿寵、東莞太守胡質等四軍，從西陽直向東關，曹休從皖，司馬宣王從江陵。"《資治通鑑》卷71太和二年亦載周魴詐降後，"(曹)休聞之，率步騎十萬向皖以應魴；(明)帝又使司馬懿向江陵，賈逵向東關，三道俱進。"後來曹魏方面發現曹休孤軍深入，有覆滅的危險，才命令司馬懿停駐，遣賈逵引兵與曹休會合。

賈逵起初領兵所向的"東關"，過去史家一直認爲是孫吳於東興(今安徽含山縣西南)設立的邊境要塞，地點在巢湖東南、濡須水的北口。胡三省注《資治通鑑》卷71魏明帝太和二年(228)五月"賈逵向東關"條曰："東關，即濡須口，亦謂之柵江口，有東、西關；東關之南岸，吳築城，西關之北岸，魏置柵。後諸葛恪於東關作大堤以遏巢湖，謂之東興堤，即其地也。"盧弼注《三國志·魏書·賈逵傳》"從西陽直向東關"條亦曰："東關在今安徽和州含山縣西南七十里，濡須塢之北"。[②]長期以來，這種看法並無争議。目前流行的一些軍事史著作對此也是這樣解釋。[③]但是，筆者近讀《三國志》、《晋書》等史籍後，覺得此說可疑之處甚多，特提出與同行師友一起探討。

疑點之一：如按上述說法來解釋，賈逵所率魏軍進攻東關的舉動顯得有些反常。從魏吳兩國的交戰歷史來看，曹魏各州駐防軍隊出境的作戰行動可以分爲三類：

(一)援救鄰州。曹魏與孫吳接壤的南部地域，自東而西劃分爲徐州、揚州、豫州、荆州四

個軍政轄區,守軍平時負責本州的防務,不得隨意離境。在鄰近州郡遭到入侵或發生動亂、形勢十分危急時,它們才根據朝廷的調遣出境救援,例如:

《三國志·魏書·蔣濟傳》:"建安十三年,孫權率衆圍合肥。時大軍征荆州,遇疾疫,唯遣將軍張喜單將千騎,過領(豫州)汝南兵以解圍"。

《三國志·魏書·滿寵傳》:"(太和)四年,拜寵征東將軍。其冬,孫權揚聲欲至合肥,寵表召兖、豫諸軍,皆集。賊尋退還,被詔罷兵。"

《三國志·魏書·三少帝紀》咸熙元年:"初,自平蜀之後,吳寇屯逼永安,遣荆豫諸軍犄角赴救。七月,賊皆遁退。"

《三國志·魏書·溫恢傳》載公元219年,孫權佯攻合肥,曹魏兖、豫等州兵馬前來救援,後又奉詔趕赴荆州支援樊城守軍。

(二)合兵進攻。曹操在世時,因爲力量有限,向孫吳發動進攻時基本上是用其主力——中軍,再調集部分州郡的兵員,彙聚一路南下征伐,如赤壁之戰和後來的"四越巢湖"。此外,還有曹丕於黃初五年、六年發動的兩次"廣陵之役",也是這種情況。

(三)分道進兵。曹丕代漢後至西晋初期,國勢日盛,出現了向吳國分兵幾路發動進攻的情況。如果暫時不算太和二年的這次出征,還有四次,基本上都是駐紮各州的軍隊分別向自己防區正面的敵境進兵。例如:

1.黃初三年(222)三道征吳:征東大將軍曹休(鎮壽春)出洞口,大將軍曹仁(屯合肥)出濡須,中軍大將軍曹真、征南大將軍夏侯尚(屯宛)出南郡。

2.嘉平二年(250)征南將軍王昶所屬的荆州軍隊分兵三路南征:州泰攻巫、秭歸,王基攻夷陵,王昶攻江陵。

3.嘉平四年(252)三道征吳:征南大將軍王昶(屯宛)攻南郡,鎮南將軍毌丘儉(屯豫州項城)攻武昌,鎮東將軍諸葛誕、征東將軍胡遵(屯壽春)攻東關。

4.西晋太康元年(280)六路平吳,鎮軍將軍司馬伷(鎮下邳)出涂中,安東將軍王渾(鎮壽春)出江西橫江,建威將軍王戎(鎮豫州安城)出武昌,平南將軍胡奮(荆州江夏)出夏口,鎮南大將軍杜預(鎮襄陽)出江陵,龍驤將軍王浚下巴蜀。

若按上述的戰役分類方法來區別,賈逵此次向東關的攻擊行動是屬於第三類——分道進兵。但就此類其他戰例來看,若是分道進兵,豫州地區的曹魏軍隊通常是南下,向武昌、夏口對岸的孫吳江北境界出擊,没有發生過出境到本國鄰州後再單獨向敵邦邊境發動進攻的情況。因此在太和二年三道征吳時,如果朝廷命令賈逵領兵越過州界,遠赴揚州地區去獨自進攻東興,似乎與當時的用兵慣例不合。

疑點之二:曹休攻皖,是從壽春向巢湖西南進軍;若是賈逵從西陽進攻巢湖東南的東興,那麼,在地圖上畫出曹、賈兩軍行進的路線,就會發覺它們交叉起來,呈╳形,反映出這兩支部隊在開往戰場時捨近赴遠,即東兵西南征、西兵東南伐,實在是有悖軍事指揮與部隊調動的常情。東興距離曹魏的揚州駐軍最近,從壽春乘船出發,順肥水、施水入巢湖後即可到達,相當便利。從三國歷史來看,魏國向孫吳的濡須口岸發動攻擊基本上都是走這條路線,以中軍或揚州的部隊擔任進攻主力。如曹操的"四越巢湖",曹仁對濡須、以及諸葛誕和胡遵對東興的進攻等等。而賈逵統領的兵馬遠在西陽(治今河南光山西),如奔赴東興無水路可通,需要遠途陸行跋涉,甚爲不便。魏軍的戰略決策者們爲什麼要捨近求遠,不使用鄰近的揚州駐軍,而讓賈逵的豫州軍隊出境去進攻東興呢?從常理上講,他們不應該犯這種低級的錯誤。

再者,魏吳雙方的交戰,主要是沿着幾條南北流向的水道——漢水、肥水、巢湖、濡須水、中瀆水進行,多在荊、揚二州境內。曹魏對吳的兵力部署,也是以這兩州爲重點。豫州南部有大別山脉的阻隔,境內又沒有直接通航入江的河流,南北交通不便,所以軍事地位不甚重要,敵寇的入侵不多,州郡駐軍的數量也比較少。和緣邊它州相比,豫州對國家安全提供的主要支援是在財賦方面,而不是武備。如杜恕在太和年間上疏所云:"今荊、揚、青、徐、幽、并、雍、凉緣邊諸州皆有兵矣,其所恃內充府庫外制四夷者,惟兖、豫、司、冀而已"。④從敵國的情況來看,濡須口岸是孫吳對魏作戰的主要防禦方向,塢城堅固,駐有重兵。曹操在世時,"四越巢湖"均未得手。建安二十二年一役,曹操曾出動大軍攻打濡須,號稱四十萬,仍受阻而退。《資治通鑑》卷68載是年三月,"操引軍還,留伏波將軍夏侯惇都督曹仁、張遼等二十六軍屯居巢"。相形之下,賈逵所率出征東關的豫州部隊數量很少,僅有滿寵、胡質等統領的區區四軍,又未得到揚州魏兵的補充,如果讓它們去進攻濡須重鎮,根本沒有取勝的希望。很難設想魏軍的統帥們會不明白這一點,做出以弱旅攻堅的決定。

疑點之三:在漢晉的史書中,"直"字所表示的道路或行進路線,往往是反映它們在地圖上呈現爲南北方向的垂直線段。此類歷史記載的例證很多,如秦朝開拓的"直道",就是從關中的甘泉宮向北直抵邊防重鎮九原(今內蒙古包頭市西)。⑤

《漢書·溝洫志》載賈讓奏言:"……民居金堤東,爲廬舍,往十餘歲更起堤,從東山南頭直南與故大堤會。"

《後漢書·岑彭傳》載建武十一年岑彭伐蜀,攻拔江州後,"留馮駿守之,自引兵乘利直指墊江,攻破平曲,收其米數十萬石。"按江州即今重慶,墊江在其北面,即今四川的合川。

《晉書·羊祜傳》載羊祜上奏伐吳方略:"今若引梁益之兵水陸俱下,荊楚之衆進臨江陵,平南、豫州,直指夏口,徐、揚、青、兖並向秣陵,鼓旆以疑之,多方以誤之,以一隅之吳,當天下之衆,勢分形散,所備皆急。"

由此看來，《賈逵傳》中的"從西陽直向東關"，應該理解爲從西陽南下開赴東關。也就是說，這座"東關"的位置當在豫州西陽的正南方向，而東興是在其東面略爲偏南，方位並不符合。

賈逵如果是統兵自西陽向東興進軍，按照《三國志》的寫法，不應稱爲"直向"。類似的情況可見《三國志·蜀書·關羽傳》所載：建安十三年曹操南征荊州，劉備自樊城退往江陵，"曹公追至當陽長阪，先主斜趣漢津，適與羽船相值，共至夏口。"雖然劉備從當陽逃往漢津的路徑也是直線，但因在地圖上標示出來不是垂直的，所以被陳壽寫作"斜趣"，而非"直向"。

疑點之四：這是最重要的一點，當時孫吳尚未在東興建立東關。公元252年以前，孫吳是在濡須水的南口臨江處立塢，抵抗曹魏軍隊的南征。塢城附近有長江的中洲，居住着濡須守軍的家屬。⑥該地在東興之南，相距有百餘里。⑦建安十七年（212）魏軍南征時，孫權曾在東興設立前哨營寨，稱爲三關屯。見《三國志·吳書·朱然傳》："曹公出濡須，然備大塢及三關屯。"盧弼《三國志集解》："趙一清曰：大塢即濡須塢也，三關屯即東興關也。關當三面之險，故吳人置屯於此。"又見《讀史方輿紀要》卷26無爲州巢縣東關條。曹操兵抵濡須，吳軍退保大塢，塢北的三關屯被放棄了。此後，東興屬於魏境，吳軍只是在進攻合肥時經過該地，並未在那裏設置關塞，留駐守兵。孫權黃龍二年（230）曾於東興築堤以遏巢湖，隨即敗壞，但其事在石亭之戰以後。直到曹魏嘉平四年（吳建興元年，公元252年），吳國權臣諸葛恪爲了向北擴張，才在濡須水北口築堤阻水，建立關城。其事可見：

《三國志·吳書·三嗣主孫亮傳》載建興元年，"冬十月，太傅恪率軍遏巢湖，城東興，使將軍全端守西城，都尉留略守東城。"

《三國志·吳書·諸葛恪傳》："初，（孫）權黃龍元年遷都建業，二年築東興堤遏湖水。後征淮南，敗以內船，由是廢不復脩。恪以建興元年十月會衆於東興，更作大堤，左右結山俠（夾）築兩城，各留千人，使全端、留略守之，引軍而還。魏以吳軍入其疆土，恥於受侮，命大將胡遵、諸葛誕等率衆七萬，欲攻圍兩塢，圖壞堤遏。""丹楊太守聶友，素與恪善，書諫恪曰：'大行皇帝（孫權）本有遏東關之計，計未施行。今公輔贊大業，成先帝之志，……'"

如前所述，太和二年（228），濡須水北口的東關尚未建立，該地既不存在吳國的城堡要塞，也沒有"東關"這個名稱，賈逵領兵所向的"東關"自然不會在那裏。如果認爲他是率軍進攻濡須水南口的孫吳塢城，也是無法自圓其說的。因爲在《三國志》及裴注的記載裏，當地只稱做"濡須"，從未叫過"東關"。

綜上所述，主張太和二年賈逵領兵所赴之"東關"即東興的傳統觀點缺乏根據，與史實不符，是無法成立的。

二、三國有三"東關"，賈逵所向之"東關"乃武昌

那麼，諸葛恪在東興設關築堤之前，吳國是否另有一處"東關"，又位於曹魏豫州境域的南面呢？筆者檢索《三國志》及裴注，發現其中共有16處提到"東關"，就其時間和地點的區別可以分爲三類：

1.東興之東關。計有13條，時間皆在公元252年諸葛恪於當地築堤建城之後，或爲述論公元252年的魏吳東興之戰，或爲記載公元268年吳主孫皓督師北征到東關的事跡等。⑧

2.蜀漢之江州（今重慶市）。見《三國志·蜀書·李嚴傳》注："諸葛亮又與平子豐教曰：'吾與君父子戮力以獎漢室，此神明所聞，非但人知之也。表都護典漢中，委君於東關者，不與人議也。……'"盧弼《三國志集解》："胡三省曰東關謂江州。"其事見《三國志·蜀書·李嚴傳》："（建興）四年，轉爲前將軍。以諸葛亮欲出軍漢中，嚴當知後事，移屯江州。……八年，遷驃騎將軍。以曹真欲三道向漢川，亮命嚴將二萬人赴漢中。亮表嚴子豐爲江州都督督軍，典嚴後事。"

以上兩組記載都和賈逵領兵"直向東關"沒有直接聯繫。

3.《三國志·魏書·賈逵傳》中的兩條記載。所叙爲明帝太和元年、二年事，時間均在諸葛恪於東興設關之前。文中談到的"東關"，地點在曹魏的豫州之南，反映了當時這座"東關"實際上是孫吳的都城武昌。現列舉其史料如下：

第一條："明帝即位，……時孫權在東關，當豫州南，去江四百餘里。每出兵爲寇，輒西從江夏，東從廬江。國家征伐，亦由淮、沔。是時州軍在項，汝南、弋陽諸郡，守境而已。權無北方之虞，東西有急，並軍相救，故常少敗。逵以爲宜開直道臨江，若權自守，則二方無救；若二方無救，則東關可取。乃移屯潦口，陳攻守之計，帝善之。"下面進行詳細分析：

首先，這條記載中提到的"東關"爲吳主孫權的駐蹕之所，也是吳國軍隊主力的所在地，由那裏出兵襲擾曹魏的江夏、廬江等郡。魏明帝即位之初，孫權常駐在哪裏呢？衆所周知，是在武昌（今湖北鄂城），而不是在濡須或東興。東漢建安二十四年（219），孫權遣呂蒙襲取荆州、擒獲關羽後，便由建業徙駐公安（今湖北公安縣）。⑨《三國志·吳書·吳主傳》載曹魏黃初二年（221）四月，"（孫）權自公安都鄂，改名武昌，以武昌、下雉、尋陽、陽新、柴桑、沙羨六縣爲武昌郡。……八月，城武昌。"至魏太和三年（229）四月，孫權在武昌正式稱帝。後因三吳的糧米財賦溯江運輸困難，他才於當年九月將都城遷回到建業。

在此期間，吳國的軍隊主力——中軍亦隨孫權西移，部署於武昌附近地域。《元和郡縣圖志》江南道鄂州條曰："三國爭衡，爲吳之要害，吳常以重兵鎮之。"《三國志·吳書·胡綜傳》

載:"黃武八年夏,黃龍見夏口,於是(孫)權稱尊號,因瑞改元。又作黃龍大牙,常在中軍,諸軍進退,視其所向。"陶弘景《刀劍錄》亦寫孫權在武昌設立了規模較大的兵器作坊,爲其軍隊提供裝備,"黃武五年採武昌山銅鐵作十口劍、萬口刀,各長三尺九寸,刀頭方,皆是南鋼越炭作之,上有大吳篆字。"

《三國志·吳書·周魴傳》所載周魴與曹休書信中也提到孫權調撥兵馬北伐,自領中營(軍)渡江進攻,以致武昌兵力空虛的情況。"呂範、孫韶等入淮,全琮、朱桓趨合肥,諸葛瑾、步騭、朱然到襄陽,陸議、潘璋等討梅敷。東主(孫權)中營自掩石陽,別遣從弟孫奐治安陸城,脩立邸閣,輦齎運糧,以爲軍儲,又命諸葛亮進指關西,江邊諸將無復在者,才留三千所兵守武昌耳。"周魴爲引誘曹休入皖,所供關於吳軍進攻方向、路線的情報是虛假的,但是信中確實反映出孫吳軍隊主力平時駐紮在武昌一帶,曹魏方面也清楚這一點。

在太和二年的石亭之役中,孫權曾隨迎擊曹休的軍隊主力到皖,拜陸遜爲大都督,"統御六軍及中軍禁衛而攝行王事",[10]後即返回武昌。獲勝後的吳軍諸部也是先回到武昌,接受孫權的檢閱和賞賜。見《三國志·吳書·陸遜傳》黃武七年條,"……諸軍振旅過武昌,(孫)權令左右以御蓋覆遜,入出殿門,凡所賜遜,皆御物上珍,於時莫與爲比。"

上述史實,皆與《賈逵傳》所言"時孫權在東關"者相合,這是筆者認爲當時之"東關"即指武昌的第一條理由。

其次,《賈逵傳》中這條史料所說的"東關"在曹魏豫州的正南方向,而且是在魏江夏郡之東,廬江郡之西。"時孫權在東關,當豫州南。……每出兵爲寇,輒西從江夏,東從廬江。"由此看來,這座"東關"絕對不會是濡須或東興,因爲這兩地都在曹魏豫州的東南,又在魏廬江郡的東邊,其方位與《賈逵傳》所載截然不同。但是吳都武昌的地理方位却與上述記載相符,恰好是在曹魏豫州的正南方向,經度位於江夏與廬江兩郡之間。這是第二條理由。

再次,這條史料還反映了曹魏太和二年三道征吳作戰計劃出籠的背景。當時孫權定都武昌,正在豫州之南。而賈逵所率的州軍駐紮在項(今河南沈丘南),距離江邊甚遠,對於防區正面屯於武昌、夏口等地的吳軍主力並未構成威脅,使敵人東西用兵自如。爲了改變軍事上的不利局面,賈逵在太和元年(227),即石亭之戰的前一年上奏魏明帝,請求開闢一條南下臨江的"直道",遣兵進駐江北,逼迫武昌之敵,使其不敢向其東西兩個作戰方向分兵。"逵以爲宜開直道臨江,若權自守,則二方無救;若二方無救,則東關可取。乃移屯潦口,陳攻守之計,帝善之。"得到了魏明帝的贊同,這才有了次年三道伐吳的軍事舉措:豫州兵馬直向東關(武昌),揚州曹休襲皖,荊州司馬懿攻江陵,這一戰役的部署基本上是按照賈逵所建議的作戰方案進行的。只是由於後來曹休中計,深入絕地,形勢突然變化,才改調賈逵所部急赴夾石救援。

　　《賈逵傳》中涉及“東關”的這條史料並不是孤證,還可以參見其他史籍的記載。如《晋書·宣帝紀》太和元年條後,曾載司馬懿到洛陽朝見魏明帝,言及征吳方略,其文曰:“(天子)又問二虜宜討,何者爲先? (司馬懿)對曰:‘吳以中國不習水戰,故敢散居東關。凡攻敵,必扼其喉而搯其心。夏口、東關,賊之心喉。若爲陸軍以向皖城,引(孫)權東下,爲水戰軍向夏口,乘其虛而擊之,此神兵從天而墮,破之必矣。’天子並然之,復命帝屯於宛。”

　　這次談話的時間,盧弼認爲當在太和二年正月至三月期間,即同年九月三道伐吳之前。見《三國志集解》卷3:“魏之攻吳,三道進兵,本用懿策。曹休統率無方,遂有夾石之敗。趙氏言魏君臣怵於硤石之役,謀吳甚急,則前後事顛倒矣。仲達此策,蓋在攻破孟達之後,街亭戰勝之前。若馬謖已敗,三郡皆平,魏明必不詢二虜宜討,何者爲先矣。”

　　《晋書·宣帝紀》的上述記載表明:第一,孫權當時所駐的“東關”在皖城之西,故司馬懿曰:“夏口、東關,賊之心喉。若爲陸軍以向皖城,引(孫)權東下”,這也是該地即爲武昌的明證。文中的“東關”若是東興,則應該在皖城之東。這裏提到孫權“散居東關”,應是指武昌所在臨江依山,地域狹隘,[11]吳國軍隊主力實際上是分散駐紮在武昌及附近幾處沿江要鎮,如西鄰的夏口、沙羡等等,[12]故稱爲“散居”。

　　第二,司馬懿提出的征吳方案與賈逵的建議內容相近,即主張以陸軍一部進攻江北的皖城,吸引武昌的吳軍主力東下救援,再遣水軍乘虛而入,沿漢江順流直搗夏口,打擊敵人的心臟。由此可見,曹魏太和二年的征吳行動,在兵力部署上綜合採納了賈逵與司馬懿的建議,先派遣曹休率軍入皖,豫州和荆州的軍隊隨即開拔,進逼武昌、夏口與江陵。只是由於曹休的輕敵冒進,另外兩路兵馬尚未到達攻擊目標時,他已被吳軍擊潰,致使整個作戰計劃遭到失敗。

　　《三國志·魏書·賈逵傳》的這條記載存有一個疑問,就是其中“去江四百餘里”一句,説的是哪個地點呢? 如果僅從上文來看,它似乎是指當時孫權所駐的東關。“時孫權在東關,當豫州南,去江四百餘里,……”但若是仔細考察,這種理解存在着許多矛盾,是難以解釋清楚的。

　　如前所述,《三國志》中提到的“東關”有三處,其中蜀漢的江州與此無涉;孫吳的武昌雖在豫州之南,可是位於江邊,並非“去江四百餘里”,與《賈逵傳》的記載不合。若按傳統的觀點來解釋,此處的東關即指東興,則問題更多:首先是方位不對,東興並不在曹魏豫州的南面,而是在其南境的東方。

　　其次,東興距離長江岸邊也遠遠不到四百里,只有一百餘里。

　　再次,孫權當時駐留在武昌,並未率兵前往東興。

　　總之,以上三處“東關”都與《賈逵傳》所載“去江四百餘里”的條件不相符合。

　　那麼,孫權是否有可能在豫州之南、距離長江400餘里的某個地點另設置過一座東關,並在那裏親駐過呢? 答案顯然是否定的,這不僅是因爲史籍中没有這方面的記載,從三國的史實來看,孫權在魏吳戰争期間的幾處都址——京(鎮江)、建業(南京)、武昌(鄂城),都是在沿江上下,非有數百里之遥。綜觀孫權的戰時行蹤,除了在上述三處都城常駐之外,主要是在"濱江兵馬之地"——柴桑、陸口、公安、皖城、夏口等處臨時停留活動,僅有幾次統兵短暫攻擊過江北的石陽與合肥,從未在遠離長江數百里處久駐。另一方面,如果是豫州之南及長江以南四百餘里的地點,即屬於孫吳的大後方,並無設置對魏作戰的軍事重鎮之必要,事實上吳國也没有在那一帶建立過著名的關塞。

　　怎樣才能合乎史實與邏輯地解釋《賈逵傳》的這條記載呢? 從整段史料的叙述情況和當時的地理形勢來看,筆者認爲,"去江四百餘里"指的是賈逵統領的豫州南境,陳壽在撰寫《三國志》時,可能在此句之前省略了"豫州"二字,致使後人在理解上出現了一些困難。

　　當時,曹魏的豫州南以大别山脉爲界,和長江之間隔有原來漢朝揚州的廬江郡,相距數百里。建安十八年,曹操命令濱江郡縣居民内遷,引起騷亂。《三國志·吳書·孫權傳》載:"民轉相驚,自廬江、九江、蘄春、廣陵户十餘萬皆東渡江,江西遂虛,合肥以南惟有皖城。"這樣,就在江北形成了一條人煙絶少的隔離地帶,兩國邊境上只有一些軍事據點,曹魏的軍隊主力和居民繁衆之地離開長江較遠。例如《三國志·吳書·孫韶傳》載魏"淮南濱江屯候皆徹兵遠徙,徐、泗、江、淮之地,不居者各數百里"。《三國志·吳書·胡綜傳》亦曰:"吳將晋宗叛歸魏,魏以宗爲蘄春太守,去江數百里,數爲寇害。"豫州南境的汝南、弋陽兩郡,其治所距離江邊約在400里左右,未與孫吳的邊境相鄰。也正是由於這個緣故,如前引《杜恕傳》所言,曹魏在太和年間並没有把豫州看作是"緣邊諸州"。

　　在這種形勢下,吳國的軍隊若想攻擊曹魏的豫州南境,必須捨舟陸行,放棄水戰的特長,又要長途跋涉、轉運糧草,困難是很多的。所以《賈逵傳》記載孫權在考慮進攻的戰略目標時,通常選擇豫州兩翼臨水的廬江、江夏。"每出兵爲寇,輒西從江夏,東從廬江。"另一方面,曹魏的豫州州軍遠在項城(今河南沈丘),離江有數百里之遥,對武昌、夏口的吳軍並未構成威脅。因此《賈逵傳》中寫道:"權無北方之虞,東西有急,並軍相救,故常少敗。"

　　如果用補注的方式標出《賈逵傳》這段史料中省略的某些詞語,其内容便易於理解。試閲:"時孫權在東關,當豫州南,(豫州)去江四百餘里。(孫權)每出兵爲寇,輒西從江夏,東從廬江。……"這樣認識既符合此時的史實情況,也不妨礙筆者對當時"東關"即武昌的解釋。這裏存在着以下可能性,即陳壽撰寫這段文字時,因爲"去江四百餘里"一句的主語"豫州",與前一句"當豫州南"的詞句有重疊,所以把它省略了。

　　《三國志·魏書·賈逵傳》的第二條記載是:"太和二年,帝使逵督前將軍滿寵、東莞太守胡質等四軍,從西陽直向東關,曹休從皖,司馬宣王從江陵。逮至五將山,休更表賊有請降者,求深入應之。詔宣王駐軍,逮東與休合進。逮度賊無東關之備,必並軍於皖;休深入與賊戰,必敗。乃部署諸將,水陸並進,行二百里,得生賊,言休戰敗,(孫)權遣兵斷夾石。……(逮)乃兼道進軍,多設旗鼓爲疑兵,賊見逮軍,遂退。逮據夾石,以兵糧給休,休軍乃振。"

這條史料提到賈逵曾督率滿寵、胡質等所屬的四支軍隊進攻東關。《三國志·魏書·滿寵傳》也叙述了此次軍事行動,但誤作太和三年,盧弼在《三國志集解》卷26中已作了糾正。[13]《滿寵傳》的記載明確地反映了他領兵征吳的方向並非東進,而是由豫州南下,直逼武昌附近的夏口。"(太和二年)秋,使曹休從廬江南入合肥,令寵向夏口。"滿寵發覺曹休若孤軍深入,處境極爲危險,便及時上疏請求朝廷準備給予支援。"寵表未報,休遂深入。賊果從無强口斷夾石,要休還路。休戰不利,退走。會朱靈等從後來斷道,與賊相遇。賊驚走,休軍乃得還。"這也可以證明《賈逵傳》中的"直向東關"並不是去進攻濡須或東興,而是前往武昌、夏口方向作戰。

三、"東關(武昌)"名稱來歷的探討

武昌在當時爲何又被稱做"東關"呢? 史無明文記載,筆者只能在這裏做些分析與推測:孫權改鄂曰"武昌",使這個地名帶有褒揚之義,表示孫吳政權將要"以武而昌"。《古今圖書集成·方輿紀編·職方典·武昌府部》載:"章武元年,吳孫權自公安徙都,更鄂曰武昌。按縣南有山名武昌,權欲以武而昌,故名。"曹魏與吳爲敵,雙方兵戈相見,對立仇視。魏國若在當時承認"武昌"這個名稱,則在政治影響上多少助長了敵人的氣焰,對自己有損無益。所以,如果魏方對此地點採取另一種叫法,也是合乎情理的。

值得注意的是,《三國志》的《吳書》當中,並沒有出現把武昌稱爲"東關"的記載,此類情況僅存在於《三國志》的《魏書》裏,很可能反映了在此特定時期(孫權遷都武昌到諸葛恪於東興築堤建城)之內,"東關"這個地名只是曹魏單方面用來稱呼武昌的。從《三國志》的成書背景來看,陳壽修此書時,魏、吳兩國先已有史,如官修的王沉《魏書》、韋昭《吳書》,以及魚豢私撰的《魏略》。這三種書是陳壽所依據的基本材料,他雖然進行了某些改動,但是仍在很大程度上保留了原有的內容。《三國志·吳書》來源於吳人的著作,吳人並不稱武昌爲"東關",所以在其中見不到這類記載。而《魏書·賈逵傳》中涉及"東關"的兩條史料則帶有較多的原始性,它們更爲直接地反映了歷史的實際情況,表明當時魏人對武昌的叫法是與吳人有別的。

此外,從地理位置來看,武昌稱做"東關"可能還有以下理由:

武昌、夏口附近地域在周代曾稱爲"鄂",因爲鄂城位於鄂地之東,在過去稱做"東鄂"。

如《晋書·地理志》武昌郡武昌縣注曰:"故東鄂也。楚子熊渠封中子紅於此。"《太平寰宇記》卷 111《江南西道·鄂州》條亦云:"舊名東鄂,《系本》云楚子熊渠封中子於鄂,改爲鄂縣。"黄初二年(221)孫權遷都武昌後,在當地築城,使它成爲鄂地東部的一座軍事重鎮,這或許是它被稱爲"東關"的原因。

另一種可能性是,當時武昌和鄰近的夏口並峙江上,成爲相鄰的兩座雄關。後人蘇軾的《前赤壁賦》曾云:"西望夏口,東望武昌,山川相繆,鬱乎蒼蒼。"也許是由於武昌在夏口之東,因此魏人把它叫做"東關"。

公元 252 年,諸葛恪於東興築堤建城之後,"東關"這個地名開始被用來稱呼東興,並且得到了魏吴雙方的認可。而作爲武昌別稱的"東關"則漸漸隱晦,被人們淡忘了。

① 《三國志·吳書·陸遜傳》。

② 《三國志集解》卷 15,中華書局 1981 年版,第 430 頁。

③ 參見傅仲俠等:《中國軍事史·歷代戰爭年表(上)》,解放軍出版社 1985 年版,第 328 頁。武國卿:《中國戰爭史(四)》,金城出版社 1992 年版,第 305 頁。

④ 《三國志·魏書·杜恕傳》。

⑤ 《史記·六國年表》秦始皇 35 年(前 212),"爲直道,道九原,通甘泉。"《史記·蒙恬列傳》:"始皇欲遊天下,道九原,直抵甘泉,乃使蒙恬通道,塹山堙谷,千八百里。"

⑥ 參見《三國志·魏書·武帝紀》建安 22 年二月條,《三國志·吳書·吳主傳》黄武 2 年三月條,《三國志·吳書·朱桓傳》黄武元年條。

⑦ 《元和郡縣圖志·闕卷逸文卷二》:"(濡須)塢在巢縣東南二百八里濡須水口。""東關口,在(巢)縣東南四十里,接巢湖,在西北至合肥界,東南有石渠,鑿山通水,是名關口,相傳夏禹所鑿,一號東興。"中華書局 1983 年 6 月版,第 1078 頁,1082 頁。

⑧ 參見《三國志·魏書》中《齊王芳紀》嘉平四年冬十一月條、《王修傳》注引王隱《晋書》、《王肅傳》、《傅嘏傳》、《傅嘏傳》注引司馬彪《戰略》、《桓階傳》、《王基傳》、《毋丘儉傳》、《毋丘儉傳》注、《諸葛誕傳》;《三國志·吳書》中《孫皓傳》寶鼎三年秋九月條、《全琮傳》注引《吳書》、《諸葛恪傳》。

⑨ 《三國志·吳書·吕蒙傳》。

⑩ 《三國志·吳書·陸遜傳》注引陸機《遜銘》曰。

⑪ 《三國志·吳書·陸凱傳》載陸凱所言:"又武昌土地,實危險而塉埆,非王都安國養民之處,船泊則沈漂,陵居則峻危。"

⑫ 參見《水經注·江水三》載夏口(今湖北武昌)有黄軍浦,"昔吳將黄蓋軍師所屯,故浦得其名,亦商舟之所會矣。"又"(黄)鵠山東北對夏口城,魏黄初二年,孫權所築。依山傍江,開勢明遠,憑墉藉阻,高觀枕流,上則遊月流川,下則激浪崎嶇,實舟人之所艱也。對岸則入沔津,故城以夏口爲名。"

　　沙羨城在今武昌西之金口鎮北,赤壁之戰後,程普領江夏太守,治沙羨。後又築城,《三國志·吳書·孫權傳》赤烏二年,"夏五月,城沙羨。"

　　魯山城在今漢陽龜山之上,見《水經注·江水三》:"江水又東徑魯山南,古(右)翼際山也。……山上有吳江夏太守陸渙所治城也。"《元和郡縣圖志》沔州漢陽縣條:"魯山,一名大別山,在縣東北一百步。其山前枕蜀江,北帶漢水,山上有吳將魯肅神祠。"

⑬ 盧弼《三國志集解·滿寵傳》:"此傳滿寵於太和二年領豫州刺史,與《賈逵傳》不合。曹休進兵失利、寵上書請備無强口事均在太和二年,此傳云三年,亦誤。今舉證如下:(略)。"中華書局 1981 年版,第 601 頁。

魏晉政局與皇甫謐之廢疾

景 蜀 慧

一

皇甫謐是魏晉士人中一個相當獨特的人物。他生於漢獻帝建安二十年(215),卒於西晋國勢最盛之武帝太康三年(282),親眼目睹了魏晉最高權力轉換的整個過程。雖與魏末名士阮籍嵇康屬於同一代人,却似乎在政治和思想上都處於一種較爲邊緣的地位,既没有捲入作爲當時關注焦點、與士人進退出處密切相關的自然名教之争等玄學討論,也未對曹馬兩派的派别和權力之争表現出明顯是非之意。但當司馬氏掌握政權,士人紛紛歸順入仕之時,他却不從流俗,堅決不應徵辟,隱居著述,精研醫理,以學術事業終其一生。由他所開創的河西學術一脉,在中古思想文化學術史上,具有相當重要的地位。

在歷史的表層,我們不難看到皇甫謐是以久嬰篤疾的理由,拒絶朝廷的徵辟,也藉不仕的態度,表明了他的政治人生選擇,展現了他的人格精神。①而在歷史的更深層面,他何以罹致廢疾以及所在時代的政治社會環境是如何影響了他的精神體質和疾病進程,也許對於我們真正深入理解其人其學及當時社會思想文化的真實狀况,是一個更有意義的問題。因此本文擬從魏晉之際的政治局勢對皇甫謐所患諸疾之影響這一特殊的觀察視角入手,結合其地域家世學術文化背景,去探尋其人(以及這一類士人)在魏晉之世的心路歷程,並由此認識他的人生選擇以及他在中古學術文化史中的真正地位。

魏晉之際,天下多故,世途險惡,統治集團内部激烈的權力鬥争,使士人的生存環境異常艱難。對此,學者論之已詳。要之,魏末朝廷内曾有過四次鉅變,即正始十年(249)春的高平陵事件;嘉平六年(254)李豐、夏侯玄、許允等曹爽餘黨的被誅;嘉平六年秋魏少帝曹芳的被廢;以及甘露五年(260)高貴鄉公曹髦的被弒。此四次事件作爲魏晉間政治衝突的集中表現,在大批士人捲入其中,成爲犧牲品的同時,也對社會中一般士人的思想感情産生極大震動,導致他們内心若干傳統價值觀念的嚴重擾亂。

作爲嵇阮的同時代人,魏晉間一系列廢立弒逆事件的親歷者,皇甫謐對當時政治中所發生的一切有何感受呢? 他在此時期罹患篤疾的情况,恰好爲治史者留下了一些通常易被忽略的歷史綫索。因此,我們可首先留意一下有關皇甫謐前後所患疾病的具體時間問題。

　　根據現有史料,可知皇甫謐先是在正始九、十年間"得風痹疾"。本傳載皇甫謐在泰始三年(267)前後上晉武帝疏中,有"久嬰篤疾,……十有九載"之言,説明皇甫謐罹患風痹疾之時間,當在曹魏正始九年(248)前後,時年三十四歲左右;其後即開始學醫"習覽經方";甘露中(256—260)病情加劇,"病風加苦聾",其後作《黄帝三部鍼灸甲乙經》;②大致在甘露末景元初,開始"服寒食藥",由於"性與之忤",又"違錯節度",造成身心極大痛苦,幾欲自殺,本傳稱"初服寒食散,而性與之忤,每委頓不倫,嘗悲苦,叩刃欲自殺";在他泰始三年上武帝疏中,也自言服寒食藥違錯節度已七年,推其時在魏甘露五年(260)前後,時皇甫謐四十六歲左右;③此期間作《釋勸》,表明了他拒絶出仕,並將進一步深入研究醫道的態度;再其後,或由於朝廷前後敦迫出仕,環境壓力加大的因素,病情趨於惡化,故作《篤終》安排後事,其時大致當在泰始末年(273年前後),不足六十歲時。④

　　從上述疾病進程中,可以發現,皇甫謐病情的發生和發展,與魏末朝中所發生的幾次政治變故在時間上有一些微妙的相聯之處,頗耐人尋味。亦可以推想,這種時間上的契合關係,一定程度上也是他在當時思想情感與政治傾向的獨特表露。如對皇甫謐本人的家世、學術背景和深層思想等作一番考察,還應當説,這種一致並非偶然巧合。

二

　　在切入主題之前,我們不妨結合皇甫謐的家世學術背景,對他的思想與政治傾向以及在正始前後的情感心態作一簡要分析。

　　皇甫謐出身西州著姓,家世忠義尚武。漢魏隴右河西地區,士風民俗與文化風氣自來與中原地區有所不同。作爲漢以來的西北邊陲重地,雍凉士民,浸染羌胡之風,本身多好勇尚武,嫻於弓馬。《漢書》卷二八(下)《地理志》八(下)言:

　　　　(凉州)其民或以關東下貧,或以報怨過當,或以誖逆亡道,家屬徙焉。習俗頗殊,地
　　　　廣民稀,水草宜畜牧,故凉州之畜爲天下饒。保邊塞,二千石治之,咸以兵馬爲務;酒禮
　　　　之會,上下通焉,吏民相親。是以其俗風雨時節,穀糴常賤,少盗賊,有和氣之應,賢於内
　　　　郡。此政寬厚,吏不苛刻之所致也。

兩漢(尤其是東漢)之凉州地區,地域上可分爲西北之河西四郡及東南之北地、安定、漢陽(天水)、武都諸郡兩大板塊,前者連接西域,後者則緊靠司隸部之右扶風,在各方面都與漢之三輔地區關係極其密切。⑤皇甫氏世居安定,其地本秦地,漢武帝元鼎三年分北地置郡,漢以來行政區劃一直隸屬凉州,到漢末以後,才改隸雍州。⑥作爲西州要郡,安定風氣亦與當時凉州

各郡相同。《漢書·地理志》八稱："(天水、隴西)及安定、北地、上郡、西河,皆迫近戎狄,修習戰備,高上氣力,以射獵爲先。……漢興,六郡良家子選給羽林、期門,以材力爲官,名將多出焉。……此數郡民俗質木,不耻寇盜"。皇甫謐自言少年時不喜讀書,"與從姑子梁柳等或編荆爲盾,執杖爲戈,分陣相刺,有若習兵",⑦正見邊郡尚武風氣之深遠影響。

雖爲西北邊州,漢代涼州與京畿所在之三輔地區,在政治、文化上有着特別的親和與認同。《後漢書》卷五八《虞詡傳》載虞詡在永初四年反對鄧騭因"羌胡反亂,殘破并、涼"而欲棄涼州之議,指出:"涼州既棄,即以三輔爲塞;三輔爲塞,則園陵單外。……諺曰:'關西出將,關東出相。'觀其習兵壯勇,實過餘州。今羌胡所以不敢入據三輔,爲心腹之害者,以涼州在後故也。其土人所以推鋒執銳,無反顧之心者,爲臣屬於漢故也"。虞詡此議,西州人士咸贊同之,安定王符在《潜夫論》中即言"失涼州,則三輔爲邊;三輔內入,則弘農爲邊;弘農內入,則洛陽爲邊。推此以相況,雖盡東海猶有邊也。"⑧可見涼州三輔,實爲輔車相依,彼此地位都很重要。或因此故,涼州地區除了尚武之習,向還有深厚的漢學淵源,是漢代學術文化的重點幅射區,而其主要之文化影響無疑來自關中三輔地區。尤其東漢以來,河西關隴之文化聯繫更爲密切,當地人士頗有好學之名,亦以通經致用作爲人生之基本選擇。《後漢書》卷七六《循吏傳》載南陽任延"年十二爲諸生,學於長安,明《詩》、《易》、《春秋》,顯名太學。學中號爲'任聖童'。"任延於兩漢之交,避兵至於隴西,至光武帝建武中,出任武威太守,其到郡,"造立校官,自掾史子孫,皆令詣學受業,復其徭役。章句既通,悉顯拔榮進之。郡遂有儒雅之士。"任延之學,屬正統今文學,所治《詩》、《易》、《春秋》,對隴右河西地區之學術,影響十分深遠。尤其安定及其毗鄰的隴西、武威等郡,地處河西走廊與關中三輔之間,其特殊的地理位置,使之成爲中原文化學術流布隴右河西的重要通道,受三輔影響的程度更過他郡。

安定皇甫氏自漢以來,即以事功儒業著稱於郡。皇甫謐七世祖棱,爲漢度遼將軍;六世祖旗,爲扶風都尉;高祖節,雁門太守;從高祖規,度遼將軍、護羌校尉;曾祖嵩,太尉;祖叔獻,灞陵令。父叔侯,舉孝廉。⑨其家族不僅累世以材力爲名將,習兵尚武而重事功,同時又兼有累世奉儒,治正統經學之傳統。東漢以來,涼州一帶所流行的,大體仍以今文經學爲主。《後漢書》卷六五《皇甫規傳》載規於順帝時舉賢良方正,對策言國事,皆正言,謂"君者舟也,人者水也",批評時事,以譏刺梁冀得罪,托疾免歸。在家"以《詩》、《易》教授,門徒三百餘人,積十四年";永康元年又舉賢良方正,對策有"天之於王者,如君之於臣,父之於子也。誠以災妖,使從福祥。……陛下暫留聖明,容受謇直,則前責可弭,後福必降"諸言。卷七一《皇甫嵩傳》亦言嵩自幼"好《詩》、《書》"。分別爲皇甫規和皇甫嵩所器重交好的敦煌張奂與北地傅燮等人,均有治今文經學之背景。張奂在今文經方面造詣頗深,且有所撰述創新,"少游三輔,師事太尉朱寵,學歐陽《尚書》。初,牟氏《章句》浮辭繁多,有四十五餘言,奂減爲九萬言。"後爲宦官陷害，禁錮歸田里，"閉門不出，養徒千人，著《尚書記難》三十餘萬言。"⑩傅燮爲忠烈節義之士，在皇甫嵩爲左中郎將討張角時，出任其護軍司馬。史載其學淵源乃"少師事太尉劉寬，再舉孝廉。"⑪按劉寬爲弘農華陰人，《後漢書》卷二五《劉寬傳》李注引《謝承書》稱："寬少學歐陽《尚書》、京氏《易》，尤明《韓詩外傳》。星官、風角、⑫筹歷，皆究極師法，稱爲通儒。未嘗與人爭勢利之事也。"由此可推測，安定皇甫氏家世所治之《易》、《書》、《詩》諸經，其家法亦不會與張、傅二人之師承淵源相去太遠。不過從皇甫規、張奐等人本"有兵略"，多有文章著述傳世，⑬張氏又有治文字之學之家風等情形來看，其學亦已經是掺雜今古，由經學而入小學乃至諸子之學了。這當然是由時代之大背景使然。

凉州之學，由於得漢學之深厚影響，加之民風敦厚樸訥，此地學者在思想學術方面往往恪守正統儒學文化本位，當漢末新學風興起之後，此地區仍保有濃鬱的漢代舊學風氣，存重節義，不染浮華，與中原地區士人的某些時尚風習保持着相當大的距離。在此方面，安定王符之學或許可以作爲一個典型的例證。從《潛夫論》中《務本》、《過利》、《論榮》、《考績》諸篇文字對當時政風、士風與學風的深入批評，不難看出，厚篤務實不喜交游的西州士人，已經看到了正統經學與名教統治衰落後，社會思想文化領域所發生的名實相離變化，因此站在傳統的立場上，主張務本清源，而對當時許多士人不修本實，背棄儒學道德根本，以浮名交游進趨於世的行爲深以爲病。可能並非偶然的是，王符與安定皇甫氏之間，本亦因思想情感的投合而頗有交往。《後漢書》卷四九《王符傳》載皇甫規解官歸安定，有鄉人得太守者來謁，規臥而不迎，後"白王符在門，規素聞符名，乃驚遽而起，衣不及帶，屣履出迎，援符手而還，與同坐，極歡。時人爲之語曰：'徒見二千石，不如一逢掖。'言書生道義之爲貴也。"此後在皇甫氏後人如皇甫嵩、謐等的許多思想主張及個性爲人中，屢可以發現來自王符的影響。特別是皇甫謐的許多觀念，如元氣論之宇宙觀及上古史觀、⑭士以道貴，重賢尚能之政治思想、⑮"不好戲弄"的生活態度、⑯乃至於《鍼灸甲乙經》中視精通醫道爲忠孝之性、拯濟之心的具體體現、⑰《篤終》中儉殯薄葬之後事安排等等，⑱均可見《潛夫論》中思想之痕迹。而玄晏先生守高尚之志，不肯"修名廣交"，潛隱不仕之人生選擇，也未必沒有潛夫先生窮居著書，以處士終老之人生經歷之影子。祇是王符在後漢之世，尚能於"志意蘊憤"之際，放言"譏當時得失，……指訐時短，討覈物情"，⑲而皇甫謐在魏晋間，卻祇能作《帝王世紀》、《高士傳》、《列女傳》，將自己對時事的批判，寓於對上古帝王、前代之隱士奇女的感嘆懷想之中。

由此而觀皇甫謐之思想，總體上當仍屬漢代舊學範圍，而與漢末之新學有別。但由於時代等諸多因素，其思想中又具有一種與王符相類似的新舊雜陳，似舊還新的特點。⑳亦可以說，西州地區乃至皇甫謐本人，並非完全沒有受到漢末以來新學風之影響。㉑尤其皇甫謐，在思想學術方面，較之其祖輩，已經是更加多元。而其有變於漢代舊學最不能忽視的一個因素，應是他出繼叔父，遷居新安一事。按新安魏時屬弘農郡（晋以後改隸河東），其地在穀洛二水之北，黃河以南，爲漢魏新學風影響所及之區。有關他居於新安的情況，史書中記述不多，唯《晋書》卷八六《張軌傳》稱軌"與同郡皇甫謐善，隱於宜陽女几山"，由此可知皇甫謐至少有相當時間具體居處是在女几山。㉒宜陽新安毗鄰，同屬弘農，後者在前者以南約三十里許，曾爲魏洛陽典農都尉治所。這一帶鄰近澠池二崤，地多險阻，㉓顧祖禹謂之"控扼之要地"。㉔洛水穿流而過，林竹茂密，多山水之勝，是當時許多名流經常涉足之地。又與洛陽相隔不遠，易通消息，在魏晋間地理位置殊不尋常，頗類當時位於黃河以北，太行南麓的河内山陽地區。一些在魏末政局中地位重要的官僚名士，其活動與此地往往有一定關聯。如曾任洛陽典農都尉的毌丘儉，其起兵前，其子甸爲治書侍御史，"私出將家屬逃走新安靈山上"，後司馬氏派兵，始"別攻下之"。㉕按靈山又名鳳凰山，山有靈泉，或以此得名，其地正在新安南，緊鄰宜陽處。毌丘甸逃走此地，可知位置之險要。另據《水經注》卷十五《洛水》：

> 臧榮緒《晋書》稱，孫登嘗經宜陽山，作炭人見之，與語，登不應。作炭者覺其情神非常，咸共傳説。太祖聞之，使阮籍往觀，與語，亦不應。籍因大嘯。登笑曰：復作向聲。又爲嘯。求與俱出，登不肯，籍因別去。登上峰，行且嘯，如簫韶笙簧之音，聲振山谷。籍怪而問作炭人，作炭人曰：故是向人聲。籍更求之，不知所止，推問久之，乃知姓名。

此説亦見於王隱《晋書》，㉖後東晋孫綽作《高士傳》，認爲孫登所經之山爲蘇門山，但從阮籍曾作《宜陽記》，對此地的山川形勝物産顯得相當熟諳的情形來看，或當以宜陽山爲是。㉗而此地區地理位置的微妙與重要，據此可知。皇甫謐少時入繼叔父，從安定遷往新安的時間，史無明書，參照相關史事，或可推知。曹魏中期之安定，由於魏蜀爭奪隴右戰略要地，加之鄰近之匈奴氐羌族勢力之侵擾，一直戰亂不絶。明帝太和二年，諸葛亮出祁山，天水、南安、安定皆叛應。以後連年出兵，在這一帶形成拉鋸局面。到青龍元年秋末，還有安定保塞匈奴大人胡薄居姿職等的叛亂。㉘太和二年皇甫謐十四歲，估計他就在此後不久，徙離原籍。據此，皇甫謐實際上是在志學之年前後，即已入居新安，了解接觸此類人物，一定程度上受漢魏新學熏染，是十分自然的事。因此之故，他與魏晋清談名士，思想深處並非伴不相通。其隱逸不仕的思想與實踐，不完全和嵇阮等竹林之游的宗旨追求相同，但在某些層面，也不乏契合之處。他在《釋勸》等文中表現出的尊士重道之觀念，駁文立上表朝廷謂"命士有贄爲煩，請絶其禮幣"之議論，與阮籍"布衣韋帶之士，孤居特立，王公大人所以禮下之者，爲道存也"㉙之言及嵇康《太師箴》對"大道沉淪"之後君主專制，"憑尊恃勢，不友不師。宰割天下，以奉其私"的抨擊，出發點或有不同，但立場相當接近。尤其他作《釋勸》之時間，大體上也正是嵇阮等人藉自然放達之舉，對司馬氏作消極反抗之時，類似之思想態度，相同之歷史場景，清楚地説明，他與嵇阮等人之間的某種精神聯繫。

　　皇甫謐的思想特點,決定了他頗爲微妙的政治傾向。在當日複雜的政局中,皇甫謐由於在思想上與正始玄風有較大差異,對名士浮華清談之習也距離甚遠,從各個方面來看,顯非曹魏集團中人。這或許也是司馬氏一再拉攏,極力徵辟其入仕的一個重要原因。但實際上,他對以司馬氏爲代表的東漢以來河北大族集團並不認同,在曹馬之爭中,也並無支持司馬氏集團的傾向。從歷史上看,皇甫氏這種僻處一方的西州著姓(相當於地方豪族)和號"天下名賢",詩禮傳家的中原名族之間,在許多方面素來存在隔閡。皇甫謐高叔祖皇甫規,在漢末之黨人運動中,雖然在感情上傾向於朝中反對宦官外戚之清流士大夫(因爲受到當時黑暗朝政影響的,自然也包括他們那一批以實實在在之軍功來博取功名的武將),可是由於他的身份,大約還有另一些原因,史書說他"雖爲名將,素譽不高",並不爲黨人所接納,他"以西州豪傑,恥不得豫",竟不得不上表自請坐黨人之罪。㉚這種"西州豪傑"與"天下名賢"之隔,既有家世門第高下的因素,㉛也有東漢以來黃河上游地區士人與黃河中下游地區士人在個性爲人治學立身風氣等方面多有差異的緣故。《後漢書·王符傳》稱"和、安之後,世務游宦,當途者更相薦引,而符獨耿介不同於俗,以此遂不得升進"。而從《潛夫論》中對俗士"多務交游而結黨助"㉜之尖銳批評,到後來皇甫謐在處世上不肯"修名廣交"以"崇接世利",㉝尤可從一個側面看到西州之士與中原新派士人觀念價值之不同。如唐長孺先生所指出,漢末以袁氏爲代表的河北大族集團,㉞有尚名之習,"所以在袁氏統治下的冀州朋黨標榜之風盛行,曹操得冀州後就下令禁止'阿黨比周',說冀州俗'父子異部,更相毀譽'。而且這種用人態度又必然與大族橫行相關"。㉟除了在地域、家世門第方面並不屬於與冀州人士爲主體的司馬氏河北大族集團的因素,皇甫謐之難以認同司馬氏集團,更重要的原因,恐怕還是在儒學大義這一根本問題上。安定皇甫氏自漢以來,即守公忠仁厚之儒學家風,《後漢書·皇甫嵩傳》載嵩在漢末"夙夜在公,心不忘忠",又"愛慎盡勤","折節下士",爲人作派迥異於董卓等涼州軍閥。相形之下,司馬氏雖號詩禮傳家,却非純儒,剛狠冷酷,陰鷙好殺,"外寬而內忌,猜忌多權變"。㊱其所奉儒,實乃"術"而非"學",與皇甫家風全然不同。有此家世傳統,且漢學背景深厚的皇甫謐,其政治觀念,是看重綱常,謹守君父大節,並用這一觀念,去對待、理解魏晋間的朝廷權力之爭。固不贊同曹氏之某些思想和政治習尚,更反對司馬氏之狼顧狗偷,公然篡位。這一集團不尊君權,野心篡政,恣行廢立,甚至公然弑逆的行爲,決非他這一類士人所能接受,其情感傾向於"君"是毫無疑問的。其所作《鍼灸甲乙經·序》之末,有一段深切感慨之言:

　　　　夫受先人之體,有八尺之軀,而不知醫事,此所謂游魂耳。若不精通於醫道,雖有忠孝之心,仁慈之性,君父危困,赤子塗地,無以濟之,此固聖賢所以精思極論盡其理也。由此言之,焉可忽乎?

此序作於甘露五年高貴鄉公被弒之後,其中痛言忠孝之心,君父之困,決非泛泛之語,確可看出他内心愛憎情感之所在。

由此,亦可以推想他對於正始名士的態度。正始改制之目的,在於改善君主統治,加强朝廷力量,限制世家大族勢力把持選舉,一定程度上有利於那些出身於地方,門第不高的士人入仕進取,因利益上本無衝突,因此他們這類士人,其實對改制之事並無反感。何晏等人忠於魏室的立場,也並不與皇甫謐的立場相抵觸。祇是這班新學之士,熱衷干進,在政事上却短識無謀,不知兵略,爲人作派不爲皇甫謐所喜而已。事實上,在高平陵事變之前,皇甫謐已預感到他們必敗的命運,且深爲之憂慮。《魏志》卷九《曹真傳》注引《漢晋春秋》中載:

> 安定皇甫謐以(正始)九年冬夢至洛陽,自廟出,見車騎甚衆,以物呈廟云:"誅大將軍曹爽。"寤而以告其邑人,邑人曰:"君欲作曹人之夢乎!朝無公孫彊如何?且爽兄弟典重兵,又權尚書事,誰敢謀之?"謐曰:"爽無叔振鐸之請,苟失天機則離矣,何恃於彊?昔漢之閻顯,倚母后之尊,權國威命,可謂至重矣,閹人十九人一旦尸之,况爽兄弟乎?"

此條記載可以説是史書中反映皇甫謐在高平陵政變前夕之隱秘思想情感的唯一材料,甚值得分析。按所謂"曹人之夢",典出《左傳》及《史記·管蔡世家》:"初,曹人或夢衆君子立於社宫而謀亡曹,曹叔振鐸請待公孫彊,許之。旦而求之曹,無之。戒其子曰:'我死,爾聞公孫彊爲政,必去之。'及曹伯陽即位,好田弋,曹鄙人公孫彊好弋,獲白雁,獻之,且言田弋之説説之,因訪政事,大説之,有寵,使爲司城以聽政。夢者之子乃行"。[37]不久,曹國亡,而曹君伯陽與公孫彊俱被殺。此典故中所暗喻之史事及所隱含的皇甫謐之心態甚爲曲折。表面上,似是以公孫彊比喻曹爽等,指責他們亂政。但從謐所言"爽無叔振鐸之請"語中,可知亂政者或曰謀亡曹者當別有人。按曹叔振鐸其人,與管叔鮮和蔡叔度同爲周武王同母弟,武王克殷後封功臣昆弟,他與管、蔡同時被封,成爲曹國之君。武王死後周公專王室,管、蔡疑周公之爲不利於成王,因而作亂,遂被誅放。此事亦牽連到武王其餘母弟,曹叔等均被遣就國,不再任職王室。司馬遷因此將他與管、蔡同傳,其與周室之關係地位可知。結合"曹人之夢"古典之原義與皇甫謐和邑人之對話的内容,可對此典所喻指之人事作一分析:其中"曹"乃代指魏室,當無可疑;"謀亡曹"之"衆君子",應是代指司馬氏集團,當時許多人都隱約意識到了這一集團將不利於魏室,從魏明帝時高堂隆"臣觀黄初之際,天兆其戒,異類之鳥,育長燕巢,口爪胸赤。此魏氏之大異也,宜防鷹揚之臣於蕭墻之内"[38]之上疏,到陳矯答明帝"憂社稷"之問,以爲司馬氏未必爲"社稷之臣",[39]可以看出這種猜疑是由來已久的;"曹伯陽"與"公孫彊",表面上應是代指魏帝和曹爽集團,不過當時在位之齊王過惡不彰,而且以皇甫謐之思想爲人,也不可能直斥君過,故此處所實喻者乃爲魏宗室的曹爽與何晏、鄧颺等人。耐人尋味的是皇甫謐之邑人以爲"朝無公孫彊如何?"這實際上顯示出當時一般人的看法,即並不以何、鄧等爲朝中亂政之人。"叔振鐸"其人,自是代指曹魏宗社之靈。皇甫謐用其古典,以爲"爽無叔振鐸之請,苟失天機則離矣,何恃於彊",可見他也並不認爲何、鄧諸人即公孫彊輩。且人謀亡曹而叔振鐸能請待之,實際上説明此時魏德尚未衰微,還遠未到亡國之時。然則司馬氏之誅伐廢立,顯然悖於天理。還值得注意的是,皇甫謐將預感中的曹爽之誅,比作東漢宦官誅外戚閻顯。《後漢書》卷十下《皇后紀》下稱閻顯"及弟景、耀、晏並爲卿校,典禁兵","頗與朝權",曹爽兄弟的情形自是與之相類似。閻顯在歷史上當然是過惡很多的人,但是由宦官孫程等十九人所發動的誅滅閻氏的那場宮廷政變,不過是本執賤役之閹人乘間竊權,淆亂綱紀之舉,更没有合法的依據。《後漢書·宦者傳論》對當時朝廷"不得不委用刑人,寄之國命",以至使此輩"手握王爵,口含天憲","雖時有忠公,而竟見排斥","漢之綱紀大亂矣"的局面,嘗痛切直陳,而皇甫謐曾祖皇甫嵩,正是當時忠公之臣爲宦官所排斥者。[40]由此亦可想見皇甫謐對此輩之觀感。所以,此處謐以"閹人十九人"喻司馬氏集團,對其所爲實無肯定之意。總之,在這一段喻指曲折的言談中,皇甫謐對曹魏政權及朝中的曹爽、司馬氏兩大集團各自不同的情感態度,自有明確展現,其親疏向背如何,可不待言。

　　皇甫謐此夢及其後對夢的解説,表明了他對國家社稷命運的强烈關心和極深之憂懼。而在正始末年,朝廷中的政治形勢已是異常緊張,危機四伏,明眼人俱已看出一場大衝突的爆發迫在眉睫。《世説·規箴》注引《名士傳》載何晏"懼而賦詩"事:

　　　　是時曹爽輔政,識者慮有危機。晏有重名,與魏姻戚,内雖懷憂,無由退也。著五言詩以言志曰:"鴻鵠比翼游,群飛戲太清。常畏大網羅,憂禍一旦並。豈若集五湖,從流唼浮萍。永寧曠中懷,何爲怵惕驚?"

何晏是圈内人,對危機將發的感受遠過他人。恰好他也曾在正始九年十二月末問夢於術數大師管輅:"連夢見青蠅數十頭,來在鼻上,驅之不肯去。有何意故?"輅據相術之理答曰"鼻者艮,此天中之山,高而不危,所以長守貴也。今青蠅惡臭,而集之焉,位峻者顛,輕豪者亡,不可不思害盈之數,盛衰之期"。[41]在這番對答中,不難看出何晏内心對個人命運以及與之相關的朝廷政局的深切憂慮。其夢正是這種内心焦慮的表現。而皇甫謐與何晏幾乎同時的夢境,可以看出他雖然身處權力圈外,其憂慮的程度却並不稍減,而且與何晏相比,憂國家社稷的成份更爲明顯,其忠於朝廷的態度是無庸置疑的。

　　對當時没有直接捲入曹馬之爭的廣大士人來説,國家將有大變的現實,迫使他們考慮應變之方。無論情感好惡如何,依據個人的性格、思想、以及社會地位與利益的不同,他們也採取了完全不同的應付方式。包括嵇康阮籍在内的許多較多受到老莊玄學影響的清談名士,在正始嘉平之際選擇了避世遠害以保身的方法,退隱山林,或不與當局合作以保持個體獨立,或猶豫觀望,等待時局的明朗化。阮籍在正始八年前後被曹爽召爲參軍,他懼禍及、"因以疾辭,屏於田里";曹爽誅後,"時人服其遠識".㊷山濤在正始後期爲河南從事,夜宿傳舍,預感政變將發,爲"無事馬蹄間","投傳而去".後"果有曹爽事,遂隱身不交世務",㊸爲數年後投入司馬集團埋下伏筆。然而對深受漢學濡染且憂勞君國甚深的皇甫謐來説,在這一時期作出適當的選擇却是極其艱難的一件事。㊹在討論"天下多故"的魏晋之際士大夫思想心態時,人們通常忽略了他們這種性格迂執剛介的正統儒學之士,㊺在面臨那種與他們自來堅執的君父之節嚴重衝突的政治危機時,内心所産生的無法化解的强烈精神反應過程,以及這種觀念衝突給他們心理和生理上帶來的嚴重傷害。

對皇甫謐來説,正始九、十年之交朝野人心惶惶,而高平陵政變之後,殺伐之氣充塞於天地,朝中"名士減半"的局面,確實在他心理和生理上都引起了明顯的應激反應。他所做的"曹人之夢"正是其憂思在精神心理上的反應之一例,而在生理上,即首先表現爲正始九、十年間罹病一事。

三

關於皇甫謐所患風痹等證之情況,學界迄今研究不多。但考慮到他患病是在一個特殊而微妙的時期,似可以説,史書中對皇甫謐病情的記述,是我們深入觀察了解此時期歷史真相的一個特殊窗口,重要性不宜忽視。因此,在此嘗試從傳統醫學角度,結合皇甫謐本人生活的具體情況,對其前後所患諸疾的病因病狀作一番考察。

史籍中,關於皇甫謐之病情,大致有如下一些記載:

後得風痹疾,猶手不輟卷。㊻

軀半不仁,右脚偏小,十有九載。㊼

甘露中,吾病風加苦聾,百日方治。㊽

服寒食散後,證狀又有發展:

隆冬裸袒食冰,當暑煩悶,加以咳逆,或若温瘧,或類傷寒,浮氣流腫,四肢酸重。㊾

且伴有精神證狀,所謂"晝夜不得寐,愁悲恚怒,自驚跳悸恐,恍惚忘誤".㊿消化系統的反應則表現爲腹脹滿不思飲食,"勤對食垂涕"等。[51]

據上述材料,可明確得知的是,皇甫謐最初所患,爲風痹之疾。所謂"風痹",亦名"行痹",在傳統醫學中,大致是指今日之"風濕"一類疾病。其病因是風、寒、濕等外邪共同侵入人體,作用於營衛分腠,使經絡氣血運行受阻,故稱爲"痹"。《素問·痹論》謂"風寒濕三氣雜至合而爲痹也。其風氣勝者爲行痹,寒氣勝者爲痛痹,濕氣勝者爲著痹".[52]後《諸病源候論》綜合其説,《風病諸候·風痹手足不隨候》稱"風寒濕三氣合而成痹,風多者爲風痹."[53]其《風痹候》稱：“痹者，風寒濕三氣雜至，合而成痹。……由人體虛，腠理開，故受風邪也。病在陽曰風，在陰曰痹；陰陽俱病，曰風痹。”[54]其主要證狀是肌肉頑麻並伴有痛感，肢體活動受限，若遷延不愈，外邪還可能深入臟腑，引起肝、腎、心、脾等方面的病變，《內經》謂之“骨痹不已，復感於邪，內舍於腎；筋痹不已，復感於邪，內舍於肝；脉痹不已，復感於邪，內舍於心；肌痹不已，復感於邪，內舍於脾；皮痹不已，復感於邪，內舍於肺。所謂痹者，各以其時，感於風寒濕之氣也。”[55]

　　風痹雖然是由風寒濕侵入人體所致，但外邪之乘虛入裏，流走經脉，壅滯氣血，却是由人的體質狀況、精神情緒以及生活之環境、季節、氣候等因素所促成。《內經·靈樞》卷七《本臟》謂：

　　　　人之血氣精神者，所以奉生而周於性命者也。經脉者，所以行血氣而營陰陽，濡筋骨，利關節者也。衛氣者，所以溫分肉，充皮膚，肥腠理，司關合者也。志意者，所以御精神，收魂魄，適寒溫，和喜怒者也。是故血和則經脉流行，營復陰陽，筋骨勁强，關節清利矣。衛氣和則分肉解利，皮膚調柔，腠理致密矣。志意和則精神專直，魂魄不散，悔怒不起，五藏不受邪矣。寒溫和則六府化穀，風痹不作，經脉通利，肢節得安矣。[56]

其論以爲人之“風痹不作”，有賴於“血氣精神”兩大因素，即首先是體質强健，經脉衛氣運轉正常；其次則是志意和暢，精神健康，魂魄不亂，喜怒有度。相反，“夫百病之始生也，皆生於風雨寒暑，陰陽喜怒，飲食居處，大驚卒恐。則血氣分離，陰陽破敗，經絡蹙絕，脉道不通，陰陽相逆，衛氣稽留，經脉虛空，血氣不次，乃失其常”。[57]而從史籍所載皇甫謐之生活狀態來看，他此時恰恰是在體質精神這兩大方面，遭遇到相當嚴重的問題。

　　首先就其體質而言，皇甫謐雖出身“高上力氣，以射獵爲先”，[58]弓馬嫻熟的西州尚武之家，但如王隱《晋書》所言，“謐族從皆累世富貴，獨守寒素”，[59]其“獨守寒素”生活方式和艱苦的生存條件，自然影響到他的體格，使之早已非復祖輩“習兵壯勇”之概。自他在弱冠之年，感激於叔母之規勸而折節讀書，努力勤學，以耕讀爲業，可謂勞其筋骨，苦其心志，從身體到精神備極疲累。其本傳載其“就鄉人席坦受書，勤力不殆。居貧，躬自稼穡，帶經而農。”《世說·文學》注引王隱《晋書》稱其讀書“遭人而問，少有寧日”；而《御覽》卷八二四引《玄晏春秋》稱其苦讀之餘，“又好農桑種藏之事，且養雞鶩，園圃之事，勤不捨力”。《御覽》卷五一〇引虞般佑《高士傳》亦稱其“以耕稼爲業，專心好學”。自謂“樸訥不好戲弄”，本傳稱其“沈静寡欲，……以著述爲務”。這種殫精竭力的苦讀方式和過於嚴肅的内向個性，其實頗不利於人的身心健康狀況。而他却長期不以爲意。本傳稱他“耽玩典籍，忘寢與食，時人謂之‘書淫’。或有箴其過篤，將損耗精神。”[60]他自己反而認爲“余嘗恨不能請命於天，延年累百，博極群書者也。”[61]《素問·上古天真論》謂男子“四八，筋骨隆盛，肌肉滿壯；五八，腎氣衰，髮墮齒槁”，而皇甫謐長期勞損身心,起居失宜的結果,却使他在三十四、五尚當壯歲之時,體質已相當羸弱。《靈樞》云,"百疾之始期也,必生於風雨寒暑,循毫毛而入腠理";"肉不堅,腠理疏,則善病風"。[62]而皇甫謐所以受到風寒濕等外邪之侵襲,本中積弱,正氣不足,以至腠理不實,衛氣失常,自是一不可忽視的因素。

再就其精神情志因素而言。如古醫家所論,風痺外邪之侵入經脉,久而不去,則依其所合,"内舍五藏六府"。[63]而臟腑能爲外邪所客,必有五藏之氣先傷於内。"人有五氣化五藏,以生喜怒悲憂恐。故喜怒傷氣,寒暑傷形";[64]又言:"風寒傷形,憂恐忿怒傷氣。氣傷藏,乃病藏;寒傷形,乃應形,……此形氣外内之相應也。"[65]情志内發,先傷五藏之氣,而後"六淫"等外邪始得由表入裏。所謂"愁憂恐懼則傷心。……有所大怒,氣上而不下,積於脅下,則傷肝。……陰陽俱感,邪乃得往。"[66]正始之末,不僅政治形勢日益緊張,自然界出現的一些天象、氣象改變,如頻繁的星變、星運異常、日月蝕、大風雨等,[67]也被人們視爲上天對人事失調所作出的神秘儆示,進一步加劇了人們對朝廷政治危機即將爆發的預感和恐懼。皇甫謐譜於天文星象之學,[68]有"考天時察人事"之漢學傳統,不可能不在意這些天文氣候現象,憂懼尤過於他人。《漢晋春秋》所載皇甫謐之夢,即爲其恐懼内心相當典型的表露。而此夢之發生,甚至有可能爲罹患風痺之早期表現,其證象正合於《靈樞》所言:

> 正邪從外襲内,而未有定舍,反淫於藏,不得定處,與營衛俱行,而與魂魄飛揚,使人卧不得安而喜夢。[69]

古醫家常以夢境爲體内臟腑疾患之表象,謐之所夢内容,雖尚不能與某種特定的病理證狀相聯繫,但兩者間存在關聯,應是可以肯定的。又《素問·血氣形志》稱:"形數驚恐,經絡不通,病生於不仁"。而其原因便是"驚則心無所倚,神無所歸,慮無所定,故氣亂矣。勞則喘息汗出,外内皆越,故氣耗矣。思則心有所存,神有所歸,正氣留而不行,故氣結矣",[70]更直接指明形體多勞與心志恐懼憂思乃是促成風痺發生之變重原因。《御覽》卷七四〇引《長沙耆舊傳》中"夏叔丁母憂過禮,遂患風濕,一脚偏枯"之事,適可爲證。

除此二者之外,當時之氣候條件加上其生活的環境亦有可能是令皇甫謐罹患風痺的另一層重要原因。按竺可楨等學者之研究,中國古代氣候,從東漢時起,有趨於寒冷之勢,直到隋代(公元600年左右),爲中國歷史上第二個寒冷時期。而寒冷之氣候,在"第三世紀後半葉,特別是公元280—289年的十年間達到頂點,……那時年平均温度大約比現在低1—2℃。"[71]這一時期,太陽黑子的活動較爲頻繁,而在我國古代,凡太陽黑子活動記錄多的世紀,也是嚴冬較多的世紀。[72]由於太陽活動對大氣層對流層氣流運動的振蕩影響導致冷暖乾濕氣團活動的增强,在這些時期往往相應出現劇烈的天氣變動,多發疾風暴雨霜雪等嚴重災害性天氣。魏晋時期的史志中,有關此類氣候的記述,可謂寓目輒見。若以古醫家的眼光來看,"四時陰陽者,萬物之根本也"。如果出現"日月不明,邪害空竅","惡氣不發,風雨不節"⑦³這類反常現象,是天時不正,陰陽失衡的表現,人體亦有可能因此有所感應,正常機能受到擾亂,"賊風數至,暴雨數起,天地四時不相保,與道相失,則未央絕滅"。⑦⁴另就皇甫謐的居住環境而言,他出生在涼州安定,爲西北乾燥寒涼之地。少時遷於新安,其地在黃河以南之穀水與洛水之間,溪壑縱橫,峰巒烟雲繚繞,如《水經注·洛水》所載:"洛水又東,渠谷水出宜陽縣南女几山,東北流,逕雲中塢,左上迢遞層峻,流烟半垂,縈帶山阜";⑦⁵又《穀水》:"穀水又東,逕新安故城,南北夾流,而西接崤黽","自缺門而東,廣陽川水注之。⑦⁶水出廣陽北山,東南流注於穀,南望微山,⑦⁷雲峰相亂",氣候顯然遠較安定一帶潮濕。⑦⁸來自西北乾燥地區的皇甫謐,難以適應,身體有可能因此而受濕氣之長期影響而留下病根。《漢書》卷七九嘗載祖籍上黨、世居杜陵之馮奉世子馮立,"爲東海太守,下濕,病痺,天子聞之,徙爲平原太守"。顏師古注:"東海土地下濕,故立病痺也"。《靈樞·賊風》、皇甫謐《鍼灸甲乙經》卷六《四時賊風邪氣大論》皆言風邪之傷人致病,"皆嘗有所傷於濕氣,藏於血脉之中,分肉之間,久留而不去",遂爲"故邪",卒遇喜怒寒溫,即成寒痺。

有關皇甫謐風痺發生之年,從《晉書》本傳所載他泰始初上武帝疏中,固可知道是在正始之末即正始九年至十年的範圍之內,至於具體的季節月份,史無明言。然而此點却並不是一個無關宏旨的問題。按《素問》,不同季節時令傷於風,所入經絡臟腑不同,故所罹致之風痺,其病之性質、證狀亦有別。"以春甲乙傷於風者,爲肝風。以夏丙丁傷於風者,爲心風。以季夏戊巳傷於邪者,爲脾風。以秋庚辛中於邪者,爲肺風。以冬壬癸中於邪者,爲腎風。"⑦⁹若以名痺,亦各有區分:"以冬遇此者爲骨痺;以春遇此者爲筋痺;以夏遇此者爲脉痺;以至陰遇此者爲肌痺;以秋遇此者爲皮痺。"⑧⁰由是而觀之,皇甫謐之風痺感於何時與屬於何種類型,兩者之間應相關聯。故在此擬結合古醫家病因之説,並根據史籍所載他的病狀表現進行辨析,以期對其發病的具體時間作一推考。

傳統醫學主天人相應,認爲人體與宇宙自然相通,構成一和諧之統一體。天時變化的"正"與"不正",直接影響到人們身體疾患的發生與否。而在諸多天時氣象等自然因素中,又尤其强調"風"的致病作用,以爲"風者,百病之長"。⑧¹按上古醫者之所謂"風",既可泛指某種廣泛的氣候現象,亦特指外邪之一種,以其如同風一樣善於中人,故而得名。《靈樞》立九宮以確定八方之風向,以爲風向正則天時正,風向不正,則爲賊風、邪風,易中人而致疾患,爲害甚大。而不同方位之風,傷人不同,入犯人體的藏府器官亦不同。譬如來自正北方之風(亦即冬季之風),名"大剛風","其傷人也,內舍於腎,外在骨與肩背之膂筋,其氣主爲寒也。"⑧²《小品方·治中風瘖瘂不隨痛腫諸方》並稱:"大剛風爲病,令人寒,寒者患冷不能自温"。⑧³設若人體自身本有衰虛,或處在寒濕等環境中,遇到不時之風或異常之氣候,則極易引發寒熱痿厥偏枯等病。[84]而在多種異常之風中,最可爲害致病者,爲“折樹木,揚沙石”的不時之風,如《歲露論》所言“諸所謂風者,皆發屋,折樹木、揚沙石,起毫毛,發腠理者也。”[85]考諸史籍,正始九年歲暮,恰有一系列怪異反常的氣候現象發生的記載。如《宋書》卷三四《五行志》五:

　　(正始)九年十一月,大風數十日,發屋折樹。十二月戊子晦,尤甚,動太極東閣。

古醫家觀念爲天人相通,人體内津液氣血之運轉,乃“與天地相參也,與日月相應也”,[86]因此史籍中提到的那種出現於晦朔時分的異常天氣,對正常人體的傷害尤其嚴重:“至其月郭(通廓)空,則海水東盛,人氣血虛,其衛氣去,形獨居,肌肉減,皮膚縱,腠理開,毛髮殘,膲理薄,烟垢落。當是之時,遇賊風則其入深,其病人也卒暴。”[87]據《宋書·五行志》,正始九年冬末這場怪異大風,並持續到十年正月初:

　　嘉平元年正月壬辰朔,[88]西北大風,發屋折木,昏塵蔽天。

此處史家特記大風之方位爲“西北”,實際上正是由於此爲失時之風的緣故。《靈樞·歲露論》稱:“正月朔日,太一居天留之宫,其日西北風,不雨,人多死矣。”皇甫謐《鍼灸甲乙經·八正八虛八風大論》言此,作“正月朔日,平旦西北風行,民病多,十有三也。”由此,我們不難推想,皇甫謐之獲病,顯然與正始九年冬末的這些天氣現象有關,或者就正是由這場大風所直接引發。

　　有關這一問題,我們還可以根據古醫學文獻所載,對皇甫謐風痹病本身的證狀表現進行一些辨析,來旁證他染病的時令是在冬末。從起病初期的若干證狀來看,皇甫謐之風痹,所中外邪,以風寒爲多。如《靈樞·賊風》所論,在身體先傷於濕氣的條件下,“卒然喜怒不節,飲食不適,寒溫不時,腠理閉而不通,其開而遇風寒,則血氣凝結,與故邪相襲,則爲寒痹。”[89]又《鍼灸甲乙經》卷十《陰受病發痹》言“寒痹之爲病也,留而不去,時痛而皮不仁”,其痹“留連筋骨間”,即風寒濕流注筋脉,氣血不通,則久疼痛。至於“病久入深,營衛之行澀,經絡時疏,故不痛,皮膚不營,故不仁”。若濕阻中焦,水不能運化,則嘔逆腹脹,全身或肢體浮腫。而寒氣深入骨髓,則成骨痹,“病在骨,骨重不可舉,骨髓酸痛,寒氣到,名曰骨痹”。[90]如前所言,風痹所病,本在肢體經絡,然而其病若不能及時調治,久而將導致人體正氣進一步虛弱,外邪深入,亦可内傳藏腑,形成五藏之痹。骨與腎相通,病久傷腎。“骨痹不已,復感於邪,内舍於腎”(一説骨痹即腎痹)。腎痹之證狀,多表現爲“善脹(王冰注:“腎者胃之關,關不利則胃氣不轉,故善脹也”),尻以代踵(王冰注:“足攣急也”,即不能以足行走),脊以代頭(王冰注:“身踡屈也”,即脊痛頭不能仰)”。[91]由此來看皇甫謐自言其“咳逆”、“浮氣流腫”、“四肢酸重”、“對食垂涕”的情形,可能都與腎痹有關。又腎開竅於耳,《難經·三十七難》謂“腎氣通於耳,耳和則知五音”,[92]《諸病源候論》卷二九《耳風聾候》進而指出:“足少陰,腎之經,其氣通於耳。……其經脉虛,風邪乘之,風入於耳之脉,使經氣否塞不宣,故爲風聾”。皇甫謐甘露中病風苦聾,風痹傷腎可能也是原因之一。

　　古醫家以陰陽五行生化擬配五藏,以腎爲北方寒水所生,《素問·陰陽應象大論》稱:"北方生寒,寒生水,水生咸,咸生腎,腎生骨髓,髓生肝,腎主耳。其在天爲寒,在地爲水,在體爲骨,在藏爲腎,……在變動爲慄,在竅爲耳,在志爲恐,恐傷腎"。北方寒水,所對應之季節爲冬,故《素問》以痹有五,冬遇之者爲骨痹;其《金匱真言論》又言"冬氣者病在四肢";"冬善病痹厥"。《四氣調神大論》並言:"冬三月,此謂閉藏。……冬氣之應,養藏之道也。逆之則傷腎,春爲痿厥,奉生者少"。張介賓注曰:"腎屬水,王於冬,冬失所養,故傷腎,腎傷則肝木失其所生,肝主筋,故當春令而筋病爲痿。陽欲藏,故冬不能藏,則陽虛爲厥。冬藏既逆,承藏氣而春生者少矣"。㉝參照其説,似可認爲,皇甫謐之發病確在冬季,史籍所載其正始九年冬之夢境,也確實是其染病的最初表證。他後來服散之後,自言感受寒熱不定,"或若溫瘧,或類傷寒",其實這些證狀並不一定完全是寒食散之毒性作用,從他在《鍼灸甲乙經》中引《素問》"溫瘧者,得之於冬,中於風寒,寒氣藏於骨髓之中,至春則陽氣大發,寒氣不能出,因遇大暑,腦髓鑠,肌肉消,腠理發泄,或有所用力,邪氣與汗皆出,此病藏在腎,其氣先從内出之於外。如是者,陰虛而陽盛,陽盛則熱矣,衰則氣復反入,復入則陽虛,陽虛則寒矣。故先熱而後寒,名曰溫瘧"㉞之言來看,它們亦有可能是因其病起於冬而引發的相關病狀。

　　由此並可發現,皇甫謐之病經冬至春,由於在情志、體質、居處環境等方面没有改善,故其風痹進一步發展加劇,肢體筋骨五藏綜合受損。而其疾病的進一步發展,在很大程度上,又和當時朝中之政治局勢所造成的不良社會氛圍有關。史載正始十年春,司馬氏父子詭密謀畫,用血腥殘暴手段,突然襲擊,對曹氏一黨首開殺戒,"誅曹爽兄弟及其黨與,皆夷三族,京師嚴兵",㉟在朝野内外引起普遍之恐怖。《魏志》卷九《夏侯玄傳》注引《魏略》稱正始年間尚依違於曹馬兩派之間,謗書謂之"如游光"的李豐,聞知曹爽誅後,"怖遽氣索,足委地不能起",可見其恐懼的程度。直到後來嘉平中,許允"聞李豐等被收,欲往見大將軍,已出門,回惶不定,……大將軍聞允前遽,怪之曰:'我自收豐等,不知士大夫何爲忽忽乎?'是時朝臣遽者多耳",㊱則當時朝中依然緊張之氣氛由此可知。《素問·四氣調神大論》言:"春三月,此謂發陳,天地俱生,萬物以榮",故人事上應"生而勿殺,予而勿奪,賞而勿罰,此春氣之應養生之道也。逆之則傷肝"。皇甫謐在正始九年冬,高平陵事變前夕,由於懷有强烈的憂懼等情志因素,在生理上本已有違冬日養藏之道,導致臟氣受損,既往之濕邪與冬季之寒邪等外邪乘機入裏,引發風痹。而緊接着來的正始十年春的司馬氏逆時而行,大肆誅殺名士,既有違物理又大傷人情,在當時朝廷内外造成極大震撼和衝擊,血雨腥風下的陰森恐怖氣氛,對士大夫情志乃至生理上的傷害是可想而知的。阮籍《詠懷》其十一,注者多認爲是感慨曹爽集團事而作,㊲詩中有"遠望令人悲,春氣感我心"之句,在萬物發蘇的季節裏却是如此的哀楚蕭瑟之音,正是當時這場殺伐震攝下的心聲流露。按《素問》,"逆冬氣,則少陰不藏,腎氣獨沉";[⑱]而"逆春氣,則少陽不生,肝氣內變"。[⑲]入春後的異常氣候與政治空氣,兩方面都無助於冬季罹病的皇甫謐之調養,反而由於其心魄的進一步震蕩,臟腑繼續受損,由腎而傷及肝脾心肺,以至甘露中繼發"病風"。[⑩]

在對皇甫謐之風痹病因和緊隨其後的病情發展有上述了解基礎上,可進一步對皇甫謐甘露中病風苦聾、服寒食藥以及他未滿六十即作《篤終》安排後事的原因進行一些分析和推測。從皇甫謐《鍼灸甲乙經·序》自言他甘露中病風苦聾和《晉書》本傳所載他泰始三年(267)上疏謂其服散違錯節度"於今七年"這兩條材料,我們可以知道他大致是在高貴鄉公甘露五年(260)六月之前(是年六月後改元景元),亦即他四十五歲左右,病於風疾,突發耳聾之證,旋即開始服用寒食散,試圖以此對日益加劇的痼疾進行治療。[⑪]

病風苦聾這一病情變化,容易使人理解爲皇甫謐風痹之證的加劇或發展,但從其耳聾的證狀及久病後出現半身麻木不仁,右足痿縮的情況來看,極有可能他之"病風"實爲一場中風。按唐以前之醫家之所謂諸風病,涵義甚廣,所包含的疾病範圍甚寬。《素問·風論》謂"風""善行數變","爲百病之長","之傷人也,或爲寒熱,或爲熱中,或爲寒中,或爲癘風,或爲偏枯",風痹亦包含在內。從現代醫學之分類來看,其中所涉及的疾病,從心腦血管意外、肝、腎功能衰竭,到破傷風等感染性熱病、麻風、風疹、風濕等,幾無所不有。[⑫]所以歸之爲"風病"一類,大致是古醫家認爲它們的發病機理,均有感受風邪於外和正氣虛虧於內這兩大因素。《金匱要略·中風歷節病脉證並治》將中風與歷節合論,以此二者爲廣義之風病,而具體區分,則有"痹"與"中風"之不同。二者成病雖都有風邪的因素在內,但前者一般必有風寒濕之侵入,由經絡而留着筋骨關節;後者則以氣血之"虛"爲主因,風寒之類僅爲次因,且病有在絡、在經、入腑、入臟之別。其所論"中風",在病因病機證候方面,已和後世醫家對中風的看法較接近。[⑬]此後孫思邈總結發展仲景風病諸説,其《千金方》卷八《諸風》開宗明義稱:

中風大法有四,一曰偏枯,二曰風痱,三曰風懿,四曰風痹。

其中前三種,即相當於《金匱》所論中風中"中經絡"與"中臟腑"的情形,而最後提到之"風痹",無疑孫思邈已意識到與中風有別,乃是同於諸痹,"各有證候,形如風狀,得脉別也"。將之列入"諸風",或是因其在痹證中以風氣勝之故。不難看出,在漢唐間,醫家實際上已能對風痹與中風有所區別。因此,精通醫理的皇甫謐在《鍼灸甲乙經·序》中自言爲"病風",表明他在甘露中的耳聾,加之後來出現"軀半不仁,右脚偏小"之偏枯情況,恐非風痹復發或加劇,而是由於久病正氣虛虧,氣血瘀滯,從而在某些特別的外在環境情志因素刺激下引發的中風。

須加辨證的是,皇甫謐的"軀半不仁",誠有可能爲風痹之表徵之一,乃是由於風邪久客經脉，氣血空虛，不能榮養肌膚所致，如《素問·調逆論》中所言：“榮氣虛則不仁，衛氣虛則不用，榮衛俱虛，則不仁且不用。”但應注意的是，人體這種氣血不足狀況，也正爲發生中風的病機。因此歷代醫家，往往將肢體麻木尤其單側肢體的麻木乏力，視作中風之先兆，或徑作爲中風證候之一，如《金匱》所言“邪在於絡，肌膚不仁；邪在於經，即重不勝”。[104]而尤須指出者，是風痹引起的軀體不仁，一般是四肢或雙側肢體麻木，祇有中風的半身不遂，才多見左或右半側身體的麻木不仁，其證重於四肢麻木。[105]黃元御《金匱懸解》謂“風之爲病，或中於左，或中於右”；尤在涇《金匱心典》亦謂“風徹於上下，故半身不遂”。[106]以皇甫謐“右脚偏小”的情況來看，他之“軀半不仁”，以發生於身體右側的可能性爲大，古醫家經驗認爲，氣虛半身麻木多發於右側肢體，[107]而氣虛易招風，正與中風有密不可分之關係。至於其右脚偏小，應當就是從《內經》到《千金方》中所言之“偏枯”，亦即現代醫學所謂“偏癱”，向被視爲中風或其後遺證之一種。其不同於一般風痹或痿證之最重要表徵，在於並非四肢或雙下肢的瘦削痿小癱軟，而是單側肢體的痿縮或不隨。《靈樞·九宮八風》又稱“擊僕偏枯”，意謂其發病之初，或曾有昏厥，而後始有半身不遂之“偏枯”出現。皇甫謐病風之初，是否發生過短暫暈厥等意識障礙情況，史書無載，可知者，僅有“苦聾”一條。由此推測，其中風大約屬於一種程度較輕的類別，即張仲景所謂“中經絡”者，主證包括偏身麻木，言語蹇澀等，但神智清明不亂。[108]後世醫家認爲或是病者經絡爲肝風所挾痰濁壅阻所致。[109]《後漢書》卷四五《袁安傳》載時人封觀因故“稱風疾，喑不能言”，其室失火，“徐出避之，忍而不告”，其僞裝表現的，就是這類中風的最典型證狀。後世醫家並指出，中風不語若在腎經，“則腰足痿痹，或耳聾遺尿”。[110]因此如前所言，皇甫謐致聾的原因，籠統地説，是因爲腎虛而風邪入耳；具體辨之，則與腎精之虧損，導致肝腎陰血枯竭，不能滋養空竅有關，[111]正由中風引發。後《諸病源候論》稱此種耳聾爲“勞傷於腎，宗脉虛損，血氣不足，故爲勞聾。勞聾爲病，因勞則甚”。[112]估計也正是由於這點，促使他選擇了服用當時普遍認爲可治虛勞的寒食散以療痼疾。

　　和正始末年罹患風痹的情況一樣，皇甫謐在甘露中發生病風苦聾，與當時朝中十分緊張的政治局勢（具體而言，即司馬氏篡魏意圖的日漸顯露），顯然有很大關聯。中風之病因，與風痹之必須要有風寒濕等外邪侵入有所不同，乃是由人體自身情志內傷，正氣衰虛的因素所造成。其中最主要病因就是精神方面之情志鬱怒或憂思悲恐，加上久病久虛、過度勞累、氣候驟變等次因，五志化火，內風動越，氣機失調，因而引發中風。[113]然而在甘露中，究竟何事引起皇甫謐情志的強烈激動呢？從史實來看，甘露中震驚朝野的事件有二，一是甘露二年五月，諸葛誕在淮南起兵，司馬昭挾帝、太后親征，到三年二月，誕兵敗被殺，夷三族事；其二即是五年四月，高貴鄉公出討司馬氏被弑殺事。尤其後一事件，由於直接傷及儒家綱常的核心內容——君臣大義，幾乎成爲一場統治危機，對士人思想情感衝擊震動的程度，是空前的。

平心而論,此時之司馬昭,未必真欲用此過激方式解決此事,但變起突然,其死黨倉促之中,應付或有失分寸,司馬昭遽然聞知,亦不免"大驚",史稱其當時"自投於地曰:'天下其謂我何!'"[114]而其叔父司馬孚,情急之中狼狽"奔往,枕帝股而哭"。[115]從後來朝野之反應來看,司馬氏此言此舉,尚不似純然表演作態。實際上這一公然弒逆從根本上破壞倫常的非常嚴重事件之發生,確實令司馬氏置身於一個十分尷尬的處境中。特別是當時士人在對此事及其餘波的情緒態度上,並非順從平靜,社會輿論對賈充等司馬氏死黨極為不利,而對忠於曹髦的死難者公開表示同情。《魏志》卷二二《陳群傳》注引《魏氏春秋》嘗載陳泰對高貴鄉公之死的激烈反應:

> 帝之崩也,太傅司馬孚、尚書右僕射陳泰枕帝尸於股,號哭盡哀。時大將軍入於禁
> 中,泰見之悲慟,大將軍亦對之泣,謂曰:"玄伯,其如我何?"泰曰:"獨有斬賈充,少可以
> 謝天下耳。"大將軍久之曰:"卿更思其他。"泰曰:"豈可使泰復發後言。"遂嘔血薨。

從陳泰之言行,已可見當時一般朝臣之態度,他因此事之打擊而"嘔血薨",更可見出強烈的精神震動對士人生理健康所造成的致命損害。至於民間的情感,《魏志》卷四《三少帝紀》注引《漢晉春秋》中有另一則材料,言魏葬高貴鄉公於洛陽西北三十里瀍澗之濱:

> 百姓相聚而觀之,曰:"是前日所殺天子也。"或掩面而泣,悲不自勝。

來自朝野無形的壓力,迫使司馬氏不得不在事後極力樹恩,寬貸士人的某些過激行為(如向雄哭王經於市等),幾年間著意收拾人心。故《宋書》卷三二《五行志》三在記述魏景元三年十月"桃李華"這一異常物候後,特言此乃是"自高貴弒死後,晉文王深樹恩德,事崇優緩"所致。而在事變當時,我們可以設想此驚人消息遽然而至,造成病中之皇甫謐情志之強烈激盪,氣血逆亂,引發中風暴聾,可能性極大。況據史載,事變之日,正值天雨,到魏帝被弒殺之時,還驟見"暴雨雷霆,晦冥"。[116]惡劣的氣候條件與人事交相感應,更易引動內風。其後他在《鍼灸甲乙經·序》中,於"甘露中,吾病風加苦聾"後,特言及"忠孝之心,仁慈之性,君父危困,赤子塗地"諸語,兩者相聯,當非無感而發。由此亦可推測,他在甘露五年開始服用寒食散,除了因此事引起的病情惡化,或許也和此危機時期精神上之極度惶惑鬱悶有關。至於他在此年究竟何時開始服藥,從古醫家之言中似亦可找到綫索,《醫心方》卷十九《服石節度第一》引夏侯氏論:"服藥無冬夏時節也,春秋差(一本作"者")為佳。"[117]皇甫謐索覽經方,當能遵此節度,其服散,可能即在秋季。然而由於陽氣開始內斂,秋季對服散之人,又是個頗為危險的時節,同上書引龐氏論即稱,"夫寒食藥發多在秋冬"。皇甫謐服藥之初便散發為疚,或與此時節有關。

皇甫謐究竟是因服散中毒而死還是由風痺中風所導致的諸多並發證而死,史無明言,極有可能兩方面的因素均有影響。但從他未滿六十即作《篤終》,從容安排後事之舉,或可了解

其死因更有可能是由於久病之後的重要臟器功能衰竭。作爲精研醫方的學者,他對所罹疾患的預後,應是相當了解的。《靈樞·厥病》論"風痺死證"云:

> 風痺淫濼,病不可已者,足如履冰,時如入湯中,股脛淫濼,煩心頭痛,時嘔時悗,眩已汗出,久則目眩,悲以喜恐,短氣不樂,不出三年死也。

《素問·奇病論》並稱"腎風而不能食,善驚,驚已,心氣痿者死",張介賓注云:"風生於腎,則反克脾土,故不能食。腎邪犯心,則神氣失守,故善驚。驚後而心氣痿弱不能復者,心腎俱敗,水火俱困也,故死。"[⑱]聯繫皇甫謐自述服散之後表現出的一系列肝脾受困,心腎不交的證狀,[⑲]可知他對於自己之病不僅無藥可治,且死期亦可揆以時日的情況,十分清楚,所以要作《篤終》,當是爲此。

　　附識:本文第三部分,撰寫中承蒙魏啓鵬教授諸多指點,並惠贈若干資料。謹此誠懇致謝。

① 亦有學者通過他所著《列女傳》、《高士傳》及《帝王世紀》思想傾向的分析,來推測他對代魏之司馬氏集團的情感態度,不爲無見。見魏明安《魏晋思潮與皇甫謐》,《蘭州大學學報》1985 年第 1 期。

② 《鍼灸甲乙經·序》:"甘露中,吾病風加苦聾,百日方治要皆淺近,乃撰集三部,使事類相從,刪其浮辭,除其重復,論其精要,至爲十二卷。"見《鍼灸甲乙經校注》,人民衛生出版社 1998 年版(下同)。

③ 《醫心方》及《諸病源候論》引皇甫謐《寒食節度論》,言其服散失節度,"飲酒不解,食不得下。乍寒乍熱。不洗便熱,洗復寒,……晝夜不得寐,愁悲恚怒,自驚跳悸恐,恍惚忘誤。……吾嘗如此,勤對食垂涕,援刀欲自刺,未及得施,賴叔親見迫奪,故事不行。退而自惟,乃却刀强食,飲冷水,遂止。禍不得成,若絲髮矣。"一說賴其兄士元爲合"三黃湯"(按《千金方》及《千金翼方》中"三黃湯"方有二,一首出張仲景,《千金方》卷八《諸風》偏風門載"仲景三黃湯"方,主治"中風手足拘攣,百節疼痛,煩熱心亂,惡寒,經日不欲飲食"。其方最早見《小品方》,《醫心方》卷三引之:"張仲景三黃湯,治中風手足拘攣,百節疼煩,發作心亂,惡寒,引日不欲飲食秘方",其藥有麻黃、獨活、細辛、黃芪、黃芩五味。《千金方》此方則在原五味藥基礎上有所加減,"心中熱,加大黃半兩;脹滿,加枳實六銖;氣逆,加人參十八銖;心悸,加牡蠣十八銖;渴,加栝蔞十八銖;先有寒,加八角附子一枚。"後宋人編《金匱要略方論》引作"《千金》三黃湯"。《千金翼方》卷十五《補益》收入另一"三黃湯"方,爲"主解散發,腹痛脹滿卒急"方,其藥有大黃、黃連、黃芩三味。士元所合,恐是後者),服之乃瘥。見《醫心方》卷十九,華夏出版社 1996 年版(下同),第 402 - 403 頁;《諸病源候論校注》卷六《解散病諸候》,人民衛生出版社 1991 年版(下同),第 194 頁;可參《余嘉錫論學雜著》上冊《寒食散考》第五、六篇,中華書局 1963 年版。

④ 其《篤終》中自言"年雖未制壽",又言已"嬰疢彌紀",即距甘露末景元初服散病情轉劇已超過十二年。可參趙以武《皇甫謐生平新探》,《西北師大學報》1993 年第 1 期。

⑤ 按漢末以來,河西屢叛,《魏志》卷一五《張既傳》載:"是時,武威顏俊、張掖和鸞、酒泉黃華、西平麴演等並舉郡反,自號將軍,更相攻擊。"故曹操在統一北方,平定隴右後,先是以河西四郡去州隔遠,以四郡改屬雍州,建安十八年復古九州,遂省并涼州,從舊三輔之地而鄰近西域地區,全部劃爲雍州。如《張既傳》所載:"是時不置涼州,自三輔拒西域,皆屬雍州。"到曹丕登位後,又復置涼州。可參《廿五史補編·三國郡縣表附考證》。

⑥ 晋武帝泰始五年,一度以安定等隴西五郡隸秦州,不久又還屬雍。

⑦ 《御覽》卷六百七引《玄晏春秋》。

⑧ 卷五《救邊》,見《潛夫論箋》,中華書局 1979 年版,第 258 頁。

⑨ 參《後漢書》卷六五《皇甫規傳》、卷七一《皇甫嵩傳》、《世說·文學》注引王隱《晋書》。

⑩ 見《後漢書》卷六五《張奐傳》。

⑪ 《後漢書》卷五八《傅燮傳》。

⑫ 李賢注：“觀四隅之風占之也”，爲一種與今文《齊詩》有關的占風之術。參王鐵《漢代學術史》，華東師大出版社 1995 年版。

⑬ 參《後漢書》卷六五《皇甫規傳》。

⑭ 按其撰《帝王世紀》，開宗明義即言“天地未分，謂之太易；元氣始萌，謂之太初；氣形之始，謂之太始；形變有質，謂之太素。太素之前，幽清寂寞，不可爲象。惟虛惟無，蓋道之根。道根既建，猶無生有。太素質始萌，萌而未兆，謂之龐洪，蓋道之幹。既育萬物成體，於是剛柔始分，清濁始位。天成於外而體陽，故圓以動，蓋道之實。形質已具，謂之太極”（《御覽》卷一引，並參徐宗元輯《帝王世紀輯存》，中華書局 1964 年版），爲相當典型的漢代宇宙生成論，可與《潛夫論》卷八《本訓》所論對照。

⑮ 其《釋勸》、《高士傳》、《列女傳》中例證甚多，可與《潛夫論》卷一《賢難》、卷二《本政》、卷四《論榮》等篇對照。

⑯ 可與《潛夫論》卷三《浮侈》等篇相對照。

⑰ 王符熟諳醫理，《潛夫論》中頗引醫道喻爲政之道，以爲“醫國”“治世”與“醫疾”“治身”事理相通。見卷二《思賢》，卷四《述赦》、卷五《實邊》諸篇。

⑱ 參看《潛夫論》卷二《浮侈》。按王符這方面主張對西州人士之影響，尚不僅限於皇甫謐。據《後漢書·張奐傳》，卒於東漢光和四年的張奐，臨終前遺命諸子曰：“通塞命也，始終常也。但地底冥冥，長無曉期，而復纏以纊綿，牢以釘密，爲不喜耳。幸有前窆，朝殞夕下，措尸靈床，幅巾而已。奢非晉文，儉非王孫，推情從意，庶無咎吝。”皇甫謐《篤終》之意，實與之同。其所本者，當爲同一傳統。

⑲ 見《後漢書·王符傳》。

⑳ 按王符之思想學術，從宇宙觀、天人觀到政治觀、倫常觀，總體上仍屬漢代之學，但由於時代因素，已有新思想成分蘊含其內。實際上，這種似乎顯得保守而不入時流的思想學術傾向，恰恰表現出回歸儒學大義的特點，觸及到時代思想的某些焦點，以其在社會批判中對君權問題、士人人格問題、民本問題、名實本末等問題的强烈關注，在漢魏思想演變的過程中，占有重要的地位。關於此點，可參余敦康《何晏王弼玄學新探》第 1 章《導論》第 2 節，齊魯書社 1991 年版。

㉑ 如《魏志》卷一五《溫恢傳》注引《魏略》載，黃初末年，曾有汝南孟建出任涼州刺史，其人年少時，“與諸葛亮俱游學”，有漢魏新學之背景。

㉒ 皇甫謐張軌所隱之女几山，據《水經注·洛水》，位於宜陽縣南（《讀史方輿紀要》謂在今縣西九十里），洛水支流渠谷水所出。孫登所經之宜陽山，或亦可能是此山。其山據唐李賀《蘭香神女祠》詩自注，乃“蘭香神女上升處，遺几在焉，故名。”（參楊守敬《水經注疏》卷十五，段熙仲等作《校記》〔七〕，江蘇古籍出版社 1989 年版）考皇甫謐與張軌隱女几山的時間，大體應在魏末景元中，他四十六、七歲時。按《晉書·張軌傳》所載張軌卒年推之，張軌生於魏正元元年（254），晉代魏時，僅十一歲許。泰始初受其叔父賜官五品，至多十二、三歲。其與謐隱女几山的情形，以情理揆之，更有可能是皇甫謐在曹魏後期，爲避當局頻繁的徵辟之舉，移居到距新安僅數十里的此山中，從事著述並設帳授徒。（有關皇甫謐在其四十歲左右“還本宗”後仍居新安的情形，趙以武《皇甫謐生平新探》所辨甚詳，可參看。）景元元年張軌六歲，已可隨師受學，入山師從皇甫謐的時間，很難再早於此年。陸侃如《中古文學繫年》推測同爲皇甫謐門人的摯虞，亦是於此年受業，似可爲一佐證。推算下來，張軌隱女几山的時間，至多十餘年。據《張軌傳》，他後來入朝，“中書監張華與軌談經義及政事損益，甚器之，謂安定中正爲蔽善抑才，乃美爲之談，以爲二品之精。衛將軍楊珧辟爲掾，除太子舍人”。按張華在武帝朝祇擔任過中書令一職，時間是從泰始七年到咸寧六年。以後在惠帝元康元年到六年期間，始任中書監。而楊珧則於太康元年至十年、永熙元年至元康元年兩爲衛將軍。由於張華爲中書監實在楊珧被殺之後，故張軌與之論經義並被延譽加高品之時必是在其任中書令期間（“監”當爲“令”之誤），其後始有楊珧衛將軍掾之辟以及太子舍人之任命。究其確切之時間，前一事當在咸寧之末，後一事當在太康之初。如是，張軌離開皇甫謐入朝之時，大約應在咸寧中，時皇甫謐六十餘歲，早已作了《篤終》，交代了後事。

㉓ 《魏志》卷一六《杜畿傳》注引《杜氏新書》言魏明帝時杜恕嘗“營宜陽一泉塢，因其壘塹之固，小大家焉”。《水經注·洛水》謂一全塢（即一泉塢）“在川北高原上，高二十丈，南北東三箱天險峭絶，惟築西面，即爲全固”。

㉔ 《讀史方輿紀要》卷四八河南三。

㉕ 《魏志》卷二八《毌丘儉傳》及注引《世語》。

㉖ 《御覽》卷五百二逸民二引，內容小異。

㉗ 按宜陽有金門山，山後有東漢所置金門亭，故名。其山多竹，一名律管山。（參《讀史方輿紀要》卷四八河南三）

《御覽》卷四二"金門山"引阮籍《宜陽記》稱"金山之竹,堪爲笙管",而《世說·棲逸》注引《魏氏春秋》言蘇門山隱者身邊唯"竹實數斛",故"蘇門山"亦有可能爲"金門山"之訛。

㉘　參《魏志》卷三《明帝紀》。

㉙　阮籍《奏記詣蔣公》,《文選》卷四十。

㉚　見《後漢書》卷六五《皇甫規傳》。

㉛　如有學者在對漢魏士人入仕狀況的研究中指出,東漢以來,那些偏於一地,爲一郡一縣之望的"著姓",在社會地位上遠不能與"朝廷上貴盛於時的高門華閥相比"。參閻步克《察舉制度變遷史稿》第 9 章,遼寧大學出版社 1997 年版,第 186 頁。

㉜　卷一《務本》。

㉝　《晋書》卷五一《皇甫謐傳》。

㉞　袁氏亡後,司馬氏即成爲這一集團的領袖。可參柳春新《"正始黨争"探賾》,《文史》第四十六輯。

㉟　《魏晋南北朝史論叢·魏晋才性論的政治意義》,三聯書店 1955 年版,第 305 – 306 頁。

㊱　《晋書》卷一《宣帝紀》。

㊲　《左傳》哀公七年。

㊳　《魏志》卷二五《高堂隆傳》。

㊴　見《魏志》卷二二注引《世語》。

㊵　參《後漢書》卷七八《宦者傳論》李賢注。

㊶　見《魏志》卷二九《方伎傳》。

㊷　《晋書》卷四九《阮籍傳》。

㊸　《世說·政事》注引虞預《晋書》。

㊹　頗疑《晋書》本傳稱其"始有高尚之志"的時間,其實就在正始後期,而此選擇的作出,也决非字面上所看到的那樣輕鬆。

㊺　皇甫氏家族由於地域、學術等因素,其人物大多有忠義剛直樸質耿介的性格,史書所載之皇甫規、皇甫嵩均如此。這一性格,在許多西州士人如張奐、傅燮等身上也都能看到,發展到極端,甚至爲峻急强直,不能容人之短。而皇甫謐似乎不然,他以傳高士聞名,其爲人"沈静寡欲",自號"玄晏先生",頗給人以恬淡隱退,不與世事的印象,然而這並非是他的真實性格。實際上,忠義剛直之家族性格遺傳,已成爲其不可移易之内在人格之一部分,在平時之治學處世中,他明顯地表現出樸訥、嚴肅、迂直、峻烈的個性,《御覽》卷四六四引《玄晏春秋》中皇甫謐自言:"予樸訥不好戲弄,口又不能戲談",其言可見爲人。其所作《列女》《高士》等傳,所撰《釋勸》、《篤終》等文,亦都爲其剛介性格的表現。如他的《列女傳》,内容今雖難以全窺,但從今日尚能見到的《龐娥親傳》(按亦有學者認爲此篇非皇甫謐所作,皇甫謐祇是引用其文,至多祇是加工潤色,加以評論而已。説見趙以武《皇甫謐生平新探》)、《江乙母傳》等篇章,均能見出他性烈剛正不苟的一面;爲力辭徵辟所作的《釋勸》、《答武帝疏》,儘管辭多委婉,仍能體會到他所面臨的壓力:當時之形勢,乃"王命切至,委慮有司",他之不行,干係非小,"上招迕主之累,下致駭衆之疑"。而他在文中藉廢疾和欲隱於醫道等理由堅拒,甚至有"設臣不疾,已遭堯舜之世,執志箕山,猶當容之"這樣鋒芒棱角鈗然的强項之辭,且在如此易生嫌疑的氣氛中,藉文立之言發批評議論,影射表面上求賢甚切之最高統治者,並非真正愛才重士之人;又如本傳中載他對待其表兄梁柳前後一貫之態度等,都是他性格中堅執迂守,剛而難柔特點的顯現。

㊻　《晋書》卷五一本傳。

㊼　《晋書》本傳載皇甫謐泰始三年上武帝疏。

㊽　《黄帝三部鍼灸甲乙經序》,見《鍼灸甲乙經校注》,第 20 頁。

㊾　泰始三年上武帝疏。

㊿　《醫心方》卷一九引"皇甫謐云",見《醫心方校注》第 402 頁;並參《諸病源候論》卷六《解散病諸候》。

51　同上。按須説明的是,這類證狀,有些固然屬於寒食散的毒性反應,但從《醫心方》所引皇甫謐論治"傷寒"、"温瘧"症之言:"若得傷寒温瘧者,亦可以常藥治之,無咎也。……傷寒藥皆除熱,瘧藥皆除癖,不與寒食相妨"(見《醫心方》卷一九),表明其中仍有相當一部分,屬於原有風痹證引發的身體病理改變,故可以常藥治之。

52　《黄帝内經素問校注》卷一二,人民衛生出版社 1992 年版(下同),第 555 – 556 頁。

53　《諸病源候論校注》卷一,第 24 頁。

54　同上,第 30 頁。

(55) 《素問·痹論》,第557－558頁,並見皇甫謐《鍼灸甲乙經》卷十《陰受病發痹》。
(56) 《靈樞經》,人民衛生出版社1963年版(下同),第89－90頁。
(57) 《靈樞》卷五《口問》,第66頁。
(58) 《漢書》卷二八下《地理志》八下。
(59) 《世説·文學》"左太沖作《三都賦》初成"條注引。
(60) 《御覽》卷六一四引《玄晏春秋》自言其爲學"或兼夜不寐,或戲獨否[疑有脱字],或對食忘餐,或不覺日夕。是以游出之事,吉凶略絶。富陽男數以全身之道誨予,方之好色,號予爲'書帙'。"
(61) 《書鈔》卷九七引《玄晏春秋》。
(62) 《靈樞》卷七《五變》,第87、88頁。
(63) 見《素問·痹論》。
(64) 《素問》卷二《陰陽應象大論》,第80頁。
(65) 《靈樞》卷二《壽夭剛柔》,第19頁。
(66) 見《靈樞》卷一《邪氣藏府病形》,第11頁。
(67) 詳見《宋書》卷三四《五行》五、《晋書》卷一三《天文》下、卷二九《五行》下等。
(68) 其門人摯虞張軌均能觀天象,可爲其證。事見《晋書》摯張二人本傳。
(69) 《靈樞》卷七《淫邪發夢》,第84頁。
(70) 參《素問》卷一一《舉痛論》,第511頁。
(71) 竺可楨《中國近五千年氣候變遷的初步研究》,《考古學報》1972年第1期。
(72) 據科學家統計,在中國古代寒冷時期,太陽黑子活動記録明顯增多。詳參竺可楨《歷史時代世界氣候的波動》及文中附表6《中國史書所紀各世紀日斑和極光次數表》,載《氣象學報》1962年,第31卷,第4期;並參《中國近五千年氣候變遷的初步研究》。
(73)(74) 《素問·四氣調神大論》,第28－29頁。
(75) 見卷一五。
(76) 熊會貞按:"水在今新安縣西北",見《水經注疏》,江蘇古籍出版社1999年版(下同),第1368頁。
(77) 熊會貞按:"山在今新安縣西南",同上。
(78) 據竺可楨先生統計研究,古代從東漢到魏末這二百餘年時間内,河南一帶所發生的水災數量,爲當時其它地區的數倍之多。(見《中國歷史上之氣候變遷》,《東方雜志》1925年第22卷,第3期,收入《竺可楨文集》,科學出版社1979年出版,第64頁。)這其中固然有該地區爲京畿所在,降雨等氣候記録較詳的因素,但當時這一帶河網較密,雨水較多,亦爲客觀事實。
(79) 《素問》卷一二《風論》,第548頁。
(80) 《素問》卷一二《痹論》,第556頁。
(81) 見《素問·風論》。
(82) 見《靈樞》卷一一《九宫八風》,第143頁。
(83) 見《小品方新輯》,上海中醫學院出版社1993年版,第23頁。
(84) 詳參《九宫八風》卷一二《歲露論》及《鍼灸甲乙經》卷六《八正八虚風大論》。
(85) 《靈樞經》,第151頁。
(86) 《靈樞·歲露論》,第149頁。
(87) 同上,並參《鍼灸甲乙經》卷六《八正八虚八風大論》。
(88) 此處有誤。按《二十史朔閏表》,是年正月己丑朔,壬辰爲初四日。
(89)(90) 《靈樞經》卷九,第107頁。
(91) 見《素問·痹論》,第558－559頁。
(92) 《難經校注》,人民衛生出版社1991年版,第69頁。
(93) 見《類經》卷一,人民衛生出版社1965年版(下同),第9頁。
(94) 《鍼灸甲乙經》卷七《陰陽相移發三瘧》,參《素問》卷十《瘧論》,471頁。
(95) 《晋書》卷十三《天文》下。
(96) 《魏志》卷九《夏侯玄傳》注引《魏略》。
(97) 參黄節《阮步兵詠懷詩注》,人民文學出版社1984年版,第16－17頁。

(98)(99) 《素問·四氣調神大論》,第31頁。

(100) 個人還有一種推測,即皇甫謐之風痹在不良的社會與自然環境影響下,也可能進一步繼發痿證。前引《内經》及張注,已提及冬病者,至春易發痿厥,而《素問》論痿證之因,以爲腎者水藏,易中寒濕,而水寒則消損真精,令腎陽氣衰,虚熱炎蒸,以至水不勝火,影響到其所主骨髓之生長,"太陽氣衰,腎脂枯不長"(卷九《調逆論》),由"當攣節"之骨痹,進一步"骨枯而髓虚,故足不任身,發爲骨痿。"(卷一二《萎論》)也可能這種骨痿之證是導致皇甫謐"軀半不仁,右足偏小"的一個原因,《諸病源候論》稱之爲"虚勞偏枯",乃"風邪乘虚客於半身,留在肌膚,……風邪留止,血氣不行,故半身手足枯細,爲偏枯也。"(卷四《虚勞偏枯候》)皇甫謐《鍼灸甲乙經》中言"痿厥,身體不仁,手足偏小"(卷四《熱在五藏發痿》),似可爲證。另從其本傳所載皇甫謐所作《玄守論》中可以看到,人有謂皇甫謐"年邁齒變"者,但按其傳,他作此論時尚不滿四十,並未及古醫家所謂正常男子"五八,腎氣衰,髮墮齒槁"之年,然而罹骨痿者,則可表現爲"色黑而齒槁"之形貌,故《玄守論》所記他人之言,或亦從一個側面印證了他當時患病的情狀。此推測是否成理,尚乞方家指教。

(101) 有關他爲什麼選擇服散治病以及寒食散對其所患疾病是否具有療效,寒食散對其身體的主要影響等問題,筆者將另文分析。

(102) 關於此點,可參《諸病源候論》卷一卷二,《風病諸候》上、下。

(103) 參《金匱要略講義》,上海科學技術出版社1985年版;《金匱要略譯釋》,江蘇人民出版社出版。又按《内經》和《金匱》雖在病因方面,對中風尚未明確區分後世醫家所謂"内風"與"外風",但亦在一定程度上注意到其病有主要由外邪之風引發和情志内傷,造成藏府虚損而引發之區别。參《類經》卷十五《腎風風水》條。

(104) 《金匱要略·中風歷節病脉證並治》。

(105) 參趙金鐸主編《中醫證狀鑒别診斷學》,人民衛生出版社1985年版(下同),第40頁。

(106) 清·尤怡《金匱要略心典》,中國中醫藥出版社1992年版,第31頁。並參《金匱要略譯釋》,第128頁。

(107) 參《中醫證狀鑒别診斷學》,第40頁。

(108) 參考方藥中等主編《實用中醫内科學》,上海科學技術出版社1985年版(下同),第416頁。

(109) 參趙金鐸主編《中醫證候鑒别診斷學》,人民衛生出版社1987年版(下同),第112頁。

(110) 程鍾齡《醫學心悟·中風不語辯》,參《實用中醫内科學》,第415頁。

(111) 參《中醫證候鑒别診斷學》,第112頁。

(112) 見卷二九《勞重聾候》,第814頁。

(113) 參考《實用中醫内科學》,第415-416頁。

(114)(115) 《魏志》卷四《三少帝紀》注引《漢晉春秋》。

(116) 《魏志》卷四《三少帝紀》注引《魏氏春秋》。

(117) 《醫心方校注》,第396頁。

(118) 《類經》卷十五《腎風風水》,第478頁。

(119) 其在《篤終》中自言是"神氣損劣,困頓數矣"。

魏晋南北朝時期的飲食原料市場

黎 虎

魏晋南北朝時期由于長期的分裂和戰亂,農業生産遭到嚴重破壞,城市商品經濟較漢代大爲萎縮,飲食市場也進入了低谷階段。但是商品和城市經濟是人類社會生活不可缺少的經濟成分,並不因人爲的破壞和阻遏而消失,而飲食又是人類賴以生存和發展的第一要素,因而飲食市場,尤其是飲食原料市場,更不可能被完全遏止。魏晋南北朝時期儘管自然經濟成分增强,城市商品經濟相對削弱,但是飲食原料市場却是一直存在着,而且隨着戰亂的暫時沉寂,政治環境的稍許安定,農業和林、牧、副、漁各業有了不同程度提高之時,飲食原料市場也有了相應的發展和某種程度的繁榮興旺。學術界一向注意並强調魏晋南北朝時期的自然經濟,忽視或淡化其城市和商品經濟。通過對于魏晋南北朝時期飲食原料市場的研究,不僅對于全面瞭解這一時期飲食的發展狀況,而且對于認識這一時期的城市和商品經濟的發展狀況也有一定意義,我們可以看到在自然經濟相對發展的魏晋南北朝時期,城市和商品經濟是如何頑强地、曲折地存在和發展着的。

人類社會飲食市場存在着需求程度和必要性、迫切性不同的兩個層次的市場,一爲保證基本生活需求的飲食原料市場,一爲滿足更高層次享受需求的飲食成品市場。前者是人們社會生活中的必要型飲食市場,後者則是更高層次的享受型飲食市場。所謂飲食原料市場,是指人們日常生活所必需之主、副食物原料的商品市場,諸如糧食、蔬菜、肉類、副食調料和果品等飲食原材料或半成品市場,其中又以糧食市場尤爲必要,而有別于飲食成品的商品市場,諸如各種食肆、飯店、酒肆、茶肆等以經營食物成品爲主的店肆和市場。飲食原料市場的出現要早于飲食成品市場,隨着人類早期社會大分工的相繼出現,飲食原料市場就開始萌芽並逐步發展。飲食成品市場不僅出現較晚,而且其對社會客觀環境的要求和依賴程度比飲食原料市場要高,它需要較爲充裕的經濟條件,相對發展的城市和商品經濟,以及較爲安定的社會環境等。從戰國秦漢以來的歷史發展,我們可以看到第一層次的飲食市場——飲食原料市場雖然也有過一定的波動和曲折,但基本上是一直在向前發展着,即使在魏晋南北朝這樣一個政治動蕩、戰亂頻仍、經濟幾經興廢的特定時代,飲食原料市場仍然在困境中頑强地、曲折地存在並向前發展着。而第二層次的飲食市場——飲食成品市場却經歷了較前者

大的起伏和波折,在漢代已經比較興盛的飲食成品市場,到了魏晉南北朝時期則顯著下降,
呈現了一幅萎縮和蕭條的情景,與其時飲食原料市場的發展狀況並不完全一致。到了唐代
又回升至空前繁榮的階段。在漢唐一千餘年間呈現了馬鞍形發展曲綫。在一定意義上可以
説飲食市場的盛衰榮枯,不僅是一個時代人們社會生活狀況的直接反映,同時也是一個時代
政治和經濟發展變化的晴雨表。

　　關于飲食市場問題,尚未引起治飲食史者的注意,因而迄今爲止的各種飲食史著作中鮮
有論及此者,更未見專門的論文,尤以魏晉南北朝時期爲然。由于篇幅所限,關于飲食成品
市場容另文論述,本文專論魏晉南北朝時期的飲食原料市場。現從糧市、屠肆、魚市、菜市、
果品市、調料市等幾個方面略述這一時期飲食原料市場的發展狀況。

一、糧　　市

　　戰國秦漢以來我國古代基本上是一個小農經濟社會,因而廣大人民的糧食需求,基本上
是靠自給自足,民諺云:"百里不販樵,千里不販糴。"在市場流通的糧食比例並不太大。不過
城市居民的糧食還是需要通過市場交換獲得。統一帝國的建立和社會經濟的發展,導致漢
代的糧食市場比戰國時期有了很大的發展。據研究,西漢的糧食商品量大約比戰國時期增
長了二倍半。[1]司馬遷説,在通邑大都中,"販穀糴千鍾"。即一家大糧店每年的經營額爲一
千鍾的穀子。一鍾十小石,千鍾爲一萬小石。這種經營水平的糧商,可以"比千乘之家"。當
時"千户之君,則二十萬",[2]每年有二十萬錢的收入。那麼年經營額千鍾糧食商人的年收入
爲二十萬錢。可見漢代城市中的糧食交換已經相當活躍。

　　魏晉南北朝與漢代一樣,也是一個小農經濟社會,加以這個時期城市經濟的破壞和自然
經濟成分的增長,因而廣大人民之糧食需求,更主要的是依靠自給自足。不過即使是在這種
情況下,依然有相當一部分人口需要通過市場交換獲得部分或大部分糧食,社會上依然存在
相當一部分"有錢無糧之人",[3]尤以城市居民爲然。隨着社會經濟和城市經濟在不同時期、
不同地區的復蘇或發展,這個時期糧食市場不僅依然存在,在一定情況下還有不同程度的發
展。

　　黄河流域傳統農業區在這個時期遭受到比較嚴重的破壞,糧食市場亦隨之蕭條,東漢時
首都洛陽"立粟市于城東,粟斛直錢二十"。漢末遭受董卓之亂後,"于長安城中以爲戰地。
是時穀一斛五十萬,豆麥二十萬",[4]但在適宜條件下糧食市場又得以復蘇。在西晉短暫統
一時期,北方經濟一度復蘇並呈現繁榮景象,糧食市場又得以活躍,首都洛陽有了"五穀
市"。[5]"時穀賤而布帛貴,(武)帝欲立平糴法,用布帛市穀,以爲糧儲。"表明這時市場上的糧

食供應已經比較豐富。當時糧商已相當活躍，"豪人富商，挾輕資，蘊重積，以管其利。"他們壟斷糧食買賣以牟取暴利。針對這種情況，泰始四年(268)"乃立常平倉，豐則糴，儉則糶。"⑥政府通過設立"常平倉"以調控糧食市場，平抑糧價。但是好景不長，不久爆發"八王之亂"，中原塗炭，元康七年(297)"關中饑，米斛萬錢。"太安二年(303)"公私窮蹙，米石萬錢。"⑦糧價之暴漲，意味着糧食市場繼東漢末年之後又一次面臨崩壞。

直到北魏實行均田制以後，北方農業才得到一定程度的恢復和發展，于是糧食市場又開始逐步興盛。魏孝文帝遷都洛陽之後，市場經濟有所起色，當時洛陽大市之東有通商、達貨二里，其中"有劉寶者，最爲富室。州郡都會之處，皆立一宅，各養馬一匹，至于鹽粟貴賤，市價高下，所在一例。舟車所通，足迹所履，莫不商販焉。是以海內之貨，咸萃其庭，産匹銅山，家藏金穴。宅宇逾制，樓觀出雲，車馬服飾，擬于王者。"⑧糧食是這位富商的主要經營項目之一。他的買賣遍及全國，利潤豐厚，家産巨大，生活豪奢，可見北魏洛陽糧商資本之雄厚及經營之活躍。

這個時期在北方廣大農村也存在着活躍的糧食交換活動。《齊民要術》是一部記載北朝時期黃河中下游農業生産的著名農書，其中不少記載就反映了當時糧食商品化的情形。其卷3《雜説》篇在論述一年的農事安排時，指出在二月"可糴粟、黍、大、小豆、麻、麥子等"。三月"可糴黍"。四月"可糴穬及大麥"。五月"可糴大、小豆、胡麻；糴穬、大、小麥"。七月"糴大、小豆；糴麥"。八月"糴種麥；糴黍"。十月"糴粟、豆、麻子"。十一月"糴粳稻、粟、豆、麻子"。這裏論述了全年糧食買賣的最佳時間和品種，由此可見糧食市場一年四季都在運作之中。由于糧食商品市場的活躍，因而賈思勰從中總結出了一套糧食買賣的規律，説："凡糴五穀、菜子，皆須初熟日糴，將種時糶，收利必倍。凡冬糴豆、穀，至夏秋初雨潦之時糶之，價亦倍矣。蓋自然之數。"由此可窺知北朝糧食買賣的興盛。此外該書《收種篇》在論述糧食作物選種時説："種雜者，禾則早晚不均……糶賣以雜糅見疵……所以特宜存意，不可徒然。"強調選種不純則影響將來糧食的品質及其糶賣，可見糶賣是糧食生産的重要目的之一。

南北朝時期由于南北政權對立，影響了雙方的貿易來往，但是在災荒之年，邊境糧食貿易則特許開放，以互通有無。北齊時蘇瓊任徐州行臺左丞、行徐州事時，"淮南歲儉，啓聽淮北取糴。後淮北人饑，復請通糴淮南，遂得商估往還，彼此兼濟。"⑨在其它商品不能流通的情況下而允許糧食交換。

在北方傳統經濟發達地區遭受破壞的同時，江南的經濟却逐步有了新的起色，尤其到了南朝時期糧食市場呈現相對活躍的景象。史稱"從江以南，千斛爲貨"，⑩"萬斛爲市"。⑪糧食貿易以千斛、萬斛爲計，説明這時糧食交換的規模有了不小的提高。建康城有"穀市"，邊淮列肆而買賣糧食。⑫三吳地區是江南農業發達區，"比歲被水潦而穀不貴"。⑬雖連年遭受水災而糧價還保持穩定,這與糧食貿易活躍,能够及時調劑餘缺有很大關係。當時糧食販運商人很多,相當活躍,"吳興無秋,會稽豐登,商旅往來,倍多常歲。"[14]如會稽山陰人賀琛,就是"常往還諸暨,販粟以自給"[15]的一個糧販。在長江中游的荆州地區,上好之白米,"民間糴此米,一升一百。"[16]可見當時糧食是按質論價的。

南朝政府還對糧食實行"和市"政策,即由官府出面賤糴貴糶,以調劑豐歉,平抑糧價。齊武帝永明年間,由于農業豐收,"天下米穀布帛賤",于是蕭齊政府決定大量收購糧食,以建立常平倉,儲備糧食。永明六年(488),"詔出上庫錢五千萬,于京師市米"及其它物資。此外"揚州出錢千九百一十萬,南徐州二百萬,各于郡所市糴。"南荆河州出錢二百萬,收購米、大麥及其它物資。江州出錢五百萬,"市米、胡麻"。荆州出錢五百萬,郢州出錢三百萬,收購"米、大小豆、大麥、胡麻"及其它物資。湘州出錢二百萬,收購米及其它物資。司州二百五十萬,西荆河州二百五十萬,南兖州二百五十萬,雍州五百萬,均收購米及其它物資。以上各地收購糧食事宜,均"使臺傳並于所在市易"。[17]這次糧食收購行動規模相當龐大,從首都建康以至各州郡,遍及長江中下游主要產糧區,覆蓋南朝政權統治區的半壁河山,可見這些地方都有糧食市場,而且收購數量巨大,品種繁多。

遇到災荒之年,政府還對糧食市場實行干預。宋文帝元嘉中,"三吳水潦,穀貴人饑",而"富商蓄米,日成其價",乘機囤積居奇,于是劉宋政權"令積蓄之家,聽留一年儲,餘皆救使糴貨。"[18]大明八年(464)東土大旱,宋孝武帝詔令:"遠近販鬻米粟者,可停道中雜稅。"[19]通過減免糧食販運中的稅收,對糧商給予政策性照顧,以促進糧食流通,保證糧食市場平穩。

因爲有經常性的糧食市場存在,所以人們的糧食需求一般都能從市場上得到滿足。何子平爲揚州從事史時,"月俸得白米,輒貨市粟麥。"[20]他每月把薪俸所得白米變賣,再購買價格便宜一點的粟麥,可見當時在揚州有常年固定的糧食市場,買賣十分方便。不僅州郡有糧食市場,就是在鄉里之中也能購買糧食。會稽永興人郭原平,爲人作木匠以謀生,"日暮作畢,受直歸家,于里中買糴,然後舉爨。"[21]從這個記載看,他幾乎每天都要購糧,看來在鄉里中也有售糧點。交通路綫上也能買到糧食,胡質爲荆州刺史時,其子胡威從洛陽來省親,辭歸之日,胡質"賜絹一匹,爲道路糧",以絹在沿途購糧,于是胡威"每至客舍,自放驢,取樵炊爨。"[22]

魏晋南北朝時期有一個突出的現象是貴族、官僚特別熱衷于糧食經營。晋人江統説:"秦漢以來,風俗轉薄,公侯之尊,莫不殖園圃之田,而收市井之利,漸冉相放,莫以爲恥。"[23]在"市井之利"中以糧食買賣爲主。他們或經營土地,生產糧食,投放市場以牟利。或直接經商,從事糧食買賣,以至"商販千艘,腐穀萬庾。"[24]東漢末年全琮之父全柔爲桂陽太守時,"柔嘗使琮齎米數千斛到吳,有所市易。"[25]劉宋時將軍吳喜乘出兵荆州之時機大肆販買,從西還,“錢米布帛無船不滿。自喜以下,迨至小將,人人重載,莫不兼資。”[26]這是利用兵船進行大規模的糧食販運。陳湘州刺史華皎“善營産業……糧運竹木,委輸甚衆。”[27]這是利用做官機會進行糧食買賣。陳羽爲晋安太守,其子陳寶應典兵。當時“東境饑饉”,陳寶應乘出兵東境時,“又載米粟與之貿易……由是大致資産”。[28]這是利用軍事行動從事糧食買賣。

何以這個時期官僚、貴族如此熱衷于糧食買賣呢? 其主要原因是這一時期糧食代替了原來的金屬貨幣而成爲通貨。自董卓之亂漢代的貨幣制度遭到破壞,演至魏文帝黄初二年(221)正式宣布“罷五銖錢,使百姓以穀帛爲市。”[29]標誌着貨幣經濟的空前衰退和自然經濟已占據了統治地位。在魏晋南北朝數百年間,雖然亦有少量金屬貨幣流通,但基本上是以穀帛爲貨幣。糧食具有既是商品又是貨幣的雙重身份,這是這個時代社會經濟的一個最大特色。于是“人間巧僞漸多,競濕穀以要利……雖處以嚴刑而不能禁也”。[30]在這樣的經濟環境之中,官僚貴族、地主商人便紛紛囤積糧食,掌握了糧食就是掌握了財富,沈慶之“廣開田園之業,每指地示人曰:‘錢盡在此中’”,[31]就道出了此中的奥秘。他們轉運或經營糧食買賣,實際上就是以糧食爲手段聚斂貨幣和財富。這就是這一時期經營糧食買賣較其它時代爲突出的原因所在。正因爲這一時期糧食起着貨幣的作用,所以糧食在市場上的流通,較之漢代更爲頻繁。

二、屠　肆

漢代在農業發展的基礎上,畜牧業已有了很大的發展,經營畜牧業的利潤很可觀,據《史記·貨殖列傳》記載:“陸地牧馬二百蹄,牛蹄角千,千足羊,澤中千足彘……此其人皆與千户侯等。”即以百萬錢投入畜牧業,一年中可體現爲馬五十匹(即二百蹄),牛一百六十七頭(即牛蹄角千),猪羊二百五十頭(即千足),其利潤爲二十萬(即千户侯之年收入)。如果以同量之資本投入牲畜販賣,則“馬蹄躈千,牛千足,羊彘千雙……此亦比千乘之家。”一年之中可體現爲馬二百匹,[32]牛二百五十頭(即千足),猪或羊二千頭(即千雙),全年利潤也有二十萬(即千乘之家的年收益)。在畜牧業發展的基礎上,屠宰業得以大大發展,以同樣的資本投入屠宰業,“屠牛羊彘千皮”,[33]年屠宰猪或牛羊千頭,其利潤也是二十萬。由于畜牧業和屠販業利潤豐厚,故政府已向他們徵收賦税,王莽時曾下令“諸取鳥獸魚鱉百蟲于山林水澤及畜牧者……及他方技商販賈人坐肆列里”者,“除其本,計其利,十一分之,而以其一爲貢。”[34]即徵收十分之一的畜牧、屠宰税。

魏晋南北朝時期雖因戰亂頻繁而使社會經濟受到破壞,但是由于這個時期北方和西北地區以畜牧業爲主的少數民族紛紛進入中原地區,他們把畜牧業的生産、生活方式傳入内地,因而在農業衰退的同時,畜牧業却有了較大的發展,爲屠販業的發展創造了條件,使屠販業在飲食原料市場中的地位有所上升。

曹魏時期在首都洛陽東部的石橋南有"牛馬市"。㉟西晋時又增設了"羊市"。㊱可見洛陽之牲畜市場在魏晋時期一直存在並發展着。北朝的洛陽仍有馬市和羊市。在畜産市場存在的基礎上,屠肆業也未曾中斷。曹植樂府歌云:"市肉取肥。"㊲魏明帝時,曾向屠肆徵收"牛肉小賦",㊳表明屠宰業有了相當發展,可以向其徵税以增國庫。甚至貴爲愍懷太子猶"令人屠肉,己自分齊,手揣輕重,斤兩不差。云其母本屠家女也。"㊴説明當時社會上仍有專業的"屠家"。愍懷太子賣肉技術很高,且樂此不疲,正是當時社會生活中存在屠宰市場這一現實的反映。西晋末亂政之時,屠者甚至曾一度躋身顯貴,"昔趙王倫之篡也,天下孝廉秀才茂異,並不簡試,雷同與官,市道屠沽,亡命不軌,皆封侯略盡。"㊵可見到了西晋時期屠宰市場已有了很大的發展。

與此同時農村的牲畜飼養和交換也一直在進行,顔斐爲京兆太守時,"課民無牛者,令畜豬狗,賣以買牛。"㊶豬和狗是當時主要的肉食品種,農民將其出賣後,再買回耕牛。

在南北朝時期,以北朝的屠販業較爲突出,這與北朝實行均田制促進了北方農業發展以及大量兄弟民族入居中原有着密切關係。鮮卑族原本就是畜牧民族,建立北魏王朝後,對于畜牧屠販自然格外關注,平城宮中,即有"婢使千餘人,織綾錦販買,沽酒,養豬、羊,牧牛、馬,種菜逐利。"㊷拓跋晃尊爲監國太子,猶"畜養鷄犬,乃至販酤市廛,與民争利。"大臣高允勸其將"畜産販買,以時收散",他拒不接受。㊸

北魏前期對屠販業實行鼓勵政策,營造了比較寬鬆的飲食市場環境。早在拓跋珪建國時,就"分别士庶,不令雜居,使作屠沽,各有攸處。但不設科禁,賣買任情,販貴易賤,錯居混雜"。㊹這一政策繼續貫徹于北魏後期。因此北魏的屠販業非常活躍,尤以首都洛陽最爲繁盛,城西西陽門外有"大市","市東有通商、達貨二里。里内之人,盡皆工巧,屠販爲生,資財巨萬。"㊺衆多屠販業者聚居于這兩個居住區中,可見拓跋珪令"屠沽各有攸處"的政策,在遷洛之後依然在實行。不僅這兩個里中集中了大批屠販業者,其他里中也有,如"孝義里東市北殖貨里,里有太常民劉胡,兄弟四人,以屠爲業"。㊻這位劉胡兄弟四人都以屠爲業,顯然是一個屠宰業家族,可見當時洛陽城中屠户很多,屠販業相當興盛。據《五行記》記載,北魏胡太后末年時,澤州田參軍蕭摩侯家發生怪異,有人告訴他們燒殺羊角可以除妖,"即于屠肆得之,遂燒此等。"㊼可見在外地的州郡中也有屠肆。

北朝屠販業興盛的情况在社會生活中多所反映,有一次魏孝文帝舉行宴會,御史中尉李彪以"沽酒老嫗甕注瓨,屠兒割肉與秤同"之謎語爲酒令,㊽這無疑是當時屠肆業在人們觀念中的反映。北周庾信《答移市教》中有云:"賣卜屠羊,請辭新聞。"聯繫上文澤州屠肆賣羊角之事,可知當時北方以屠羊較多。當時肉類買賣興盛,以致有的官員"前勞賜有餘肉百斤,賣之。"[49]賞賜所得肉自己吃不完就拿去出賣,可見當時肉食買賣是司空見慣之事。

城市屠販業的興盛,促進了農村畜牧及其交換的發展。從《齊民要術》中關于牲畜經營的論述中即可窺其情形,書中特意介紹了"凡驢、馬、牛、羊收犢子、駒、羔法",其方法是:"常于市上伺候,見含垂重欲生者,輒買取",意即要着意購買懷孕之上述牲口,這種牲口買回來後很快就可以得到一批幼畜。再以其中良者留作種,"惡者還賣",這樣則"不失本價,坐贏駒犢。"意即不僅將本錢撈回,還可白白得到幼畜。然後,"還更買懷孕者。一歲之中,牛馬驢得兩番,羊得四倍。羊羔臘月、正月生者,留以作種,餘月生者,剩而賣之。用二萬錢爲羊本,必歲收千口。"按照上述方法,一年之間牛馬驢可以翻兩番,羊可以得四倍。此外,當羊得了疥,治愈後,趁"夏後初肥時,宜賣易之",否則後年春天必舊病復發而死。作者賈思勰還從自身的實踐中總結了一個經驗:"余昔有羊二百口……餓死過半"。其原因在于飼料不繼,從中他悟出了一個道理:"人家八月收獲之始,多無庸暇,宜賣羊催人,所費既少,所存者大。"[50]賈思勰所總結的這一套牧畜經營策略,無不圍繞着牧畜市場而立論,也只有依托于市場才能行用,由此可見當時屠販行業已是相當繁榮了。

南方的屠販業也有不同程度的發展,建康城中就有牲畜市場,"又有小市、牛馬市……皆邊淮列肆稗販焉。"[51]世居建康的徐度,"恒使僮僕屠酤爲事",[52]是位屠宰、釀酒的商人。可見在建康城中屠肆相當普遍。貴爲一國之尊的齊東昏侯,"又于苑中立市,使宮人屠酤,潘氏爲市令,帝爲市魁,執罰,爭者就潘氏決判。"[53]這無疑是當時城市屠肆經營方式的模擬。戰國、秦漢時期,食用狗肉主要是在北方,到了南北朝時期,則多見于南方了。當時江南的城市中遍布屠狗之肆。宋、齊間人王敬則,"屠狗商販,遍于三吳。"[54]表明當時長江下游的江蘇、浙江等地的城市中都有屠狗之肆。這一帶的屠狗市肆中,普遍使用一種挂在橫木上的大秤"屠肉枅",[55]可見當時屠狗數量是相當大的。

三、魚　　市

漢代已有了養魚的專業大戶,據《史記·貨殖列傳》記載,每年"水居千石魚陂"就可與千戶侯相比擬。《正義》對此解釋道:"言陂澤養魚,一歲收得千石魚賣也。"一百二十斤爲石,千石爲十二萬斤。這種規模的養魚戶,每年的利潤爲二十萬錢。養魚業的發展,促進了魚市的興盛。魚商年經營額"鮐鮆千斤,鰫千石,鮑千鈞"也可與千乘之家比擬。鮐魚爲海魚,鮆魚即刀魚,鰫魚乃小雜魚。三十斤爲鈞。何以經營這幾種魚的計量不同呢?據《正義》解釋:因鮐魚、鮆魚又大又好,故年經營額千斤即可獲利二十萬錢。而鰫魚、鮑魚小而雜,故年經營額須千石、千鈞才能獲得年二十萬的利潤。

魏晋南北朝時期養魚業遜于漢代,不過在不同時期也有不同程度的發展,因而魚市也相應有所發展。這個時期像漢代那樣的大魚商已少見,多爲小商小販,如:任昭先,名嘏,漢末"荒亂,家貧賣魚,會官税魚,魚貴數倍,嘏取直如常。"[56]這顯然是小本經營者。當時已對魚商收税,可見魚品販賣和魚市仍較普遍。孫吴的交州刺史曾"强賦于民,黄魚一枚收稻一斛。"[57]這雖然是少數官吏剥削民衆的情况,但徵收魚税則是當時普遍的制度。江南素有飯稻羹魚之傳統,六朝時建康"西有石頭津,東有方山津,各置津主一人……荻炭魚薪之類過津者,並十分税一以入官。"[58]政府于關津徵收魚税,表明魚品販賣是經常性的。劉宋時人王弘之于上虞江邊垂釣,"經過者不識之,或問漁師得魚賣不? 弘之曰:'亦自不得,得亦不賣。'"[59]可見民間有以捕釣販賣爲業的"漁師"。南方各地多有魚市,建康城有出賣水産的"蜆市"。[60]州郡市場也有魚市。普通五年(524)梁武帝之子蕭綸攝南兖州事,經常"遨游市里"。有一次他"嘗問賣䱇者曰:'刺史如何?'對者言其躁虐,綸怒,令吞䱇以死。"[61]䱇即鱔魚,南兖州在今江蘇揚州市,可見那裏的市場上有魚市。陳文帝時,周迪兵敗逃入山中,"後遣人潜出臨川郡市魚鮭",[62]郡治所在也有魚市。

北朝的魚市也頗爲可觀,洛陽城南宣陽門外有四夷館、四夷里,"别立市于洛水南,號曰四通市,民間謂爲永橋市。伊、洛之魚,多于此賣,士庶須膾,皆詣取之。魚味甚美,京師語曰:'洛鯉伊魴,貴于牛羊。'"[63]永橋市是一個很大的魚市。當時南朝投奔北朝人士甚多,爲了照顧他們喜吃魚的習慣,又在其居住小區内設置魚市,"城南歸正里,民間號爲吴人坊,南來投化者多居其内。近伊、洛二水,任其習禦。里三千餘家,自立巷市,所賣口味,多是水族,時人謂爲魚鱉市也"。[64]在南方人集中居住的地方,設有專賣水産的"魚鱉市"。可見當時洛陽魚市已相當普遍。魚市的繁榮反過來又促進了淡水養魚業的發展,《齊民要術》列專篇論述養魚方法,並指出:"依法爲池,養魚必大豐足,終天靡窮,斯亦無貲之利也。"[65]

南北方的水産也經常進行交流,但在南北朝時期由于南北對立,妨礙了南北方魚産品的交换。淮河出産的鰒魚就是江南人民所喜愛的一種魚品,到了這個時期"江南無復鰒魚",不過"或有間關得至者,一枚直數千錢"。劉宋末年,有一次有人"餉(褚)彦回鰒魚三十枚,彦回時雖貴,而貧薄過甚,門生有獻計賣之,云可得十萬錢。"[66]這個材料表明,在此之前江南可以買到淮河出産的鰒魚,而南北分裂使這種物産交流受到阻礙,但是即使在這種情况下在江南的市場上仍有走私的淮河鰒魚出售,儘管其價格異常昂貴。表明南北朝的分裂和對抗也不能完全隔絶雙方的商品交换。

四、菜　市

從漢代以後隨着人們飲食水平的逐步提高,蔬菜日益成爲日常膳食所需,因而蔬菜商品化有了較大的發展,促進了菜市行業的興盛。

漢代蔬菜商品化規模已經不小,在通都大邑中有資本雄厚的菜商。《史記·貨殖列傳》説,每年種植"千畦姜韭,此其人皆與千户侯等。"徐廣注曰:"千畦,二十五畝。"種植這麼大面積的姜或韭菜,年利潤爲二十萬錢。而販賣"佗果菜千鍾",也可比千乘之家,年利潤也是二十萬錢。不僅内地有菜市,遠在河西邊境地區也有菜市,居延漢簡就有買菜的記録,如:"二月壬子置佐遷史姜二斤"。[67]

魏晋南北朝時期商品菜種植業者依然不少。孫吳時,"姚俊常種瓜菜,灌園以供衣食。"[68]西晋官僚、文學家潘岳《閑居賦序》云:"灌園鬻蔬,供朝夕之膳。"[69]塢主郎續被石勒俘虜後,"身灌園鬻菜,以供衣食。"[70]他們種菜多是爲了出賣,而且以此爲生活來源。可見商品菜的種植還是比較普遍的。這種情況到了南北朝時期有了更進一步的發展。

南朝宋孝武帝時,柳元景當政,"時在朝勛要,多事產業,唯元景獨無所營。南岸有數十畝菜園,守園人賣得錢二萬,送還宅。元景曰:'我立此園種菜,以供家中啖爾。乃復賣菜以取錢,奪百姓之利邪。'以錢乞守園人。"[71]柳元景身爲宰輔,不贊成將自己園中蔬菜拿去出賣,以免"與百姓爭利",不過却反證當時許多官僚所孜孜從事之"產業"中,必定有賣菜牟利的。至于當時百姓以此爲業者就更多了。梁朝人范元琰"家貧,唯以園蔬爲業。"[72]據《續玄怪録》記載,有"張老者,揚州六合縣園叟也",梁天監中求娶揚州曹掾韋恕之女,曰:"某誠衰邁,灌園之業,亦可衣食。"後"張老既娶韋氏,園業不廢,負穢鍤地,鬻蔬不輟。"[73]這是一個地道的種植商品菜的專業户。陳朝山陰令褚玠離任後,"因留縣境種蔬菜以自給。"[74]種蔬菜能够自給,是因爲可以通過菜市出賣以換取生活資料。陳湘州刺史華皎"善營產業……油蜜脯菜之屬,莫不營辦",[75]其中就包括蔬菜。北朝的情況亦然,北魏前期在平城宮中,即役使奴婢大規模地"種菜逐利"。[76]據《孝德傳》記載,"魏陽雍,河南洛陽人……天神化爲書生,問曰:'何故不種菜以給?'答曰:'無種。'乃與之數升,公大喜,種之"。[77]後遂因種菜積累了家產而"得以娶婦"。[78]由此可見,從都城到全國各地,從南方到北方,從官僚到平民百姓都有不少種植商品菜者。

魏晋南北朝時期商品菜種植的普遍性,在《齊民要術》中也得到了反映和印證。賈思勰對各種蔬菜如何經營,有很細緻的論述。葵是當時人們經常食用的重要蔬菜,該書在論述種植葵菜方法時,是以"近州郡都邑有市之處,負郭良田三十頃"爲條件而展開論述的,因在這樣的城鎮郊區種菜便于到市場出賣。冬天種下以後,第二年“三月初,葉大如錢,逐概拔大者賣之。”即將間苗時所拔之嫩菜拿去出賣。僅此一項,一畝地就可收得三大車葵菜,三十畝地共得九十大車;每車可賣得米二十斛,一共可賣得米一千八百斛。到了“四月八日以後,日日剪賣……周而復始,日日無窮。”每天都可剪菜上市,直至八月社日爲止,然後留作秋菜。至“九月,指地賣,兩畝得絹一匹。”即就地將菜盤賣出去。至此,葵菜從種到賣的全過程結束,其所獲利潤“勝作十頃穀田。”[79]從中我們可以具體而生動地看到北朝時期菜農經營商品菜的詳細情形。

其他各種蔬菜莫不如此,如胡荽(即香菜),“近市負郭田,一畝用子二升”,可將間出的嫩苗“賣供生菜也”。而“外舍無市處,一畝用子一升,疏密正好”。也就是説遠離市場不以出賣爲目的者,要比前者少撒種一半,因爲不必間苗出賣。可見是否以出賣爲目的,其種植和經營管理是有所不同的。除了賣菜之外,還可取菜籽于“都邑糶賣”;還可加工成葅(腌酸菜)出賣。[80]再如蕪菁,“近市良田一頃”,可收葉三十大車,三大車就可換回一個奴。可收根二百大車,二十大車即可換回一個婢。還可收籽二百石,可換得六百石粟米,“亦勝穀田十頃”。此外還可以自己加工出賣,如蒸乾蕪菁出賣。其他如“種菘(大白菜)、蘆菔(羅卜)法,與蕪菁同。”[81]總之,《齊民要術》所論述的各種蔬菜的種植和經營管理,都是立足于市場、依托于市場而作爲考量依據的,這無疑是當時蔬菜市場普遍和興盛的直接反映。

在蔬菜種植業發展的基礎上,這個時期的蔬菜市場亦有了相應的發展。據葛洪《神仙傳》記載,有一次吳主想作鱠,須要蜀姜爲佐料,仙人介象説他能很快就買到,吳主“以錢五十付之,(介)象書一符以着青竹杖中,使行人閉目騎竹,竹止便買姜,訖復閉目。此人承其言,騎竹須臾已至成都,不知是何處,問人,人言蜀市,乃買姜。于時吳使張溫先在蜀,既于市中相識,甚驚,便作書寄其家。此人買姜畢,投書負姜,騎杖閉目,須臾已還到吳,厨下切鱠亦適了。”[82]撇開其中的神話成分,不難看出當時人們依靠市場購買蔬菜以及菜市交易之一般情況。

西晉時甚至在宮中也進行蔬菜買賣,因而遭到大臣的指斥:“今西園賣葵、菜、藍子、鷄、麵之屬,虧敗國體,貶損令聞。”[83]北齊後主以鄴城“清風園賜穆提婆,于是官無蔬菜,賒買于人,負錢三百萬,其人訴焉。”[84]這個清風園原是官府的菜園,如今賜給皇帝的寵臣穆提婆,官府無蔬菜吃,只好向菜商賒購。這表明鄴城有經營大面積商品菜的菜農,這種商品菜當以鄴城的菜市爲銷售場所。

不僅首都有菜市,各地城鎮也有菜市。南朝吕僧珍出任本籍南兗州刺史時,“在任,平心率下,不私親戚。從父兄子先以販葱爲業,僧珍既至,乃棄業欲求州官。僧珍曰:‘吾荷國重恩,無以報效,汝等自有常分,豈可妄求叨越,但當速返葱肆耳。’”[85]這是南兗州市中有葱肆。

會稽有一陳氏人家,家境貧寒,只有三個女兒,"三女相率于西湖採菱芡,更日至市貨賣。"⑧
這是會稽有菜市。秣陵人朱緒,"母病積年,忽思菰羹,緒妻到市買菰爲羹欲奉母。"⑧這是秣
陵縣中有菜市。北朝城鎮也有菜市,高澂爲定州刺史,"有老母姓王,孤獨,種菜三畝,數被
偷。澂乃令人密往書菜葉爲字,明日市中看菜葉有字,獲賊。"⑧這是定州市中有菜市。

　　蔬菜市場的發展也促進了各地蔬菜品種的交流,北朝時青州地區就引進了蜀椒種,這是
因"商人居椒爲業,見椒中黑實,乃遂生意種之……遂分布栽移,略遍州境也。"⑧可見由於蔬
菜市場的發展,即使在南北分裂的情況下,也不能完全阻止相互的物産交流。《齊民要術》還
特立《五穀、果蓏、菜茹非中國物産者》一篇,專門記述邊遠地區和外國所産之蔬菜,及某些品
種傳入內地的情況。

五、果　品　市

　　漢代以後果品也日益成爲人們重要的食品之一,因而果品市場也成爲飲食行業中一個
重要組成部分。

　　漢代的經濟作物中有相當一部分爲各種果木,商品果木已具較大的經營規模,《史記·貨
殖列傳》說:"安邑千樹棗;燕、秦千樹栗;蜀漢、江陵千樹橘。"這種經營規模可與千户侯相比,
即年利潤爲二十萬錢。而經營果品販賣,其中"棗栗千石者三之",也可與千乘之家相比擬。
《索隱》解釋道:"三之者,三千石也。必三之者,取類上文故也。以棗栗賤,故三之爲三千石
也。"因司馬遷在敘述其他經營項目時都是以千石、千鍾、千鈞等爲單位計算的,而棗、栗相對
較賤,故需三千石才能達到年利潤二十萬錢。此外經營"它果菜千鍾"也可獲致上述水準的
利潤。由此可見當時果品市場已經相當興盛。番禺爲"果、布之凑",《集解》引韋昭曰:"果謂
龍眼、離支之屬。"⑨即以龍眼、荔枝爲大宗,可知遠在嶺南的番禺已是一個果品交易中心。

　　魏晉南北朝時期經濟果木和果品市場繼續有所發展。孫吳時人李衡曾在武陵龍陽氾洲
上"種甘橘千株"。去世前他對兒子說:你母親一貫反對我經營家産,故窮困到這個地步,所
幸我現在"有千頭木奴,不責汝衣食,歲上一匹絹,亦可足用耳"。後來這些"甘橘成,歲得絹
數千匹,家道殷足。"⑨這是以出賣爲目的的大型商品橘園。南方多柑橘類水果,由於這類果
品交易量大,故政府設官徵收橘稅,"越多橘柚園,越人歲多橘稅。"⑨杏也是當時常見的商品
果品,葛洪《神仙傳》記載:董奉居于廬山,"爲人治病,不取錢。重病得愈者,使種杏五株;輕
病愈,爲栽一株。數年之中,杏有十數萬株,鬱鬱然成林。其杏子熟,于林中所在作倉。宣語
買杏者:'不須來報,但自取之,具一器穀,便得一器杏。'"這位神仙的行爲自有其特異之處,
但這種以穀換杏的果品交易則是當時的現實情況。當時杏仁也已成爲商品,"多收賣者,可

以供紙墨之值也。"㊾瓜類也是當時常見的商品果品,南朝時郭原平"以種瓜爲業……往錢塘貨賣。"㊿這是一位商品瓜種植專業户,他將瓜運至錢塘出賣,可見那裏有瓜市。市肆中果品種類繁多,據《還冤記》記載,"徐光在吴,常行術市里間,種梨橘棗栗,立得食,而市肆賣者,皆已耗矣。"⑤這位術士種果立即能吃,當然是不可信的,但當時市肆中有這些果品出賣則是實際情况。

魏晋南北朝時期不僅一般百姓經營商品果品,官僚貴族也紛紛涉足其間,王戎"性好興利……家有好李,常出售之,恐人得種,恒鑽其核。"⑤王戎鑽核毁種,意在保護自己的優質品種,説明當時果品市場的競争已相當激烈。北魏皇族元欣,"好營産業,多所樹藝,京師名果,多出其園。"⑤也是位經營果品而且頗有成績的大果商。

魏晋南北朝時期果品市場的相對活躍,除了商品市場發展的一般規律在起作用之外,還與這個時期戰亂、饑荒較頻繁有一定的關係,因爲有許多果品可以代替糧食,于度荒有極大意義。賈思勰對于這個問題曾經論述道:"按杏一種,尚可賑貧窮,救饑饉,而况五果、蓏、菜之饒,豈直助糧而已矣? 諺曰:'木奴千,無凶年。'蓋言果實可以市易五穀也。"⑤各種瓜果不僅都可以直接充饑救荒,而且可以出賣换得糧食,所以這一時期人們比較重視發展果樹生産,從而使果品市場有了較大的發展。

六、調 料 市

從漢代開始,隨着人們飲食水平的提高,因而對于調料的需求日益增加,促進了調料行業的發展,舉凡烹飪所需之油鹽醬醋都有了商品市場。

醬醋:醬醋是我國傳統菜餚烹製的必備調料,早在漢代就有經營醬醋的富商大賈,司馬遷説:年經營"醯醬千瓨"即可比千乘之家。⑤醯即醋,瓨爲盛醬醋之陶甕。當時有位"張氏以賣醬而逾侈。"⑩他以經營醬醋而發家致富。晋人左思在《蜀都賦》中説,巴蜀特産"枸醬流味于番禺之鄉。"這種植物醬不僅在當地的市場上出售,還遠銷于嶺南的廣州。曹魏時不僅民間經營醬醋業,官府也在經營,大臣劉放的奏中提出:"今官販苦酒,與百姓争錐刀之末,宜其息絶。"⑩苦酒是醋的别名,表明這時官府也在販賣醋。

鹽:鹽是人們不可或缺的飲食調料,而鹽又不能自己生産,必須仰賴市場,正如王莽詔稱:"夫鹽,食餚之將……非編户齊民所能家作,必仰于市。"⑩雖然兩漢以來實行鹽的專賣,人們食鹽主要由官鹽供應,但是由于其需要量大而供應面又極廣,所以官營之外的鹽商仍有一定的發展。早在漢代鹽市就已經出現,有的商人年經營"蘖麴鹽豉千荅"。⑩"荅"爲盛鹽的陶質容器,每荅"受斗六升合"。

曹魏時期繼承漢制,實行鹽的專賣,設官"監賣,以其值益市犁牛"。或以鹽與邊境少數民族交換糧食。[104]蜀、吳及其後的西晋也都實行類似的鹽類專賣政策。到南朝時取消了鹽的禁令,開放民間買賣,于是鹽市更形活躍。如濱海之鹽城(今江蘇鹽城),"縣人以魚鹽爲業,略不耕種,擅利巨海,用致饒沃。"幾乎成爲一個專業的鹽戶之縣。鹽商們"公私商運,充實四遠,舳艫往來,恒以千許。"[105]衆多的鹽商把大量的海鹽販運至全國各地,又推動了鹽市的進一步發展。六朝時期建康城有鹽市,"鹽市在朱雀門西"。[106]

北朝時期也實行鹽的專賣政策,不過從北魏中後期以降,政府控制有所放鬆,鹽商也逐漸活躍起來。河東鹽池雖有禁令,實則被繞池豪强所壟斷,禁不勝禁,私鹽商人一直十分活躍。洛陽富商劉寶的經營品種之一即爲鹽。[107]官僚貴族也插足鹽業,北魏咸陽王元禧"昧求貨賄,奴婢千數,田業鹽鐵,遍于遠近,臣吏僮隸,相繼經營。"[108]其所經營的產業中就有鹽業。東魏時崔昂奏請煮海爲鹽,官私共營,對于私商實行"準關市,薄爲竈税"[109]的政策,收取少量鹽税,以鼓勵私商經營。

油脂:油脂是飲食中的重要調料,早在漢代油脂行業就已興起,"販脂,辱處也,而雍伯千金。"[110]漢代稱食油爲脂,這位雍伯就因經營油脂而致富。班固也説"翁伯以販脂而傾縣邑",[111]這位翁伯就是前述之雍伯。魏晋南北朝時期,食用油一般不再稱"脂"而稱"油"了,北朝專業的榨油坊被稱爲"壓油家"。據《齊民要術》記載,蕪菁籽可以榨油,"一頃收子二百石。輸與壓油家,三量成米。"[112]意即將蕪菁籽賣給榨油坊,可換得三倍的糧食。有了專業的榨油坊,表明社會上有油商存在。陳朝華皎擔任湘州刺史時,利用職務之便進行販賣,在衆多商品中就有食油一項。

綜上所述我們可以看到,儘管在魏晋南北朝時期由于戰亂和社會經濟的破壞,城市和商品經濟都呈現嚴重的萎縮,飲食原料市場也不同程度受到影響,但它却一直在頑强地、曲折地存在着、生長着,在不同時期、不同地區中還取得了不同程度的發展。不論是糧食市場還是肉、菜、副食市場都不僅繼續存在着,而且取得了長足的發展。值得注意的是同樣作爲飲食市場組成部分的飲食成品市場,如食肆、飯店、酒肆等却相對顯得蕭條不振,大不如飲食原料市場發展的狀況。其發展狀況不僅與日後隋唐時期的繁盛不能相提並論,而且比較漢代來説也是大爲遜色。這就有力地證明,在飲食市場中確實存在着兩個需求程度不同的、兩個層次的市場,飲食原料市場是人類社會生活中不可缺少的、必需的市場,而飲食成品市場則是在此基礎上的更高層次的市場,是在滿足最基本生活需要基礎上的享受性的市場。前者是自從原始時代以後任何社會階段中不可或缺的市場成分,即使遇到如魏晋南北朝這樣一個戰亂和社會經濟嚴重破壞的時代,也不可能完全扼殺它,它也會頑强地存在和發展;後者則需要具備比較多的、相對優越的社會條件才能生存和發展,需要相對充裕的經濟條件、一定程度的城市和商品經濟發展水平、安定的社會環境等。從這個意義上説，飲食成品市場是社會相對安定，經濟相對繁榮，尤其是城市和商品經濟相對繁榮的表現和象徵。魏晉南北朝時期飲食市場兩個不同層次市場的這種差異，正是這個時代特徵的一種反映。

①　參見吳慧《中國古代商業史》第7頁，中國商業出版社1982年8月第1版。
②③⑨⑲⑩⑩　《史記》卷129《貨殖列傳》。
③④⑥⑭　《晋書》卷26《食貨志》。
⑤　《晋書》卷59《齊王冏傳》。
⑦　《晋書》卷4《惠帝紀》。
⑧　《洛陽伽藍記》卷4《城西·法雲寺》。
⑨　《北齊書》卷46《蘇瓊傳》。
⑩　《宋書》卷82《周朗傳》。
⑪　《宋書》卷56史臣曰。
⑫⑤⑩⑩　《景定建康志》卷16《疆域志二·鎮市》"古市"條。
⑬　《南齊書》卷37《劉悛傳》。
⑭　《南齊書》卷46《顧憲之傳》。
⑮　《梁書》卷38《賀琛傳》。
⑯　《宋書》卷72《劉休佑傳》。
⑰⑱　《通典》卷12《食貨典·輕重》。
⑲　《宋書》卷6《孝武帝紀》。
⑳　《宋書》卷91《孝義傳·何子平傳》。
㉑⑭　《宋書》卷91《孝義傳·郭原平傳》。
㉒　《三國志》卷27《魏志·胡質傳》注引《晋陽秋》。
㉓　《晋書》卷56《江統傳》。
㉔　《抱朴子》卷34《吳失》。
㉕　《三國志》卷60《吳志·全琮傳》。
㉖　《宋書》卷83《吳喜傳》。
㉗⑮　《陳書》卷20《華皎傳》。
㉘　《陳書》卷35《陳寶應傳》。
㉙㉚　《晋書》卷26《食貨志》。
㉛　《宋書》卷77《沈慶之傳》。
㉜　即"蹄躈千"，《集解》引小顔云："躈，口也，蹄與口共千，則爲二百匹。"
㉞⑱　《通典》卷11《食貨典·雜税》。
㉟　《洛陽伽藍記》卷2《城東·崇真寺》。
㊱　汪兆鏞《稿本晋會要》卷54《輿地十·市》，書目文獻出版社影印本。
㊲　《北堂書鈔》卷145《酒食部·肉十五》引。
㊳　《三國志》卷25《魏志·高堂隆傳》。
㊴　王隱《晋書》，《太平御覽》卷148引。
㊵　《朝野僉載》，《太平廣記》卷186引。
㊶　《三國志》卷16《魏志·倉慈傳》注引《魏略》。
㊷　《南齊書》卷57《魏虜傳》。
㊸　《魏書》卷48《高允傳》。
㊹　《魏書》卷60《韓顯宗傳》。
㊺㊻　《洛陽伽藍記》卷2《城東·景寧寺》。
㊼　《太平廣記》卷327引。

㊽　《洛陽伽藍記》卷 3《城南·報德寺》。

㊾　《劉子》,《太平御覽》卷 863 引。

㊿　《齊民要術》卷 6《養羊篇》。

○52　《陳書》卷 12《徐度傳》。

○53　《南齊書》卷 7《東昏侯紀》。

○54○55　《南史》卷 45《王敬則傳》。

○56　《三國志》卷 27《魏志·王昶傳》注引《任昭先別傳》。

○57　《三國志》卷 53《吳志·薛綜傳》。

○59　《南史》卷 24《王弘之傳》。

○61　《南史》卷 53《梁武帝諸子傳·邵陵携王綸傳》,《南史》本傳記作““攝南徐州事”,據《梁書》卷 29《高祖三王傳·邵陵王綸傳》似應爲“南兖州”。

○62　《陳書》卷 35《周迪傳》。

○63　《洛陽伽藍記》卷 3《城南·宣陽門》。

○64　《洛陽伽藍記》卷 2《城東·景寧寺》。

○65　《齊民要術》卷 6《養魚篇》。

○66　《南史》卷 28《褚裕之傳》附《褚彦回傳》。

○67　謝桂華等編《居延漢簡釋文合校》300.8,文物出版社 1997 年版。

○68　《藝文類聚》卷 87《果部下·瓜》引《吳錄》。

○69　《晋書》卷 55《潘岳傳》。

○70　《晋書》卷 63《邵續傳》。

○71　《宋書》卷 77《柳元景傳》。

○72　《梁書》卷 51《范元琰傳》。

○73　《太平廣記》卷 16 引。

○74　《陳書》卷 34《褚玠傳》。

○76　《南齊書》卷 57《魏虜傳》。

○77　《太平廣記》卷 292 引。

○78　《孝子傳》,《藝文類聚》卷 82 引。

○79　《齊民要術》卷 3《種葵篇》。

○80　《齊民要術》卷 3《種胡荽篇》。

○81○112　《齊民要術》卷 3《蔓菁篇》。

○82　《太平御覽》卷 862 引。

○83　《晋書》卷 56《江統傳》。

○84　《三國典略》,《太平御覽》卷 976 引。

○85　《梁書》卷 11《吕僧珍傳》。

○86　《南史》卷 73《孝義傳·會稽陳氏三女傳》。

○87　《南史》卷 73《孝義傳·蕭睿明傳》。

○88　《北齊書》卷 10《高祖十一王傳·高浟傳》。

○89　《齊民要術》卷 4《種椒篇》。

○91　《三國志》卷 48《吳志·孫休傳》注引《襄陽記》。

○92　任昉《述異記》,《太平御覽》卷 966 引。

○93　《齊民要述》卷 4《種梅杏篇》。

○95　《太平廣記》卷 119 引。

○96　《晋書》卷 43《王戎傳》。

○97　《北史》卷 19《元欣傳》。

○98　《齊民要術》卷 4《種梅杏篇》。

○100○111　《漢書》卷 91《貨殖傳》。

○101　《魏名臣奏》,《太平御覽》卷 866 引。

⑩　《漢書》卷 24 下《食貨志下》。

⑩　《太平寰宇記》卷 124 引《南兗州記》。

⑩　《洛陽伽藍記》卷 4《城西·法雲寺》。

⑩　《魏書》卷 21 上《咸陽王元禧傳》。

⑩　《北史》卷 32《崔昂傳》。

沈約詩文繫年

林 家 驪

沈約詩文,張溥所輯《漢魏六朝百三名家集》中《沈隱侯集》錄詩239首、文180篇。嚴可均《全上古三代秦漢三國六朝文》又從《通典》卷八輯得《晋書食貨志論》、卷十六輯得《晋書選舉志九品論》;①丁福保《全漢三國南北朝詩》又從《文館詞林》卷一五八輯得《贈沈録事江水曹二大使詩》五章和《贈劉南郡季連詩》六章;逯欽立《先秦漢魏晋南北朝詩》又從《合璧事類外集》卷六〇輯得《團扇歌》二首、從《文選補遺》卷三六輯得《詠竹火籠詩》、從《合璧事類別集》卷五四輯得《詠竹詩》殘句、從《海録碎事》卷二輯得《詩》殘句。②此外,從日本《影弘仁本〈文館詞林〉》③中還可輯得沈約文八篇:卷六六二《梁武帝北伐詔》、卷六六八《南齊廢帝改元大赦詔》和《南齊東昏侯改元大赦詔》、卷六七〇《梁武帝恩赦詔》三首、卷六九九《贈留真人祖父教》和《祭故徐崔文教》。本文試圖對這些詩文進行繫年,並對少數篇章進行辨僞。④

宋孝武帝大明三年己亥(459)　十九歲

作《爲始興[公](王)讓儀同表》。

　　按:《藝文類聚》卷四七收沈約《爲始興王讓儀同表》一篇。筆者認爲題目中的"王"字該是"公"字之誤,爲始興公沈慶之,且可定爲是作于大明三年。⑤

大明四年庚子(460)　二十歲

作《麗人賦》。賦云:"有客弱冠未仕,締交戚里,馳鶩王室,遨遊許史。"蓋自方也。

大明五年辛丑(461)　二十一歲

起家奉朝請。(《梁書》本傳)

作《游鍾山詩應西陽王教》五章。《文選》李善注引裴子野《宋略》曰:"孝武封皇子子尚爲西陽王。"六臣注吕向同李善説。《伍譜》改此詩題爲《登覆舟山詩》,繫于梁天監三年沈約任丹陽尹時,誤。⑥

宋明帝泰始三年丁未(467)　二十七歲

自泰始三年春三月至五年夏六月,約爲安西將軍郢州刺史蔡興宗之外兵參軍,兼記室。已被敕撰《晉書》。(《梁書》本傳、《南史》本傳、《宋書·明帝紀》、《宋書·蔡興宗傳》)

作《江南曲》。詩云:"櫂歌發江潭,採蓮渡湘南。"語調歡快,當是首次赴郢州時作。

泰始五年己酉(469)　二十九歲

自泰始五年夏六月至泰豫元年夏四月,蔡興宗任鎮東將軍、會稽太守,都督會稽、東陽、新安、永嘉、臨海五郡諸軍事。(《宋書·明帝紀》、《宋書·蔡興宗傳》)沈約隨之到會稽。⑦

按:沈約此段經歷,《伍譜》闕載,《鈴木譜》則將"契闊屯邅,困於朝夕,崎嶇薄宦,事非爲己,望得小祿,傍此東歸。"(《與徐勉書》)記在泰始四年,並加按語曰:"是年作此文,于後詳說,文中所述東歸事實不詳,或離郢州而達建康之時。"誤。此"東歸"意爲返回故鄉。

作《少年新婚爲之詠詩》。詩云:"山陰柳家女,莫言出田墅。"山陰,會稽郡之郡治所在地,當可知此詩作于會稽。

作《石塘瀨聽猿》詩。《越絕書》卷八:"石塘者,越所轄軍船也,塘廣六十五步,長三百五十三步,去縣四十里。"

泰豫元年壬子(472)　三十二歲

夏四月,蔡興宗爲征西將軍、開府儀同三司、荊州刺史;沈約爲征西記室參軍,帶厥西令。(《梁書》本傳、《宋書·明帝紀》、《宋書·蔡興宗傳》)

作《梁甫吟》。荊州襄陽隆中爲諸葛亮隱居之地。沈約本詩云:"哀歌步梁甫,歎絕有遺音。"蓋到荊州後追念諸葛亮所作。

後廢帝元徽元年癸丑(473)　三十三歲

蔡興宗于去年八月戊午卒。本年二月乙亥,晉熙王劉燮爲使持節、監郢州豫州之西陽司州之義陽二郡諸軍事、征虜將軍、郢州刺史,以黃門郎王奐爲長史,總府州之任。沈約被引爲法曹參軍,轉爲外兵參軍,並兼記室。(《宋書·蔡興宗傳》、《宋書·後廢帝紀》、《宋書·文九王傳》、《梁書》本傳)

按:此《伍譜》失載,《鈴木譜》則云"元徽二年甲寅,三十四歲,是年七月以後,郢州刺史晉熙王燮引法曹參軍,轉爲外兵參軍,並兼記室。"誤,當作于本年。

作《湘夫人》詩。詩云:"瀟湘風已息,沅澧復安流。揚蛾一含睇,媔娟好且脩。捐玦置澧浦，解珮寄中洲。”此詩風格與前《江南曲》迥異，當爲第二次赴郢過湘江時悼屈原所作，也與蔡興宗逝世有關。

作《愍塗賦》。賦云：“依雲邊以知國，極鳥道以瞻家。免悽愴於羈離，亦殷勤於行路。歎餘塗之屢蹇，奚前芳之可慕。”文中云：“情依舊越，身經故楚。”又語調悲凉，當是第二次赴湘所作甚明。

元徽三年乙卯（475）　三十五歲

仍居郢州。

作《栖禪精舍銘並序》。序曰：“此寺征西蔡公所立。昔厠藩麾，預班經創之始。今重遊踐，鑒舊興懷，故爲此銘，以傳芳迹。在郢州。〔元〕（永）徽三年，歲次某時某月某朔某日子。”

元徽五年丁巳（477）　三十七歲

七月，宋順帝即位，改元昇明，晉熙王被徵爲撫軍將軍、揚州刺史，由蕭賾（齊武帝）護送回京。沈約亦隨之到京，任尚書度支郎。（《宋書·順帝紀》、《宋書·文九王傳》、《南齊書·武帝紀》、《梁書》本傳）

約所撰《晋書》遇盜失第五帙。《宋書·自序》：“……永明初，遇盜失第五帙。建元四年未終，被敕撰國史。永明二年，又忝兼著作郎，撰次起居注。”《伍譜》繫《晋書》“遇盜失第五帙”事于永明元年。

　　按：《伍譜》誤，永明在建元之後，《自序》此段按時間前後叙述，永明當是昇明之誤。

約之《晋書》今佚，唯存《食貨志論》和《選舉志九品論》。

又作《七賢論》。論嵇康、阮籍等七人，當是因撰《晋書》中阮、嵇等人傳記而發之議論，亦並繫于此。

又作《高士贊》。《七賢論》論嵇生是上智之人，《高士贊》論“自中智以下”諸人，當同時所爲。又《銷聲贊》亦循上而言，故亦並繫于此。

昇明三年齊高帝建元元年己未（479）　三十九歲

夏四月，齊高帝即皇帝位。（《南齊書·高帝紀》）

約官征虜記室，帶襄陽令，所奉之王是南郡王蕭長懋（文惠太子）。（《南齊書·高帝紀》、《南齊書·文惠太子傳》、《梁書》本傳、《宋書·自序》）

作《爲柳世隆讓封公表》。《南齊書·柳世隆傳》：“太祖踐阼，進爵爲公。建元二年，進號安南將軍。”

建元二年庚申(480)　四十歲

作《爲南郡王讓中軍表》。《南齊書·文惠太子傳》:"建元元年,封南郡王,邑二千户。……二年,徵爲侍中、中軍將軍,置府,鎮石頭。"

作《爲南郡王捨身疏》。疏云:"儲妃闈膺祥之符,皇枝廣惟祺之祚。敬飾崇巃,嚴置寶幄。仰延息心,旁旅清信。勗兹弘誓,證其幽疑。庶可感降禎和,招對靈應。"儲妃裴氏,南郡王長懋之母也。《南齊書·高帝紀下》:"(建元元年六月)甲申,立皇太子賾。""皇孫長懋爲南郡王。""十一月辛亥,立皇太子妃裴氏。""建元二年七月戊午,皇太子妃裴氏薨。"南郡王此疏爲其母而作,故繫于本年。

建元三年辛酉(481)　四十一歲

作《爲柳兗州上舊宮表》。《南齊書·柳世隆傳》:"(世隆)(建元)三年,出爲使持節、督南兗兗徐青冀五州軍事、安北將軍、南兗州刺史。"

又有《冠子祝文》大約作于本年前後。《梁書》本傳:"子旋,及約時已歷中書侍郎,永嘉太守,司徒從事中郎,司徒右長史。"如沈約二十成婚生子,其子冠該在本年前後,故繫于此。

建元四年壬戌(482)　四十二歲

三月壬戌,高帝崩,武帝即位。六月甲申,立皇太子蕭長懋。丙辰,進聞喜公蕭子良爲竟陵王。(《南齊書·武帝紀》)文惠太子入居東宮,沈約爲步兵校尉,管書記,直永壽省,校四部圖書。時東宮多士,約特被親遇,每直入見,影斜方出。本年修晋史未終,被敕撰齊史。(《梁書》本傳、《宋書·自序》)

作《爲文惠太子解講疏》。

作《爲文惠太子禮佛願疏》。

又作《爲齊竟陵王解講疏》二篇。後疏云:"仰惟先后,稟靈娥德。""先后",指文惠太子和竟陵王之生母裴氏。《南齊書·武穆裴皇后傳》:"(后)昇明三年,爲齊世子妃。建元元年,爲皇太子妃。三年,后薨。諡穆妃,葬休安陵。世祖即位,追尊皇后。"《南齊書·武帝紀》:"(建元四年夏四月)辛卯,追尊穆妃爲皇后。"可知此疏爲竟陵王喪母之故而作。

武帝永明元年癸亥(483)　四十三歲

遷太子家令。(《梁書》本傳)

作《爲齊竟陵王發講疏並頌》。

作《爲褚炫讓吏部尚書表》。《南齊書·褚炫傳》:"永明元年,爲吏部尚書。"

作《和左丞庾杲之移病詩》。《南齊書·庾杲之傳》："……轉尚書左丞,常侍、領中正如故。出爲王儉衛軍長史,……。"

　　按:《南齊書·王儉傳》載王儉"永明元年,進號衛軍將軍",姑繫于此年。

永明二年甲子(484)　　四十四歲

春正月乙亥,竟陵王子良爲護軍將軍兼司徒,領兵置佐,侍中如故,鎮西州。(《南齊書·武帝紀》、《南齊書·竟陵文宣王蕭子良傳》)沈約以太子家令兼著作郎,撰次起居注。(《梁書》本傳、《宋書·自序》)

作《到著作省謝表》。

永明三年乙丑(485)　　四十五歲

遷中書郎、本邑中正。(《梁書》本傳)

作《侍皇太子釋奠宴詩》、《爲南郡王侍皇太子釋奠宴詩》二首。《南齊書·武帝紀》:"(永明三年)冬十月壬戌,詔曰:'皇太子長懋講畢,當釋奠,王公以下可悉往觀禮。'"南郡王,長懋長子蕭昭業是也。《南齊書·武帝紀》:"(建元四年六月丙申),皇孫昭業爲南郡王。"

作《和王衛軍解講詩》。王衛軍,王儉也。《南齊書·王儉傳》:"永明元年,進號衛軍將軍,參掌選事。"《南齊書·周顒傳》:"顒卒官時,會王儉講《孝經》未畢,……"《南齊書·文惠太子傳》:"永明三年,于崇正殿講《孝經》,少傅王儉以擿句令太[子]僕周顒撰爲義疏。"

永明四年丙寅(486)　　四十六歲

作《崇聖寺比丘尼僧敬法師碑》。釋寶唱《比丘尼傳·僧敬尼傳》云:"永明四年二月三日卒,葬于鍾山之陽。弟子造碑,中書侍郎吳興沈約製其文焉。"

作《繡像贊並序》。贊序云:"維齊永明四年,歲次丙寅,秋八月,己未朔,二日庚申,第三皇孫所生陳夫人,含微宅理,炳慧臨空,結言寶位,騰心淨覺。敬因樂林寺主比丘尼釋寶願造繡無量壽尊像一軀,乃爲贊曰。"云云,蓋此贊是爲長懋第三子生母陳夫人所作。

永明五年丁卯(487)　　四十七歲

竟陵王蕭子良正位司徒,沈約官司徒右長史、黃門侍郎。竟陵王開西邸招文學,沈約與蕭衍(梁武帝)、范雲、謝朓、任昉、蕭琛、王融、陸倕等並遊焉,號爲"八友"。(《梁書》本傳、《南齊書·竟陵文宣王蕭子良傳》、《梁書·高祖紀》)

　　按:《伍譜》在"永明四年"下記曰:"車騎將軍、竟陵王子良轉沈約爲長史。"繫年誤,沈約官司徒右長史當在竟陵王子良正位司徒後,在本年。

本年春,被敕撰《宋書》。(《宋書·自序》、《南齊書·王智深傳》)

作《擬風賦》。

按:王融有《擬風賦》,謝朓有《擬風賦奉司徒教作》,沈約此賦當在西邸奉司徒竟陵王教與王、謝等人同作。

作《桐賦》。

按:竟陵王子良有《梧桐賦》、王融有《應竟陵王教桐樹賦》,當是同題所作。

又有《謝齊竟陵王教撰高士傳啓》、《謝齊竟陵王示華嚴瓔珞啓》、《謝齊竟陵王示永明樂歌啓》、《謝竟陵王賚母赫國雲氣黄綾裙襦啓》、《謝司徒賜北蘇啓》,北五啓當是在西邸時謝司徒竟陵王蕭子良所作,並記于此。

作《竟陵王造釋迦像記》。記云:"太祖皇帝濯襟慧水,凝神净域,厭世珍陛,遷靈寶地。竟陵王諱,泣明臺之下臨,慟高山之方遠,慕迸王鑾,情殷雙樹。"知此是在高帝既崩之後所作。記又云:"以皇齊之四年日子敬製釋迦像一軀。"則釋迦像是建元四年始製,但建元四年蕭子良尚未封竟陵王,蓋是逆溯之詞。文殆成于永明五年正位司徒時,故記于此。

作《爲晋安王謝南兖州章》。《南齊書·武十七王·晋安王子懋傳》:"(永明五年)爲監南兖、兖、徐、青、冀五州軍事、後將軍、南兖州刺史,持節如故。"

作《爲安陸王謝荆州章》。《南齊書·武十七王·安陸王子敬傳》:"(永明五年)徙都督荆湘梁雍南北秦六州軍事,平西將軍、荆州刺史、持節如故。"

作《永明樂》十首,今存一。《南齊書·樂志》:"《永平樂歌》者,竟陵王子良與諸文士造奏之。人爲十曲。道人釋寶月辭頗美,上常被之管絃,而不列于樂官也。"

按:"平"爲"明"之誤,王融《永明樂十首》其十:"生逢永明樂。"約有《謝齊竟陵王示永明樂歌啓》,亦可證。今謝朓、王融集均有《永明樂》十首。此當竟陵王開西邸後與諸文士造作,故繫于此年。

又有《奉和竟陵王郡縣名詩》(王融、范雲同賦)、《和竟陵王遊仙詩二首》(王融、范雲同賦)、《和竟陵王抄書詩》、《奉和竟陵王藥名詩》,均當竟陵王開西邸後所作,亦繫于本年。

又有《詠梧桐詩》,當是與《桐賦》同時所作。

作《和陸慧曉百姓名詩》。《南齊書·陸慧曉傳》:"子良於西邸抄書,令慧曉參知其事。"可知是子良開西邸後所作。

永明六年戊辰(488) 四十八歲

官中書郎。(《南齊書·沈麟士傳》)

作《上宋書表》。《宋書·自序》云："六年二月畢功，表上之。"

作《湘州枳園寺刹下石記》。記云："齊之永明六年六月三日，蓋木運將啓之令辰，上帝步天之嘉日，乃抗崇表於蒼雲，植重局於玄壤。"

作《從齊武帝瑯琊城講武應詔詩》。《南齊書·武帝紀》："（永明六年）九月壬寅，車駕幸琅邪城講武，習水步軍。"瑯琊同琅邪。

作《薦沈麟士義行啓》。《南齊書·沈麟士傳》："永明六年，吏部郎沈淵、中書郎沈約又表薦麟士義行，……"

　　按：沈淵無文名，此啓當是沈約所作。

作《答沈麟士書》。《南史·沈麟士傳》："永明中，中書郎沈約並表薦之，徵皆不就。乃與約書曰……"故約作答書。

永明七年己巳（489）　四十九歲

作《高松賦》。

　　按：竟陵王蕭子良作《高松賦》，應教而作者有沈約、謝朓、王儉、蕭子恪等，《梁書·蕭子恪傳》："（子恪）年十二，和從兄司徒竟陵王《高松賦》，衛軍王儉見而奇之。"蕭子恪大通三年（529）卒，年五十二，逆推之，十二歲時當永明七年，又王儉本年五月卒，故沈約此賦作于本年五月之前。又有《寒松詩》疑同時所作。

作《齊臨川王行狀》。《南齊書·高祖十二王·臨川獻王映傳》："太祖踐阼，……封臨川王，……（永明）七年，薨。……時年三十二。"又，沈約有《爲臨川王九日侍太子宴詩》亦當爲映所作，作期在永明七年映薨之前，故繫于此。

作《齊太尉文憲王公墓誌銘》。《南齊書·王儉傳》："（永明七年）薨，……諡文憲公。"

作《瑞石像銘並序》。銘云："維永明七年某月，爰有祥石，眇發天津。"

作《與約法師書》。

　　按：約法師即釋慧約，釋道宣《續高僧傳》卷六有《梁國師草堂寺智者釋慧約傳》可詳。書曰："周中書風氣高奇，志託夷遠；真情素韻，水桂齊質。""去冬今歲，人鬼見分。"云云。可見是哀悼之作。此周中書是何人？嚴可均《全梁文》在題下加"悼周捨"三字（《釋藏策》五、《廣弘明集》卷二十八、《阮本》均無此三字）。周捨爲周顒之子，梁普通五年（524）卒，而沈約已卒于天監十二年（513），則約無悼周捨之理。書中之周中書似非周捨，乃曾任中書郎之周顒。周顒之卒年，不見于傳，今定于永明六年冬，《南齊書·周顒傳》："顒卒官時，會王儉講《孝經》未畢，舉曇濟自代，學者榮之，官爲給事中。"王儉之卒，在永明七年五月三日，儉已聞顒卒之事，在永明七年五月三日之前，已得確證。又書曰：

"去冬今歲,人鬼見分。""宿草已陳,楸檟得合。"沈約此書,大抵永明七年所作,而可指六年冬爲去冬,故可認爲顒卒于六年冬季。

作《形神論》、《神不滅論》。《梁書·范縝傳》:"竟陵王子良盛招賓客,縝亦預焉。""縝在齊世,嘗侍竟陵王子良。子良精信釋教,而縝盛稱無佛。子良問曰:'君不信國在果,世間何得有富貴,何得有賤貧?'縝答曰:'人之生譬如一樹花,同發一枝,俱開一蒂,隨風而墮,自有拂簾幌墜於茵席之上,自有關籬墙落於糞溷之側。墜茵蓆者,殿下是也;落糞溷者,下官是也。貴賤雖復殊塗,因果竟在何處?'子良不能屈,深怪之。縝退論其理,著《神滅論》曰:……"據此可知約之作《神不滅論》等文,係對縝之《神滅論》而發。同時作論者還有多人。

　　按:范縝作論的絕對時間已難確定,今承舊説,繫于永明七年。因永明七年竟陵王佛前感夢,大興佛事。⑧

作《内典序》。《廣弘明集》卷七十七收此文,題下注曰:"奉齊司徒竟陵王教。"

作《千僧會願文》。文曰:"草堂約法師於所住山寺,爲營八集,其一仰憑上定林寺祐法主。今月二十九日第十會,集百僧於所創田廬。"約法師即釋慧約;祐法主即僧祐,釋慧皎《高僧傳》卷一一《釋僧祐傳》:"年十四,家人密爲訪婚,祐知而避,至定林寺投法達法師。""齊竟陵文宣王每請講律,聽衆常七、八百人。永明中,敕入吳試簡五衆,並宣講十誦,更申受戒之法。"又僧祐《出三藏記集》卷一一《略成實論記》:"永明七年十月文宣王招集京師碩學名僧五百餘人,請定林僧柔、謝寺慧次法師于普選寺選講。"此文當作于永明七年十月。

又《千佛頌》(嚴可均《全梁文》作《千佛贊》),疑亦作于是時。

作《述僧設會論》。論曰:"今世召請衆僧,止設一會,當由佛在世時,常受人請,以此擬像故也。"可知是永明七年大集僧衆時作也。

永明八年庚午(490)　五十歲

春,沈約爲太子右率衛,秋間起兼御史中丞、吳興邑中正。(《梁書》本傳、蕭子良《登山望雷居士精舍同沈右衛過劉先生墓下作詩並序》、《文選》卷四〇《奏彈王源》李善注引吳均《齊春秋》)

作《奉和竟陵王經劉瓛墓詩》。竟陵王子良有《登山望雷居士精舍同沈右衛過劉先生墓下作詩並序》(一作《同隨王經劉先生墓下作》),隨郡王蕭子隆(齊武帝第八子)有《經劉瓛墓下詩》,謝朓有《奉和竟陵王同沈右率過劉先生墓》。

　　按:右率爲右衛率之簡稱,《通典》卷三十《職官》十二"左右衛率府":"齊沈約爲太子右率。"劉瓛卒于永明七年。子良詩序云:"益深宿草之歎。"柳惲《奉和竟陵王經劉瓛墓下》:"壟草時易宿。"《禮記·檀弓》疏:"宿草,陳根也。草經一年則根陳也。"知時瓛卒已逾年。奉和子良者還有虞炎。時朓爲太子舍人，約爲太子右率，餘數子皆爲西邸學士。
其年八月，子隆爲鎮西將軍、荆州刺史，朓詩不逕題奉和隨王，因未入隨王府之故也。又
子隆詩云：“初松切暮鳥，新楊催曉風。”知詩作于春季。

作《與范述曾論竟陵王賦書》。《梁書·范述曾傳》：“述曾爲人謇諤，在宮多所諫争，太子
雖不能全用，然亦弗之罪也。竟陵王深相器重，號爲‘周舍’。時太子左衛率沈約亦以述曾方
汲黯。以父母年老，乞還就養，乃拜中散大夫。”述曾“乞還就養”，沈約官“太子左衛率”（左或
爲右之誤），故該書當繫于本年。

作《和劉中書仙詩》二首。《南齊書·劉繪傳》：“徵還爲安陸王護軍司馬，轉中書郎，掌詔
誥。”《南齊書·武十七王·安陸王子敬傳》：“七年，徵侍中，護軍將軍。”

作《正陽堂宴勞凱旋詩》。《南史·齊本紀上》：“（永明八年八月）壬辰，荆州刺史巴東王子
響反，遣丹陽尹蕭順之討之，子響伏誅。”可見是慶祝此事。同書“九年”下又曰：“（夏五月）己
未，樂游正陽堂災。”可知正陽堂在樂游苑内，事在九年五月前。

作《奏彈王源》。文曰：“風聞東海王源，嫁女與富陽滿氏”，“託姻結好，唯利是求。玷辱
流輩，莫斯爲甚。”“請以見事，免源所居官，禁錮終身，輒下禁止，視事如故。”此沈約奏彈王源
之由也。又云：“給事黄門侍郎兼御史中丞吳興邑中正臣沈約稽首言。”《文選》卷四〇李善注
引吳均《齊春秋》曰：“永明八年沈約爲中丞。”

又作《詠竹火籠》詩，謝朓有同題詩作；作《同詠坐上玩器·詠竹檳榔盤》詩，謝朓有《詠烏
皮隱几》；作《詠竹》詩，謝朓亦有同題詩作；作《春詠》（阮本作《春思》）、《初春》詩，謝朓亦有
《春遊》詩。謝朓于永明九年跟隨王去荆州，故以上詩當在九年前作。

作《爲皇太子謝賜御所射雉啓》。《南齊書·武十七王·竟陵文宣王子良傳》：“先是（永明）
六年，左衛、殿中將軍邯鄲超上書諫射雉，世祖爲止。久之，超竟被誅。永明末，上將射雉。
子良諫曰……雖不盡納，而深見寵愛。……八年，給三望車。”子良之諫“不盡納”，當已射雉，
故謝賜御所射雉啓當繫于本年。

作《阻雪連句》。《謝宣城集》卷五有《阻雪連句遥贈和》，連句者有謝朓、江秀才革、王丞
融（王融時爲丹陽丞）、王蘭陵僧孺、謝洗馬昊、劉中書繪、沈右率約。沈約詩云：“初昕逸翮
舉，日昃駕馬疲。幽山有桂樹，歲暮空參差。”知作于本年歲暮。約另有《雪贊》、《詠餘雪詩》
亦大約作于此時。

又有《早行逢故人車中爲贈詩》：“殘朱猶曖曖，餘粉尚霏霏。昨宵何處宿，今晨拂露歸。”
《爲鄰人有懷不至詩》：“影逐斜月來，香隨遠風入。言是定知非，欲笑翻成泣。”《南齊書·武陵
昭王曄傳》：“（曄）與諸王共作短句，詩學謝靈運體，以呈上，報曰：‘見汝二十字，……’”永明
中，文人五言短句已頗盛行，王儉詩今存八首，有四首短句，謝朓《王孫遊》、《銅雀悲》、《玉階

怨》、《金谷聚》等均爲短句詩。短句詩在當時亦"新變體"也。疑沈約此二詩亦作于永明中。又有《團扇歌》二首，亦均五言四句，並繫于此。

永明九年辛未(491)　五十一歲

作《三日侍鳳光殿曲水宴應制詩》、《三月三日率爾成章詩》、《三日侍林光殿曲水宴應制詩》。《南齊書·王融傳》："(永明)九年，上幸芳林薗褉宴朝臣，使融爲《曲水詩序》。"《文選》卷四六《王元長三月三日曲水詩序》云："有詔曰：今日嘉會，咸可賦詩，凡四十有五人，其辭云爾。"

作《同詠樂器·詠簴》詩。謝朓有《詠琴》、王融有《詠琵琶》。朓詩云："是時操別鶴，淫淫客淚垂。"蓋爲謝朓任隨王文學赴荆之前所作。

作《餞謝文學離夜詩》。

　　　　按：閩人俫《古詩箋》五言詩卷十該詩題下注以謝文學爲謝璟，誤。謝文學是謝朓，《南齊書·謝朓傳》載其爲"隨王鎮西功曹，轉文學"，據《南齊書·隨郡王子隆傳》載，子隆永明八年八月爲鎮西將軍、荆州刺史，九年親府州事。謝朓九年隨子隆赴任，西邸諸友夜宴餞別，作別詩者還有通直郎范雲、別駕虞炎、中書郎王融、記室蕭琛、中書郎劉繪。朓詩云："春夜別清樽，江潭復爲客。"蕭琛詩云："春篁方解籜，弱柳向低風。"知朓赴荆州之時在春季。

作《爲柳世隆謝賜樂遊苑胡桃啓》、《爲柳世隆上銅表》、《齊司空柳世隆行狀》。《南齊書·柳世隆傳》："(永明)九年，卒，時年五十。"《行狀》作于是年，《啓》與《表》作于是年或此一、二年內，今並繫于此。

作《答陸厥書》。《南齊書·陸厥傳》："永明九年，詔百官舉士，同郡司徒左西掾顧暠之表薦焉。州舉秀才，王晏少傅主簿，遷後軍行參軍。永明末，盛爲文章。吳興沈約、陳郡謝朓、琅邪王融以氣類相推轂。汝南周顒善識聲韻。約等文皆用宮商，以平上去入爲四聲，以此制韻，不可增減，世呼爲'永明體'。沈約《宋書·謝靈運傳》後又論宮商。厥與約書曰：……"云云，可知此文作于永明末，故繫于本年。

作《傷庾杲之》詩。《南齊書·庾杲之傳》："(永明)九年，卒。……卒時年五十一。"

作《傷王諶》。《南齊書·王諶傳》："(永明)九年，卒。年六十九。"

永明十年壬申(492)　五十二歲

作《答樂藹書》。樂藹二次來書，請撰豫章文獻王碑文。《南齊書·豫章文獻王嶷傳》："(永明十年)薨，年四十九。"樂藹《與右率沈約書》略云："斯文之託，歷選惟疑，必待文蔚辭宗,德僉茂履,非高明而誰?"亦可知沈約本年仍官太子右率兼御史中丞。

作《冬節後至丞相第詣世子車中作詩》。《藝文類聚》卷三四"丞相"前有"蕭"字,《古今歲時雜詠》卷三九"冬節"作"冬至"。《南齊書·武帝紀》:"(永明十年)夏四月辛丑,大司馬豫章王嶷薨。"《南齊書·豫章文獻王嶷傳》:"(永明十年)薨,年四十九。……贈假黄鉞、都督中外諸軍事、丞相、揚州牧,……子廉字景靄,子響還本,子廉爲世子。……十一年卒,贈侍中,謚哀世子。"沈約詩云:"廉公失權勢,門館有虛盈。貴賤猶如此,況乃曲池平。高車塵未滅,珠履故餘聲。賓階綠錢滿,客位紫苔生。誰當九原上,鬱鬱望佳城。"細玩本詩之意,當作于豫章王死後之當年冬至節。

作《鼓吹曲二首同諸公賦:臨高臺、芳樹》。《臨高臺》,謝朓有《同沈右率諸公賦鼓吹曲名·臨高臺》,《謝宣城集》題下注:"朓時爲隨王文學",同賦者還有通直郎范雲、丹陽丞王融、中書郎劉繪,方式爲遥相唱和。朓詩云:"千里常思歸,登臺臨綺翼。""誰知倦游者,嗟此故鄉憶。"當非初到荆州時作。約詩云:"高臺不可望,望遠使人愁。""可望不可見,何用解人憂。"融詩云:"井蓮當夏吐,窗桂逐秋開。"可推知此詩作期是永明十年秋。又《芳樹》,《謝宣城集》該詩題下注云:"同前再賦。"沈約詩云:"宿昔寒飇舉,摧殘不可識。霜雪交橫至,對之長歎息。"時已進入隆冬。

又作《有所思》。劉繪《同沈右率諸公賦鼓吹曲二首》作《巫山高》和《有所思》,沈約《有所思》與之風格相同,疑當時諸公同賦的《鼓吹曲》除《臨高臺》、《芳樹》外,尚有《巫山高》、《有所思》,王融集中就有《巫山高》、《芳樹》、《臨高臺》。

作《奏彈太子中舍人王僧祐》。《南史·王僧祐傳》:"永明末,爲太子中舍人,在直屬疾,不待對人輒去。中丞沈約彈之云……"

作《奏彈孔稚珪違制啓假事》。此文奏彈廷尉孔稚珪,《南齊書·孔稚珪傳》:"永明七年,轉驍騎將軍,復領左丞。遷黄門郎,左丞如故。轉太子中庶子,廷尉。""永元元年,爲都官尚書,遷太子詹事,加散騎常侍。"以此推之,孔稚珪任廷尉當在永明末年。

作《奏彈奉朝請王希聃違假》、《奏彈御史孔橐題省壁悖慢事》。王希聃、孔橐二人史書無考,文當作于永明末沈約爲御史中丞時。

作《脩竹彈甘蕉文》。此乃一篇游戲文字,亦當作于永明末任御史中丞時。

作《秋夜詩》。王融有《秋夜》詩(此名據《玉臺新詠》卷一○,《樂府詩集》卷七六作《秋夜長》,《古詩紀》卷五七作《奉和秋夜長》)王融、沈約此詩可能是同時奉和所作,王融明年死,故繫于本年。

作《擬青青河畔草》。詩起首"漠漠牀上塵,心中憶故人。故人不可憶,中夜長嘆息。"云云,王融亦有《青青河畔草》,詩起首:"容容寒煙起,翹翹望行子。行子殊未歸,寤寐君容輝。"

詩風相近,疑同時所作。

作《三婦艷》詩。王融亦有《三婦艷詩》風相近,亦疑同時所作。

作《古意詩》。王融亦有《古意詩》二首。約詩云:"挾瑟叢臺下,徙倚愛容光。""明月雖外照,寧知心內傷。"融詩之一云:"坐銷芳草氣,空度明月輝。"詩之二云:"千里不相聞,寸心鬱紛蘊。"詩意相近,亦疑同時所作。

又有《詠湖中雁》、《簷前竹》、《翫庭柳》、《麥李》、《詠桃》、《詠青苔》、《十詠二首:領邊繡、脚下履》、《詠箏》、《詠山榴》、《詠帳》、《侍宴詠反舌》(另有《反舌賦》)、《詠孤桐》、《園橘》、《西地梨》、《詠芙蓉》、《詠杜若》、《甘蕉》、《詠菰》等詠物詩當作于永明年間(或至少大部分作于永明年間),今並繫于此。西邸學士集中多有此類詩作。如今存王融詩《詠梧桐》、《詠池上梨花》、《詠幔》、《詠女蘿》;劉繪詩《詠萍》、《和池上梨花》;謝朓詩《詠風》、《詠落梅》、《詠墻北梔子》等,此數子均逝于齊代,故可認爲沈約以上詩作于永明年間竟陵王開西邸後,但非一時所作。

永明十一年癸酉(493)　五十三歲

春正月,文惠太子病卒。秋七月,武帝崩,皇太孫蕭昭業繼位,是爲鬱林王。(《南齊書·武帝紀》、《南齊書·鬱林王紀》)。

作《奏彈秘書郎蕭遙昌》。《南齊書·蕭遙昌傳》:"解褐秘書郎,太孫舍人,給事中,秘書丞。延興元年,除黃門侍郎,……"是遙昌作秘書郎在延興以前,且與作太孫舍人時相先後。《南齊書·武帝紀》:"(永明十一年春正月)丙子,皇太子長懋薨。""夏四月壬午,詔'東宮文武臣僚,可悉度爲太孫官屬'。甲午,立皇太孫昭業、太孫妃何氏。"現故定于太孫即帝位之前。

作《齊武帝諡議》。《南齊書·武帝紀》:永明十一年七月,"上崩,年五十四。九月丙寅,葬景安陵。"

作《傷胡諧之》詩。《南齊書·胡諧之傳》:永明十一年,"卒,年五十一。"

作《傷王融》詩。《南齊書·王融傳》:"世祖疾篤暫絶,子良在殿內,太孫未入,融戎服絳衫,于中書省閤口斷東宮仗不得進,欲立子良。上既蘇,太孫入殿,朝事委高宗。融知子良不得立,乃釋服還省。歎曰:'公誤我。'鬱林深忿疾融,即位十餘日,收下廷尉獄。……詔於獄賜死。時年二十七。"

作《南齊廢帝改元大赦詔》。詔云:"可大赦天下,改永明十二年爲隆昌元年。"

鬱林王隆昌元年海陵王延興元年明帝建武元年甲戌(494)　五十四歲

夏四月竟陵王蕭子良薨。秋七月西昌侯蕭鸞殺鬱林王蕭昭業,立新安王蕭昭文,改元延興,以西昌侯鸞録尚書事,進宣城郡公。鸞殺諸王。鸞進爵爲王。冬十月鸞廢昭文爲海陵王,旋加殺害。鸞即位,是爲明帝,改元建武。(《南齊書·鬱林王紀》、《南齊書·海陵王紀》、《南齊書·明帝紀》)沈約除吏部郎,出爲寧朔將軍、東陽太守。關于沈約出守東陽的時間,有兩種意見:《伍譜》根據《梁書》本傳,定爲隆昌元年;《鈴木譜》根據沈約《與徐勉書》中"永明末出守東陽"句,定爲永明十一年,且認爲隆昌元年就返回建康。

　　按:《鈴木譜》誤,《伍譜》是。《梁書》本傳云:"隆昌元年,除吏部郎,出爲寧朔將軍,東陽太守。明帝即位,進號輔國將軍,……"記載明確,今存《南齊廢帝改元大赦詔》、《勸農訪民所疾苦詔》亦説明沈約永明十一年鬱林即位後至隆昌元年春正月仍在建康。沈約在《與徐勉書》中不提隆昌只提永明年號乃因鬱林被廢年號亦應避免提及等原因所致。⑨

作《勸農訪民所疾苦詔》。《南齊書·鬱林王紀》:"(隆昌元)年春正月辛亥,車駕祠南郊。詔曰:……"

作《應王中丞思遠詠月詩》。《南齊書·王思遠傳》:"高宗輔政,不之任,仍遷御史中丞。……建武中,遷吏部郎。"此詩作于是年十月高宗即位之前。

作《和王中書德充詠白雲詩》。王德充,事迹待考。上詩詠月,本詩詠雲,當同時或近期而作。

作《別范安成詩》。范安成即范岫,據《梁書·范岫傳》,范岫在永明末至建武中任建威將軍、安成內史,此詩當作于沈約離京赴東陽時。

作《循役朱方道路詩》。循役,遵命任職。朱方,即丹徒。從建康至東陽,走水路必先沿江東下至丹徒,再入河道至錢塘,然後到東陽。故約詩云:"分繻出帝京,升裝奉皇穆。……江移林岸微,岩深烟岫復。"

作《朝丹徒故宮頌》。丹徒有古迹,宋順帝遜位後居丹徒,有故宮。《建康實録》卷一〇:"及齊受命,封帝爲汝陰王,居丹徒宮,待以不臣之禮。"此頌是沈約到丹徒後所作。

作《早發定山》詩。《文選》卷二七該詩題下李善注云:"《梁書》曰:約爲東陽太守,然定山東陽道之所經也。"

作《新安江水至清淺深見底貽京邑遊好詩》。《文選》卷二七該詩題下李善注引《十洲記》曰:"桐廬縣新安東陽二水合于此,仍東流爲浙江。"此亦到東陽必經之地。

作《遊金華山》詩、《赤松澗》詩。兩《唐書·地理志》:"婺州金華縣有百沙山、金華山。"劉峻《東陽金華山栖志序》:"金華山古馬鞍山也。"樂史《太平寰宇記》:"赤松子遊金華山,以火自燒而化,故山上有赤松祠,澗自山出,故曰赤松澗。"釋道宣《續高僧傳》卷六《釋慧約傳》:"少傅沈約,隆昌中外任,携與同行。在郡惟以靜漠自娛,禪誦爲樂。異香入室,猛獸訓階。

常入金華山採拮,或停赤松澗遊止。"

作《賀齊明帝登祚啓》。《南齊書·明帝紀》:"建武元年冬十月癸亥,即皇帝位。"

作《齊故安陸昭王碑》。碑云:"改贈司徒,因謚爲郡王,禮也。"知此碑作于蕭緬追贈之後。《南齊書·安陸昭王緬傳》:"建武元年,贈侍中,司徒,安陸王,邑二千户。"

作《贈沈録事江水曹二大使詩》五章。《南史·齊本紀》:"建武元年十一月,詔遣大使觀省四方。"沈録事疑是沈詹事,即沈文季。《南齊書·沈文季傳》載其與明帝關係甚好,"豫廢鬱林","明帝即位,加領太子詹事"。《郝注》以爲是沈冲,誤。沈冲,永明年間已死。江水曹疑即江祏,《南齊書·江祏傳》載其曾任"尚書水部郎",爲明帝心腹。以此二人度之,在明帝即位之初任大使觀省四方是可能的。《文館詞林》題下注:"東陽郡詩。"

作《遊沈道士館詩》。《六臣注文選》李周翰注曰:"休文遊道士沈恭館。"

> 按:沈恭待考。詩云:"鋭意三山上,託慕九霄中。""曰余知止足,是願不須豐。遇可淹留處,便欲息微躬。"另《與徐勉書》:"永明末,出守東陽,意在止足。"因鬱林爲廢帝,故不提隆昌,而書中"意在止足"與詩中"曰余知止足"意同,故繫于本年。

作《贈留真人祖父教》。教云:"金華東山留真人誕鐘靈性,獨悟懷抱,日飲霞食,三十餘載。"云云,知此教作于東陽。

作《留真人東山還詩》。(張溥本、《阮本》據《詩紀》留作劉,今據《文苑英華》、《文館詞林》改)詩云:"我來歲云暮,於此恨懷歸。霜雪方共下,寧止露霑衣。"當作于歲暮。

明帝建武二年乙亥(495)　五十五歲

仍官東陽太守。

作《登玄暢樓詩》。《明一統志》:"浙江金華府八詠樓在府治西南隅,舊名玄暢樓,南齊太守沈約建,有《八詠詩》,宋郡守馮伉更此名。"

> 按:馮伉于北宋太宗淳化五年(994)奉命知婺州。(見徐規《王禹偁事迹著作編年》114、117頁)

作《八詠詩》。吳兆宜《玉臺新詠》注引《金華志》曰:"《八詠詩》南齊隆昌太守沈約所作,題于玄暢樓,時號絶唱,後人因更玄暢樓爲八詠樓云。"八詩題爲:登臺望秋月,會圃臨春風。歲暮(《阮本》作"秋至")愍衰草,霜來悲落桐。夕行聞夜鶴,晨征聽曉鴻。解佩去朝市,被褐守山東。如以所寫景色來論,似從抵達東陽後逾年到次年春季而作,現並繫于此。

作《送別友人詩》。謝朓《酬德賦》云:"建武二年,予將南牧,見贈五言詩。"朓建武二年四月出爲宣城太守,約以此詩贈之。

作《贈劉南郡季連詩》六章。《文館詞林》本詩題下注:"東陽郡詩。"《梁書·劉季連傳》:

"建武中,又出爲平西蕭遥欣長史、南郡太守。"

作《泛永康江》詩。永康屬東陽郡,有永康江,詩云:"長枝萌紫葉,清源泛緑苔。山光浮水至,春色犯寒來。"當是到東陽後次年春季作。

建武三年丙子(496) 五十六歲

秋,離東陽太守任回京,爲五兵尚書。⑩

作《去東陽與吏民別詩》。詩云:"下車如昨日,曳組忽彌期。霜載凋秋草,風三動春旗。"明言自隆昌元年春到東陽郡已經三年。

作《讓五兵尚書表》。《梁書》本傳:"徵爲五兵尚書。"

作《酬謝宣城朓詩》。《南齊書·謝朓傳》載建武初,朓"出爲宣城太守",有《在郡臥病呈沈尚書》詩,約和之。朓詩述夏秋氣候後云:"爲邦歲已期。"即到宣城後已一周年。謝朓題"呈沈尚書",是沈約已爲五兵尚書。

作《授王續蔡約王師制》。《南齊書·王續傳》:"隆昌元年,遷輔國將軍、太傅長史,不拜。仍爲冠軍將軍、豫章内史。進號征虜。又坐事免官。除冠軍將軍,司徒左長史,散騎常侍,隨王師。"《南齊書·蔡約傳》:"建武元年,遷侍中。明年,遷西陽王撫軍長史,加冠軍將軍,徙盧陵王右軍長史,將軍如故。轉都官尚書,遷邵陵王師,……並不拜。"二人自隆昌、建武初起歷轉多官,爲王師事當在三年沈約返京之後。《伍譜》作二年,恐非。

作《齊丞相豫章文獻王碑》。《南齊書·豫章文獻王傳》:"(永明十年)薨,年四十九。……建武中,第二子恪託約及太子詹事孔稚珪爲文。"亦當是沈約返京之後所作。

建武四年丁丑(497) 五十七歲

仍官五兵尚書,遷國子祭酒。(《梁書》本傳)

作《直學省愁臥詩》。詩云:"秋風吹廣陌,蕭瑟入南闈。"《梁書》本傳:"明帝即位,進號輔國將軍,徵爲五兵尚書,遷國子祭酒。"明年秋七月明帝崩。故本年秋已是國子祭酒。

作《釋法獻碑文》。釋慧皎《高僧傳》卷一三《釋法獻傳》:"獻以建武末年卒,與(玄)暢同窆于鐘山之陽。獻弟子僧祐爲造碑墓側,丹陽尹吳興沈約製文。"今記于此。

建武五年戊寅(498) 五十八歲

四月,改元永泰。七月,明帝崩,太子寶卷立,是爲東昏侯。(《南齊書·明帝紀》、《南齊書·東昏侯紀》)約仍官國子祭酒。(《南齊書·崔慰祖傳》)

作《封左興盛等制》。讀此文,則左興盛之受封,乃爲戡定王敬則叛亂之功,蓋與崔慰祖、劉山陽、胡松等同封,事詳《南齊書·王敬則傳》,敬則以是年四月丁卯起兵,五月己酉斬首。分封功臣,亦當在是年夏也。

作《封申希祖詔》。

　　按:永泰元年封申希祖開國伯食邑五百户事未見,姑仍《文苑英華》卷四一六繫此。

作《爲齊明帝遺詔》、《齊明帝哀册文》、《齊明帝謚議》。《南史》本傳:"明帝崩,政歸冢宰,尚書令徐孝嗣使約撰定遺詔。"《南齊書·明帝紀》:"永泰元年秋七月己酉,帝崩于正福殿,葬興安陵。"

作《南齊東昏侯改元大赦詔》。詔云:"可大赦天下,改永泰二年爲永元元年。"

作《桐柏山金庭館碑》。碑文曰:"永泰元年,方遂兹願,遂遠出天台,定居兹嶺,所憩之山,實惟桐柏。"

　　按:《伍譜》、《鈴木譜》均認爲本文非沈約所作,因桐柏山在河南之南陽,沈約無由到達。然伍、鈴木二先生均誤矣,此文明載"遠出天台",浙江天台有桐柏山金庭館。康熙《天台縣志》卷一"山川"云:"桐柏山,在縣西北二十里十二都,七十二福地之一,由清溪迤北而入,嶺路九折,至洞一望,佳景豁然,道觀屹處。"⑪

東昏侯永元元年己卯(499)　五十九歲

遷左衛將軍,尋加通直散騎常侍。(《梁書》本傳)

作《臨川王子晉南康侯子恪遷授詔》。詔云:"子晉可左民尚書,子恪可侍中。"《梁書·蕭子恪傳》:"東昏侯即位,……俄爲侍中。"

作《南郊恩詔》。《南齊書·東昏侯紀》:"(永元元年正月)辛卯,詔三品清資官以上應食禄者,有二親或祖父母年登七十,並給見錢。"檢齊、梁二史,此詔宜在本年。

作《立太子赦詔》。《南齊書·東昏侯紀》:"夏四月己巳,立皇太子誦,大赦,賜民爲父後爵一級。"與詔同。

作《劉暄封侯詔》。《南齊書·劉暄傳》:"遥光起事,以討暄爲名。事平,暄遷領軍將軍,封平都縣侯、千户。其年,又見殺。"遥光事平,在東昏永元元年八月戊午,劉暄封侯在八月己巳。

作《赦詔》。《南齊書·東昏侯紀》:"(九月)壬戌,以頻誅大臣,大赦天下。"

作《封徐世標詔》。《南齊書·東昏侯紀》:"初任新蔡人徐世標爲直閤驍騎將軍,凡有殺戮,皆其用命。殺徐孝嗣後,封爲臨汝縣子。陳顯達事起,加輔國將軍。"按《東昏侯紀》:"永元元年冬十月乙未,誅尚書令新除司空徐孝嗣。……十一月丙辰,太尉江州刺史陳顯達舉兵于尋陽。同年十二月甲申,陳顯達至京師,宮城嚴警,六軍固守。乙酉,斬陳顯達傳首。"可見徐世櫛之封,當在十月之間。

作《崔慧景加侍中詔》。《南齊書·崔慧景傳》:“永元元年,遷護軍將軍,尋加侍中。”

作《沈文季加侍中詔》。《南齊書·沈文季傳》:“永元元年,轉侍中左僕射,將軍如故。”

作《授蕭惠休右僕射詔》。《南齊書·蕭惠休傳》:“永元元年,徙吳興太守。徵爲右僕射。”

　　按:嚴可均《全梁文》卷二六“惠休”誤作“重俅”。

作《王亮王瑩加授詔》。《梁書·王亮傳》記其齊末江祏誅後“爲尚書右僕射、中護軍。既而東昏肆虐,淫刑已逞,亮傾側取容,竟以免戮。”加授事當在是時。

作《華陽先生登樓不復下贈呈詩》。《梁書·陶弘景傳》:“永元初,更築三層樓,弘景處其上,弟子居其中,賓客至其下,與物遂絶,唯一家僮得侍其旁。”

作《酬華陽陶先生詩》。亦當作于陶弘景隱居句容之句曲山時,在永元年間。

作《奉華陽王外兵詩》。意與上詩同,疑作期相近。

作《傷謝朓》詩。《南齊書·謝朓傳》載東昏失德,江祏欲立江夏王寶玄,未更回惑,與弟祀密與朓謀,又使人密致意于朓,欲以爲肺腑。朓自以受恩高宗,不肯答。少日,遥光以朓兼知衛尉事,朓懼見引,即以祏等謀告左興盛,興盛不敢發言。祏聞,以告遥光,遥光大怒,乃稱敕召朓付廷尉,下獄死,年三十六。

作《傷劉渢》詩。《南史·孝義傳》:“及遥光敗,渢静坐圍舍,……見殺。”《南齊書·東昏侯紀》載遥光敗死在永元元年八月。

又有《傷虞炎》、《傷李珪之》、《傷韋景猷》三詩,亦當作于此年或此年之前。三人卒年無考,《梁書·王筠傳》載沈約語曰“自謝朓諸賢零落已後,平生意好,殆將都絶”云云,可知謝朓死之前後,諸賢均已死去,沈約作詩傷之。

作《東武吟行》。詩云:“天德深且曠,人世賤而浮。”“逝辭金門寵,去飲玉池流。霄轡一永矣;俗累從此休。”約《與徐勉書》云:“及昏猜之始,王政多門,因此謀退,庶幾可果。”云云,正與此同,故繫于此年。

永元二年庚辰(500)　六十歲

以母老表求解職,改授冠軍將軍、司徒左長史;征虜將軍、南清河太守。(《梁書》本傳)

作《封李居壬等詔》(《南齊書》和《梁書》“壬”作“士”)。《南齊書·崔慧景傳》:“先是衛尉蕭懿爲征虜將軍、豫州刺史,自歷陽步道征壽陽。帝遣密使告之,懿率軍主胡松、李居士等數千人自採石濟岸,頓越城,舉火,臺城中鼓叫稱慶。”

　　按:《通鑑考異》考定慧景以三月丁未在廣陵舉兵,四月癸酉棄衆走,中間僅二十七日。詔中言“盡力禁門,誠著夷險。”又云:“反斾南轅,以赴危難,身先士卒,剪此鯨鯢。”

又與胡松同封,可知是崔慧景事平後論封也。

作《出重圍和傅昭詩》。《南齊書·東昏侯紀》載永元二年三月魏軍入壽陽,崔慧景奉命討壽陽,四月到廣陵而返,還攻建康,圍城,並攻入京師,宮內據城拒守,形勢嚴峻,豫州刺史蕭懿起兵救援,敗慧景,慧景逃亡被殺。詩云:"魯連揚一策,陳平出六奇。邯鄲風雨散,白登煙霧維。排雲出九地,陵定振五邑。"當是歌頌蕭懿平叛之作,傅昭時任尚書左丞。

又有《憫國賦》。賦云:"處圍城之慄慄,得無用于行間。對僚友而不怡,咸悄顔而相顧。"當作于《出重圍和傅昭詩》同時,又從全詩意思來看,當作于永元末動亂之時。

作《大赦詔》。詔云:"凡與崔惠景協契同謀,首爲奸逆,爰及降叛,輸力盡勤。……惟崔惠景諸子,不在赦例。"《南齊書·東昏侯紀》:"(永元二年四月)癸酉,慧景棄衆走,斬首。"又云:"(五月)壬子,大赦。"則此赦詔是也。

作《和劉雍州繪博山香爐》詩。《南齊書·東昏侯紀》:"(永元二年十二月)戊寅,以冠軍長史劉繪爲雍州刺史。"劉繪有《詠博山香爐》詩。此詩當作于本年十二月劉繪被任命爲雍州刺史後。

又有《秋晨覊怨望海思歸》詩。疑此詩作于南清河太守任上,《南齊書·州郡志上》:"南徐州,鎮京口。……今京城因山爲壘,望海臨江,緣江爲境,……宋氏以來,桑梓帝宅,江左流寓,多出膏腴。領郡如左:……南清河郡……"南清河郡屬南徐州,具體位置待考,但靠海無疑。

永元三年和帝中興元年辛巳(501)　六十一歲

作《封三舍人詔》。詔封沈徽孚、王咺之、裴長穆爲中書舍人。《南齊書·東昏侯紀》載徐世摽以永元二年正月爲禁兵所殺,"自是法珍,蠱兒用事,竝爲外監,口稱詔敕;中書舍人王咺之與相屑齒,專掌文翰。"是知王咺之永元二年仍官中書舍人,適與詔符。又《東昏侯紀》:"(永元三年)三月己亥,以驃騎將軍沈徽孚爲廣州刺史。"而本詔則云:"輔國將軍驃騎將軍南高平太守兼中書通事舍人沈徽孚。"是沈徽孚之封侯,在爲驃騎將軍之後,故可定在今年。

作《常僧景等封侯詔》。《梁書·武帝紀上》:"初,義師之逼,東昏遣軍主左僧慶鎮京口,常僧景鎮廣陵,……"又詔內提及"新除右軍中郎將薛元嗣",《梁書·武帝紀上》:"(永元三年三月)是時張沖死,其衆復推軍主薛元嗣及沖長史程茂爲主。"可知本詔作于梁武帝圍城之時。

作《酬荊雍義士獻物者詔》。《南齊書·和帝紀》:"(中興元年)夏四月戊辰,詔曰:'荊雍義舉所基,實始王迹。君子勞心,細人盡力,宜加酬獎,副其乃誠。凡東討衆軍及諸向義之衆,可普復除。'"與本詔文略異,或一詔二稿,或前後所作,但必在同年。

作《爲梁武帝除東昏制令》。令云:"猥以寡薄,屬當大寵。雖運距中興,難同草昧,思闡皇休,與之更始。"蓋是年參霸府文學時作也。

中興二年梁武帝天監元年壬午(502) 六十二歲

中興二年正月,蕭衍爲梁公,備九錫。二月,進爵爲王。四月,衍即帝位,是爲梁武帝,建元天監。廢齊和帝爲巴陵王,旋加殺害。齊亡。(《南齊書·和帝紀》、《梁書·武帝紀》)梁臺建,沈約爲散騎常侍、吏部尚書、兼右僕射。武帝受禪,約爲尚書僕射,封建昌縣侯,邑千户,常侍如故。又拜約母謝氏爲建昌國太夫人。(《梁書》本傳、《南史》本傳)

作《齊太尉徐公墓誌》。《南齊書·東昏侯紀》:"(永元元年)冬十月乙未,誅尚書令新除司空徐孝嗣,……"《南史·徐孝嗣傳》:"中興元年,和帝贈孝嗣太尉。二年,改葬……謚曰文忠,……"墓誌作于是年改元之前。

作《改天監元年赦詔》。

作《梁武帝踐阼後與諸州郡敕》。

作《讓僕射表》。《梁書·武帝紀中》:"(天監元年四月)丁卯,吏部尚書沈約爲尚書僕射。"

作《謝封建昌侯表》、《謝母封建昌國太夫人表》。《梁書》本傳:"高祖受禪,爲尚書僕射,封建昌縣侯,邑千户,常侍如故。又拜約母謝氏爲建昌國太夫人。"

作《資給何點詔》。《梁書·何點傳》載武帝與點有舊,及踐阼之後,屢徵不赴,乃復下詔,議加資給。

作《又與何胤敕》。《梁書·何胤傳》:"高祖踐阼,詔爲特進、右光禄大夫。手敕曰:……"云云。《藝文類聚》卷三七以爲沈約作。

作《爲武帝與謝朓敕》。《梁書·謝朓傳》:"高祖踐阼,徵朓爲侍中、左光禄大夫、開府儀同三司,……"云云。敕作于是時。

作《高祖德皇后郗氏謚議》。《梁書·高祖郗皇后傳》:"高祖踐阼,追崇爲皇后。有司議謚,吏部尚書兼右僕射臣約議曰:……"云云。

作《封授臨川等五王詔》。《梁書·武帝紀中》:"(天監元年四月)以弟中護軍宏爲揚州刺史,封爲臨川郡王;南徐州刺史秀安成郡王;雍州刺史偉建安郡王;左衛將軍恢鄱陽郡王;荆州刺史憺始興郡王。"《藝文類聚》卷五一以爲任昉作。

作《齊太尉王儉碑》。《南齊書·王儉傳》:"今上受禪,下詔爲儉立碑,降爵爲侯,千户。"

作《長沙宣武王墓誌銘》。《梁書·長沙嗣王業傳》:"(業父懿遂遇害。……)天監元年,追崇丞相,封長沙郡王,謚曰宣武。"

作《立太子詔》、《謝立皇太子賜絹表》。《梁書·武帝紀中》:"(天監元年十一月)甲子,立皇子統爲皇太子。"

作《爲長城公主謝表》。《梁書·柳惲傳》:"惲王偃尚長城公主。"

作《王亮等封侯詔》。據《梁書·王亮傳》、《梁書·王瑩傳》載,二人受封在高祖踐阼後。

作《立內職詔》、《爲六官拜章》。均當在武帝踐阼後作。

作《答詔訪古樂》。《隋書·音樂志上》:"梁氏之初,樂緣齊舊。武帝思弘古樂,天監元年,遂下詔訪百僚曰……于是散騎常侍、尚書僕射沈約奏答曰:……"即是此文。

製郊廟歌辭,造新聲詞。《太平御覽》卷五六六引《梁書》:"武帝思宏古樂,天監元年,……乃定郊禋宗廟及三朝之樂,……其辭並沈約所製。"又云:"初,武帝之在雍鎮,有童謠云:'襄陽白銅蹄,反縛揚州兒。'識者言白銅謂金,蹄謂馬也。白,金色。及義師之興,實以鐵騎,揚州之士皆面縛,果如謠言。故即位之後,更造新聲,帝自爲之詞三曲。又令沈約爲三曲,以被管弦。"

天監二年癸未(503)　六十三歲

正月,爲尚書左僕射、常侍如故,尋兼領軍,加侍中。十一月以母憂去職。(《梁書·武帝紀》、《梁書》本傳)

作《授蔡法度廷尉制》。制曰:"蔡法度少好律書,明曉法令。"云云,可知是上梁律後授今官也。《梁書·武帝紀中》:"(天監二年)夏四月癸卯,尚書删定郎蔡法度上《梁律》二十卷、《令》三十卷、《科》四十卷。"

作《尚書右僕射范雲墓誌銘》。《梁書·武帝紀中》:"(天監二年)五月丁巳,尚書右僕射范雲卒。"

作《侍宴謝朏宅餞東歸應詔詩》。《梁書·謝朏傳》:"(天監二年六月)朏輕舟出,詣闕自陳。既至,詔以爲侍中、司徒、尚書令。朏辭脚疾不堪拜謁,乃角巾肩輿,詣雲龍門謝。詔見于華林園,乘小車就席。明旦,輿駕出幸朏宅,讌語盡歡。朏固陳本志,不許;因請自還東迎母,乃許之。臨發,輿駕復臨幸,賦詩餞別。"

作《謝女出門宮賜絹綺燭啓》。"女出門",指女婚配之時,本年十一月,沈約丁母憂,不能行婚嫁之事,故女出門必在是年十一月之前。

又有《立左降詔》、《降死罪詔》,當作于立國之初。及《謝賜軫調絹等啓》、《謝敕賜絹葛啓》、《謝賜交州檳榔啓》、《謝敕賜冰啓》、《謝賜甘露啓》均當作于天監立國之初甚受寵信之時,並繫于此。

作《論選舉疏》。《通典》卷一六《選舉》四"梁尚書左僕射沈約論曰"云云,當作于梁初沈約任尚書左僕射時。

又有以下諸詩,充滿着新朝建立倍受寵信、興高采烈之感,當作于梁初:

《齊謳行》。詩云："王佐改殷命，霸功繆周綱。"

《長歌行》。詩云："連連舟壑改，微微市朝變。……寧思柏梁宴，長戢兔園情。"

《樂未央》。詩云："億舜日，萬堯年。詠湛露，歌採蓮。願雜百花氣，宛轉金爐前。"

《緩聲歌》。詩云："羽人廣宵宴，帳集瑶池東。……龍駕出黃苑，帝服起河宮。"

《悲哉行》。詩云："旅遊媚年春，年春媚遊人。徐光旦垂彩，和露曉凝津。時嚶起稚葉，蕙氣動初蘋。一朝阻舊國，萬里隔良辰。"

《君子有所思行》。詩云："巴姬幽蘭奏，鄭女陽春絃。共矜紅顔日，俱忘白髮年。"

又有《法王寺碑》。碑文云："昔周師集于孟津，漢兵至于垓下；翦商肇乎兹地，殪楚由乎斯域。""業隆于夏，功高代殷。濟横流而臣九服，握乾綱而子萬姓。"云云，當是梁代齊後所作，故繫于本年。

天監三年甲申（504）　六十四歲

春正月，起爲鎮軍將軍、丹陽尹。（《梁書·武帝紀》、《梁書》本傳）

作《梁武帝恩赦詔》三首。首詔云："朕受天明命，……日興劬勞，于今三載矣。……可大赦天下"。次詔云"其逐食流移，犯事逃亡，並聽還復本業。……在位群臣，宿衛文武，遷疆式□，咸有劬勞，普賚一階"。三詔云："凡死罪已禽錄，特令生命，止付冶署；若罪應入死而叛未禽，可開恩五十日，並聽自首，不問往罪。"三詔當同時而頒。

作《佛記序》、《應詔進佛記序啓》。序云："乃詔中書侍郎虞闡、太子洗馬劉漑、後軍記室周捨，博尋經藏，搜採注説，條別流分，各以類附。"按《梁書·周捨傳》："高祖即位，博求異能之士……召拜尚書祠部郎。……尋爲後軍記室參軍、秣陵令。"蓋在王亮得罪歸家之前，又據《梁書·王亮傳》，亮在天監三年削爵，故知周捨之參與撰寫《佛記》，最早當在天監三年王亮歸家前。又《廣弘明集》卷一五有梁武帝《敕沈約撰佛記序》曰："去歲令虞闡等撰佛記，並令作序。序體不稱，頻治改，猶未盡致。"可知此序及啓應在天監三年作。

作《均聖論》、《答陶隱居難均聖論》。《廣弘明集》卷五有陶弘景《難鎮軍沈約均聖論》，知《均聖論》當作于沈約作鎮軍將軍的本年。

又有《辯聖論》，其觀點是"三聖並時"，該當作于寫《均聖論》的同時。

作《懺悔文》。《廣弘明集》卷四《叙梁武帝舍事道法》載梁武帝天監三年四月八日下詔舍事道法、皈依佛教，疑沈約此文作于是時。又有《八關齋詩》、《究竟慈悲論》、《因緣義》、《佛知不異衆生知義》、《釋迦文佛像贊》、《彌勒贊》、《彌陀佛銘》、《述僧中食論》等有關佛教方面內容的文章，都均當作于武帝下詔信佛之後。

天監四年乙酉(505)　六十五歲

作《南郊恩詔》。《梁書·武帝紀中》:"(天監四年正月)辛亥,輿駕親祠南郊,赦天下。"

作《梁武帝禋饗恩降詔》二首。前詔云"天監三年,內犯奪勞及左降可悉原除"。後詔云:"一年叛亡未擒,若百日內自首還役,不問往罪。"均當作于本年。

作《上巳華光殿》詩。《梁書·張率傳》:"(天監)四年三月,禊飲華光殿。"

作《梁武帝北伐詔》。《梁書·武帝紀中》:"(四年)冬十月丙午,北伐,……"

作《白馬篇》。疑與王僧孺同作,二人同題詩作均存于《樂府詩集》卷六三。《梁書·王僧孺傳》:"司徒竟陵王子良開西邸招文學,僧孺亦遊焉。文惠太子聞其名,召入東宮,直崇明殿。"王僧孺是沈約舊友。又載其入梁後,"高祖製《春景明志詩》五百字,敕在朝之人沈約已下同作,高祖以僧孺詩爲工。"可見常與沈約一起作詩。時梁武帝大舉北伐,沈約參與大計,與王僧孺等人作《白馬篇》,當在情理之中。《樂府解題》曰:"沈約云:'白馬紫金鞍',皆言邊塞征戰之事。"是也。

又《飲馬長城窟》、《臨碣石》、《從軍行》、《却出東西門行》,以意度之,亦當作于北伐戰爭之時,並繫于此。

作《長安有狹斜行》。同作者有梁武帝、張率、劉孺。張率與武帝、沈約聯繫甚密,常侍宴作詩,深得武帝贊賞。劉孺較年輕,《梁書·劉孺傳》:"起家中軍法曹行參軍,時鎮軍沈約聞其名,引爲主簿,常與遊宴賦詩,大爲約所嗟賞。"故繫于本年。

又有《相逢狹路間》詩實與上詩同題,《登高望春詩》亦與之詩風相近,並繫于此。

天監五年丙戌(506)　六十六歲

正月乙亥,服闋,遷侍中、右光祿大夫,領太子詹事、揚州大中正、關尚書八條事。(《梁書·武帝紀》、《梁書》本傳)

作《侍宴樂遊苑餞呂僧珍應詔詩》。《梁書·呂僧珍傳》:"天監四年冬,大舉北伐,……五年夏,又命僧珍率羽林勁勇出梁城。其年冬旋軍,以本官領太子中庶子。"《文選》卷二十李善注作天監四年,誤。

作《齊禪林寺尼淨秀行狀》。行狀云:"以天監五年六月十七日得病,苦心悶,不下飲。""自入八月,體中亦轉惡,不復說餘事。"蓋淨秀之死,當在本年八月。

作《答庾光祿書》。書曰:"忌日制假,……居喪再周之內,每至忌日,哭臨受吊。"故知爲本年十一月母之忌日而作也。

作《司徒謝朏墓誌銘》。《梁書·武帝紀中》:"(天監五年)十二月癸卯,司徒謝朏薨。"

天監六年丁亥（507）　　六十七歲

夏四月，遷尚書左僕射。冬閏十月，遷尚書令，行太子少傅。（《梁書·武帝紀》、《梁書》本傳）

作《使四方士民陳刑政詔》。《梁書·武帝紀中》："（天監）六年春正月辛酉朔，詔曰"云云，《初學記》卷二〇以爲沈約作。

作《侍宴樂遊苑餞徐州刺史應詔詩》。《梁書·武帝紀中》："（天監六年夏四月）癸巳，曹景宗、韋叡等破魏軍于邵陽洲，斬獲萬計。癸卯，以右衛將軍曹景宗爲領軍將軍、徐州刺史。"

作《正會乘輿議》。文曰"正會儀注"云云。《隋書·禮儀志》："尚書僕射沈約議正會議注。"

　　按：此承上文天監六年爲言，當作于此年。

作《拜尚書令到都上表》。《梁書·武帝紀中》："閏（十）月乙丑，……，尚書左僕射沈約爲尚書令、行太子少傅，……"

作《光宅寺刹下銘》。銘云："乃以大梁之天監六年，歲次星紀，月旅黃鐘，閏十月二十三日戊寅，仲冬之節也，乃樹刹玄壤，表峻蒼雲，下洞淵泉。"

又有《上錢隨喜光宅寺啓》、《送育王像並上錢燭等啓》。二啓當作于進銘之同時。

作《郊居賦》。賦云："排陽鳥而命邑，方河山而起基。翼儲光于三善，長王職于百司。"蓋官尚書令行太子少傅時之所作也。又《梁書·何思澄傳》："平南安成王行參軍，兼記室。隨府江州，爲《遊廬山詩》，……約郊居宅新構閣齋，因命工書人題此詩于壁"云云。按《梁書·安成王秀傳》："（天監）六年，出爲使持節、都督江州諸軍事、平南將軍、江州刺史。"知沈約郊居宅成，定在此年。

作《報劉杳書》。《梁書·劉杳傳》："約郊居宅時新構閣齋，杳爲贊二首，並以所撰文章呈約，約即命工書人題其贊于壁。仍報杳書曰：……。"云云。

作《報王筠書》。《梁書·王筠傳》："約于郊居宅造閣齋，筠爲草木十詠，書之于壁，皆直寫文詞，不加篇題。約謂人云：'此詩指物呈形，無假題署。'約製《郊居賦》，構思積時，猶示都畢，乃要筠示其草，……筠又嘗爲詩呈約，即報書云……。"亦附繫于此。

又作《休沐寄懷》詩。詩云："雖云萬重嶺，所翫終一丘。堦墀幸自足，安事遠遨遊。"云云，再寫園內景色，當是本年秋郊居宅成，休沐寄懷之作。

又作《宿東園》詩。《梁書》本傳："約性不飲酒，少嗜欲，雖時遇隆重，而居處儉素。立宅東田，矚望郊皋。嘗爲《郊居賦》……"可見"東園"即"東田"之郊居宅。

又作《憩郊園和約法師採藥詩》。約法師即釋慧約，詩云："郭外三千畝，欲以貿朝饘。繁蔬既綺布，密果亦星懸。"同樣描寫郊園之景。

又作《還園宅奉酬華陽先生詩》。詩云:"早欲尋名山,期待婚嫁畢。……慙無小人報,徒叨令尹秩。"令尹,指任尚書令;園宅,即東田郊居宅園。疑亦是本年所作。

又有《日出東南隅行》亦當作于本年左右。今《全梁詩》中存有吳均、張率、蕭子範、蕭子顯、王筠諸家同題詩作。此數子與沈約聯繫甚爲密切,當是沈約爲尚書令時,邀諸人同題擬作。《梁書·王筠傳》:"尚書令沈約,當世辭宗,每見筠文,咨嗟吟詠,以爲不逮也。"

天監七年戊子(508)　　六十八歲

作《太常卿任昉墓誌銘》。《梁書·任昉傳》:"(天監)六年春,出爲寧朔將軍、新安太守。……視事期歲,卒於官舍,時年四十九。"

作《上建闕表》。表云:"昔在有晋,經創江左。……世歷三代,年將二百。"則此文作于梁代可知。《梁書·武帝紀中》:"(天監七年春正月)戊戌,作神龍、仁虎闕于端門、大司馬門外。"疑即指此闕。作《搜訪隱逸詔》。《梁書·武帝紀中》:"(天監七年春二月)庚午,詔于州郡縣置州望、郡宗、鄉豪各一人,專掌搜薦。"疑此詔作于本年。

作《答釋法雲書難范縝神滅論》。《續高僧傳》卷五《釋法雲傳》:"至七年……又與少傅沈約書曰:'今上令答《神滅論》'"云云,可知此書作于是年。《難范縝神滅論》亦作于本年。

作《上疏論選舉》。《通典》卷一六《選舉》四:"武帝天監中,約又上疏曰:'頃自漢代,本無士庶之別……'"故繫于此年。

作《上言宜校勘譜籍》。《南史·王僧孺傳》:"先是,尚書令沈約以爲'晋咸和初……'"故可定爲沈約作尚書令時作。

又有《大言應令》、《細言應令》、《詠雪應令》。昭明太子蕭統有《大言》、《細言》詩存。沈約爲太子少傅,昭明時隨左右,故有此作也。光緒《桐鄉縣志》卷二《疆域下·古迹》:"昭明太子讀書館,即青鎮密印寺,梁蕭統師事吳興沈約,約有先人墓在烏墩普静寺,每春歸掃。其返也,帝必遣統迎之,因就築館宇讀書,内有校文臺。後約不自安,遷葬金陵,昭明遂捨館爲賢德寺,後改密印寺。"可備一説。

天監八年己丑(509)　　六十九歲

作《捨身願疏》。疏云:"以大梁天監之八年,年次玄枵,日殷鳥度,夾鍾紀月十八,在于新所,創蔣陵皇宅,請佛及僧,髣髴祇樹,息心上士,凡一百人。"

作《賽蔣山廟文》,見上疏。

又有《華山館爲國家營功德》、《侍遊方山應詔》、《聽蟬鳴應詔》、《庭雨應詔》、《樂將殫恩未已應詔》、《詠梨應詔》、《詠新荷應詔》諸詩均應是應武帝之詔而作,因不明具體時間,並繫于此。

又有《天淵水鳥應詔賦》。亦繫于此。

又有《薦劉粲表》、《舉胡元秀表》。二表當作于天監年間,時沈約處于高位,史載其常推薦引拔人材,劉粲、胡元秀二人史書未見,但二表作于天監年間無疑。

又有《連珠》、《注制旨連珠表》。梁武帝喜文,既下旨意制連珠,當在天監年間。

又有《武帝集序》。序云“日角之主,出自諸生”、“我皇誕縱自天,生知在御,清明内發,疏通外典,爰始貴游”云云,可見是武帝生前結集,由沈約作序,以理推之,當是本年前後。

又有《棋品序》。《棋品》作者未詳,或梁武所著。既請沈約作序,當亦是在天監年間沈約位高名盛之時,故繫于本年。

天監九年庚寅(510)　七十歲

春正月,爲左光禄大夫,行少傅如故。(《梁書·武帝紀》、《梁書》本傳)

作《謝賜新曆表》。《隋書·律曆志中》:“梁初因齊,用宋《元嘉曆》。天監三年下詔定曆,……至九年正月,用祖冲之所造《甲子元曆》頒朔。”

作《酬孔通直邊懷蓬居》詩。按孔邊懷即孔子祛,《梁書·儒林·孔子祛傳》:“高祖撰《五經講疏》及《孔子正言》,專使子祛檢閱群書,以爲義證。事竟,敕子祛與右衛朱异、左丞賀琛于士林館遞日執經。累遷通直正員郎,舍人如故。”《梁書·朱异傳》:“高祖自講《孝經》,使异執讀。遷尚書儀曹郎,入兼中書通事舍人,累遷鴻臚卿,太子右衛率,尋加員外常侍。”《梁書·武帝紀中》:“(天監九年)三月己丑,車駕幸國子學,親臨講肆,賜國子祭酒以下帛各有差。”故此詩當作于是年。

作《與徐勉書》。《南史》本傳:“初,約久處端揆,有志台司,論者咸謂爲宜,而帝終不用。乃求外出,又不見許。與徐勉素善,遂以書陳情于勉,言己老病,‘百日數旬,革帶常應移孔;以手握臂,率計月小半分’。欲謝事,求歸老之秩。勉爲言于帝,請三司之儀,弗許,但加鼓吹而已。”

上《致仕表》。《與徐勉書》:“冒欲表聞,乞歸老之秩。”

天監十年辛卯(511)　七十一歲

作《詠鹿葱》詩。詩曰:“野馬不任騎,兔絲不任織。既非中野花,無堪廘麎食。”《灌畦暇語》曰:“沈約以佐命勳位冠梁朝,晚年諸進用事者忌其固位,取約所爲《鹿葱詩》,乘間以白武帝。帝意已不能堪,未幾得道士赤章事,遂大發怒,約以憂死。”以意推之,詩當作本年。

又有《四城門》詩。詩曰:“六龍既驚轅,二鼠復馳光。衰齡難慎輔,暮質易凋傷。”又有

《詩》:"四節逝不處,繁華難久鮮。"與《詠鹿葱》詩意同,並繫于此。

又有《傷美人賦》。賦云:"信美顏其如玉,咀清哇而度曲。思佳人而未來,望餘光而躑躅。……悵徙倚而不眠,往徘徊于故處。"學屈原賦以美人比君王抒己委屈之情。

又有《豫章行》、《君子行》、《長歌行》、《怨歌行》、《江蘺生幽渚》(一作《塘上行》)。與《詠鹿葱》詩詩意相近,可視爲本年所作。

天監十一年壬辰(512)　七十二歲

春正月,加特進,遷中軍將軍、丹陽尹,侍中、少傅如故。(《梁書》本傳、《南史》本傳、《梁書·武帝紀》)

作《江南弄》四首:《趙瑟曲》、《秦箏曲》、《陽春曲》、《朝雲曲》。

　　　按:《古今樂錄》:"梁天監十一年冬,武帝改《西曲》製《江南上雲樂》十四曲,《江南弄》七曲。"約之《江南弄》亦當改製于是時。

天監十二年癸巳(513)　七十三歲

閏三月乙丑,卒。謚曰隱。(《梁書·武帝紀》、《梁書》本傳、《南史》本傳)

作《臨終遺表》。⑫

① 所輯《晋書·選舉志九品論》實際上是《宋書·恩倖傳論》中的一段。

② 逯欽立先生選從《輿地紀勝》卷七輯得《登北固樓詩》一首,係誤輯唐沈青箱詩,見《全唐詩》卷八六五,題爲《過臺城感舊詩》。又,逯先生從《合璧事類別集》卷五四輯得的《詠竹詩》殘句:"無人賞高節,徒自抱貞心。"但此詩見于劉孝先《詠竹詩》中,劉詩全文爲"竹生荒野外,梢雲聳百尋。無人賞高節,徒自抱貞心。恥染湘妃泪,羞入上宮琴。誰能製長笛,當爲吐龍吟。"此詩收入《藝文類聚》卷八九,《初學紀》卷二八,《文苑英華》卷三二五,爲劉作無疑。

③ 該書共收殘卷三十卷,是諸《文館詞林》殘本中數量最多,最接近原貌的一個本子,日本古典研究會昭和四十四年(1969)出版。詳拙作《日本影弘仁本〈文館詞林〉及其文獻價值》(《杭州大學學報》1988年第4期、《中國古代近代文學研究》1989年2期)和《日本影弘仁本〈文館詞林〉與我國先唐遺文》(《文獻》1989年第2期)。

④ 文中所引詩文除了上述出處外,其他涉及的版本主要有:明刻滇南阮元聲評《沈隱侯集》十六卷,簡稱《阮本》;中華書局影印胡克家刻本李善注《文選》,中華書局影印涵芬樓所藏宋刊《六臣注文選》,四部叢刊本《廣弘明集》,四部備要本《玉臺新詠》,中華書局影印宋刊配明刊本《文苑英華》,四部叢刊本《樂府詩集》,中華書局影印宋本《太平御覽》,四部叢刊本《越絶書》。涉及到的主要箋、注、選本有:聞人倓《古詩箋》,上海古籍出版社排印本;沈德潛《古詩源》,中華書局排印本;郝立權《沈休文詩注》,民國石印本,簡稱《郝注》。涉及到的年譜有:伍俶《沈約年譜》,國立中山大學文史研究所輯刊第一卷第一册,民國二十年七月出版,簡稱《伍譜》;鈴木虎雄《沈約年譜》,商務印書館《中國史學叢書》單行本,1935年版,簡稱《鈴本譜》。涉及到的史書傳序有:《梁書》本傳、《南史》本傳、《宋書·自序》及其它正史,悉依中華書局點校本。

⑤⑥⑨⑩ 詳拙作《沈約事蹟二考》,刊中華書局《文史》第41輯。

⑦⑪ 詳拙作《沈約生平中兩個問題的考證》,載中華書局《古典文獻與文化論叢》,1997年2月。

⑧ 竟陵王佛前感夢事在永明七年二月十九日,詳見釋慧皎《高僧傳》卷十三《釋僧辯傳》。

⑫ 沈約所作之詩文,尚有幾篇無法確定年代,錄以待考:《善館碑》、《悼亡詩》、《祭故徐崔文教》、《貞女引》、《六憶詩》、《織女贈牽牛詩》。

從敦煌圖經殘卷看隋唐五代圖經發展

倉修良　陳仰光

　　編修地方志是我們中華民族文化中的一個優良傳統,但是,這種著作形式是在長期的歷史進程中逐漸形成和發展起來的,並且經歷了三個不同的發展階段,即地記、圖經和成型方志三個階段,這三個階段又都有自己不同的特點,至於為什麼在發展不同階段會出現不同名稱和不同特點,可以説從來無人問津,似乎各種名稱和特點,都是理所當然,並無研究之必要。事實上方志既然是一門獨立的學科,自然也就有其自身的發生、發展規律,要離開社會條件和時代精神而去研究特點和規律是不可能的。祇要大家稍作留意,就可發現地記、圖經和成型方志固然有其明顯的區別,即使是成型後的方志,亦都帶有不同程度的時代烙印。正像我們今天所編修的新方志一樣,它必然反映出我們這個時代的精神。這不僅要體現在觀點上,而且要反映在內容、體例等各個方面。地記產生於兩漢,而盛行於魏晋南北朝,它是為門閥制度下世家大族服務的,是適應地方政治、經濟勢力發展的需要而盛行的。而圖經則是中央集權加强的產物,它是為鞏固中央集權服務的。因此,我們可以這樣説,地記編修的減少,圖經的盛行,可以視為中央集權戰勝地方封建割據勢力的一種表現。歷史的發展正是這樣向人們展示,隨着隋朝的建立,各種制度產生了變化,特別是中央集權的加强,圖經終於取代了地記而行使其歷史的使命。

一　隋唐五代圖經發達的原因

　　隨着隋唐統治的先後建立,封建中央集權制度有了非常明顯的加强,而那盛極一時的世家大族勢力逐漸在削弱,這是圖經得以盛行的重要原因。隋統一全國以後,曾實行了一系列加强中央集權的政治、經濟措施。如改革地方行政機構,由州、郡、縣三級改為州、縣兩級制,裁減不必要的機構,便於政令的推行。漢魏六朝時期,州、郡、縣長官權力很大,可以自行選用下級僚佐,從而使世家大族把持了本地大權。針對這一情況,隋文帝開皇三年(583)規定,九品以上的地方官,一律由中央任免,並且"刺史、縣令,三年一遷,佐官四年一遷"。[①]於是全國大小官吏,悉由吏部管理任免,特別是縣佐還規定須用別郡人,不得用本地人,這一條應當説非常重要。這些措施的實行,使那些世家大族失去了把持地方政務的特權。在隋統一之際,南方的門閥世族已經腐朽没落,山東的世家大族亦已在逐步衰落,通過各項政治、經濟改革,更進一步促使其不斷衰落。尤其值得注意的是,規模巨大的隋末農民大起義,不僅一度打亂了整個封建統治秩序,而且首當其衝的是魏晉南北朝以來的門閥制度、世家大族遭到了嚴重的打擊,使其在政治上、經濟上的勢力都大爲衰落,出現了所謂"燕趙右姓,多失衣冠之緒,齊韓舊俗,或乖德義之風,名雖著於州閭,身未免於貧賤"②的現象。在唐朝政權建立以後,這些舊的世族儘管在社會上仍有很高的地位和一定的影響,但往日那種顯赫聲勢却一去不復返了。當然這種門閥地主並未因此就甘心退出歷史舞臺,特別是以崔、盧、李、鄭爲首的山東世族,仍是以士大夫自居,妄自尊大,嫁女時必多方索取聘禮以抬高其身價。這種情況,甚至使得唐太宗也深深感到不安,認爲如果再聽其發展下去,勢必嚴重影響社會風氣,動搖新的封建政權鞏固。所以他在一次詔令中就曾嚴厲指出:"自號膏粱之胄,不敦匹敵之儀,問名惟在竊貲,結褵必歸於富室。乃有新官之輩,豐財之家,慕其祖宗,競結婚媾,多納貨賄,有如販鬻,或貶其家門,受屈辱於姻婭,或衿其舊族,行無禮於舅姑,積習成俗,迄今未已。既紊人倫,實虧名教。朕夙夜兢惕,憂勤政道,往代蠹害,咸以懲革,惟此敝風,未能盡變,自今以後,明加告示,使識嫁娶之序,各合典禮,知朕意焉,其自今年六月禁賣婚。"③這就説明,這些世家大族,雖然已經無權無勢,但其虛名在社會上還有影響,並且令人向往。唐太宗唯恐這個餘波亂人倫,虧名教,擾亂社會風氣,於是採用編《氏族志》爲手段,藉以抑壓世家大族的地位。將法令制度通過編寫譜牒著作形式,把全國舊望與新貴的地位進行一次大調整並加以固定下來,使那些本不爲士族的新貴們進入了士族行列,自然也就壓低了原有舊士族的社會地位。後來武則天當權,又通過唐高宗下詔改修《氏族志》爲《姓氏録》,這就把士族的範圍更加擴大,進一步促進了士、庶合流。改訂《姓氏録》,是對舊士族營壘的更大一次衝擊。總之,唐代通過多次大型譜牒的編纂,用政治手段,重新評定了姓氏門第,突出皇室和功臣地位,壓制舊的門閥勢力,削弱門第觀念,通過譜牒著作這種形式,使之合法化,六朝以來的豪門士族,經過多次衝擊,確實已經衰落凋零。唐朝後期參加過政治革新運動的政治家、詩人劉禹錫的《烏衣巷》詩:"朱雀橋邊野草花,烏衣巷口夕陽斜。舊時王謝堂前燕,飛入尋常百姓家。"可以視爲這種衰落凋零的真實寫照。顯赫一時的王謝等世家大族,早已失去了往日的威風。門閥制度的消亡,世家大族的衰落,這就意味着大量產生地記的温床已經崩潰,由於政治的需要,代之而起的便是圖經的盛行。以後即使還曾不斷出現過一些稱爲某地記的著作,但它也已失去了往日那種特有的功能。

　　隋朝政權建立以後,首先遇上的便是六朝以來設置的僑置州郡所帶來的麻煩,因此,隋朝初年,楊尚希就已看出"天下州郡過多"的弊端,他在給隋文帝的上書中指出:"自秦併天下,罷侯置守,漢、魏及晋,邦邑屢改。竊見當今郡縣,倍多於古,或地無百里,數縣並置,或户不滿千,二郡分領。具僚以衆,資費日多,吏卒人倍,租調歲減。清幹良才,百分無一,動須數萬,如何可覓? 所謂民少官多,十羊九牧。"④地方機構重叠,官吏冗多,國家"租調歲減",而"資費日多"。這種局面造成可謂由來已久,自從西晋永嘉以後,各少數民族貴族先後在北方建立了許多政權,迫使中原廣大人民大量流向江南,而南下的世家大族,本來就互相標榜門第與郡望,就如劉知幾所説,他們"競以姓望所出,邑里相矜",⑤因爲當時的社會風氣是"人輕寒族","世重高門"。到了南方以後,自然不願意丢掉自己的金字招牌,還想方設法將自己的郡望搬到南方。於是僑置州郡便在江南紛紛出現。故劉知幾在《邑里篇》又説,"自洛陽蕩覆,衣冠南渡,江左僑立州縣,不存桑梓。由是斗牛之野,郡有青、徐;吳、越之鄉,州編冀、豫。欲使南北不亂,淄、澠可分,得乎?"王仲犖先生對這種現象非常風趣地説:"地望在習慣上已經變成了他們的商標,有如解放前在大城市中的某姓公館標以某姓生地如'合肥李公館'、'常州盛公館'者然。倘使琅玡王氏、陳郡謝氏爲了流寓江南而變成了丹陽王氏、會稽謝氏,那就等於取消了他們的高貴標幟,因此,他們也必會提出:琅玡(或陳郡)'既是望邦,衣冠所繫,希立此郡,使本壤族姓,有所歸依'了。"⑥晋成帝咸康元年(335)在江乘縣(今江蘇句容縣北)境内設置了第一個僑郡——南琅玡郡(爲了和北方的琅玡郡區别,故加"南"字)。此後又在京口(今江蘇鎮江市)界内僑置南徐州和南兖州,在廣陵(今江蘇揚州市)界内僑置南青州,在蕪湖界内僑置南豫州等州一級的地方機構,在今天江蘇常州不僅僑置南蘭陵郡,而且還有南蘭陵縣。據統計,僅在該地便設置十五六個郡級和六十多個縣級的流寓郡縣,搞得雜亂無章,名實相違。所以還在南朝齊的時候,沈約寫《宋書》時,已經感到頭緒紛繁,難以詳書。在《宋書·志序》裏他就曾大發議論,指出:"魏晋以來,千徙百計,一郡分爲四五,一縣割成兩三,或昨屬荆、豫,今隸司、兖,朝爲零、桂之士,夕爲廬、九之民,去來紛擾,無暫止息,版籍爲之渾淆,職方所不能記。自戎狄内侮,有晋東遷,中土遺氓,播徙江外。……百郡千城,流寓比室。人佇鴻雁之歌,士蓄懷本之念,莫不各樹邦邑,思復舊井。既而民單户約,不可獨建,故魏邦而有韓邑,齊縣而有趙民。且省置交加,日回月徙,寄寓遷流,迄無定託,邦名邑號,難或詳書。"這就説明,東晋南朝以來,地方行政區劃和機構設置,既多且亂。所以還在隋朝初年,楊尚希便上書建議,應"存要去閑,併小爲大"。於是開皇三年(583),隋文帝根據這個建議,改州郡縣三級爲州縣兩級,還合併一些州縣,裁減了不必要的機關和官吏,自然也就節省了封建國家的開支。既然要整頓州縣,就必然要整頓版籍,因爲這直接關係到國家賦税的收入。隋建國之前,山東和南方的世家大族,他們有較高的社會地位,雄厚的經濟力量,占有大量的部曲、奴婢,還蔭庇着爲數衆多的"浮客",使得國家控制的人口很少,嚴重影響着政府的收入。所以隋文帝即位後,於開皇五年(585)先後實行了"大索貌閲"和"輸籍法"兩項措施,目的就在於嚴格覈對戶口，"戶口不實者，正長遠配"。⑦圖經的編修，顯然亦是爲了配合這些措施而施行。通過圖經的進呈，可以進一步了解全國所置州縣的現狀，諸如疆域的區劃，戶口的多少，賦稅的增減，物產的品種等均可得知。所以我們說，消除東晉以來僑置州郡所造成的混亂，整頓地方行政區劃，加强戶口控制，乃是隋朝大修圖經的重要因素。

方志既是史學的旁支，因此修史制度的變化，必然給方志發展帶來一定的影響。隋唐以前，中國史書大都出於私家一二人之手，雖有官修史書，也祇不過是個人接受皇帝的命令而編寫罷了，與私人撰史並無多大區別。特別是魏晉南北朝時期，私家撰史之風大爲盛行，和以前相比，這一時期的史學，不僅取得了許多新的成就，而且出現了不少新的特點，除正宗的編年、紀傳等史書外，還出現了大量的人物傳記、地記(方志初期形式)、譜學等著作形式，這一則與褒貶人物的史學思想發展有關，再則與世家大族把持地方政治、經濟，進而左右中央政權有關。隋唐以後，情況不同了。爲了加强中央集權的統治，不僅政治、經濟等方面採取措施，而且抓了意識形態。隋文帝開皇十三年(593)"五月癸亥，詔人間有撰集國史、臧否人物者，皆令禁絕。"⑧這就是說，不僅把國史的纂修大權壟斷在中央政府手中，就連私人評論人物的著作也一律禁止。然而地記之中，人物傳記是其重要內容，這麼一來，它的發展就明顯地受到限制。隋文帝爲什麼要禁止私家評論人物，顯然是針對舊的世家大族勢力。因爲他們向來標榜自己門第的高貴，郡望的優越，借品評人物而相互吹捧或自我吹噓，這種風氣若再讓其泛濫，勢必將侵蝕、危害封建中央集權制度，故而下令禁止。可見社會輿論的重要性歷來都很受重視。

另外，選舉制度的變化既然影響史學思想的發展，很自然的也要影響地方志的發展。不論是兩漢的察舉，還是魏晉南北朝的九品中正制，都需要對人物進行品評褒貶。而這種品第人才的選舉制度，又都積極地影響着褒貶人物的史學思想的發展，所以漢魏六朝以人物爲中心的紀傳體史著占據了絕對的地位，並在其直接影響下，產生了大量的爲門第制度服務的人物傳記、譜牒著作和各種地記。隋朝開始，採用了科舉選士制度，到了唐代，並確立爲選拔官吏的主要制度。這種科舉制與以前的察舉制和九品中正制不同，它是以才取士，無需對人物進行褒貶品第，更不受門第郡望的限制。由於這種制度選舉用人是"以文章進"，而不"以門第進"，加之世家大族皆已凋零，因而當時官場中做官反以進士出身者爲榮，社會上甚至認爲"縉紳雖位極人臣，不由進士者，終不爲美。"⑨從而引起以褒貶人物爲中心的史學思想發生相應變化。同時，選舉制度改變以後，社會上議論中心也隨之發生變化，以往議論都是集中在人物上，而現在所關心的却是哪一種制度更爲有利於加强封建國家的統治。這種政治上的要求，自然也要直接反映到史學思想上來。加之隋文帝的明令禁止私人修史、臧否人物，唐朝更設立史館，專門從事修史工作，將紀傳體正史編修權全由政府掌握。需要與可能，使得史家的注意力不得不有所轉移,於是主通明變的史學思想繼之而起,研究歷代典章制度發展變化的史學著作亦相應產生,杜佑的《通典》就是在這種形勢下產生的。同時這一時期還出現了專記一朝一代典章制度的會要體史書。這類史學著作的出現,對後世方志的發展有着極為重要的影響。

　　總之,由於朝代的更替,社會的發展,各種制度的變化,政權中心的轉移,中央集權的加強,圖經終於取代了地記而行使其歷史的使命。因此,隋唐五代圖經的發展,決不是一種偶然的現象,而是社會發展必然的產物。

二　圖經是一種什麼樣的著作

　　圖經起源於何時,如何發展而來,目前說法也很不一致。如傅振倫先生認為:"圖經起源於地記,其可考者有晉人摯虞的《畿輔經》。"[⑩]筆者認為這一說法很不妥當,因為圖經雖然是方志發展的第二階段,事實上它却並不是起源於地記,而是與地記同時出現於東漢時代。常璩在《華陽國志》中記載了東漢時巴郡太守但望的奏疏中已經提到《巴郡圖經》,這是我們今天所能知道的最早一部圖經。《華陽國志》卷一《巴志·總序》是這樣記載:"永興二年(145)三月甲午,望上疏曰:'謹按《巴郡圖經》:境界,南北四千,東西五千,周萬餘里。屬縣十四。鹽、鐵五官各有丞、史。户四十六萬四千七百八十,口百八十七萬五千五百三十五。遠縣去郡千二百至千五百里,鄉亭去縣或三四百,或及千里。'"但望的奏疏較長,其中心議題是要求將巴郡"分為二郡",便於管理,故將《巴郡圖經》所載該郡的境界、屬縣、鹽鐵官、户口以及遠縣去郡的里數和鄉亭去縣的里數都詳加列舉。又據有關文獻記載,東漢順帝時侍中王逸還作過《廣陵郡圖經》,可見東漢時圖經已經出現是毫無疑問的。不過,由於當時和魏晉南北朝時期社會上的需要,不像地記那樣受到重視而得到大規模的發展。可是到了隋唐時代,在大一統局面的形勢下,隨着中央集權的加強,許多制度也發生了變化,也引起了社會風氣的變化,這樣作為地方性著作的功能也相應發生了變化,於是地記編寫大大減少,而圖經由於政府提倡則得到迅猛的發展。方志發展從此也就進入了第二階段。

　　至於圖經究竟是怎樣形式的一種著作,由於大家都未完整地見過,所以各人所說,不外都是出於想象和推測。王重民先生在六十年代所寫的《中國的地方志》一文中說:"圖經(公元六世紀——十二世紀)。最早的圖經是以圖為主,用圖表示該地方的土地、物產等。經是對圖作的簡要的文字說明。晉人常璩所撰《華陽國志》記述了公元145年巴郡太守但望根據《巴郡圖經》了解巴郡的境界、屬縣、屬官、鹽鐵官和户口等,他所依據的文字當係地圖的說明(即經)。這種文字說明,越到後來越多,圖在圖經中的地位和作用因之縮小。六世紀的圖經仍然有圖有經，但是以經爲主了。到了隋代，圖經一類的地記更爲普遍。大業中（605—616）‘普詔天下諸郡，條其風俗、物産、地圖’，虞世基、郎茂等從這些材料中編成了《隋諸州圖經集》100卷，可見裏面包括着許多圖經的。”⑪王重民先生講“最早的圖經是以圖爲主”，顯然就是出於推測，因爲最早的圖經並未流傳下來，加之文獻也没有詳細而明確的記載。一般説來，土地、疆界、城邑、山脉、河流等，用圖表示自然可以理解；物産皆以圖表示，則難以想象，是否像後來《本草綱目》那樣，對各地所有物産皆繪之以圖？至於説但望“所依據的文字當係地圖的説明（即經）”，同樣是出於推測，因爲《華陽國志》並無這樣記載。對於上段文字還有兩點需要指出，一則是“到了隋代，圖經一類的地記更爲普遍”，講法並不確切，圖經和地記雖然都是方志發展早期兩個階段，但兩者之間畢竟還是有所區別，況且到了隋代，更爲普遍的乃是圖經而不是地記，關於這點上文已經作了論述；二則是講“虞世基、郎茂等從這些材料中編成了《隋諸州圖經集》100卷，可見裏面包括着許多圖經的”説法也不太確切，恐怕他們是從各地所上之圖經匯編而成《隋諸州圖經集》100卷，正像《隋書·經籍志》所載，南齊時陸澄收集了一百六十家著作，依成書先後爲序，編成《地理書》一百四十九卷。到了南朝梁，任昉又在陸澄所編《地理書》基礎上，增收了八十四家，編成《地記》二百五十二卷。可見這個《地記》集並非陸澄、任昉自己所編修，而是他們所匯編。

　　關於圖經的形式，王永興先生1987年在爲《敦煌石室地志殘卷考釋》一書所寫的《序言》中也是這樣説：“根據制度的内容以及‘圖經’這一名稱，這些地方志應以圖爲主，而輔之以文字説明。仲犖先生輯録在此書中的地方志都是殘卷，因此其地圖部分可能已亡佚，所殘存者祇是很不完全的文字部分了。”看來這個説法似乎離譜更遠了些。王重民先生還説，“最早的圖經是以圖爲主”，越到後來圖的“地位和作用因之縮小”，六世紀的圖經“是以經爲主了”。不管怎麽説，這個結論還是近乎事實。唐代的圖經殘卷已經放在面前，特別是敦煌圖經殘卷中《沙州都督府圖經》存者近乎三丈，所記内容有水、渠、壕塹、澤、堰、故堤、殿、鹹鹵、鹽池、湖泊、驛、州學、縣學、醫學、社稷壇、雜神、異怪、廟、冢、堂、土河、古城、張芝墨池、祥瑞、歌謡等25種之多，内容字數之多已經相當可觀，却絲毫没有圖的痕迹，還説以圖爲主，於情於理都是講不通的。再看被後人定名爲《沙州伊州地志》，是唐光啓元年寫本，實際上也是一部圖經殘卷，殘存内容也相當多，所記有各州縣的户數、公廨、鄉數，各縣又分寺、觀、烽、戍的名稱，山川、湖泊、古迹、風俗等，與《沙州都督府圖經》基本相同，也不見有圖的痕迹，因此，説隋唐時代圖經是以圖爲主可以説是没有任何根據的。

　　我們認爲，所謂圖經實際上是指這種著作卷首都冠以各種地圖，並不是説皆以圖爲主，不妨請看三個例證：第一，據文獻記載，隋煬帝時於大業五年命秘書學士修成《區宇圖志》一千二百卷，“卷首有圖，别造新樣，紙卷長二尺，叙山川則卷首有山川圖，叙郡國則卷首有郭邑圖,其圖上有山川城邑。"⑫這種《區宇圖志》,實際上也可以稱它爲《區宇圖經》。第二,大家比較熟悉的李吉甫的《元和郡縣圖志》,原來也是有圖,如今流傳下來的僅爲《元和郡縣志》了,圖也失傳了。當日有圖時顯然也是放在卷首。同樣,我們也可以稱其爲《元和郡縣圖經》,因爲古人常將經、志兩字互用,圖經亦即圖志。北宋時中央曾多次下令要求全國編修圖經,因此,全國各地都在編修,宋人周煇在《清波雜志》中就曾這樣講:"近時州縣皆修圖志,志之詳略,繫夫編摩者用力之精粗。"這裏就將圖經稱爲圖志。又如宋真宗咸平四年(1001),蘇通判爲作《善政侯祠堂記》云:"善政侯琅玡王公諱元暐,册封之典,《圖志》載之備矣。"⑬很顯然這個《圖志》亦就是圖經。第三,我們再舉南宋紹興九年(1139)所修之《嚴州圖經》,卷首有圖九幅:《子城圖》、《建德府內外城圖》、《府境總圖》、《建德縣境圖》、《淳安縣境圖》、《桐廬縣境圖》、《遂安縣境圖》、《壽昌縣境圖》、《分水縣境圖》。以下內容則先講嚴州府,再後則分縣編修,這就是圖經,我們有什麼理由能說圖經應以圖爲主?值得注意的是,王象之《輿地紀勝》、陳振孫《直齋書錄解題》、馬端臨的《文獻通考》在著錄《嚴州圖經》時,皆作《新定志》。就是鄭瑤所修《新定續志》(也稱景定《嚴州續志》)卷四《書籍》門,在著錄此書時亦稱《新定志》。可見當時人是將志與圖經視作同一概念。需要指出的是,北宋時期,沿襲唐五代編修圖經的制度,自建國之始便一直重視抓各地圖經的編修,儘管各州縣都先後修了圖經,但流傳下來的却實在太少,今天所能見到的,最早無過於北宋朱長文元豐七年(1084)所撰的《吳郡圖經續記》三卷,由於已經無圖,所以祇好以南宋最早修的圖經爲例。通過上面的論述,我們完全有把握下這樣的結論:圖經是一種有圖有文的地方區域性的著作,是很有價值的一種地方文獻,它是方志發展的第二個階段,當然具有地方志的許多特徵。不過它絕不是有些論者所言,是以圖爲主,而它的圖一般都是放在全書的卷首。這個結論正是在看了敦煌圖經殘卷後纔得出的。因爲敦煌圖經殘卷還可以告訴我們,唐代圖經的結構與內容和宋人所修的圖經基本格調是一致的,關於這點,我們將在下文作詳細的比較和論述。因此,我們可以這樣講,敦煌圖經殘卷,幫助我們撥開迷霧,揭開蓋在圖經上的面紗,看清了圖經廬山真面目。否則還必然繼續着猜賓式的研究,"圖經以圖爲主"的結論也勢必將一直流行下去,單就這一點而言,敦煌圖經殘卷的發現,在方志發展史的研究上已經起到了無可代替的重大作用。

三 隋唐五代圖經發展概況

隋唐五代時期,是我國地方志發展第二階段即圖經盛行時期。在隋統一以後,由於上述多種原因,特別是中央集權的封建政府需要,從而使圖經得到蓬勃發展。唐和五代也都實行了編修圖經制度。可惜的是,確切的文獻記載却留下很少,作爲封建政府正式的規定,至今

爲止,隋朝一條也未見到,唐和五代在正式史書中也僅各見到一條,尤其是五代那條規定還
非常具體。問題還在於這些朝代所修的那麼多圖經竟然連一部也未能留傳下來,因而使後
人對它一無所知,自然也就免不了産生許多誤解和猜測,值得慶幸的是,古代有些學者在其
著作中也爲我們留下過十分可貴的點滴資料,當然,敦煌圖經殘卷的發現,總算爲我們解開
了千古難解之謎。

關於隋代圖經,根據前人考定成果,作一不完全統計,我們現在所能知道成於隋的圖經
約有如下這些:

《上谷郡圖經》

《江都圖經》

《東都圖經》

《固安圖經》

《陳州圖經》

《雍州圖經》

《冀州圖經》

《弘農郡圖經》

《歷陽縣郡圖經》

《河南郡圖經》

我們列舉這幾部並不是說隋祇修了這幾部。並不是像《地記與圖經考述》作者所説:"有
隋一朝三十餘年,各地共修圖經六種,已超過歷代修圖經之總和。"⑭這個結論顯然是不正確
的。此外,隋還有全國性的區域志和圖經集各一部,即《隋區宇圖志》和《隋諸州圖經集》。
《隋書·郎茂傳》稱:"撰《州郡圖經》一百卷奏之,賜帛三百段,以書付秘府。"郎茂,字蔚之,恒
山新市(今河北正定東北)人,煬帝時官拜尚書左丞。此書《隋書·經籍志》則稱《隋諸州圖經
集》,《新唐書·藝文志》又稱《隋圖經集記》,卷數皆是一百卷,而書名却有三。上文已經講了,
其性質與任昉編的《地記》相同。郎茂將各地所送之圖經加以匯集,依區域次序編排,故稱
《隋諸州圖經集》比較符合實際,原名或許祇稱《諸州圖經集》,唐初修史者加了"隋"字。既然
當時已"付秘府",唐初修史時應當可以看到。而《州郡圖經》顯然不妥,因爲隋初實行地方行
政區劃改革,推行州、縣兩級制,取消了郡一級行政區劃,怎麼還會稱《州郡圖經》? 總之,這
部《隋諸州圖經集》是匯集全國各地圖經編纂而成的一部隋代圖經總集,它在一定程度上可
以反映出隋朝圖經發展的概況和記載的内容。因爲作者郎茂曾任"尚書左丞,參掌選事",有
可能看到全國各地進呈的圖經。否則以他一人之精力而纂輯全國各地的圖經,其難度之大
自然可想而知。這部《圖經集》也足以表明,隋朝編修圖經,確實是相當普遍的。另外,隋煬

帝時所修之《區宇圖志》與各地編修圖經也有着很大關係。《隋書·崔賾傳》：大業"五年，受詔與諸儒撰《區宇圖志》二百五十卷，奏之。帝不善之，更令虞世基、許善心衍爲六百卷。"《太平御覽》文部，隋《大業拾遺》曰："大業初，敕内史舍人豆盧威、起居舍人崔祖濬等，撰《區宇圖志》一部，五百餘卷。屬辭比事，全失修撰之意，帝不悅。敕秘書學士十八人修十郡志，内史侍郎虞世基總檢。……及圖志第一副本新成八百卷奏之。帝以部帙太少，更遣重修，成一千二百卷。卷首有圖，別造新樣，紙卷長二尺，叙山川則卷首有山川圖，叙郡國則卷首有郭邑圖，其圖上有山川城邑。"可惜的是，這部一千二百卷的《圖志》，至唐初已大部散佚，僅存十分之一。《隋書·經籍志》著録祇有一百二十九卷。而唐張彦遠《歷代名畫記》載此書僅一百二十八卷。這裏要指出的是，當時編修這樣一部規模宏大的全國圖志，需要參考材料之多也是可以想見的。這自然又要聯想到全國各地編修圖經之事。而《隋書·經籍志》地理類小序有這樣記載："隋大業中，普詔天下諸郡，條其風俗、物産、地圖，上於尚書。"看來這條詔令與當時編修《區宇圖志》有着很大關係，況且這些内容又都是圖經所必備的。衆所周知，唐代李吉甫編修之《元和郡縣圖志》，其基本資料無疑得益於全國各地所修之圖經。關於這點，正如王永興先生所説："唐代能出現像賈耽、李吉甫這樣傑出的地理學家，和當時封建國家修造地圖地志的制度是分不開的。"[15]應當説是很有道理的。後來宋代曾産生過幾部全國性地理著作，亦與當時全國各地圖經、方志編修有着密切關係，如《太平寰宇記》、《元豐九域志》、《方輿勝覽》、《輿地紀勝》等。人們在評論《太平寰宇記》等的價值時，無不指出由於它們採用了大量的新舊圖經地志，所載唐以前地志佚文，可補史籍之缺略。南宋黄鼎於乾道五年(1169)爲《乾道四明圖經》所作序中就曾指出：徽宗"大觀元年(1107)，朝廷創置九域圖志局，命所在州郡編纂圖經"。其後元代開始創修"一統志"，明清兩朝相承，每當纂修之前，總是下令各地府州縣編修方志進呈，以備修一統志之用。所以隋能够在短時間内修成一千二百卷規模的《區宇圖志》，顯然是得益於各地進呈之圖經無疑。

到了唐代，圖經編修得到了進一步的發展，政府已經設立專門官吏管理此項工作，並明確規定編修期限和辦法。《新唐書·百官志》兵部尚書條載："職方郎中員外郎各一人，掌地圖、城隍、鎮戍、烽候、坊人、道路之遠近，及四夷歸化之事。凡圖經非州縣增廢，五年乃修，歲與版籍偕上。"又《唐會要》卷五十九，《職方員外郎》條記載："建中元年(780)十一月二十九日，請州圖每三年一送職方，今改至五年一造送，如州縣有創造及山河改移，即不在五年之限，後復故。"這兩條材料聯繫起來看，下文州圖很可能就是指州圖經，因爲圖經本身必然就有地圖。可見唐代圖經的編修，原來是定爲三年一修，後改爲五年一修。從條文規定來看，若遇特殊情況，如"州縣增廢"、"山河改移"等發生，則隨時都要造送。這種制度，雖在時間短促的五代時期亦未間斷。特別令人高興的是，《五代會要》卷十五《職方》條爲我們留下了内

容非常豐富而具體的材料,爲我們研究隋唐五代圖經的發展提供了十分有力的證據:

　　長興三年(932),五月二十三日,尚書吏部侍郎王權奏:"伏見諸道州府,每遇閏年,准例送尚書省職方地圖者。項因多事之後,諸道州府舊本雖存,其間郡邑或遷,館遞增改,添增鎮戍,創造城池,竊恐尚以舊規錄爲正本,未專詳勘,必有差殊。伏請頒下諸州,其所送職方地圖,各令按目下郡縣城池,水陸道路或經新舊移易者,並須載之於圖。其有山嶺溪湖、步騎舟檝各得便於登涉者,亦須備載。"奉敕:"宜令諸州道府,據所管州縣,先各進圖經一本,並須點勘文字,無令差誤。所有裝寫工價,並以州縣雜罰錢充,不得配率人户。其間或有古今事迹、地理山川、土地所宜、風俗所尚,皆須備載,不得漏略,限至年終進納。其畫圖候紙到,圖經別敕處分。"

　　這條材料可以説明這樣幾個問題:第一,雖然規定每遇閏年各地州縣須造送地圖、圖經,可是地方官往往爲了例行公事,便將舊的抄錄一本上報,勢必不能反映各地新的變化,必須防止此類事情的發生。第二,地圖和圖經的内容要求都有具體羅列,地圖上要繪有"郡縣城池"、"水陸道路"、"山嶺溪湖"、"步騎舟檝各得便於登涉者"均須備載。可見地圖所載内容,偏重於爲軍事服務,而圖經内容則更爲豐富,兩者所載内容明顯並不相同,當然地圖可以附在圖經之中,成爲圖經的一部分。就像隋所修之《區宇圖志》,卷首所載之圖即相當於地圖,《元和郡縣圖志》卷首也必然就是郡縣之地圖。而單行者就是一張圖而已。第三,至於圖經内容,文中作了具體的要求:"古今事迹"、"地理山川"、"土地所宜"、"風俗所尚",皆須備載。雖然祇有四句話16個字,但所包含的内容範圍却相當廣泛。所謂"古今事迹",自然就包括本州縣歷史發展,建置沿革,歷史事件,歷史人物,故事傳説等等;所謂"土地所宜",就是指這個地方的土地適宜於種植哪些糧食、水菓、疏菜、藥材、樹木等等,也就是平日所用"物産"兩字所代替;所謂"風俗所尚",則包括了這個地方的衣、食、住、行,婚、喪、嫁、娶等各種習俗風尚,自然還包括是否能歌善舞。所有這些都是中央政府需要對這個地區作全面了解的,因爲要向這個地區徵收些什麽以及各地的民情如何,都得通過圖經來得以了解。第四,圖經的編修顯然不像地圖那麽簡單易行,因而編修一部圖經所需經費是相當可觀的,這等經費如何開支,文中也有明確規定,不得向老百姓頭上攤派,一律由州縣雜罰錢中支出。可見當時政府對這項工作是相當重視的,考慮得也相當周到。所以這一記載,對於研究隋唐五代圖經的發展,特别是圖經内容的要求是有很大作用的。這個要求與宋代可以説基本上是一致的。《宋史·職官志》職方郎中條是這樣要求:"掌天下圖籍,以周知方域之廣袤,及郡邑、鎮砦道里之遠近。凡土地所産,風俗所尚,具古今興廢之因,州爲之籍,遇閏歲造圖以進。"從宋代政府三令五申要各地編修圖經來看,這個内容顯然就是指修圖經而言,這與上引《五代會要》那條文字相比,可以説是完全相同。通過這一比較,對於隋唐五代圖經内容的研究,自然就更加充滿信心，因爲對於政府要求來說，並無什麼差別，圖經是什麼樣著作，隋唐五代未完整留下來，就看宋代圖經吧。

　　由於唐朝政府明確規定各地都要按時造送圖經，所以不僅内地廣爲實行，而且邊遠地區也都無例外地普遍編修，如遠在南方的交趾，據唐末崔致遠《桂苑筆耕集》卷十六《補安南録異圖記》載：“交趾四封，圖經詳矣。”北方的沙州、西州、伊州等地也都修有圖經、地志、圖録一類著作，敦煌石室圖經殘卷的發現，已經足以證明，而這些地方許多都在今天我國新疆境内。遺憾的是，隋唐以來，圖經雖然大量編修，竟無一部完整的留傳，敦煌發現的幾部殘卷，若不是連同其它書籍一道被封在石室之中，也很可能不會留傳至今。推其原因，這種著作的編修，完全出自封建國家的功令，各個地方官往往爲了例行公事，大都採取應付態度，草草了事，完全變成了案牘之公式，很難談得上是著作。有的爲了交差，便將舊本過録一道上呈，當然也就談不上具有何種學術價值。五代王權那個奏章不是已經揭露了“以舊規録爲正本”，又敦煌發現的《沙州伊州地志》的末行就曾注明“張大慶因靈州安慰使朝大夫等來至州，於朝使邊寫得此文書記”。至於出於什麼動機而抄寫自然尚可研究。既然如此，於是時過境遷，便和其它文書檔案一樣，在完成它當時的歷史使命之後，就不再有人去重視它了。加之唐代又先後編著了許多全國性的區域志，如《括地志》、《長安四年十道圖》、《開元三年十道圖》、《開元十道要略》、《貞元十道録》、《海内華夷圖》、《古今郡國縣道四夷述》、《元和郡縣圖志》、《域中郡國山川圖經》和《郡國志》等。因此，凡是當時被看作重要的内容，均已被收入上述各書，自然也就無人再去收藏這些大量的公文檔案了。歷史事實證明，越是易得的書籍，越是容易失傳，因爲人們不注意收集和保存。正是這個道理，到宋代初年人們已經很少看到唐和五代的圖經了，所以《新唐書·藝文志》地理類，僅收録了孫處玄所修的《潤州圖經》一部，看來這也是很自然的。除此之外，今天尚能知道書名的還有：

《京西京北圖經》

《武陵圖經》

《岳州圖經》

《茶陵圖經》

《邵陽圖經》

《湘陰圖經》

《夷陵圖經》

《鄂州圖經》

《漢陽圖經》

《夔州圖經》（原乾曜撰）

《夔州舊圖經》(李國緯撰)

《開元(吳興)圖經》

《吳興圖經》(陸羽撰)

《沙州都督府圖經》

《沙州圖經》

《西州圖經》

《沙州伊州地志》

唐代的圖經,儘管没有大批的流傳下來,但從許多文獻記載來看,在唐代的社會裏,這種著作在全國各地確實普遍存在,因爲它的作用,不僅是中央政府用來了解各地的政治、經濟、軍事等方面情況,有時也用它來歸順稱臣的象徵。我們可以這樣説,在唐代,編造圖經與否,事實上是可以看作是歸順大唐版圖的一種象徵,而決不是可修可不修的。如唐代中葉著名詩人張籍的《送鄭尚書赴廣州》詩就有這個意味在其中,詩曰:

> 聖朝選將持符節,内制宣時百辟聽。
>
> 海北蠻夷來舞蹈,嶺南封管送圖經。
>
> 白鷗飛達迎官舫,紅槿開當讌客亭。
>
> 此處莫言多瘴癘,天邊看取老人星。⑯

請看,朝廷命官一到,不僅少數民族"來舞蹈",而且馬上封管送上圖經,可見在當時一個地方對中央政府及時送上圖經是很重要的,否則送行詩也就不必講了。另外,唐代著名詩人元稹有《進西北邊圖經狀》一文,更爲我們留下了非常難得的材料。現將狀文抄錄如下:

> 《京西京北圖經》四卷。
>
> 　　右臣今月二日進《京西京北圖》一面,山川險易,細大無遺,猶慮幅尺高低,閱覽有煩於睿鑒,屋壁施設,俯仰頗勞於聖躬。尋於古今圖籍之中,纂撰《京西京北圖經》,共成四卷。所冀袵席之上,欹枕而郡邑可觀,游幸之時,倚馬而山川盡在。又太和公主下嫁,伏恐聖慮念其道途,臣今具錄天德城已北,到回鶻衙帳已來,食宿井泉,附於《圖經》之内,並別寫一本與《圖經序》,謹同封進其圖四卷隨狀進呈。⑰

這個簡短的進狀,再次告訴人們,地圖和圖經還是不一樣的,而這種圖經,不僅是最高統治者用來了解全國郡邑分布和山川形勢,而且長途遠行時,還可以作爲旅途的指南,依靠它來確定行程,去過我國河西走廊的人都會深深感到這一點實在太重要了。正因如此,許多文人墨客,在游覽山川名勝的時候,往往還借助於它作爲導游之用。衆所周知,張籍的良師益友韓愈,在上《諫佛骨表》以後,早上剛上的奏章,傍晚就被貶到八千里路以外的潮州,"本爲聖朝除弊政",却落得如此下場。於是他懷着滿腔的義憤離開京城,一路上便借大好的山水

名勝來消除胸中的積憤,將要到韶州時;便給張籍寫詩一首,請代借一本圖經,標題是《將至韶州先寄張端公使君借圖經》,詩曰:

　　　曲江山水聞來久,恐不知名訪倍難。

　　　願借圖經將入界,每逢佳處便開看。⑱

　　人還未到,便先寄詩請借圖經,目的在於每逢佳處,先打開圖經作些了解,以便更好地游覽。這一則說明當時各地確實皆有圖經,否則如何能開口便借。再則說明圖經的內容是相當豐富的,竟能成爲文人墨客游覽山水名勝的忠實伴侶。當然,關於圖經的重要內容,下文將作詳細論述。

四　《沙州伊州地志》殘卷的名稱和《沙州都督府圖經》殘卷版本問題

　　《沙州伊州地志》殘卷現在的名稱是日本學者羽田亨所定,在他的文章中,也並未說明他所以將其定爲今名。筆者認爲似乎應當稱圖經更爲妥當。在隋唐時期,有關這方面內容的地方性著作,稱地志的似乎並不多見,因爲當時社會上流行的多爲圖經,封建中央政府都有明文規定,各個地方政府都必須按時編纂上報。事實證明,各地政府不僅確實編纂上報,而且自己也都有保存,以備查考,因爲這種東西的確還是很有用,作爲地方政府,真的是缺少不了。如果沒有也得設法抄錄一部,這部殘卷就是明證。尤其可喜的是,卷末還標明"光啓元年十二月二十五日,張大慶因靈州安慰使朝大夫等來至州,於朝使邊寫得此文書記"。這一則表明此件並非原著,再則也讓人們知道抄自何時何處。這也足以說明地方官吏們對這種圖經是相當重視。不僅如此,同時還說明上面下來的官吏大員們,隨身都帶有所要視察地方的圖經,要通過圖經的記載來了解該地的情況,當然,在當時當地來說,還有一個更重要的作用,即了解道路交通,凡是去過河西走廊的人都會深深體會到這一點確實是非常重要的。通過圖經了解當地情況,在宋代似乎已經成爲一種制度,許多地方官吏上任之初,爲了掌握該地的風土民情,利弊興廢,首先便找當地的圖經來看。南宋大學者朱熹,淳熙六年(1179)出任南康軍時,剛一到任便查看圖經,他要從圖經中了解政績、民俗、先哲、古迹等,當他發現當地圖經編得很不理想時,還親自動手爲之編纂。趙不悔於乾道九年(1173)知徽州,"吏以圖經先至",看了以後很不滿意,故決定重修,他在《新安志序》中說:"徽爲郡自漢始,至於今久矣,圖經記述其事宜詳也,試考之則遺闕而不備,讀者恨焉,此《新安志》所以作也。不悔昔將承乏此州,而吏以圖經先至,見其疏略,即有意於補次。"又《湘山野錄》卷上記載,寇準"晚竄海康,至境首,雷吏呈《圖經》,迎拜於道"。還未到任,地方官吏已經捧着圖經迎拜於道,可見圖經之與地方官吏的關係是如此之重要，這種關係至遲應當是從唐代開始就已經延續下來了。正由於這種圖經在唐代是十分流行，影響頗大，因而纔有可能在當時文人的詩中都得到反映，正如上文所述，由於確實隨處都有，所以韓愈衹要作詩一首就可以輕而易舉地從友人處借得圖經。就從這些角度而言，《沙州伊州地志》也應當就是圖經，我們再從這部書的内容和體例來看，與《沙州都督府圖經》等幾種圖經殘卷、殘片亦大體相類似，此書所記有州的各縣户數、公廨、鄉數，各縣又分寺、觀、烽、戍的名稱，山川、湖泊、古迹、風俗等，與《沙州圖經》殘片、《沙州都督府圖經》殘卷基本相同，當然，從形式上看，《沙州都督府圖經》似乎更加條理化，格式、標題都較爲正規而有規律，此書則比較零亂，或許是出自抄寫人員的原故。况且《沙州都督府圖經》殘卷，羅振玉最初也稱之爲《沙州志》，所幸卷末有"沙州都督府圖經卷第三"字一行，後便改稱《圖經》，否則至今很可能仍稱《沙州志》，這種先入爲主的現象，在學術研究上還是常見的。當然不能因此便作爲定論。又《沙州圖經》殘片三種，殘片第一行明明寫着"《沙州圖經》卷第一"字樣，而王仲犖先生在《敦煌石室地志殘卷考釋》一書中，照樣稱之爲《沙州志殘片三種考釋》。王先生的意思自然可以理解，圖經就是地志的一種，但畢竟並不規範，因爲原名並不叫地志。况且地方志在發展不同階段，有着不同的稱呼，漢魏六朝稱地記，隋唐五代稱圖經，宋以後纔稱方志，地志乃是一種籠統稱呼，而地理書亦稱地志，它是全國地理總志的簡稱，王先生所稱正是指大範圍而言，從其考釋的書名和主要内容就足以説明這一點。該書前三篇分別爲：《唐天寶初年地志殘卷》、《貞元十道録劍南道殘卷》、《諸道山河地名要略第二殘卷》，都屬於全國地理總志，因此，將本稱圖經者，亦更名爲地志，顯然是不妥當的。所以我認爲該稱什麽就稱什麽，這是文獻整理研究中很重要的問題，即不得亂改書名，這是文獻整理工作的一條原則。説得再明確一點，隨意更改乃是文獻整理工作之大忌。基於上述理由，所以《沙州伊州地志》殘卷，還是稱《沙州伊州圖經》更爲合適。

《沙州都督府圖經》殘卷，實際上存在着兩種版本，研究者一般大多衹注意其内容和體例，而很少去注意版本之不同。再讀王重民先生爲該殘卷所寫之《叙録》，《叙録》中有這樣一段話：

　　　　張芝墨池一條，雖有開元四年紀事，然全卷紀事，無逾證聖以後者，且墨池條與全書體例不合，（按原文明云其池已磨滅，故老相傳，池在前件所，而標題下仍稱在縣東北一里云云，此行顯係後人竄入，不然應叙入正文，方與全書體例一致。）自開元二年九月以下，當係後人增入，應據全書以疑此條，不應據此條以定作書年代。又訪查墨池爲刺史杜楚臣、縣令趙智本所主使，而張氏又爲敦煌右族，則事畢之後，竄入圖經，至爲易易。

讀了這段文字，覺得王先生的分析甚爲有理，於是再去通讀全部殘卷，乃發現該殘卷在體例上還有一個特點頗值得注意，即每一條標題都用數字標目，而單位則一律用"所"，如《七所渠》、《二所廟》、《一所冢》、《四所古城》等。但是我們也發現有不少條並無數字標目,《張芝墨池》則是其中之一,另外還有《鹹鹵》、《州學》、《縣學》、《醫學》、《歌謠》等也無,尤其是《甘祥瑞》更加特別,雖有數字,卻無計數單位,顯然與體例不合。這自然就有兩種可能性,一則是後人編修時,僅僅在前人所修基礎上作些增補,增補時亂了人家的體例也不管。況且當時圖經的編修是十分頻繁的,不像後世修志周期很長,按當時政府規定,三年五年就得向中央送一次圖經。在這種情況下,後一次編修者在前人已修的基礎上作些增益補充是完全有可能的。再則是此殘卷也並非原件,就如《沙州伊州地志》殘卷乃是抄件,抄寫的人自然就不管你的體例了。再就這個殘卷留下來時就有兩種本子,如伯希和"第二六九五號"與此雖同出一本,但從《祥瑞》的"甘露條"起行格稍異,筆迹顯然亦不相同。很顯然這裏就存在着兩種可能性,一種是兩個本子之中,一爲原本(底本),一爲抄本,另一種則是兩個本子全是抄本。而大家經常列舉的多爲"伯二○○五號",因爲此卷殘存較長,內容多,能够説明問題。"伯二六九五號"則僅存《祥瑞》一個內容,還不完整。但是,此卷最後却標出了"《沙州都督府圖經》卷第三"字樣,這就把自己的名稱告訴了人們,這一點應當説非常重要,否則必然又遭到後人任意將其改名換姓的厄運。不是嗎,羅振玉先生最初看到"伯二○○五號"殘卷後,已將其定名爲《沙州志》,以後看到此件纔又改轉回來。至於"伯五○三四號"《沙州都督府圖經》殘卷,則是這部圖經的壽昌縣內容,因爲隋唐時期圖經的編修體例,已經與後世大體相同,州一級圖經的編修,總是先記載州境大事,然後再分縣記述。這從敦煌遺存的圖經殘片也可以得到證明,"斯二五九三號背"有這樣幾行文字:第一行:"沙州圖經卷第一"。第二行:"第一,州。第二、第三、第四敦煌縣。第五,壽昌縣。"可見壽昌乃是沙州的屬縣。需要説明的是,據筆者分析,此殘片實際上是編修圖經時所列的提綱草稿,而不是正式圖經,它與"斯七八八號"《沙州志》殘片一樣,而這個《沙州志》殘片名稱,顯然又是後人所加,因爲原件上已經看不出原來名稱,以筆者之見,同樣應稱圖經,並且應當與"斯二五九三號背"爲同一部書的內容。如果編輯這類文獻的人作一仔細對照,立刻就可發現,這個《沙州志》殘片所記內容正是壽昌縣的範圍,豈不就是《沙州圖經》"第五,壽昌縣"? 還有"伯二六九一號"殘片,都屬同樣性質。而此殘片,王仲犖先生在《敦煌石室地志殘卷考釋》中仍稱《沙州志》,書目文獻出版社出版的《敦煌社會經濟文獻真蹟釋錄》一書中則稱《沙州城土鏡》,這是因爲殘片內容中有"沙州城土鏡"字樣而定,其實並不妥當,因爲許多內容並不在沙州城內,而是在沙州範圍之內。爲什麼會產生任意定名的情況呢? 關鍵在於對隋唐時期普遍發展的圖經現象不太了解,總以爲這些都應當就是地志吧。還有一點要指出的是,"伯五○三四號"《沙州都督府圖經》殘卷,與"伯二○○五號"和"伯二六九五號"兩個殘卷是否同爲一個底本,現在還很難説,因爲尚無法找出其共同點。而此件在《敦煌石室地志殘卷考釋》一書也沒有收入。

五　敦煌圖經殘卷的價值和啟示

敦煌圖經殘卷雖然都是殘缺不全,有的是有尾無首,有的是首尾全無,有的祇一張紙片保存六行字而已,如《沙州圖經》殘片,但是其價值却不容忽視,誠如羅振玉先生在爲《沙州都督府圖經》殘卷所寫的《跋》中所説:"唐代圖經,久絶於世,亟爲考其厓略,俾讀者知此爲人間鴻寶也"。[19]這個評價顯然是相當高的,但是又決無夸大之意,因爲有了這些殘卷,我們終於打開了隋唐五代編修圖經的大門,看到了圖經究竟是一種什麽樣形式的著作。使我們真真實實地認識到圖經確實是我國地方志發展的一個重要階段,它在地記和成型方志之間,起到了十分重要的承前啓後的作用。在未看到這些圖經殘卷之前,所下的結論畢竟還是理論性成分占主導地位,有了這些殘卷,情況就大不一樣,從具體材料出發,參之以文獻記載,再輔之以理論,這自然就可以研究得出比較令人可信的結論。它的重要性當然也就不言而喻了。下面就其價值談些具體的看法。

首先是對圖經的總體形象讓人們有了一個直觀的認識,它實際上就如同後世的方志,祇不過內容詳略不同而已。從體例結構來看,當時凡屬州的圖經,總是先記載州境大事,而後再分縣叙述。如《沙州圖經》殘片六行,第一行爲"《沙州圖經》卷第一"。第二行爲"第一(州)第二第三第四(敦煌縣)第五(壽昌縣)"。分卷次序十分明確,第一卷是講州,二三四卷是記敦煌,第五卷乃記述壽昌。又如《沙州伊州地志》在編纂體裁上同樣有此特點,即先叙州之沿革大事及州境內河流湖海、著名城鎮,然後再分縣叙述。由於卷首殘缺,對整個州的記事情況已無由得知,而對州下轄縣的記載,諸如去州之遠近、户口、貢賦、鄉鎮、物產、寺觀、烽戍、風俗等都有詳略不同的記載,這種詳略不等,甚至零亂的情況出現,很大可能都是出自抄寫者的粗枝大葉,因爲卷末明白標出此乃抄本。這對於研究這種著作的體裁和它的史料價值無疑都是很大的損失。但即使如此,它的輪廓仍舊可以看出,它與《沙州圖經》殘片完全是一致的。這種先記載州境大事,而後再分縣叙述的編纂體例,對後來府州郡志的編纂有着很大的影響,祇要將宋代所編纂之州郡圖經或方志稍作比較,便可看出這種影響和淵源關係。如宋代董弅所修之《紹興嚴州圖經》、張津所修之《乾道四明圖經》以及羅願的《新安志》等,無不都是先述州郡而後再分縣叙述。儘管詳略完備不可同日而語,但其影響和淵源關係却無法割斷。學術界有人將地方志的開始形成定在兩宋時期,這種説法顯然是很不妥當的,因爲它不僅割斷了方志發展的歷史,否定了方志發展存在階段性,而且把方志這種著作的產生和發展視作無源之水,無本之木,是不符合方志發展的歷史事實。所以會產生這種看法,關鍵在於對六朝的地記和隋唐五代的圖經了解得不够清楚,特別是對圖經,更是缺乏認真研究,總以爲圖經就是地圖再加說明,或者是圖經總是以圖爲主。總之,唐代圖經殘卷殘片的發現,不僅可以給人們對於圖經這種著作提供直觀的認識,而且對於研究方志發展和演變的歷史,特別是研究其階段性和淵源關係,都有着非常重要的價值。它用事實告訴我們,當時所修的圖經與宋代所修的圖經和成型的方志是一脉相承的,特別是宋代所修的圖經,還爲我們留下了多部,這就有可能作比較研究,無論是體例上,也就是目前修志界同仁常用的術語框架結構,還是内容記載方面,可以説完全是一脉相承的,而與漢魏六朝時期的地記相比,自然與後者更加接近,特別是在體例形式方面,不過它在兩者之間實際起到了承前啓後的作用。如漢魏六朝的地記,並不重視圖的作用,圖經自然必定有圖,而成型的方志,卷首一般都必冠以各種地圖,以至成爲一部方志必不可少的組成部分。可見隋唐的圖經對後世成型方志影響之大。

其次,圖經殘卷還説明這樣一個事實,當時在編修圖經時,與後世修志一樣,對於所要記之事,除了作社會調查之外,有許多是歷史上發生的事件和人物,往往引用史書和其它文獻記載來加以叙述,以使其内容更加豐富,給人們以更多的知識。如《沙州都督府圖經》殘卷,因保存下來比較多,因而我們還能看到比較多的引書,先後引了《西涼異物志》、《漢書·西域傳》、《漢書·匈奴傳》、《十六國春秋》的《西涼録》、《前涼録》、《後涼録》、《魏書》、《瑞應圖》以及王羲之的《題書論》等,特別是《西涼録》引用最多,如懸泉水:

> 右在州東一百卅里,出於石崖腹中,其泉傍出細流一里許即絶。人馬多至,水即多,人馬少至,水出即少。《西涼異物志》云:"漢貳師將軍李廣利伐大〔宛〕(菀),迴至此山,兵士衆渴乏。廣〔利〕乃以掌拓山,仰天悲誓,以佩劍刺山,飛泉涌出,以濟三軍,人多皆足,人少不盈。側出懸崖,故曰懸泉。

先是自己叙述,再引《異物志》作證,今存之《元和郡縣志》和《太平寰宇記》所載此泉,除文字略有出入外,内容大體相同,而《太平寰宇記》還引《涼州異物志》,很可能與《西涼異物志》爲同一書。

又如"古長城",先講現狀,再引書説明來歷:

> 古長城　高八尺　〔基〕(其)闊一丈　上闊四尺
> 右在州北六十三里,東至階亭烽一百八十里,入瓜州常樂縣界。西至曲澤烽二百一十二里,正西入磧,接石城界。按《匈奴傳》,漢武帝西通月氏、大夏,又以公主妻烏孫王,以分匈奴西方。於烏孫北爲塞以益廣。因漢元帝竟寧元年,侯應對詞曰:孝武出軍征伐,建塞起亭,遂築外城,設屯戍以守之,即此長城也。

再如"闞冢",即今之所謂名人墳墓:

> 右在州東廿里,闞駰祖倞之冢也。《後魏書》云:"駰字玄陰,燉煌人也。祖倞,有名

於西土,父玫,爲一時秀士,官至會稽〔令〕(合)。"其冢,高三丈五尺,周迴卅五步。

《沙州伊州地志》多次引用了《漢書·西域傳》,而《西州圖經》雖僅存五十餘行,仍爲我們留下了一處引書的例證,在《聖人塔一區》條曰:

右在州子城外東北角。古老傳云:阿育王之所造也。按内典《付法藏經》云:"輪伽王於閻浮提造八萬四千塔"。阿輪伽即阿育王也。其塔内有故碑碣與道俗同,故此俗稱聖人塔。

從以上所引四段文字來看,這幾部圖經編寫人員文字水平相當不錯,知識面也相當的廣,決不像專爲政府規定閏年編造圖經而作,其内容之豐富,並不亞於明清時期那些粗製濫造的方志,不妨就用被某些文人吹捧得很高的明代康海的《武功志》與韓邦靖的《朝邑縣志》作一比較,一定可以得出比較滿意的結論。特別是《西州圖經》的丁谷窟、寧戎窟風景的描述,真乃極盡對仗之能事,顯然是受到六朝和唐初文風的影響,現將丁谷窟摘引如下:

丁谷窟有寺一所,並有禪院一所

右在柳中縣界,至北山廿五里丁谷中,西去州廿里。寺〔基〕(其)依山〔而〕(構),揆巘疏階,雁塔飛空,虹梁飲漢,巖〔巒〕(蠻)紛糺,叢薄阡眠,既切煙雲,亦虧星月。上則危峰迢遞,下〔則〕輕溜潺湲,寔仙居之勝地,諒栖〔霞〕(靈)之秘域。見有名額,僧徒居焉。

有這樣優美的文字,很難想象是出自一般庸吏之手,單就這段文字而言,可以判斷這部圖經很可能是修於唐朝初年。因爲講究文章的華麗,乃是六朝時文風,唐初還受此文風的影響,重視四六對偶。當然,這幾部圖經殘卷和殘片還說明這樣一個問題,即他們編寫的主要内容,還是來自當時社會的現實生活,並且也的確都是爲當時社會現實所服務。關於這點,我們下面評論其内容時將有詳細論述,因此,它的材料也衹能是主要都來自現實生活,這就得靠編寫人員的調查和搜集,尤其是關於本地内容,凡涉及到歷史和神話傳説的,也就少不了要引經據典,如《沙州都督府圖經》在寫古迹《張芝墨池》條,爲了説明張芝"書絕世,天下傳名",特地引了歷史上傑出的書法家王羲之的《頿書論》中所説"臨池學書,池水盡墨,好之絕倫,吾弗及也","草書出自張芝,時人謂之聖"等句來加以佐證。可見這些編寫人員還是下了一番功夫的。凡是使用過舊方志的人都會知道,舊方志往往獵奇,記載一些奇聞佚事,但又引經據典,説明並非自己臆造。《沙州都督府圖經》殘卷中《老父投書》一條正是這樣性質,其文曰:

右按《十六國春秋》:"北涼永和三年正月,有一老父見於城東門上,投書於地,忽然不見。書一紙,八字滿之。其文曰:'涼王卅年,若七年。'涼王且渠茂虔訪於奉常張體順,順曰:'昔虢之將亡,神降於莘,此老父之見,國之休祥。深願陛下尅念脩政,以副卅之慶。若盤於遊田,荒於酒色,臣恐七年將有大變。'虔不悦。"卒爲魏所滅。

很顯然,從作者意圖來看,記載此事目的,自然是教戒當權者應當"尅念脩政",切莫"荒於酒色",以避免走涼王滅亡的道路。這一思想後來就發展成爲方志六字功能"存史、資治、教化"的"教化"功能,也就是史學領域的教戒史學的反映。

再者,這幾部圖經殘卷和殘片的内容,也爲我們正確認識圖經的真實面貌提供了强有力的證據。因爲在未看到這些殘卷、殘片之前,圖經究竟記載些什麽内容,是如何記載的,誰也作不出理直氣壯的回答。我們提出隋唐統治者提倡編修圖經乃是爲鞏固中央集權的一種措施。一個國家的統治者,最關心的就是要知道他統治了多少面積土地,有多少人口,可以徵收多少賦税等等,所有這些應當都可以從圖經中得以了解。是否真的如此,從前一直未得到證實,因爲前人儘管對圖經内容作過不少輯佚,但這些内容却很少見到,而這些殘卷殘片已爲我們作了令人滿意的回答。如《沙州伊州地志》殘卷,就有《貢賦》一項,此州管三個縣,"伊吾縣(在下郭),公廨三百一千一百十五,户一千六百一十三,鄉四"。"納職縣下東去州一百二十里,公廨二百一十五千,户六百三十二,鄉七"。"柔遠縣,西南去州二百四十里,公廨,户三百八十九,鄉一"。而"伊州下公廨七百卅千,户一千七百二十九,鄉七"。又如《沙州圖經》殘卷,"壽昌縣,下,東北去州一百卅里,公廨錢二百七十五千,户三百一十九,鄉一。"看來記載似乎很簡單,但是,這個縣的公廨錢、户口、去州之路程都有了,在當時統治者來説自然已經足矣够矣。所以圖經記載的數字,往往就成爲統治者徵收的依據。隨着以後徵收内容的變化,圖經記載自然也在變化,尤其是後來的方志,大多有"田賦"這一門類,而所載賦税數字,往往也就成爲地方官徵收賦税的一種依據。《建炎以來繫年要録》卷一百五十一,紹興十五年五月有這樣一條記載:"初,兩浙轉運副使李椿年置經界局於平江府,守臣直秘閣周葵見椿年,問之曰:'公今欲均税耶? 或遂增税也?'椿年曰:'何敢增税!'葵曰:'苟不欲增税,胡爲言本州七十萬斛?'椿年曰:'若然,當用圖經三十萬斛爲準。'"這條材料生動地説明圖經作用之大,幸好過去修的圖經對以前徵收賦税之數字都有所記載,否則當時就將多徵收一倍以上,可見圖經在歷史上的作用是不可忽視的。圖經殘卷的内容還告訴人們,當日所修圖經其内容大多記載與當時現實生活密切相關之事。如《沙州都督府圖經》的十九所驛,《西州圖經》的十一道,記載都較爲詳細,不僅寫了方位、離州的距離、通向,而且説明了沿途的地形、水草、是否豐足,能否行駛車馬以及置廢通塞諸内容。驛站是古代交通不太方便而設置的傳遞信息的重要措施,尤其是在邊遠地區及時傳達中央政府命令和軍事情報方面都有着重要作用。如《清泉驛》是這樣記載:"右在州東北卅里,去橫澗驛廿里,承前驛路,在瓜州常樂縣西南。刺史李無虧以舊路石磧,山險迂曲近賊,奏請近北安置,奉天授二年五月十八日敕移就北。其驛置在神泉觀莊側,故名神泉驛,今爲清泉戍,置在驛傍,因改爲清泉驛。"位置、遠近、設置始末、名稱來由都作了交代。道路交通,不僅關係到軍事方面,而且關係到民間的通商,況且這裏正是處於絲綢之路的要衝,自漢以來已經如此,因此,在唐代掌握交通情況就顯得尤其重要。所以《西州圖經》在叙述十一道時,對於不同狀況都有不同説明。《突波道》:"右道出蒲昌縣界突波谷,西北合柳谷,向庭州七百卅里,足水草,通人馬車牛"。《大海道》:"右道出柳中縣界,東南向沙州一千三百六十里,常流沙,人行迷誤。有泉井,醶苦,無草。行旅負水擔糧,履踐沙石,往來困弊。"《烏骨道》:"右道出高昌縣界北烏骨山,向庭州四百里,足水草,峻險石龕,唯通人徑,馬行多損"。我們引述三條道路,三種不同情況,都作了如實反映。一則是"足水草,通人馬車牛",這不僅有利於軍事行動,而且很便利於通商。二則是雖有泉井而水苦不能飲,又無草,自然就影響了商旅的通行。再則是雖足水草,但僅有羊腸小道,馬行都很危險,車輛更不必説了。然而很難想象,《大海道》既然是"常流沙,人行迷誤",爲什麽有些行旅還是"負水擔糧,履踐沙石"往來於此道呢? 據我國探險人員最近考察證明,《大海道》是古代絲綢之路上連接吐魯番與敦煌之間最近的一條路,比常走的哈密路綫要近一半以上。所以許多人寧可"負水擔糧"而走此道。可以想見,這種圖經對於頻繁往來於絲綢之路的經商者來説自然是非常重要的。因爲他們不僅可以從中了解到每條道路的路況,了解到何處設有驛站可以住店,而且可以掌握到每個州縣城距離當時京城長安的路程和各個州縣城之間的遠近。因爲每部圖經都有"四至"的記載,這也是當時統治者所關心的内容。如《沙州圖經》殘片記"沙州城土鏡":"東去京師三千七百五十九里,去洛陽四千六百九里。""四至":"東,西瓜州三百一十九里;西,至石城一千五百八十里;西北,至西州一千三百八十里。"又《沙州伊州地志》也還留下"伊吾軍":"東南去上都四千八百里。""右景龍四年五月□日奉敕置,至開元六年,移就甘露鎮。兵士三千人,馬一千卅疋"。"四至:東南去伊州三百里,西南去西州八百里,西去庭州七百八十里,東北接賊界。"通過這些記載,東南西北路程之遠近,都做到了一目瞭然。

　　我們再看與農業生産有着密切關係的水利事業,顯然也是圖經記述的重點内容之一,《沙州都督府圖經》殘卷,就記載有《七所渠》和《二所堰》。對這些水利建設的興建始末,主要建造人以及農田受益、"百姓蒙利"等情況都作了記載。在所記七所渠中,《北府渠》最長,"長卅五里","右源在州東三里甘泉上中河斗門,爲其渠北地下,每年破壞。前涼時,刺史楊宣以家粟萬斛,買石修理,於今不壞。其斗門壘石作,長卅步,闊三丈,高三丈。昔敦煌置南府、北府,因府以爲渠名。"又如在記載《長城堰》時,除了叙述其高大範圍及距州里程外,還講述了名稱的來歷:"刺史李無虧造成,百姓欣慶。無虧,漢丞相蔡之後,自隴西徙居幽州之范陽。五代伯祖司空靳,尚後魏〔世〕(太)祖舅陽平王杜〔超〕(起)女,後爲公主憶長安城,〔世〕(太)祖於范陽爲公主築長安城,俗號長安城李。隋時定氏族,去其安字,直爲長城李氏。"這種叙述方式,正是後世方志記述某一事件時往往通過講述故事的形式,將事件的來龍去脉都作詳細叙述,這一記事風格實際上從方志的最初階段地記已經開始,真可謂一脉相承。從這些水渠的記載人們還可以看到,凡是爲當地水利事業作過貢獻的官吏,通過介紹水渠,其事迹一般都得到了表彰。興修了那麽多水渠、水堰,效益究竟如何呢? 該圖經在前面總的叙述中已經作了叙述:"州城四面水渠側,流觴曲水,花草菓園,豪族士流,家家自足,土不生棘,鳥則無鴉,五谷皆饒,唯無稻黍,其水漑田即盡,更無流脉。"在一千二三百年前的封建社會,又是大西北的邊垂地區,能够做到"花草菓園"、"五谷皆饒"、"家家自足",實在是了不起的事情,何況當時圖經的編修者未必會有故意夸大的意識存在。

　　至於物産,應當也是圖經必定記載之內容,不過,在這些圖經殘卷、殘片中,我們並没有看到某種物産的具體名稱,祇有在《沙州都督府圖經》殘卷中,記載有這裏産鹽的內容,在《三所鹽池水》條,分別記載着東、西、北三處鹽池。其中面積最大的爲北鹽池,"東西九里,南北四里",而産鹽質量最好的則是西鹽池,"時人於水中漉出,大者有馬牙,其味極美,其色如雪。取者既衆,用之無窮"。質量之好,産量之高,於此可見。而東鹽池所産"其味淡於河東鹽",因爲河東鹽乃是當時影響比較大的內陸鹽,因此知道的人多,知名度高,所以用它來相比。至於北鹽池面積雖大,而所産之鹽"與州東鹽味同"。另外,《沙州伊州地志》殘卷,亦記載有産鹽內容,其《陸地鹽池》條云:"地周迴千里,北去縣六十里。磧中無水,陸地出鹽。月滿味甘,月虧即苦。積久採取,竟無減損。"這一記載與《元和郡縣志》所載大體相同:"陸鹽池,在伊州南六十里。周迴十餘里,無魚。水自生如海鹽,月滿則鹽多而甘,月虧則鹽少而苦"。但前者曰"地周迴千里",後者則曰"周迴十餘里"。《地志》殘卷所云"千里",顯然是抄寫時誤十爲千。除此之外,我們在殘卷中就没有看到有關物産的記載,祇有在《沙州圖經》殘片中,還留下這樣幾句話:"沙州,先是瓜州地,宜種美瓜,故號瓜州,後始改名爲沙州。"很明顯這是在說明沙州地名的來歷,可以想見,作爲物産的"美瓜",與鹽池一樣,應當是有所記載的,祇不過未能保存下來而已。在這些殘卷中,我們還看到了所在州縣內的山、水、名勝古迹,少數民族、風俗、祥瑞、歌謠等內容,這裏自然無需再一一列舉。值得注意的是,《沙州都督府圖經》殘卷的《祥瑞》門目之前,列了許多空目:

監牧	羈縻州	江河淮濟	海溝
陂	宫	郡縣城	關鍾津濟
岳瀆	鐵	碑碣	名人
忠臣孝子	節婦列女	營壘	陵墓
臺樹郵亭	礦窟	帝王游幸	名臣將所至屯田

在這些空門目之後,接着有這樣一行:

"右當縣無前件色"。

　　這無疑是説,當時圖經的編纂内容,是有統一要求的,上列空目内容按規定都是應當記載的,但是由於當地並無這些内容,故祇好一一列出並指出:"右當縣無前件色"。若是當時圖經的編纂並無具體要求,那么羅列這麼多的空目自然就是毫無意義了。因此,它的保留對我們研究隋唐圖經的内容具有非常重要的意義。當然,不研究方志發展史的人自然不會去注意的,因爲一般人也並不知道其重要性何在。這些空目的存在,無疑告訴我們,隋唐時期的圖經内容,除了它已經所記載的那些具體内容外,上列各項空目,祇要本地也有,那就應當記載,如此看來,當時圖經所記之内容是相當豐富的,邊遠地區尚且如此,文化經濟都更爲發達的内地自然是可想而知了。同時也還説明,圖經的編纂是因地方的不同而決定其内容之詳略,也充分體現出這種著作具有着十分明顯的地區差異,這就是後來人們在談論方志的特性時常説的地方性或區域性。而這些豐富的内容,也進一步説明圖經從來就不是以圖爲主,而它的編纂也決不是專"爲國防提供地志資料",起碼在隋唐時期並不如此。它在軍事上確實具有非常重要價值,但從來就不是專門爲軍事服務,人們可以看到,它所記載絶大多數内容都與軍事並無關係。

　　上面僅就圖經本身的發展和在方志發展史上所起的作用談了三個方面重要價值,至於這些圖經殘卷自身作爲歷史文獻資料的史料價值,同樣具有重要的意義。正如羅振玉先生在爲該殘卷所寫的《跋》中説:"其所記水渠、泊澤、池堰,如苦水、獨利河、興湖泊及三澤二堰,均不見於他地書。七渠之名,僅都鄉渠一見於《使于闐記》。(《圖經》又分一渠名都鄉渠。案高居誨《使于闐記》,西渡都鄉河,至陽關,殆即此渠。)鹽池三所,《元和圖志》則舉其一而遺其二。(《圖經》東鹽池水在州東五十里。案《元和圖志》作'鹽池在縣東四十七里',即此池也,而不及西北兩池。)所記城塞驛路,如漢武之長城舊塞,十九驛之名稱建置,均爲古今地志之所不及。"此外,《跋》文還列舉了此殘卷在校勘古籍中有關人名、地名等記載之錯誤,足見其史料價值確實不可忽視。又如王仲犖先生在《沙州志殘片三種考釋》中指出,殘片中所載有許多山澤均無考,如:

　　　　會道山,州東南二百五十里。　　石泉山,州東二百八十六里。　　大烏山,州北一百九里。　　石槽山,州西北三百卅里。　　望山,州西北三百三十七里。

考釋曰:以上五山無考,始見於此殘片。

　　又如:

　　　　姚閔山,縣東南一百八十里。　　龍勒山,縣南一百八十里。　　西紫亭山,縣西南一百九十八里。　　龍澤,縣東七里。　　曲澤,縣西北一百九十里。

考釋曰:以上山澤並無考,始見於此殘片及《壽昌縣地鏡》。龍澤《地鏡》作大澤。

　　再如:

　　　　龍堆泉,縣東南三里。　　壽昌海,縣南十里,方圓一里。　　大渠,縣南十里。　　石門澗,縣東南三里。　　無鹵澗,縣西南十里。

考釋曰:以上澗泉,並無考,始見於此殘片及《壽昌縣地鏡》。

　　如此衆多的山、澤、澗、泉均無考,説明什麼問題呢? 内地所著主要古籍没有記載,而這裏著作傳入内地的又不多,況且這類圖經儘管當時是很普遍,但是一般學者要能看到全國所有圖經也是比較困難的,所以内地學者的著作要全面反映出邊遠地區的這些内容其困難之大是顯而易見的。也正因爲"無考",自然就更顯示出其可寶貴性,《沙州都督府圖經》殘卷中的水渠、泊澤、池堰等亦"均不見於他地書",特别是"十九驛之名稱建置,均爲古今地志所不及",正因如此,所以纔稱得上"人間鴻寶"。這在上文已經作了評述。因此,這些殘卷、殘片儘管數量並不多,但其價值却千萬不可忽視。

① 《隋書·百官志》。
②③ 《唐會要》卷八十三,《嫁娶》。
④ 《隋書·楊尚希傳》。
⑤ 《史通·邑里篇》。
⑥ 《魏晋南北朝史》第 347 頁。
⑦ 《隋書·食貨志》。
⑧ 《隋書·高祖紀》下。
⑨ 《唐摭言》卷一,《散序進士》。
⑩ 《蘭州大學學報》1980 年第一期《從敦煌發現的圖經談方志的起源》。
⑪ 《光明日報》1962 年 3 月 14 日。
⑫ 章宗源《隋書經籍志考證》。
⑬ 徐時棟《四明六志校勘記》卷九。
⑭ 《方志論集》,浙江人民出版社 1983 年版。
⑮ 《敦煌石室地志殘卷考釋·序言》。
⑯ 《唐張司業詩集》卷四。
⑰ 《元氏長慶集》卷三十五。
⑱ 《昌黎詩集注》卷十。
⑲ 《雪堂校刊群書叙録》卷下。

注:敦煌圖經殘卷,凡文中未注出處者,一律引自書目文獻出版社出版的《敦煌社會經濟文獻真蹟釋録》第一輯;《敦煌石室地志殘卷考釋》,上海古籍出版社出版。

《魏書》諸志時誤補校(二)

牛繼清　張林祥

6.高祖延興元年十二月癸卯,日有蝕之,占曰:"有兵。"(卷一百五之一頁2336)

"校勘記"云:"按是年十二月乙酉朔,癸卯是十九日,不應有日蝕。"今按是月二十九晦日爲"癸丑",疑"癸卯"爲"癸丑"之誤,或涉下文"三年十二月癸卯朔,日有蝕之"而竄亂。

7.〔延興五年〕正月丁酉,白虹貫日,直珥一。(卷一百五之一頁2336)

按五年正月丁卯朔,無丁酉。《宋書》卷三十四《五行志五》載:"元徽四年(當北魏延興六年)正月己酉,白虹貫日。"該條《魏志》不載。延興六年正月辛卯朔,己酉十九日。疑《魏書》作者抄録時誤置,又誤"己酉"爲"丁酉"。

8.〔孝文帝太和二年〕二月乙酉晦,日有蝕之。(卷一百五之一頁2336)

"校勘記"云:"太和二年二月己卯朔,乙酉乃七日,晦日值丁未。必有誤。"今按《南史》卷三《宋本紀下》載宋順帝昇明二年(當北魏太和二年)"三月己酉朔,日有蝕之。"(陳《表》推三月戊申朔,前此一日,或排朔有誤。)則《魏書》誤"三月己酉朔"爲"二月乙酉晦","校勘記"失考。

9.〔太和五年〕七月庚申朔,日有蝕之。(卷一百五之一頁2337)

按五年七月己未朔,非庚申朔。《南齊書》卷十二《天文志上》、《南史》卷四《齊本紀上》、《資治通鑑》卷一百三十五齊紀一均作齊高帝建元三年(當北魏太和五年)"七月己未朔,日有蝕之。"是。此"庚申"爲"己未"之訛。《北史》卷三《魏本紀三》同誤,"校勘記"云:"按是年七月己未朔,早於庚申一日。或當時曆法推算有誤。"然而即便曆法推朔有誤,日蝕之日也不能誤作庚申、己未兩日,不確。

10.〔太和〕十年三月丁亥,中散梁衆保等謀反,伏誅。(卷一百五之一頁2337)

按三月壬辰朔,無丁亥。《魏書》卷七下《高祖紀下》太和十二年"三月丁亥,宕昌國遣使朝獻。中散梁衆保等謀反,伏誅。"《北史》卷三《魏本紀三》同。十二年三月庚辰朔,丁亥初八日,是。此"十""年"間當脱"二"字。

11.〔宣武帝正始元年〕十二月丙戌,黑氣貫日。壬子,日有冠珥,内黄外青。(卷一百五之一頁2339)

按十二月癸酉朔,丙戌十四日,無壬子。該年閏十二月癸卯朔,壬子初十日,疑"壬子"上脱"閏月"二字。

12.孝靜元象元年春正月辛丑朔,日有蝕之。(卷一百五之一頁2344)

按正月辛酉朔,非辛丑朔。《北史》卷五《魏本紀五》、《資治通鑑》卷一百五十八梁紀十四均作本年"正月辛酉朔,日有蝕之",是。此"辛丑"爲"辛酉"之誤。

高楠氏藏景教《序聽迷詩所經》真偽存疑

林 悟 殊

20世紀初敦煌發現的大量古代遺書中,景教寫經因前所未見而令學界特別矚目,其作爲唐代景教遺物,當然更深受基督教學界所重視。該等寫經已在世紀的上半葉陸續刊布,其中來龍去脉清楚者有三件:第一爲伯希和所得,今藏巴黎國家圖書館的 P.3847 卷子,内容包括《大秦景教三威蒙度讚》、《尊經》和一個附加的按語。第二是《志玄安樂經》寫本,曾歸藏大藏書家李盛鐸,1935 年流入日本。第三則是《大秦景教宣元本經》寫本,原也歸藏李盛鐸而後流入日本,1930 年曾刊布寫本的前 10 行,因其題目與後來面世的一件"小島文書"僅一"至"字之差,遂被混同,後文便乏人問津;90 年代初筆者與北京大學榮新江教授在倫敦合作研究敦煌景教文書時,偶然發現其全件 26 行的寫真,經已著録刊布。[①] 上述三件,均出自敦煌石窟,無庸置疑。另有兩件即剛提到的所謂"小島文書",分別題爲《大秦景教大聖通真歸法讚》和《大秦景教宣元至本經》。[②] 其來歷不明,學界對其真偽自始就有存疑者。經榮新江教授和筆者考證,[③] 復由榮教授高足陳懷宇君補證,[④] 蓋可判定爲 40 年代時人所造贋品。除此之外,尚有兩件在世紀初便流入日本的文書,也一直被目爲出自敦煌的景教寫本,是爲富岡謙藏氏藏的《一神論》,以及高楠順次郎氏藏的《序聽迷詩所經》(以下簡稱《序經》)。學者一般稱前者爲富岡文書,後者爲高楠文書。對這兩個文書内容的解讀,學界頗有爭議,某些疑義更是聚訟紛紛,各家的解釋均難差強人意。筆者懷疑這兩件文書恐非敦煌真迹。就富岡文書的真偽,已另有專文討論,[⑤] 此處不贅。本文擬就高楠文書的主要疑點,略作剖析,旨在就教高明,期以愚者千慮之一得,引起學界對該寫本的警惕,重新加以鑒定,俾使吾人對唐代景教之研究,建立在一個更堅實的文獻基礎上。

一、《序經》研究概况

《序經》首由羽田亨教授刊布,時在 1926 年,見其發表於《内藤博士還曆記念支那學論叢》的《景教經典序聽迷詩所經考釋》(以下簡稱《考釋》)一文。該文有錢稻孫先生的中譯本。[⑥] 氏文將全經文字著録,並就殘經的内容、性質,包括經名在内的諸多用語、行文,比對聖經等,進行考釋。可以説,以羽田氏學識之博大精深,有關該經文字内容之可以解讀者,都盡量完成了。至 1931 年,羽田氏復將該寫本原件與上揭富岡文書一道影印出版,並冠以説明。⑦日本大正新修《大藏經》卷 54 收入《序經》,乃據羽田氏録文。⑧

英國著名漢學家和教會史專家穆爾(A.C.Moule)教授亦曾親睹原件,故在其《一五五〇年前的中國基督教史》一書中,對該寫本多所評介,不過鮮有超越羽田氏者。穆爾在評介該經時實際已將部分經文英譯了。⑨將經文全本英譯的是日本景教研究權威佐伯好郎博士,譯文發表於 1932 年《皇家亞洲學會華北分會學報》。⑩1933 年的《中國公教教育聯合會叢刊》予以轉載,並刊出寫本的漢字原文。⑪1937 年出版的佐伯氏英文《中國景教文獻和遺物》,也英譯經文並加考釋。⑫佐伯氏 1935 年出版的日文《景教之研究》,以及 1943 年出版的日文《支那基督教之研究》第 1 卷,同樣有專節討論該經並著録全經。⑬此外,1935 年,林仰山(F.S.Drake)教授在英文《教務雜誌》發表《唐代之景教文獻》,其中有專節討論《序經》。⑭德禮賢司鐸(P.D'elia)1942 年出版的《中國基督教史》,也將該經部分譯成意大利文。⑮

國人公開介紹《序經》寫本,以陳垣先生爲早,見先生 1927 年的講演稿《基督教入華史》,不過内中祇讚其書法漂亮耳。⑯倒是董康氏 1927 年在日本時,曾訪羽田亨博士,親覿寫本原件照片,在其 1928 年景印的日記《書舶庸譚》二月九日條寫道:"唐寫本序聽迷詩所經一卷凡一百七十行,爲故友富岡氏(當爲高楠氏之誤——引者)所藏景教逸經之最完全者,譯筆塞晦繁複";接着以四百餘字介紹該經"大旨"。⑰其在 1939 年的重訂本中,對寫本内容介紹部分多删去,代以全經録文。不過,觀其録文,既不分行,也不句點,對原寫本諸多異體字亦不照録,更乏考釋校勘之類,純係重複日本學者的勞動。但在國人中,其畢竟是第一個著録《序經》全文並刊印者。董氏所記,景教學界鮮見提及。1936 年方豪先生發表的《唐代景教考略》,對《序經》寫本的經名、篇幅、年代等,有幾行文字介紹。其中稱"全經分兩部分,前部叙述教理,凡七節,一百四十八目;後部爲耶穌行實,四節,二百零六目,原本一百六十行,二千八百三十字"。⑱今據電腦計算,寫本爲 170 行,2845 字。

1951 年上海出版的朱維之《文藝宗教論集》,有專文對《序經》作較全面的介紹。⑲爾後大陸學界便告沉寂,至 80 年代後有關《序經》研究的論著方陸續問世。江文漢先生 1982 年出版的《中國古代基督教及開封猶太人》,將該經以簡體字標點刊出;⑳1993 年出版的朱謙之先生遺著《中國景教》,對該經也多所評述;㉑翁紹軍先生 1996 年出版的《漢語景教文典詮釋》,對該經作了校勘和注釋。㉒

香港學界對《序經》的研究以 60 年代爲盛。1960 年,龔天民先生的專著《唐朝基督教之研究》出版,内有長篇專節討論《序經》,㉓也附録經文;1962 年,劉偉民先生的長篇論文《唐代景教之傳入及其思想之研究》,内關專章《序聽迷詩所經之發現及其思想研究》;㉔1964 年李兆强先生的專著《初期教會及中國教會史》，對《序經》也有較多的論述；[25] 1966 年羅香林教授的專著《唐元二代之景教》，除對寫本略有介紹外，更點校全經。[26]

臺灣學界對《序經》的興趣似乎一直不衰。1957 年梁子涵先生的《唐代景教之文獻》一文，介紹並著錄《序經》；[27] 1965 年鄭連明先生專著《中國景教的研究》，對《序經》也略有評介。[28] 1970 年張奉箴先生的專著《福音流傳中國史略》，標點著錄全經；[29] 1990 年臺灣趙璧礎教授的論文《就景教碑及其文獻試探唐代景教本色化》，對《序經》的文字內容多所考釋。[30]

綜觀 20 世紀高楠文書的研究，可歸納爲兩個方面，一方面是對文本進行著錄、點校。由於最先刊布的羽田氏著錄本頗細心，原件也已影印發表，因而迄今海內外流行的各家文本，雖不無文字差錯，蓋屬排版校對失察，或因造植異體字麻煩；而句點則多有差異，乃對經文內容理解不同所致。另一方面是解讀寫本的內容，包括翻譯成現代漢語和其他文種，進而通過寫本的內容去研究唐代的景教。就翻譯而言，緣文本內容十分晦澀，故各家譯文的信實度難免令人懷疑；如佐伯氏的英譯本便被批評爲"照字直譯，在某種程度上蓋想當然"。[31] 至於研究文章，則多數徵引其經文，論述景教如何堅持原教旨或在中國本色化，即佛化、道化、儒化。上述兩大方面的研究，均以寫本爲真品作爲當然的大前提，對其中的疑義，蓋在這個大前提下來尋求解釋。至於有關寫本的真偽，則未見有任何公開質疑者。

二、關於《序經》寫本的來歷

儘管未見有對《序經》寫本之真偽公開質疑者，但並非沒有學者私疑其爲贋品，法國吳其昱先生就是其中一位。筆者之懷疑該寫本，便是受吳先生的啓迪。竊以爲，絕大多數學者之所以深信文書爲敦煌真迹，恐與迷信權威分不開；緣羽田氏作爲東洋學的權威教授，在公布該文書時，已對文書的真偽有所"鑒定"：

> 去歲秋暮，東京帝國大學高楠教授以《序聽迷詩所經》殘卷一軸見示，囑爲解說。此蓋敦煌出洞之珍，先藏中土某氏許，近乃歸教授者。一覽內容，知爲景教殘簡，云未經人解說研究也。爾來尋繹，至爲難解，慮終不可得解讀者。今之所草，亦但塞責而已，非可云研究也。維內藤教授於敦煌文獻，關係素深。祝茲還曆，得傳罕覯之景教遺文，因緣固有自哉！[32]

在把《序經》定性爲"敦煌出洞之珍"後，羽田氏又根據原件的外觀、行文等，考定寫本爲中唐以前之物：

> 讀此卷者，首訝其文體之奇，迥不同正當漢文，意義亦至難尋索。是又略與《一神論》同。夫同爲漢文景典：若《三威蒙度讚》，爲整然七字句之漢文；《尊經》篇舉目諸典，

謂出景碑著者景淨所譯,則亦必爲斐然之漢文可知。乃獨於《一神論》與此《序聽迷詩所經》,見此奇異之體。意此經撰者,爲方習漢語文而未達之異邦人,或其時教中竟無人可與之潤色也。卷中誤字僞字錯簡之多,所在著眼。豈其經文本已多不可解,傳寫時又多舛異。從而誤脱特甚於尋常歟?則又足以反證當時學人之歸依斯教而與聞翻經傳寫者少矣。

　　　此經撰寫之時代,固未判然。然觀字體,與同出敦煌之五代及宋代時物風格大異;其用字復與同出諸佛典殊其塗,而與景典之《一神論》則酷相似。從知其爲中唐以前之傳寫無疑。……丕佞又嘗論《一神論》當撰於唐貞觀十六年頃,去景教傳唐之貞觀九年纔六載。今《序聽迷詩所經》性質同屬景教之教理論,且文體與字法皆相酷似。得非略同時之撰述而傳寫於稍後者乎?習漢語文未通之外人,從事於論著譯述,往往文字怪異,如此經所見。[33]

此處,羽田氏一再將《序經》與《一神論》相提並論作比較,認爲從文體到字體,兩者都很相像,撰寫的年代應很接近。這一觀點爲學界所廣爲接受,蓋把這兩個文書目爲貞觀年間阿羅本時代的景教作品。[34]以羽田氏之威望,對文書作出這樣一番"鑒定",自被學者奉爲金科。不過,吾人若再深思一下,便可意識到羽田這一番"鑒定",實際並非無懈可擊。正如清末民初學者葉德輝先生的《書林清話》所提示:"自宋本日稀,收藏家爭相寶貴,於是坊估射利,往往作僞欺人。"[35]而這種刻僞,據葉氏考證,"始於前明":"宋刻日少,書估作僞,巧取善價,自明已然。"[36]同理,敦煌寫本,其價值尤在宋本之上,"書估作僞",更是意料中事。從技術而言,要作得如羽田所描述那樣古香古色,祇要有相應的參照物,對中國文書作僞高手來説,不過是"小菜一碟"。學界發現越來越多的敦煌文書贗品,便是明證。因此,對該文書年代的鑒定,如果不是採用現代科技手段的話,最關鍵的是先要明其真正的來歷。而恰恰是在這最關鍵的問題上,羽田氏似乎疏忽了。

　　羽田氏的文章一開始就斷言《序經》寫本是"敦煌出洞之珍",但如何"出洞"呢?卻未加任何説明。對寫本承傳脉絡的追溯止於"中土某氏",而"某氏"究爲何許人,彼又如何得到該殘卷,不見披露。吾人不難推測,"某氏"恐怕是苟隱其名,但其如何得到該殘卷,則無論高楠或羽田本人,也未必了然。迄今研究該殘卷的學者不少,但沒有誰家能對該殘卷的真正來歷提供更具體的信息。至於高楠氏得到該卷的細節,爾後也沒有多少實質性的補充。羽田氏祇言"去歲秋暮"見到該件。按其文章發表於 1926 年,則"去歲秋暮"當係 1925 年的 9 月或 10 月;若然,高楠教授之得到該卷便不會晚於這個時間。據佐伯好郎 1937 年出版的英文《中國景教文獻和遺物》一書,稱該件係"高楠氏於 1922 年購自一中國人"。[37]而後在其 1943 年以日文出版的《支那基督教之研究》一書中,又云是"大正十二年(1923)關東大震災剛過之後,幸歸我國文學博士高楠順次郎所有"。㊳60年代初臺灣鄭連明先生在美國哥倫比亞神學院完成的碩士論文《中國景教的研究》，對該寫本的來歷也衹是因循故說，稱"這部很重要的經典由日本高楠順次郎於1922年從中國獲取，剛在東京大震災之後"。㊴1969年另一臺灣學者張濟猛先生發表《日本學者與景教經典》，專門介紹日本學者與日藏景教寫經的關係，但文章對高楠氏如何得到《序經》寫本，也沒有更多的說明，惟把得到寫本的時間進一步明確化，稱："大正十二年（1923）東京帝國大學高楠順次郎，自中國携歸日本，其時正值九月，當有名的關東大地震不久。"㊵足見就該問題，學界並未了解到更多的內情。是故，若從文物來源承傳的角度，我們實際無從證明高楠文書爲"敦煌出洞之珍"，衹能把其定性爲20世紀初葉日本高楠教授在中國市面購得的一件"文物"。而衆所周知，北京琉璃廠以假文物騙"東洋鬼子"的故事，早就成爲文藝作品的素材了。

對這個"文物"的真假，高楠氏在購買時，是否有把握，竊以爲是值得懷疑的。按高楠氏（1866—1945）是日本東京帝國大學教授，其當時的資格和學術地位應在羽田氏（1882—1955）之上。其早在19世紀就已注意中國景教的研究，有關西安景教碑的作者景净與佛僧般刺若合譯《六波羅密經》事，便是由他考證出來的。㊶假如寫本是敦煌真迹，以高楠氏之博學，當不會不知道其重要的學術價值。其得到寫本後，必當全力以赴，進行研究考釋；率先將其刊布，自是當仁不讓之事。何以竟冷藏數年後，將大功謙讓羽田氏？真的是因爲對內容不得其解嗎？抑或是對寫本的真實性有疑慮？

榮新江教授曾就判斷李盛鐸藏卷的真偽提出了一些基本的方法："判別一個寫經的真偽，最好能明了其來歷和承傳經過，再對紙張、書法、印鑒等外觀加以鑒別，而重要的一點是從內容上加以判斷，用寫卷本身涉及的歷史、典籍等方面的知識來檢驗它。"㊷高楠文書並非像小島文書那樣標榜李氏舊藏，而是以流散民間敦煌寫本的面目出現，自更無從追踪來歷真相；且其文體顯得那麼奇特，內容又是那麼晦澀，故以人文考證的方法來辨偽，難度自然要高得多。這需要我們千方百計，另求突破口。

三、高楠文書辨偽的突破口

高楠文書，既被學界公認爲唐代景教寫經，那麼，從古代宗教寫經的一般特色，能否找到辨偽突破口呢？吾人固知，古代宗教徒把抄寫宗教經典，當爲積修無量功德的善行，是一件十分嚴肅、神聖的事情，絕對馬虎不得。其要求外觀和內容的統一，即不僅要求書法的工整美觀，而且在文字內容上也力求準確無誤。就此，敦煌出洞的大量佛教寫經可以佐證，其諸多寫本不僅被列爲書法的珍品，亦被今人用作勘校佛典的善本。觀同出敦煌的漢文摩尼教寫經,以及上面提到的三件確認爲敦煌真品的景教寫本,均具有這樣的特色。因此,辨別宗教寫經真僞的一個途徑,就是考察寫本能否做到外觀和内容的統一。就外觀的書法而言,仿古不難,但近世教外人僞造古代寫經,往往缺乏對宗教的理解,缺乏虔誠的宗教心理,因而其要做到文字内容有相當的準確度,就很不容易,破綻往往就出在這方面。紕繆百出的寫經,絶非宗教徒之作品。竊以爲,高楠文書辨僞的突破口,應從這個途徑去尋求。

　　筆者在質疑富岡文書的真僞時,曾指出"文書的外觀與内涵有着鉅大的反差:卷面十分工整漂亮,文字内容卻錯漏百出、次序顛倒、文不對題等。觀其外貌,我們可以認定抄經人是一位很虔誠、很有文化修養的景教徒;窺其内涵,則可肯定抄經人並非景教信徒,其對景教甚至一竅不通。"㊸高楠文書同樣存在着上述這個矛盾,卷面也非常工整漂亮。正如陳垣先生所評論:

　　　　談起寫字,近來我看見一本經,名序聽迷詩所經,我見的經不多,有幾千本。此經文字之美,在唐經中,可算數一數二。字之美否,雖不能代表其國學程度,然非高級儒人,焉克臻此。序聽迷詩所經的字,與志玄安樂經之文,可稱雙絶。㊹

筆者根據羽田氏所刊布的影印本,細察整個寫本凡2845字,没有任何修改的痕迹,也不見有甚麼漏字漏句的補入,儘管從上下文意思,不少地方是有明顯的錯漏,如羽田氏所説的"誤字僞字錯簡之多,所在著眼"。這種鉅大的反差反映了抄經者袛是刻意保持卷面的美觀,至於内容有無差錯,則在所不顧。《序經》雖然没有像《一神論》那樣,分小標題造成次序顛倒、文不對題。但其文字之誤僞錯簡,尤有甚焉,其比後者更不可卒讀;有的甚至完全不可理解。羽田氏在其著録經文時,改正了其中17個錯字僞字,另質疑其中5處用字不當;而羅香林教授的文本則根據其自身的理解,訂正補漏了78字。即便依羅氏的點校本,實際還有不少句子無從解讀。如屬原譯不通,固有可原;但顯爲抄寫之誤,則令人要懷疑抄經者的宗教信仰了。

　　假如説,抄寫一篇長達數千言的經文,要求其中没有一字一句的錯漏,在古代的技術條件下是過於苛刻的話;那麼,經文的名稱絶對不能有誤,本教教主的稱謂不能有誤,這應當是最起碼要求,而且完全可以辦到。但是,就在這一點上,高楠文書卻露了馬脚。該文書題爲"序聽迷詩所經",學者們既然認定該寫本爲敦煌真迹,也就不得不爲這幾個莫名其妙的字,提出一個合理的解釋。當年,羽田氏公布文書時,就花了很大的力氣來解釋這個所謂經名。爲了説明問題,不惜篇幅,特據錢譯節録如下:

　　　　開卷首行題《序聽迷詩所經一卷》。此經名非獨《尊經》篇所不見,抑亦未嘗他見。經名命義何在,驟亦不可解。但覺"迷詩所"必"迷詩訶"之誤而指 Meshia,此更當釋於後文"迷詩訶"之條。第二行經文起句"尒時彌師訶説天尊序娑法云。"似猶云"彌師訶説天尊序娑之法云。"彌詩訶"，Mesiha 也。"天尊"一語，經中屢見，由第 115 行之文考之，必與《一神論》所用同，指神 Lord, God 也。後文又屢見"天尊法"（第 75 行）"天尊教"（第 58、59、60 行）"天尊戒"（第 58 行）"天尊法教"（第 77 行），並此諸例而觀，"天尊序娑法"云者，似神法之中，有所謂"序娑"之法，而爲此經所説者；亦似"序娑"爲"天尊"之名，即神之名，而云"神序娑之法"也。經中用字肖音，限於專名，則當作神名解。此而不誤，殆即指聖經中之神，即"耶和華"歟？《景教三威蒙度讚》首記"敬禮妙身皇父阿羅訶"，稱神曰"阿羅訶"。景教碑亦言"无元真主阿羅訶"，"阿羅訶"，即 Elōāh，此與以色列之神"耶和華"yehova 相通用，盡人皆知也。"序娑"，一見雖不似 yehova，然此卷誤寫，所在而有。即佛典等之古寫本，婆誤爲娑，事極尋常。則此或"序婆"之誤。……㊺

　　"迷詩所"三字之中，"迷"與"彌"，經中用於寫同音者也。"詩"在我與"師"同音，《洪武正韻》二字，均作申之切；《唐韻》詩書之切，《集韻》申之切；師，《唐韻》疏夷切，《集韻》霜夷切，Karlgren 氏亦以前者爲顎音之 si，後者爲齒尖音之 si，固極相似之音也。然則"迷詩所"與"彌師訶"俱爲肖音字，而所異僅在所與訶二字。音絶不類，固無論，抑且列於卷首兩行，比觀之餘，形復顯然不似。然而卷中形近而誤者至多（例如來誤求，復誤優之類），則"所"疑"訶"之誤亦非無理。果是，"迷詩所"乃"迷詩訶"之誤，而與"迷詩訶"、"彌師訶"，實同一語耳。"序聽"二字則未得的解。然"序"肖 ye 音，既如上論。今"聽"字正書。果"序聽"二字而別得的解，自無餘議；苟有筆誤之疑，則第 124 行"移鼠迷師訶"，知與粟特文經典所屢見之 yišō ʻmšihâ 相當；故"聽"字或由音"數"，音"鼠"之字轉誤，實即 yišō ʻmšihâ 經，即耶穌基督教經之謂，亦未可知。㊻

佐伯氏大體接受上引羽田氏的説法，不過，他把"序聽"直當爲唐代漢語耶穌的音譯（"聽"唐音讀"梭"，"序聽"即 Jeso 耶穌的音譯）。㊼而把寫本第 121 行所出現的"移鼠"二字和第 124 行出現的"移鼠迷師訶"分別當爲現代"耶穌"和"耶穌彌賽亞"的音譯，並用英語將該等音譯名詞意譯爲"移動的老鼠"（Remove – Rat）、"移動的老鼠迷惑了老師"（Remove – Rat – Confusing – Teacher），認爲如是譯法"十分褻瀆"。㊽

　　方豪先生在其《唐代景教考略》一文中，亦稱：

　　　　"移鼠"爲耶穌之異譯，一神論作"翳數"。"迷詩所"或"迷詩訶"，即景教碑與三威蒙度讚之"彌施訶"，一神論之"彌詩訶"，貞元新定釋教目録作彌尸訶，至元辨僞録卷三作彌失訶，謂"迷屑人（即基督教人）人奉彌失訶，言得生天。"今譯默西亞或彌賽亞，義爲救世主。㊾

羅香林教授也認爲："從內文觀察，可知此卷又名'移鼠迷詩訶經'。'移鼠'爲耶穌一名之異譯，即《一神論》中之'翳數'。'迷詩所'，或'迷詩訶'，即《一神論》中之'彌詩訶'，亦即今日基督教徒所譯爲‘彌賽亞’，義爲救世主者。”⑤

　　按“序聽迷詩所經”，苟按學者一般所接受的羽田氏看法，即“序聽”係“序聽”之誤，“迷詩所”則是“彌師訶”之訛，假如這一解釋得以成立，則僅有6個字的經名，其中竟有4個錯字！如是，吾人能認爲這個寫本是出自唐代景教徒的嗎？而事實上，學者們所接受的這個解釋是不能成立的。因爲任何一篇經典，都是以該經典所要論説的主題來立名，如果“序聽迷詩所經”就是“耶穌基督教經之謂”，那麼所有的景教經典何嘗不是耶穌基督教經，何嘗不是“序聽迷詩所經”；同理，很多佛教的經典大可一概稱爲“釋迦牟尼經”，大可不必分甚麼三藏，大可不必再給各經定名。

　　對羽田氏上述的說法，仰山氏也認爲“或不能令人滿意，但大多數學者還是勉强接受”。⑤不過，他又介紹了明義士司鐸（Rev.J.M.Menzies）的另一解釋，即：寫本以“爾時迷師訶説……”爲開始，形式有類佛經，因此，經名之用“聽”，就是“聽迷詩訶經”的意思；而“序”，西安的景教碑（“大秦景教流行中國碑並序”）也用這個字，意爲叙述或序言。故“序聽迷詩所經”可釋爲“聽迷詩所説法經”或“聽迷詩所經之序言”。⑤顯然，明氏這一解釋也是頗爲牽强的。因爲假如《序經》之“序”是與西安景教碑的“序”同義，其應置於經名之末；置於經名之前，是把“序”字作爲動詞使用，如此立題，不合古今漢語之習慣，《全唐文》未見有例可循。

　　仰山氏也提出自己的推測：“吾人可想像經文出自不諳漢文的外國人之手，若非其本人寫錯，而後人跟着瞎抄，便是其進行口授時，聽寫者對那些不懂的詞音，硬是用一些別字來表示。”⑤此處，仰山氏把誤字的産生追溯到原作。然而，現有的寫本顯非原作，而是後人的傳抄本，其中没有任何塗改修正的痕迹。假如那些誤字是原作所具有，其又是那麼明顯，吾輩教外人士今日尚能明其誤，那麼唐代的景教僧侶們在傳抄過程中，焉不明白其誤而改正之？是以，仰山氏的解釋顯然不能爲抄經者解脱罪責。

　　倒是臺灣學者趙璧礎教授，別出心裁，“深覺‘序聽迷詩所’和‘序娑’必另有解釋”：

　　　　待查對希臘文，發現有 σωτηρ 一字（見《路加福音》1:47），意即“救世主”，讀作 sōtāir；與中文“序聽”二字發音相仿；另一希臘字 μεσογ（見《馬太福音》25:6，《使徒行傳》26:13，《哥林多前書》6:5），意即“中間，在中間”，讀作 messon，與中文“迷詩所”讀音相似；再一希臘字 σωσα～ 讀 sōsäs，爲動詞 σωζω 之分詞，解作“拯救的”，其讀音 sōsäs 與“序娑”讀音極爲相似，筆者因而推論《序聽迷詩所經》應解作《救世主中保經》，其首句譯文當爲“那時彌詩訶講論天尊拯救的方法時這樣説”，就中“序聽迷詩所”、“序娑”實爲《新約》希臘字的對音，中文文字並無抄寫錯誤，所以照原音譯出實因該文作者未能創造出適當詞類，在寧缺毋濫的心志下作此取捨，推想該文僅用作私人講稿，並非寫成正式經典，證諸該文内容，深覺此議頗有根據。⑤

此處"私人講稿"之説,恐難成立。如上面所已指出,寫本是個很漂亮的傳抄本,私人講稿没有被作爲經典傳抄之理。何況,"講稿"中有明顯的成段遺漏,例如第82行至92行,講解基督教的"十願",其中没有提到第一願和第三願。傳教師在宣道時難道會不發現這一遺漏而加以補正? 不過,趙教授從希臘文找出"迷詩所"等的對音,假如寫本確爲敦煌本真迹,則不失爲一種新的解釋。然吾人還是不無狐疑:既然經文作者是參照希臘文本譯音,自應一以貫之,卻爲何題目剛照希臘文把救世主音譯爲"迷詩所",而在正文首句便又不照希臘文本了,立改爲"彌師訶"。如是對待譯經,形同兒戲,斷非虔誠教徒之所爲也。是以趙教授的新解,益使我們懷疑文書製作者之身份。

一部宗教寫經,竟然連題目都寫錯,夫復何言? 吾人與其千方百計設想各種理由爲之解脱,毋寧從寫經者的身份去尋找解釋。假如寫經者是教中人,斷不會出現這等差錯;出現這等差錯,證明寫經者斷非教中人。證明寫經者不是教中人的另一個明顯的證據,便是上面已提到的寫本中第121行和124行,把基督教的教主耶穌寫成"移鼠"。

把耶穌音譯爲"移鼠",這是最受詬病、最爲學者們所百思不得其解者。趙教授對此亦有新的解釋:

"移鼠"一詞之試用引起不少責難。佐伯好郎認爲褻瀆之舉,神子何能視爲"移動的鼠子"。話雖如此,"移鼠"又被研究景教的學者們普遍接納爲希臘文'Ιησου之中文對音。至於以"移鼠"配'Ιησου是否如斯可惡則不見學者們深入探究。筆者認爲"移鼠"一詞另具深意,深信當代譯字者,確曾煞費思量營造而得,絶不是褻瀆之作。查"移"字除了配合希臘文'Ιησου原字兩音節的第一音外,更是中國人的一個姓氏,又是同音字組的可能最佳選擇。"鼠"字亦非如此可憎,蓋中國人認鼠爲十二生肖之首,頗有喜愛之意。此外,中國古籍屢載西域出産火鼠,並謂該等火鼠之毛可織成火浣布,造成之衣服堅可禦火。至於此等文籍是否爲《序聽迷詩所經》作者確知頗難求證,但景教碑既言"大秦國南統珊瑚之海,北極衆寶之山,西望仙境花林,東接長風弱水,其土出火綄布……。"則景教人對火鼠、火浣布(或稱澣布、火綄布)等傳説必大有了解亦極可能,或許由此衍生用"鼠"字配σου音;説明"移鼠"('Ιησου)由大秦來(如火鼠般),死而爲人造避永火之衣(如火鼠死而捐毛紡火浣布),藉之點明救世主之功績,回應經題《救世主中保經》和首句"……天尊拯救法……"。因此,"移鼠"二字足以説明造詞人之用心良苦;説其努力於促使景教在華本色化亦合情合理。'Ιησου一字既有同音之中文字,亦保留其普世性神子名號,即外國人亦會憑音而認知其與原字'Ιησου之關係。移鼠一名具中國人姓名必備之姓,鼠字作爲姓名中的名又能暗示神子救贖大功。景教教士波斯人而已,創出此詞亦屬不易乎![35]

趙教授的解釋,是設身處地於景教徒的立場,把"移鼠"目爲其音譯孕義的傑作。不過,"移"作爲姓,古代畢竟很少,絕非"名門豪族";與其同音的"伊"才是名姓,商湯名臣"伊尹",唐代士人當無不知曉。假如景教徒在爲耶穌譯名時,已考慮到音譯孕義,那麼其漢文的顧問首先想到的應是"伊"這個現成的名姓,不可能煞費心思去尋找像"移"這樣的僻姓。至於"鼠",作爲一種動物,古代各民族在其發展過程中,對其印象,誠然未必都不佳。由於某種特別的人文原因,甚至對其崇拜。例如,《大唐西域記》卷第十二的"瞿薩旦那國"(于闐國)章下之六《鼠壤墳傳説》,記載了國王"感鼠厚恩,建祠設祭,奕世遵敬,特深珍異"。但《序經》既然被認爲唐代的作品,吾人首先得考慮鼠在唐人心目中的地位;而且,所要討論之鼠當應定位爲人們日常生活中最常見的老鼠,而不是某些特別的鼠類,或神話中的所謂仙鼠、神鼠之類。趙教授以鼠被列爲十二生肖之首,作爲國人愛鼠的證據,似欠説服力;因爲十二生肖中,也有蛇,我們能説國人也很喜愛蛇嗎? 成語"蛇鼠一窩",便足以表明國人對它們的態度了。更有,十二生肖是上古歷史所形成沿襲下來,[56]不足以説明中古時期以至現代國人對鼠的態度;何況,個中除龍之外,其他即使不是低賤或使人討厭,也算不了甚麼高貴或令人喜愛的動物;一些傳統的祥禽瑞獸卻未列其中。作爲國人日常最熟悉的動物"老鼠",對其印象,早有定評。成語"鼠竊狗盜",漢代已見。[57]"鼠輩"是"蔑視他人之詞",見諸三國。[58]迄今還爲人們所常用。歷代的文學作品中,多有以鼠爲素材。如《全後魏文》有盧元明的《劇鼠賦》,但非頌鼠之賦。唐人更以鼠入詩,筆者據國學網的揚州詩局本《全唐詩》,查得"鼠"字計209個(中有若干詩篇重複),其間凡確指吾人常見之老鼠的"鼠",均無褒義,大多數是借以喻討厭的事物,或表鄙視之意。例如卷19·133戎昱《相和歌辭·苦哉行五首》的"彼鼠侵我廚,縱狸授粱肉。鼠雖爲君卻,狸食自須足";卷22·10王建《舞曲歌辭·獨漉歌》的"獨獨漉漉,鼠食貓肉。烏日中,鶴露宿,黃河水直人心曲";卷23·63劉禹錫《琴曲歌辭·飛鳶操》的"忽聞饑烏一噪聚,瞥下雲中争腐鼠";卷26·22李白《雜曲歌辭·遠別離》的"君失臣兮龍爲魚,權歸臣兮鼠變虎";卷298·11王建《水運行》的"壞舟畏鼠復畏漏,恐向太倉折升斗";卷340·20韓愈《盧郎中雲夫寄示送盤谷子詩兩章,歌以和之》的"家請官供不報答,何異雀鼠偷太倉";卷369·26馬異《答盧仝結交詩》的"上天不識察,仰我爲遼天失所,將吾劍兮切淤泥,使良驥兮捕老鼠";卷377·44孟郊《贈韓郎中愈》的"聞君碩鼠詩,吟之泪空滴。碩鼠既穿墉,又嚙機上絲。穿墉有閑土,嚙絲無餘衣";卷425·26白居易《嘆魯二首》的"蟲肥因糞壤,鼠穩依社壇";卷592·23曹鄴《奉命齊州推事畢寄本府尚書》的"社鼠不可灌,城狐不易防"。卷592·31曹鄴《官倉鼠》更是婦孺皆曉、膾炙人口:"官倉老鼠大如斗,見人開倉亦不走。健兒無糧百姓饑,誰遣朝朝入君口。"

　　當然,外來景僧未必知道"鼠"字在唐人心目中的印象,但幫助其譯經的中土士人焉會不清楚？漢語同音字多的是，但在神聖的經文中，卻偏偏選擇這樣一個貶義字來作爲神子聖名的音譯，是無知，還是故意？蒙業師蔡鴻生先生提命，兹徵引錢鍾書先生有關"移鼠"的一段文字，或對這個問題的回答會有所啓發：

> 余三十歲寓湘西，於舊書肆中得《書舶庸譚》一冊，無印鈐而眉多批識，觀字迹文理，雖未工雅，亦必出耆舊之手，轉徙南北，今亡之矣。書中述唐寫本《(序)聽迷詩所經》言"童女末艷之子移鼠"，猶憶眉批大意云："天主教徒改'移鼠'爲'耶穌'，師釋子改'喪門'爲'桑門'之故智也。'穌'者可口之物，如'桑'者有用之樹。觀其教竊入中國，行同黠鼠，正名復古，'移鼠'爲當。日人稱德國爲'獨'，示其孤立無援，稱俄國爲'露'，示其見日即消，頗得正名之旨。"[59]

《書舶庸譚》一書，本文上面已有徵引。錢先生所云作眉批的"耆舊"者，自是一位反教人士，其對洋教的蔑視情緒，正是其時某種社會階層思潮的反映。吾人無妨反其意而用之，天主教本無"移鼠"之名，倒是其時教外寫經人有意調侃洋教，故意用"移鼠"兩字來指作爲該教教主的名稱。

上面我們已論證言高楠文書出自敦煌，查無實據；又根據寫本的經名及其教主譯名，認爲文書斷非出自教中人之手。既然抄經人並非教中人，書法何以又那麽認真，顯得那麽虔誠，這恐怕另有乾坤。羽田氏在公布寫本時，對原件形態有較詳細的描述，今仍據錢譯轉録：

> 敦煌佛典，常爲厚黃紙；此亦如之。卷子本，竪約二十七公分有八，細欄界上下及行間，欄内約二十公分有五。存行凡一百七十，末劃七行餘白；一見似完本。然此餘白乃從卷首剪下而接裝於是者，非首尾具足也。高楠教授聞自其所得者言：百七十行後尚有數行，污損太甚，切而棄之，補以首白云。今殘卷近尾尚極完好，遽從此下污損，疑不近實。意者：後文且長，實離切爲二卷或多卷而他鬻歟，事或然也。則他日或竟别得殘卷，爲延津之合，數有未可知者矣。[60]

此間的"污損太甚，切而棄之"，如果是事實的話，當然給後人留下"他日或竟别得殘卷，爲延津之合"的希望；但竊以爲，與其相信是事實，毋寧當其爲口實。而透過這個口實，吾人可獲知：當年社會收藏敦煌遺書者的價值取向是側重外觀的好看，而不是着眼於内容的文獻價值；經營此道買賣者，必定要投時尚所好。難怪被確認爲僞造的敦煌文書，不僅沒有"污損太甚"者，而且外觀多相當漂亮、清晰。

高楠文書長達二三千言，現代人要憑空僞造其内容，是不太容易的。不過，既然明末以來，來華的耶穌會士已經把很多天主教經典編譯成漢語了，西安的景教碑文抄本也很流行，在民國初年要仿造一篇古代的基督教經文，也不是絶對辦不到的事情。不過，這對於僞造者來説，要付出太多的時間精力，從經濟價值看，未必合算。竊以爲，既然文書的賣主稱原件尚有數行,因"污損太甚,切而棄之",吾人姑妄聽之,無妨相信當初或許真有個出自誰家的古景教寫本,但因爲過於污損,物主恐賣不得好價,便根據這個寫本,重新謄寫製作。新寫本是爲了賺錢,並非弘揚宗教,當然便祇追求外觀的漂亮,文字内容的錯漏當然無所謂,甚或出於個人的喜惡和習慣,對經典的行文、字句肆意篡改,從而造作出這樣一個外觀十分漂亮,内容又頗多不可理喻的精抄贗品。

　　以上不過是筆者對高楠文書真僞的存疑,並根據現有的主要疑點提出的一個解釋。不能作爲定論。由於時隔百年,與文書有關的當事人均已作古,吾人既無從查明其出洞或作假的内情,亦未能確認其僞造的參照物,因此,要對其真僞最終定讞實際相當困難,尚有待諸方家從各個角度進行探視;但在疑點未能作出更合理的解釋,吾人的疑慮未能消除之前,對該文書的使用,似宜採取較爲謹慎的態度。

① 詳見拙文《敦煌遺書〈大秦景教宣元本經〉考釋》,香港《九州學刊》第 6 卷第 4 期敦煌學專輯,1995 年 3 月,頁 23—30;經修訂附錄於拙譯《達·伽馬以前中亞和東亞的基督教》,臺北淑馨出版社,1995 年,頁 212—224。

② 始見佐伯好郎《大秦景教大聖通真歸法讚及大秦景教宣元至本經の解說》,附錄於《支那基督教の研究》第 4 卷《清朝基督教の研究》),東京春秋社,昭和 24 年(1949),附加頁 1—24。復補入 P. Y. Sacki, *The Nestorian Documents and Relics in China*, Tokyo 1951, PP. 313A – 313D, 314A – 314D.

③ 《所謂李氏舊藏敦煌景教文獻二種辨僞》,刊《九州學刊》1992 年第 4 卷第 4 期,頁 19—34,經修訂附錄於拙譯《達·伽馬以前中亞和東亞的基督教》,臺北淑馨出版社,1955 年,頁 189—211;又見榮新江《鳴沙集》,臺北新文豐出版公司,1999 年,頁 65—102。

④ 陳懷宇《所謂唐代景教文獻兩種辨僞補說》,載榮新江主編《唐研究》第 3 卷 1997 年,頁 41—53。

⑤ 拙文《富岡李謙藏氏藏景教〈一神論〉的真僞存疑》,刊《唐研究》第 6 卷,2000 年,頁 67—86。

⑥ 羽田亨《景教經典序聽迷詩所經に就いて》,刊《内藤博士還曆記念支那學論叢》,大正 15 年(1926)5 月,頁 117—148;收入《羽田博士史學論文集》下卷,京都,1958 年,頁 240—269;是文錢稻孫中譯本,刊《北平北海圖書館月刊》第 1 卷第 6 號,1929 年,頁 433—456。

⑦ 羽田亨編修《一神論卷第三,序聽迷詩所經一卷》(影印版),東方文化學院京都研究所,昭和 6 年(1931)10 月。

⑧ 見卷 54, No. 2142,頁 1286—1288。

⑨ A. C. Moule, *Christians in China before the 1550*, London, New York and Toronto 1930; repr. New York 1972, PP. 57 – 64; 郝鎮華譯,[英]穆爾著《一五五〇年前的中國基督教史》,北京中華書局,1984 年,頁 65—71。

⑩ P. Y. Saeki, "The Hsu – T'ing Messiah Sûtra, Jesus – Messian – Sûtra", *The Journal of the North – China Branch of the Royal Asiatic Society*, Vol. LXIII, 1932, PP. 31 – 45.

⑪ *Collectanea Commissionis Synodalis*, 1932, PP. 113 – 136.

⑫ 同注②, Saeki, 1951, PP. 125 – 160.

⑬ 佐伯好郎《景教の研究》,東方文化學院東京研究所,1935 年,頁 671—709;《支那基督教の研究》第 1 卷,東京春秋社,昭和 18 年(1943),頁 240—283。

⑭ F. S. Drake, "The Nestorian Literature of the T'ang Dynasty", *The Chinese Recorder* 66, 1935, PP. 677 – 681;漢譯《唐代之景教文獻》,見《一九五四年度香港大學學生會會刊》,1954 年,頁 5—6;是文又見香港大學藏景印訂裝本稿《林仰山教授文存》第六篇,總頁 38—60。

⑮ P. D'elia, *Fonti Ricciane. Storia dell' Introduzione del Cristianesimo in Cina*, Vol. I, Rome 1942, PP. lviii – lx.

⑯ 陳垣《基督教入華史》,1927 年講稿,收入《陳垣學術論文集》第一集,北京中華書局,1980 年,頁 93—106;有關部分見頁 98。

⑰ 《書舶庸譚》,戊辰季冬武進景印本,卷二,頁 6。

⑱ 方豪《唐代景教考略》,載《中國史學》1936 年第 1 期,頁 121;復見氏文《唐代景教史稿》,刊《東方雜誌》第 41 卷第 8 號,1945 年,頁 44—45;氏著《中西交通史》臺北 1953 年版;長沙岳麓書社,1987 年,頁 416。

⑲ 朱維之《序聽迷詩所經》,見氏著《文藝宗教論集》,上海青年協會書局,1951 年 2 月,頁 192—217。

⑳ 江文漢《中國古代基督教及開封猶太人》,上海知識出版社,1982 年,頁 64—92。

㉑ 朱謙之《中國景教》,北京東方出版社,1993 年,頁 116—118。

㉒ 翁紹軍《漢語景教文典詮釋》,北京三聯書店,1996 年,頁 85—109。(是書有香港卓越書樓 1995 年版。)

㉓ 龔天民《唐朝基督教之研究》,香港基督教輔僑出版社,1960 年,頁 52—59。

㉔ 劉偉民《唐代景教之傳入及其思想之研究》,香港《聯合書院學報》第 1 期,1962 年 6 月,頁 1—64,專章見頁 25—34。

㉕ 李兆強《初期教會及中國教會史》,香港基督教輔僑出版社,1964 年,頁 150—154。

㉖ 羅香林《唐元二代之景教》,香港中國學社,1966 年,頁 207—212。

㉗ 梁子涵《唐代景教之文獻》,見《大陸雜誌》第 14 卷第 12 期,頁 391—393;梁氏尚撰《唐代景教譯經考》,初刊《新鐸聲》兩月刊,1956 年第 8 期,11 月出版;復修訂刊臺灣《大陸雜誌》第 27 卷第 7 期,1963 年,頁 212—219。氏文對各家研究《序經》的主要觀點有所介紹。

㉘ 鄭連明《中國景教的研究》,臺灣基督教長老會,1965 年,頁 22—23。

㉙ 張奉箴《福音流傳中國史略》,臺北輔仁大學,1970 年,見頁 92—157。

㉚ 趙璧礎《就景教碑及其文獻試探唐代景教本色化》,載林治平主編《基督教與中國本色化》,臺北宇宙光出版社,1990 年,頁 173—191。

㉛ 同注⑭,Drake,P.677.

㉜ 同注⑥,錢譯,頁 433;羽田文集,頁 240。

㉝ 同注⑥,錢譯,頁 439—440;羽田文集,頁 248。

㉞ 就《序經》的成書年代,佐伯氏在其英文《中國景教文獻和遺物》一書中,根據西安的景教碑文有關阿羅本於“貞觀九祀,至於長安”,“翻經書殿”的記載,以及碑文中提到的貞觀十二年太宗允許阿羅本公開傳教爲之建寺的詔文,而認爲經文應“寫於公元 635 年至 638 年之間”(即貞觀九年至十二年);又舉證經文中的用語和句子多例,以明該寫本“應比撰於公元 641 年的富岡文書更古老”。(同注②,Saeki,1951,PP.115–121.)德禮賢司鐸(P.M.D'Elia)1934 年出版的《中國天主教傳教史》,也持同樣的看法。(氏著《中國天主教傳教史》,上海商務印書館,1934 年;臺灣商務印書館,1983 年,頁 10。)爾後,佐伯氏在其日文《支那基督教之研究》第 1 卷,重申他這些論證,明確指出該經的成文“應早於景教經典《一神論》三四年”。(《支那基督教的研究》第 1 卷,東京春秋社,昭和 18 年,頁 243—247。)龔天民氏承襲前人觀點,亦認爲該經“是景教入唐後不久寫成的景教中最古老的經典”,“較《一神論》尚早數年”。(氏著《唐朝基督教之研究》,頁 53。)羅香林氏認爲:“以其譯名較《一神論》爲古拙觀之,或即阿羅本等於貞觀九年至十二年(即西元六三五至六三八年)左右在‘翻經書殿,問道禁闈’時所傳譯也。”(氏著《唐元二代之景教》,頁 32。)

㉟ 葉德輝《書林清話》卷十,北京中華書局,1957 年,頁 264。

㊱ 同上注,頁 266。

㊲ 同注②,Saeki,1951,P.115.

㊳ 佐伯好郎《支那基督教の研究》第 1 卷,頁 240。

㊴ 同注㉘,鄭連明,1965 年,頁 22。

㊵ 張濟猛《日本學者與景教經典》,《東西文化》第 27 期,1969 年 9 月 1 日,頁 50—55,引文見頁 52。

㊶ J. Takakusu, "The Name of 'Messiah' Found in a Buddhist Book; the Nestorian Missionary Adam, Presbyter, Papas of China, Translating a Buddhist Sutra", T'oung Pao, Vol. VII, 1896, PP.589–591. 高楠順次郎《景教碑の撰者アダムに就て》,《語言學雜誌》1—10,明治 33 年 (1900)。

㊷ 榮新江《李盛鐸藏卷的真與僞》,刊《敦煌學輯刊》1997 年第 2 期,頁 1—18,引文見頁 5。

㊸ 同注⑤,頁 75。

㊹ 同注⑯,頁 98。

㊺ 同注⑥,錢譯,頁 441;羽田文集,頁 250—251。

㊻ 同注⑥,錢譯,頁 450—451;羽田文集,頁 262—263。Karlgren 氏,即瑞典漢語言學家高本漢。

㊼ 同注②,Saeki,1951,P.147.

㊽　同注②, PP. 120—121.

㊾　方豪《唐代景教考略》, 載《中國史學》1936 年第 1 期, 頁 121; 復見氏文《唐代景教史稿》, 刊《東方雜誌》第 41 卷第 8 號, 1945 年, 頁 44—45; 氏著《中西交通史》臺北 1953 年版; 長沙岳麓書社, 1987 年, 頁 416。

㊿　同注㉖, 羅香林, 1966 年, 頁 32。

５１５２　同注⑭, Drake, P. 679.

５３　同注⑭, P. 678.

５４　同注㉚, 趙璧礎, 頁 175。

５５　同注㉚, 頁 175—176。

５６　有關十二生肖的研究詳閱蔡鴻生《突厥年代學中的十二生肖》, 見氏著《九姓胡與突厥文化》, 北京中華書局, 1998 年, 頁 164—185。

５７　司馬遷《史記》卷九十九《劉敬叔孫通列傳第三十九》, 中華書局版, 頁 2720。

５８　《三國志》卷二十九的《華佗傳》, 當華佗開罪曹操入獄受刑時, 大臣荀彧請曰:"佗術實工, 人命所縣, 宜含宥之。"曹操不許, 曰:"不憂, 天下當無此鼠輩耶?"中華書局版, 頁 802。

５９　錢鍾書《管錐編》, 223 節, 北京中華書局, 1994 年, 頁 1462。

６０　同注⑥, 錢譯, 頁 433; 羽田文集, 頁 241。

安史之亂初期李白行踪新探索

郁　賢　皓

長期以來，學術界以爲安史之亂初起時李白一直在江南。如王琦《李太白年譜》在天寶十四載下記載："太白在宣城。"至德元載下記載："太白自宣城之溧陽，又之剡中，遂入廬山。"詹鍈《李白詩文繫年》於天寶十四載下云："在宣城郡。冬復之金陵。"在至德元載下亦云："春，白往來宣城當塗溧陽間，旋之剡中。秋自餘杭經金陵秋浦至尋陽，隱居廬山屏風叠。"作爲詩人兼學者的郭沫若先生，最早發現這中間有問題，他在《李白與杜甫·李白的家室索隱》中提出："由種種迹象看來，李白在寫了《秋浦寄內》之後不久，在天寶十四年的冬季曾經回過梁園。適逢其會，遇到安禄山的叛變，洛陽陷没，潼關阻塞，因而匆匆地改變胡裝，和宗氏南竄。連留在東魯的一對兒女都顧不及了。有《奔亡道中》五首便是這時的記事。"應該指出這是郭老的精彩發明。但可惜的是，郭老没有在此基礎上對李白此一時期的行踪作進一步地考證，没有能弄清此一時期的李白行踪，因此本文擬就這一問題作較爲深入的探索。

一、《奔亡道中五首》作年及内容新解

前人多以爲《奔亡道中五首》作於至德二載永王李璘兵敗、李白倉皇南奔之時，亦即與《南奔書懷》作於同時。如王琦在此詩第四首下注云："太白意謂函谷之地，已爲禄山所據，未知何日平定，得能生入此關。……己之所以從永王者，欲效申包慟哭乞師，以救國家之難耳，自明不敢有他志也，其心亦可哀矣。"詹鍈《李白詩文繫年》亦將此組詩繫於至德二載下《南奔書懷》後。他們都因未對此組詩作認真分析，故而致誤。現在我們把這組詩認真地逐首分析一下。第一首云：

> 蘇武天山上，田横海島邊。
>
> 萬重關塞斷，何日是歸年？

前二句用兩個典故，意思是說：自己現在的處境，就像當年蘇武被匈奴所拘留，像田横流落於海島。表明李白當時孤立無援，正陷於敵佔區。後二句謂關塞阻斷，不知何日能衝出重圍回到江南。此首顯然寫被困於叛軍佔領區的焦急心情。其二云：

　　　　亭伯去安在？李陵降未歸。

　　　　愁容變海色，短服改胡衣。

　　此詩前二句亦用典故，東漢時崔駰字亭伯，爲竇憲所忌，出爲長岑長，駰不之官而歸。李陵在漢武帝時爲騎都尉，擊匈奴，戰敗投降。二句謂當時官員有的如崔駰那樣棄官而走，有的如李陵那樣降敵不歸。後二句謂曉色中變了愁容，改穿短衣胡服而逃亡。此首寫逃出淪陷區情事。其三云：

　　　　談笑三軍卻，交遊七貴疏。

　　　　仍留一只箭，未射魯連書。

　　此首以談笑卻秦軍的魯仲連自比，謂現在自己與朝廷權貴疏遠，無進身之階。所以尚留着射書下聊城的一支箭。顯然是想效魯連爲國解難，只是沒有際遇。其四云：

　　　　函谷如玉關，幾時可生還？

　　　　洛陽爲易水，嵩岳是燕山。

　　　　俗變羌胡語，人多沙塞顔。

　　　　申包惟慟哭，七日鬢毛斑。

　　函谷關東起崤山，西至潼津，號稱天險，乃東方入秦之重要關口。玉門關故址在今甘肅敦煌西北小方盤城，六朝時移至今安西雙塔堡附近。因古代西域經此輸入玉石而名。東漢班超長期在西域守衛邊疆，曾上書皇帝云："臣不敢望到酒泉郡，但願生入玉門關。"此二句謂函谷關變成像邊疆的玉門關，未知何時平定，能得生回中原。注意：此處立足點是在關內，與當年班超的立足點正好相反。這裏是指函谷關以東被敵佔領而不能回中原，並非指函谷關被佔領而不能入關。接着二句謂中原的洛陽之水變成像接近邊疆的易水，嵩山變成了邊地的燕山。再接着二句謂中原的風俗語言也受羌胡所染，人們的面容亦多邊塞的風沙之色。用三層意思強調中原已被敵人佔領。末二句謂自己想效法春秋時的申包胥，痛哭於秦庭，請朝廷速救國難。"七日鬢毛斑"乃極力形容心情焦急如焚。從此詩所寫，竊疑李白逃亡至函谷關，原想入京見天子，效申包胥痛哭於朝廷，面陳討叛之策，後因"有策不敢犯龍鱗"，遂"竄身南國避胡塵"（《猛虎行》）。其五云：

　　　　森森望湖水，青青蘆葉齊。

　　　　歸心落何處，日没大江西。

　　　　歇馬傍春草，欲行遠道迷。

　　　　誰忍子規鳥，連聲向我啼。

　　此首描繪的森森湖水、青青蘆葉，大江、春草，無一不是江南景象。子規鳥至暮春乃啼血，可知此首乃天寶十五載暮春逃亡到江南時所作。

　　由此可見,這組詩乃安史之亂初起時之作,寫自己從淪陷敵佔區,到改換胡裝逃出淪陷區,一直想爲國出力,故向西逃到函谷關,原想赴京見天子,面陳滅胡之策,後因種種原因,未能進京,卻上了華山。然後感到形勢緊張,華山也不安全,於是下華山東奔江南吳國。詩題稱《奔亡道中》,即逃難途中。可知不是寫一時一地,而是寫整個在路上逃亡的過程。

二、《古風》其十七"西上蓮花山"新解

　　此詩王琦注本列《古風》其十九。詩云:

> 西上(一作岳)蓮花山,迢迢見明星。
>
> 素手把芙蓉,虛步躡太清。
>
> 霓裳曳廣帶,飄拂升天行。
>
> 邀我登雲臺,高揖衛叔卿。
>
> 恍恍與之去,駕鴻凌紫冥。
>
> 俯視洛陽川,茫茫走胡兵。
>
> 流血塗野草,豺狼盡冠纓。

　　前人認爲此詩前半乃遊仙之詞,當然不錯;但認爲在江南作,則非。蕭士贇注云:"太白此詩似乎紀實之作,豈禄山入洛陽之時,太白適在雲臺觀乎?"今人多認爲其失之鑿,竊以爲蕭説甚有道理。聯繫《奔亡道中五首》,我們從此詩中可以發現,李白入函谷關後,沒有入長安,而是上了華山。正是立足於華山看函谷關,才感覺到函谷關像玉門關那樣變成了邊關,因爲此時函谷關以東的大片中原土地已被安禄山佔領。李白不久前在淪陷區曾親眼目睹叛軍佔領洛陽後殘殺人民的情景,所以儘管他上華山後想遊仙,但當他低頭想到洛陽人民的災難,就面對現實了。按安禄山在天寶十四載十二月佔領洛陽後,於次年正月僭稱皇帝,大封僞臣。所以此詩中寫到"豺狼盡冠纓"。此首當作於天寶十五載正月或稍後,地點在華山。大約寫此詩後不久,李白即從華山下來,可能是走商洛大道東奔吳國。前人對李白《扶風豪士歌》"我亦東奔向吳國"的"東"字不求甚解,郭沫若先生解爲從梁園南奔宣城,也不符合"東"字。因爲從梁園到宣城,主要是向南,現在我們知道他由華山東奔,就完全解通了。

三、《述德兼陳情上哥舒大夫》新解

　　前人對此詩多有疑問,或疑有闕文,或疑爲僞作。如朱諫《李詩辨疑》云:"按詩意,李白乃述德上哥舒大夫者,必是稱美大夫有統軍禦敵之才能,以及在己被讒憂國之大略。今玩詩

意,述德則有之,無有陳情之辭,疑當有闕文也。以俟再考。"詹鍈《李白詩論叢·李詩辨僞》則云:"太白中年遊京師,天寶四載出京之後,不復再入。天寶十二載後,太白自梁園南遊宣城,不復北返。而前此之四年間,哥舒翰僅於天寶十一載入京,且未嘗東出潼關,是太白無由而參謁哥舒翰也。焉能述德兼陳情乎! 然細玩詩中語氣及詩題,又絕不類託友代爲投寄者,則必爲僞作無疑矣。"按此詩在宋本《李太白文集》中已收入第八卷,判它爲僞作似無充分根據。至於是否有闕文,可存疑。又按哥舒翰天寶八載加攝御史大夫,正式拜御史大夫乃天寶十三載事。《舊唐書·哥舒翰傳》:"八載,以朔方、河東群牧十萬衆委翰總統攻石堡城。翰使麾下將高秀巖、張守瑜進攻,不旬日而拔之,上錄其功,拜特進、鴻臚員外卿,與一子五品官,賜物千匹、莊宅各一所,加攝御史大夫。……十三載,拜太子太保,更加實封三百户,又兼御史大夫。"時賢據此而提出李白於天寶十二載曾第三次到長安,苦於證據不足。竊以爲李白此詩當爲天寶十四載冬或十五載初春逃亡至潼關時之作。哥舒翰於天寶十四載十二月十七日以皇太子先鋒兵馬元帥鎮守潼關,見《資治通鑑·天寶十四載》考異引《實錄》。其時李白好友高適正在哥舒翰部下,李白逃亡至潼關時完全有可能通過高適向哥舒翰獻上此詩。本來李白對哥舒翰没有好感,只有惡感,他在天寶八載寫的《答王十二寒夜獨酌有懷》一詩中說過:"君不能學哥舒横行青海夜帶刀,西屠石堡取紫袍。"但如今山河破碎,國家處於危亡關頭,正如他後來在《經亂離後天恩流夜郎憶舊遊書懷贈江夏韋太守良宰》詩中所説,此時是"國命懸哥舒",國家命運就靠他來維持了,李白寫一首詩來歌頌他,是完全可以理解的。據《通鑑》記載,哥舒翰至潼關後,次年正月"乙丑,安禄山遣其子慶緒寇潼關,哥舒翰擊卻之",可知哥舒翰當時是堅決抗敵的。李白在此詩中歌頌他:"天爲國家孕英才,森森矛戟擁靈臺。浩蕩深謀噴江海,縱横逸氣走風雷。"基本上是符合實際的。末二句以貶斥衛青、白起來抬高哥舒翰,則有阿諛之嫌。但這也符合李白的性格。李白爲了强調某人的英勇,經常用貶低著名英雄的手法來作襯托。因此這首詩肯定不是僞作。而是天寶十五載初春李白逃亡到潼關時投贈哥舒翰之作。

四、安史之亂前後李白的行踪

天寶十四載夏秋之際,李白有《夏日陪司馬武公宴姑熟亭序》,司馬武公即宣城郡司馬武幼成。又有《贈宣城趙太守悦》、《爲趙宣城與楊右相書》、《趙公西候新亭頌》、《宣城吳録事畫讚》等。其中《趙公西候新亭頌》云:"惟十有四載,皇帝以歲之驕陽,秋五不稔,乃慎擇明牧,恤南方凋枯。伊四月孟夏,自淮陰遷我天水趙公作藩於宛陵,祇明命也。"文中也提到司馬武幼成。可證李白此一時期確在宣城一帶。此外,李白有《秋浦寄内》詩云:"我今尋陽去,辭家千里餘。結荷見水宿。卻寄大雷書。雖不同辛苦,愴離各自居。我自入秋浦,三年北信疏。紅顏愁落盡,白髮不能除。有客自梁苑,手携五色魚。開魚得錦字,歸問我何如。江山雖道阻,意合不爲殊。"又有《自代内贈》詩云:"估客發大樓,知君在秋浦。梁苑空錦衾,陽臺夢行雨。"所謂"三年北信疏",指李白自天寶十二載自梁苑下宣城,至天寶十四載,與宗夫人分離正好三個年頭。這説明李白遊秋浦當在天寶十四載,過去我在拙撰《李白選集》中將《秋浦歌》等李白在秋浦寫的作品繫於天寶十三載,現在看來應予改正。李白天寶十四載秋還在秋浦,但過了不久,正如郭沫若先生所説:"由種種迹象看來,李白在寫了《秋浦寄内》之後不久,在天寶十四年的冬季曾經回過梁園。適逢其會,遇到安禄山的叛變,洛陽陷没,潼關阻塞,因而匆匆地改變胡裝,和宗氏南竄。"應該説,這是郭老的精當發明。但這裏有兩點郭老未能弄清:一是當時潼關尚未失守,所以李白可以西奔潼關,其改變胡裝只是爲了逃出淪陷區;二是李白當時並不是南竄,而是西奔,所以才有後來的"東奔吴國"。我們從上面對《奔亡道中五首》的分析可以知道,李白在淪落敵佔區不久即改變胡裝逃出敵佔區,可能是隨唐軍退兵逃往潼關。本想入京向朝廷進策,但後又改變了主意,"有策不敢犯龍鱗",於是上了華山,以待時機。在經過潼關時,李白寫了《述德兼陳情上哥舒大夫》詩,今存此詩可能有闕文。在華山他寫了《古風》"西上蓮花山"。後來因戰爭形勢越來越緊張,李白才從華山下來經商洛大道"東奔向吴國",那已是天寶十五載的暮春了,所以《奔亡道中》第五首寫到江南景色,有"誰忍子規鳥,連聲向我啼"之語。

李白逃到江南以後,先到宣城、當塗一帶,有《江上答崔宣城》、《春於姑熟送趙四流炎方序》等詩文可證。按《江上答崔宣城》詩云:"太華三芙蓉,明星玉女峰,群仙下西岳,陶令忽相逢。"正説明李白從華山下來在江上遇見宣城縣令崔欽。然後他又想避地剡中,有《經亂離後將避地剡中留贈崔宣城》詩。途經溧陽,寫有《扶風豪士歌》、《猛虎行》、《贈溧陽宋少府陟》等詩。詩中提到"我亦東奔向吴國,浮雲四塞道路賒。""有策不敢犯龍鱗,竄身南國避胡塵。""何日清中原,相期廓天步"等句。又經湖州安吉至杭州,有《感時留別從兄徐王延年從弟延陵》詩。後又回金陵,赴尋陽,隱於廬山屏風叠。以後李白的行踪就大家都清楚了。兹不贅。

《魏書》諸志時誤補校(三)

牛繼清　張林祥

13. 太祖皇始二年六月庚戌,月掩太白,在端門外。占曰:"國受兵。"(卷一百五之二頁2347)

〔皇始〕二年六月庚戌,月奄金于端門之外。戰祥也,變及南宮,是謂朝庭有兵。(卷一百五之三頁2389)

按六月丁卯朔,無庚戌。《宋書》卷二十五《天文志三》、《晋書》卷十二《天文志中》均作晋安帝"隆安元年(當北魏皇始二年)六月庚午,月奄太白,在太微端門外。"庚午初四日,是。此"庚戌"爲"庚午"之誤。

14. 〔道武帝〕天興元年十一月丁丑,月犯東上相。(卷一百五之二頁2347)

按十一月己丑朔,無丁丑。《宋書》卷二十五《天文志三》、《晋書》卷十三《天文志下》均作晋安帝隆安二年(當北魏天興元年)"閏月,太白晝見,在羽林。丁丑,月犯東上相。"是年晋、北魏同閏十一月己未朔,丁丑十九日,是。此"十一月"上脱"閏"字。

15. 〔天興五年〕七月己亥,月犯歲星,在左角。(卷一百五之二頁2348)

按七月戊辰朔,無己亥。疑爲"乙亥"之訛,乙亥初八日。"乙""己"形近。

16. 〔天興五年〕十月戊申,月暈左角。時帝討姚興弟平於乾壁,克之。太史令晁崇奏角蟲將死,上慮牛疫,乃命諸軍併重焚車。丙戌,車駕北引……

乙卯,月犯太微。占曰:"貴人憂。"(卷一百五之二頁2348)

按十月丙申朔,戊申十三日,無丙戌,乙卯二十日。《魏書》卷二《太祖紀》、《北史》卷一《魏本紀一》均作十月"戊申,班師。"則此"丙戌"當爲"庚戌"之誤,庚戌十五日,後戊申兩日,日序亦合。

17. 〔道武帝天賜二年〕七月己未,月掩鎮星。(卷一百五之二頁2349)

天賜二年四月己卯,月犯鎮星,在東壁;七月己未又如之。(卷一百五之三頁2392)

按七月庚辰朔,無己未。《宋書》卷二十五《天文志三》、《晋書》卷十三《天文志下》亦作晋安帝義熙元年(當北魏天賜二年)七月"己未,月掩填星,在東壁"。下有"八月丁巳"條,疑"己未"爲"乙未"之訛,乙未十六日,"乙""己"形近。

18. 〔天賜三年〕二月己丑,月犯心後星。(卷一百五之二頁2349)

按二月丁未朔,無己丑。《宋書》卷二十五《天文志三》、《晋書》卷十三《天文志下》亦作義熙二年(當天賜三年)"二月己丑,月犯心後星"。疑"己丑"爲"乙丑"之訛,乙丑十九日,"乙""己"形近。

唐玄宗朝黃河中下游地區的財賦特徵

張　榮　强

本文論及的黃河中下游地區，主要是指唐代的河北、河南、河東三道。①其地域範圍約包括今日河北、山西、河南、山東四省全境及安徽省的北部。唐安史之亂後，該區陷於藩鎮割據之中，租賦多爲當地軍閥專擅，這已是衆所周知的事實，無庸置論。唐前期黃河中下游地區的財賦特徵如何？其與後期有何承續關係？對此，史學界鮮有論述或論述尚可商榷。鑑於此，本文選擇唐玄宗一朝作爲研究範圍，對上述問題略作探討，以就正於方家通人。

一

黃河中下游地區，自古以來就是我國的主要經濟區。約成書於戰國時期的《尚書·禹貢篇》將天下土地分爲九等，這個地區的土地肥沃程度皆在中等以上。早在戰國時期，該區就開始興建水利，魏襄王"以史起爲鄴令，遂引漳水溉鄴，以富魏之河内"，②從而使不宜生產的鹽鹼地變爲稻粱的重要產區。秦漢時期，隨着水利工程逐漸增多，農業生產迅速發展，黃河流域中下游已成爲全國的經濟重心。自漢末至唐初，這個地區儘管歷經東漢末年的割據戰爭、永嘉之亂十六國交爭、北魏末年和隋末的大規模戰爭，農業生產幾度遭受破壞，但又很快獲得恢復發展，直到唐前期仍然保持着經濟上的優勢地位。我們不妨從以下方面做些比較：

第一、農田水利建設上。唐前期，全國興修水利工程 153 處，而河南、河北及河東三道即有 86 處，占總數的 1/2 强。③

第二、户口分布上。據統計，天寶十二載(753)全國共 9,021,226 户，50,817,094 口。其中，河南道(含都畿道)1,893,130 户，11,373,834 口；河北道 1,479,324 户，9,998,727 口；河東道 627,324 户，3,815,289 口，三道之和幾占全國總户口數的 1/2。④唐玄宗曾説："大河南北，人户殷繁，衣食之原，租賦尤廣"。⑤從以上對比中，也不難看出這點。

由於農業經濟的繁榮，黃河流域中下游自然成了全國的租賦輸出區。實際上，從秦統一六國起，這一地區的糧食即已不斷溯黃河西上，運往關中或其鄰近地區。史載：

（秦欲攻匈奴，運糧）又使天下飛芻挽粟，起於黃、腫、琅琊負海之郡，轉輸北河，率三十鍾而致一石。⑥

黃爲今山東黃縣，腄爲今山東文登，琅邪爲今山東諸城，皆在黃河中下游地區。西漢建立之後，更是頻繁“漕轉關東之粟”以供京師，最多時竟達歲四百萬斛。⑦秦漢時期的“關東”雖指函谷關以東的廣大地區，但當時江淮地區生產力落後，處於“火耕水耨”的原始狀態，粟的來源自然以黃河中下游地區爲主。至隋時，這一地區仍擔負着接濟關中糧食的主要任務。《隋書》卷二四《食貨志》記載道：

> 開皇三年，朝廷以京師倉廩尚虛，議爲水旱之備，於是詔於蒲、陝、虢、熊、伊、洛、鄭、懷、邵、衛、汴、許、汝等水次十三州，置募運米丁。又於衛州置黎陽倉，洛州置河陽倉，陝州置常平倉，華州置廣通倉，轉相灌注。漕關東及汾、晉之粟，以給京師。

這十三州之中，蒲、邵爲現在山西永濟和垣曲，懷、衛爲現在河南沁陽和淇縣，陝、虢、熊、伊、洛、鄭、汴、許、汝諸州分別爲現在河南的陝縣、盧氏、宜陽、臨汝、洛陽、鄭州、開封、許昌和襄城。這樣，黃河流域中下游地區皆在轉輸之列。除糧食外，“諸州調物，每歲河南自潼關，河北自蒲坂，達於京師相屬於路，晝夜不絕者數月”。⑧

在唐前期，黃河流域中下游之租賦輸往長安者仍不乏其例。《唐會要》卷八七《漕運》就記載：“咸亨三年，關中饑，監察御史王師順奏請運晉、絳州倉粟以贍之，上委以漕運。河渭之間，舟楫相繼。”之後不久，景龍三年（709），關中又鬧饑荒，朝廷下令“運山東、江、淮谷輸京師，牛死什八九”。⑨而最突出的一例，莫過於裴耀卿在運江淮粟時，“益漕晉、絳、魏、濮、邢、貝、濟、博之租輸諸倉，轉而入渭”。⑩

二

自有秦至唐初，黃河中下游地區始終居於上供的主導地位。這種狀況何時發生變化的呢？史學界通常認爲是始於安史之亂。這意味着玄宗一朝，該區的財賦特徵尚未發生變化。李錦綉先生《唐代財政史稿（上卷）》（下簡稱《史稿》）就持這種觀點。其根據是《通典》卷六《食貨·賦稅下》有如下一段記載：

> 其度支歲計，粟則二千五百餘萬石（按：其中租一千二百六十萬石，地稅一千二百四十萬石）。（三百萬折充絹布，添入兩京庫。三百萬回充米豆，供尚食及諸司官厨等料，並入京倉。四百萬江淮回造米轉入京，充官禄及諸司糧料……）

《史稿》通過對這條材料進行考察，得出如下結論：⑪

第一、天寶時期，河南北不通漕州租粟折絹、通漕州折米，似爲定制。

第二、天寶時期，河南北兩道每年所徵租粟數額約爲六百萬石，恰與《通典》所載“三百萬折充絹布,添入兩京庫"與"三百萬回充米豆,供尚食及諸司官厨等料,並入京倉"兩者之和相等。可見,前者指的就是河南北不通水州的折租造絹;而後者即是指河南北通漕州租粟回充米豆。

若此,則兩河地區所徵租賦全部折納上供京師。這種見解果真成立嗎? 要作出判斷,我們必須對以上問題逐一進行分析。

有關河南北不通漕州租粟折絹、通漕州折米一事,源於玄宗開元二十五年(737)的兩次詔書。《唐大詔令集》卷一一一《關內庸調折變粟米敕》(開元二十五年二月)云:

> 敕:關輔庸調,所税非小,既寡蠶桑,皆資菽粟,常賤糶貴買,損費逾深。又江淮苦變造之勞,河路增轉運之弊,每計其運脚,數倍加錢。今歲屬和平,庶物穰賤,南畝有十千之獲,京師同水火之饒。均其餘以減遠貢,順其便使農無傷。自今已後,關內諸州庸調資課,並宜準時價變粟取米,送至京,逐要支用。其路遠外不可運送者,宜所在收貯,便充隨近軍糧。其河南北有不通水州,宜折粟造絹,以代關中調課。

開元二十四年(736),關中風調雨順,農業大獲豐收,"庶物穰賤,南畝有十千之獲,京師同水火之饒"。在這種情況下,玄宗下詔,令關中庸調折粟變米,而河南北不通水州折租造絹,以代關中庸調。同年九月,玄宗又頒詔曰:

> 今歲屬和平,時遇豐稔,而租所入,水陸運漕,緣脚錢雜,必甚傷農。務在優饒,惠彼黎庶,息其轉輸,大寶倉儲。今年河南河北應送含嘉、太原等倉租米,宜折粟留納本州。[12]

河南、河北諸州(據上令,僅指通水州)原即折粟納米。當年因關內豐收及政府大舉和糴,"關中蓄積羨溢",因而減少了租米需要量,河南、河北租米被還原爲本色留納當地。

僅據以上兩條敕文,我們尚難確言"河南北不通漕州租粟折絹、通漕州折米"是當時通常之制還是權宜之法。史學界普遍認爲,江南"回租造布"是開元二十五年後普遍施行的措施。其依據不僅有開元二十五年令之規定,更重要的是杜佑明確將其做爲專項收入列入天寶天下計帳之中,所謂"其租,約百九十餘萬於江南郡縣,折納布約五百七十餘萬端"者即是。反觀兩河折租造絹及變粟取米事,只在上述詔令中提及,而《通典》天寶天下收入一項中並無此制的類似記載。其具體實施情況如何,難以勘定。對於這一點,李先生曾有解釋:"杜佑在計算天寶年間租庸收入時,雖未記載,但卻記載在支出的計算中。"問題是,我們如何能確定"三百萬折充絹布"、"三百萬回充米豆"就是指河南北租粟呢? 若僅依兩者數額之和約與兩河諸州所徵租粟總量相等爲據,恐失牽强。退一步説,假定此"三百萬折充絹布"、"三百萬回充米豆"確實是兩河租粟折納的定量,爲何杜佑不像"四百萬江淮回造米"那樣予以直接注明呢? 再者,如果兩河折租造絹及變粟取米已爲常制,那麼隨之而來的關中庸調納米勢必亦成定規,又如何能斷定此"三百萬回充米豆"就是河南北通漕州所納,而非關中庸調所折呢?

　　河南、河北兩道所徵收的全部租粟均以米、絹、豆等折納形式上供兩京,此結論恐怕稍欠推敲。筆者曾經提出,唐前期租賦調撥可分爲上供、支留及外配三種方式。其中,支留部分主要用於當道(州)官吏禄米、軍糧及遞糧等項,根本不存在哪一道租賦全部上供的可能。[13]這一點,完全可以從天寶時期各道正倉均貯有巨額粟米一事中得到證明。《通典》卷一二《食貨十二·輕重》載:

　　　　(天寶八年)正倉總四千二百一十二萬六千一百八十四石;

　　　　關內道百八十二萬一千五百一十六石;

　　　　河北道百八十二萬一千五百一十六石;

　　　　河東道三千五十八萬九千百八十石;

　　　　河西道七十萬二千六十五石;

　　　　隴右道三十七萬二千七百八十石;

　　　　劍南道二十二萬三千九百四十石;

　　　　河南道五百八十二萬五千四百一十四石;

　　　　淮南道六十八萬八千二百五十二石;

　　　　江南道九十七萬八千八百二十五石;

　　　　山南道十四萬三千八百八十二石。

諸道正倉貯糧,無疑是多年餘額積累而成。到天寶八載(749),河北道已貯租米 1,821,516石,位列諸道第四;河南道則達 5,825,414 石,位列第二。《通典》卷一四八《兵一·兵序》進一步注明:"(天寶間)關輔及朔方,河、隴四十餘郡,河北三十餘郡,每郡官倉粟多者百餘萬石,少不減五十萬石,給充行(糧)官禄。"由此可知,河南、河北兩道年租粟全部上供之説是難於成立的。恰恰相反,種種情况表明,兩河地區年租粟支留額是相當龐大的。

三

　　前曾述及,地方賦税支留主要用於三方面開銷:官吏禄米、驛站遞糧、諸道軍費(衣、糧)。因此,大致可以把這些開銷的總額作爲該區支留賦税的最低需要量。下面,我們將依次從這三個方面對開元時期黃河中下游區所需支留賦税作出大致推測。

　　❶軍需粟帛。德宗時,沈既濟曾説:

　　　　天下財賦耗斁之大者,唯二事焉,最多者兵資,次多者官俸。其餘雜費,十不當二事之一。[14]

這雖是針對唐後期財賦耗費而言,但前期亦不例外,自邊軍大規模設置以後,軍需就逐漸成爲唐前期國家財政支出的重要組成部分。關於軍隊衣糧供應,《白氏六帖事類集》卷一六《軍資糧》引《度支式》云:

> 供軍道次,州郡庫無物者,每年支庸調及租並脚價併納本州。

而《舊唐書》卷四三《職官二》徑載道:

> 凡諸道回兵糧糒之物,衣資之費,皆令所在州縣分而給之。

表明軍隊在行進、回返途中,其兵糧、衣資均是由沿途州縣正税供應的。至於邊境駐防軍糧草,除屯田、和糴外,主要由當地或鄰近州縣正倉所給。西北邊軍情況,已爲大量吐魯番出土文書所證實;而東北邊軍方面,亦有張鷟判文爲例:

> 滄、瀛等州申稱,神龍元年百姓遭水,奉旨貸半租供漁陽軍。許折明年,又遭澇免,無租可折。至三年,百姓訴州,以去年合折,不許。百姓不伏事。

> 滄、瀛等州頻遭水澇。泥牛轉盛,滂沛成河,石燕爭飛,霖淫變浦。當時奉旨,令貸半租,此日蠲科,仍聞訴款,準旨有明年之語,據條無三年之文,以此狐疑,莫能龜決。明年復澇,乃是折空。後歲總徵,元無折處……理從矜折。[15]

唐令:"凡水旱蟲霜爲災害,則有分數。十分損四已上免租,損六已上免租、調,損七分已上課役俱免"。滄、瀛諸州因瀕遭水澇,應在免租之列;但政府爲保障當年駐軍供應,採取預借諸州半租的方式,並許諾轉折來年。不巧,明年又遭澇免,無租可折。而唐制規定"若已役已輸者,聽免其來年","經二年後不在折限",[16]這自然激起百姓不滿。漁陽軍後改名威武軍,在"密雲郡城內,萬歲通天二年置"。[17]這則判文明確告知我們,漁陽軍糧是靠附近滄(治清池,今河北滄縣東南)、瀛(治河間,今河北河間)諸州正租提供的。

至於邊軍衣裝,毫不例外,亦由當地或鄰近諸州庸調供應。仍以張鷟判文爲例:

> 工部員外郎趙務,支蒲、陝布供漁陽軍,幽、易絹入京。百姓訴不便。務款:布是粗物,將以供軍;絹是細物,合貯官庫。

> ……蒲、陝之布,卻入漁陽;幽、易之縑,反歸關隴。同北轅之適越,類東走之望秦,人之情乎?縈則無也。細絹稱以納庫,粗布貯以充軍,非直運者苦勞,抑亦兵家賈怨。宜從削黜,以肅愚頑。[18]

趙務因拘泥於"細物供官,粗物供軍"的原則,並未就近調撥幽、易之絹供漁陽軍,而遭到張鷟指斥,並要求將其"削黜,以肅愚頑"。

河北、河東諸州屏蔽邊境,軍事地位極其重要,故設置邊軍時間較早。據唐長孺及張弓兩位先生考證,武德長安年間(618—704),天下置軍17處,其中河東道3軍,爲樓煩奇嵐軍、太原天兵軍及雁門大同軍;河北道3軍,爲媯州清夷軍、幽州漁陽軍及平州紫蒙軍。[19]此外,筆者在翻檢石刻史料時,發現當時河北道尚設有一燕水軍。[20]這樣,至武後時期,黄河中下游地區至少有七軍存在。至於其具體兵馬數,則無從詳考。若仍依《舊唐書·地理志序》所載天寶年間諸軍兵馬數爲據,即大同軍 9,500 人,馬 5,500 匹;岢嵐軍 1,000 人;天兵軍 30,000 人,馬 5,500 匹;清夷軍 10,000 人,馬 300 匹;漁陽軍 10,000 人,馬 300 匹;而紫蒙和燕水二軍均作 10,000 人,馬 300 匹計,則七軍耗糧總額不低於 100 餘萬石(計算方法詳下)。鑑於武則天時期邊境屯田尚未大規模展開,此費用應主要由黄河中下游地區各州正倉負擔。

玄宗繼位後,邊事大盛,一時間軍鎮數量急劇增加。至天寶中,全國軍鎮已達 50 餘個,每歲經費"衣賜則千二十萬匹段,饋軍食則百九十萬石"。在黄河中下游地區範圍内,河東節度使統天兵、大同、横野、岢嵐四軍和忻、代、嵐三州及雲中守捉,管兵 55,000 人,馬 14,000 匹,衣賜歲 126 萬匹段,軍糧 50 萬石;范陽節度使統經略、威武、清夷、静塞、恒陽、北平、高陽、唐興、横海等九軍,管兵 91,400 人,馬 6,500 匹,衣賜每歲 80 萬匹段,軍糧 70 萬石;平盧節度使統平盧、盧龍二軍和榆關守捉及安東都護府,管兵 37,500 人,馬 5,500 匹,衣糧數均失載。[21]此外,河南道内尚置東萊守捉和東牟守捉,各管兵千人,因兵額較少,可暫不考慮。兹將黄河中下游區的軍費開支情況列爲簡表:

(1—1)黄河中下游區軍需調撥表

節度使	兵額	戰馬數	正倉(庫)供給額	
			軍糧	衣賜
河東	5.5 萬	1.40 萬	50 萬石	126 萬匹段
范陽	9.14 萬	0.65 萬	70 萬石	80 萬匹段
平盧	3.75 萬	0.55 萬	(33 萬石)	(45 萬匹段)
合計	18.39 萬	2.60 萬	153 萬石	251 萬匹段

上表有兩點需要説明:第一、關於衣賜的來源。張弓先生已經指出,史籍所載"饋軍食則百九十萬石"就是充做軍食的正倉數。[22]依此類推,所載"衣賜則千二十萬匹段"應是充做衣賜的庫藏庸調數。第二、關於表中平盧節度的衣糧數。平盧節度的衣糧數雖失載,[23]但根據有關情況可以推算。平盧節度的兵額是 3.75 萬,軍士一人一年粟 12 石,共 45 萬石;戰馬 0.55萬匹,馬一年耗 18 石,共需 9.9 萬石;[24]如此,兵馬耗粟 54.9 萬石。而據《大唐六典》卷七《屯田郎中員外郎》統計,平盧軍節度使所轄軍屯 63 屯;天寶年間,河北道每屯收獲量約 0.19 萬石,[25]則軍屯可向邊軍提供粟 12 萬石左右。這樣,正倉尚需供軍糧 33 萬石。至於平盧所需衣賜額,"軍士一年一人支絹布十二匹",[26]則共需 45 萬匹段。這種計算方法是否可靠呢?我們不妨以范陽道爲例再做一番檢驗。據杜佑所載,范陽節度使轄軍 9.14 萬,馬 0.65 萬。其實際服役人數遠低於總轄兵數,這是因爲該道存在着大量團結兵的緣故。范陽節

度使轄有多少團結兵呢？據《大唐六典》卷五《兵部郎中員外郎》載："其橫海、高陽、唐興、恒陽、北平等五軍，皆本州刺史爲使。其兵各一萬，十月已後募，分爲三番教習"。可見，橫海、高陽等五軍皆屬團結兵的性質。這種狀況一直持續到天寶年間，[27]只是五軍總數有所減少。據《通典》載，當時爲2.45萬人，仍以三番計算，則每番服役兵員僅8100餘人。這樣，全道實際服役兵員爲7.5萬左右，兵馬共需糧101.7萬石。其所轄軍屯145屯，可補充粟28.7萬石，兩者差額與史籍所載的"饋軍食70萬石"相差無幾。至此，我們認爲，以這種方法計算出的平盧道每年所需軍食33萬石粟、衣賜45萬匹段是比較可靠的。

從上表可見，河北、河東兩道每年必須向緣邊駐軍提供軍糧153餘萬石，衣賜251萬匹段；按唐人的習慣説法，合計爲404萬匹石。依前文所載，河北、河東兩道天寶時期總户數爲210多萬；依每户一丁標準計算，則每年所徵租粟420多萬石，絹布420多萬匹，[28]合計840多萬匹石。兩相比較，軍費已占據了兩道所收租税的1/2。而就目前所掌握的材料看，僅河北、河東兩道不足以負擔這筆龐大的財政開支，與之毗鄰的河南道也加入了供軍的行列。楊若虛《知合孫吳可以運籌決勝策》曾針對"薊門屯田，何術以休其弊；柳城梗澀，何籌以係其虜"的設問，做出了如下回答：

　　　臣見薊門屯田，防軍寇之乘，攻守餘暇，務耕耘之積，省兩河之粟，資三軍之費。但
　　使役之無擾，何憂兵以致弊。軍既未息，此安可停？[29]

"兩河"通常指河北、河南而言。楊若虛鑑於東北邊境屯田的開展，減少了兩河供軍之粟帛，因而反對裁罷屯田。可見，當時尚需調撥河南道租賦以供邊運。這一點，可以在文獻中得到進一步證實。法國巴黎國立圖書館藏P.2507《開元水部式殘卷》有載：

　　　74 安東都里鎮防人糧，令萊州召取
　　　75 當州經渡海得勛人諳知風水者，置海師貳人，拖
　　　76 師肆人，隸蓬萊鎮，令候風調海晏，並運鎮糧

據劉俊文先生考證，此件應爲開元二十五年水部式。[30]從文書可見，開天時期萊州（治掖縣，今山東掖縣）負有向河北道安東都里鎮輸糧的任務。向駐軍運輸物資的非僅萊州一地，此件前有"滄、瀛、貝、莫、登、萊、海、泗、魏、德等十州，共差水手五千四百人，三千四百人海運，二千人平河"等語，説明河南道除萊州外，海州（治朐山，今江蘇連雲港市）、泗州（治臨淮，今江蘇泗洪）、登州（治牟平，今山東牟平）也參與平時向河北駐軍輸送軍需的行動。另外，《資治通鑑》卷二一七天寶十四載（755）十二月條胡注云："自帝事邊功，運青萊之粟，浮海以給幽、平之兵，故置海運使。"由此看來，青州（治益都，今山東益都）亦在其列。

每年軍需404萬匹石，這只是和平時期黃河中下游區所擔負的軍費開支。唐時河北、河東兩道屏障北境，抵禦突厥、回鶻、契丹、奚諸族，"亭障多虞，甲胄未息，戎機調發，歲時相

繼",[31]戰事相當頻繁。一旦戰争爆發,兵員大集,"糧饋戈甲,動以億計",[32]供軍粟帛更是驚人。太宗征遼東,"先遣太常卿韋挺於河北諸州徵軍糧貯於營州,又令太僕少卿蕭鋭於河南道諸州轉糧入海";[33]武后當政,東北邊境發生奚、契丹叛亂,"天子詔左衛將軍薛訥絶海長驅,掩其巢穴。飛芻挽粟,霧集登萊……紅粟齊山,飛雲蔽海",[34]至玄宗一朝,有關此方面的記載,更是不勝枚舉。

若是大規模戰争爆發時,即使整個黄河中下游區也無力獨自支撐,必須調撥江南諸州物資。如武則天時,契丹以營州叛,朝廷"運海陵之倉,馳隴山之馬,積南方之甲,發西山之雄,傾天下以事一隅"。[35]至於"雲帆轉遼海,粳稻來東吴。越羅與楚練,照耀輿臺軀"及"吴門轉粟帛,泛海陵蓬萊"諸詩,[36]則是杜甫對朝廷在開元末同奚、契丹的戰争中,屢藉海運之便大批調發東吴粟帛運往幽州的真實寫照。

❷官吏禄米。在唐前期,官吏禄米亦是政府財政開支的重要部分。有關這一時期官禄給付依據、禄額支付標準、歲禄總額等問題,陳明光及李錦綉兩位先生進行過翔實的論述。[37]這裏就在他們的研究基礎上,對唐前期河北、河南、河東三道地方官吏禄米消費總額作一大致估算。

關於唐前期外官禄米的支付來源,《册府元龜》卷六三六《銓選部·考課》有明確記載,稱:"諸給(官吏)糧禄,皆以當處正倉充。"敦煌文書P.280背《唐天寶九載敦煌郡倉支納谷案》第11段:"同日出粟叁拾肆碩,給縣令韋謨八月廿日上後禄。空",證實禄米確實出自當地官倉。由此可見,外官禄米在支度國用計劃中被列入支留部分,由當地正倉支付。唐前期外官禄米年額如表所示:[38]

(1—2)唐前期外官年禄表

品級	禄米	品級	禄米	品級	禄米
正一品	650	正四品	280	正七品	75
從一品	550	從四品	240	從七品	65
正二品	470	正五品	180	正八品	64.5
從二品	430	從五品	140	從八品	59.5
正三品	370	正六品	95	正九品	54.5
從三品	330	從六品	85	從九品	49.2

關於三道外官歲禄總額,可採用以下方法計算得出:首先據翁俊雄先生最新研究成果,[39]輔之以《新唐書·地理志》所列建制等級,統計出唐前期三道下轄各級地方建制的相應數量A;再據《大唐六典》卷三〇《三府·都督·都護·州·縣官吏》所載,計算出外官各級建制自長官至僚屬的定員及其品秩,再乘以相應的年禄標準,得出各級地方建制的單位禄米總額

B；A×B 即爲黄河流域中下游三道同級地方建制的外官年禄合計額 C，由此累計可得出三道地方官年禄總額約 26 萬餘石的總數。

（1—3）黄河中下游區各級地方官年禄表

建制名稱	A	B	C	建制名稱	A	B	C
府	2	2,994	5,988	京縣	4	896	3,584
大都督府	6	2,655	15,930	二府縣	8	323	9,044
中都督府	2	2,040.5	4,081	上縣	329	298	98,042
下都督府	1	1,626.5	1,626.5	中縣	101	228.5	23,078.5
下都護府	1	1,723.5	1,723.5	中下縣	1	218.5	218.5
上州	46	1,697.5	78,085	中鎮	20	194.5	3,890
中州	1	1,354	1,354	中戍	27	59.5	1,606.5
下州	12	995.5	11,946	總計		26,197.5（石）	

上表中有幾點需要説明：一、天寶年間，河中府仍名河東郡，爲"四輔州"之一，故將其列入上州。二、河北道所屬檀州密雲郡，等級不詳。考慮其地處邊陲，人烟稀少，將其視爲下州。三、河南道：徐州之符離縣，鄆州之宿城縣，齊州之全節縣、亭山縣；河東道：絳州之夏縣；河北道：邢州之青山、洺州之洺水、清漳，滄州之景城，易州之樓亭、柏城，幽州之范陽，皆無等級，均按中縣對待。四、與之相同，三道所轄諸鎮、戍皆以中鎮（戍）目之。

開元二十四年後，京、外官禄中又一度增加了貯米，若以每人日 2 升、年增貯米 7.2 石爲標準計算，則共增加 25,934 石米。兩者合計，三道各級官員年禄總額約 29 萬石，折粟 50 萬餘石。[40]

除此以外，州縣胥吏請糧亦於當處正倉供，這是一筆更大的開支。[41]據《大唐六典》卷三○統計，河南、太原二府府吏各 153 人，大都督府 84 人，中都督府 73 人，下都督府 51 人，上州 68 人，中州 43 人，下州 24 人，4 京縣各 39 人，2 府縣各 59 人，上縣 28 人，中縣 20 人，[42]中下縣 14 人，再乘以各級建置數，則三道府吏，佐史共 17,520 人，以三口糧（年 36 石粟）爲請糧標準，共需 63 餘萬石粟。其州縣雜職，如執刀、問事、典獄、白直之類，仍依上述方法計算，三道共 14,769 人。這些人兩番上下，以人年請糧 6 石（粟）爲標準，共需 9 萬餘石粟。

這樣，河北、河南及河東三道各級官員、胥吏年需粟糧已達 120 餘萬石，僅次於軍糧。

❸驛站遞糧。《通典》亦把遞糧列入支留範圍之内。而據李錦綉先生估測，其歲額當在 62 萬石粟以上。[43]可見，遞糧消費也是一筆不可小覷的數目。《大唐六典》卷五《駕部郎中員外郎》：

凡三十里一驛，天下凡一千六百三十有九所；二百六十所水驛，一千二百九十七所陸驛。八十六所水陸相兼。

至於各道具體驛站數目，史籍並無明文載錄。可以確知，河東、河北兩道是全國軍事重地，軍機要事傳遞頻繁，驛站數目必然衆多；河南道是東都所在，一度作爲全國政治中心，驛道更會四通八達。茲據嚴耕望先生研究成果，將三道驛站數目分別估測如下：

第一、依《唐代交通圖考》卷一《京都關内區》所繪《唐代長安、太原道驛程圖》（圖3）、《唐代洛陽、太原道驛程圖》（圖4）及卷五《河東河北區》所繪《唐代河東太行山交通圖（南北幅）》（圖18）統計，河東道驛站長1,548里。若以"三十里一驛"的標準推算，則驛站數爲139。

第二、依卷五所繪《唐代河陽以東黃河津渡、河北平原交通合圖》（圖21）及《唐代幽州東北塞外交通圖》（圖22）統計，河北道共有驛道3,995里，合驛站133個。

第三、因目前難以查到有關資料，河南道驛站總數暫時取河北和河東兩道的平均數，即推定爲136個。

若據李錦綉先生估計，驛站遞糧歲耗爲62萬石粟。按當時全國驛站總數1639個計算，平均每個驛站耗糧爲370石左右。黃河中下游區三道共有驛站408個，則歲耗遞糧應爲15.5萬石。

以上，我們分別就軍隊粟帛、官吏請糧及驛站消費等三項數額作了一番推算。緣於材料所限，不可否認，推算出來的數值不够精確。但是，如果不去追求精確的絶對數值，而只把它作爲概數來把握總的情况，則上述推算值完全足够了。綜合以上三項推算結果可看出，黃河流域中下游地區年需支留粟額至少在300萬石左右，絹布250萬匹左右。再考慮到爲防水旱災害或戰爭需要，各地均會設立貯備物資，這已爲前引《通典》所載各道正倉累積貯糧額證實。若以一年貯兩年物計，該區年支留總額則爲粟600萬石、絹500萬匹，已占年租賦收入的2/3左右。

四

與其它地區相比，黃河中下游地區存在着賦税徵收量較少的事實。引起這一現象的原因主要有二：

第一、嚴重的食封問題。武德年間，食封"才止三、二十家"，所受封户較少，對國家財政影響不大。而高宗之後，特別是則天、韋后時期，封賞濫行，封家急劇增多，天下"恩澤受封至百四十家以上"，"國家租賦，大半私門"。封家爲保證自己的租調收入，多將食邑置於土地肥沃、經濟富庶的州縣，所謂"應出封户凡五十四州，皆天下膏腴物産"，[44]"大河南北"自然成爲他們競相追逐的對象。《新唐書》卷一一八《張廷珪傳》載：

　　　　初，景龍中，宗楚客、紀處訥、武延秀、韋温等封户多在河南、河北。

其他又如相王李旦食相州（治安陽，今河南安陽），[45]武三思食貝州（治清河，今河北南宫東南）等，[46]而滑州（治白馬，今河南滑城城東）"國之近甸，密邇帝畿。地出縑紈，人多趨附，所以列縣惟七，分封有五，王賦少於侯租，入家倍於輸國"。[47]兩河物産豐富之地，大都爲封家占有，租賦多被封家分割。據史籍記載，中宗時天下封丁凡六十餘萬，估計河南、河北兩道至少在五十萬以上。至開元年間，這種狀況有所改善。玄宗針對食封濫授現象進行整頓，減少封家的封户額，並重新確定了"諸食實封，並以（三）丁爲限"[48]的制度。這一時期的封丁數字已不可考，且以中宗時的 2/3 考慮，黄河流域中下游區也有 30 多萬封丁。依據開元之制，租賦全入封家，這勢必使本區財賦收入大爲減少。

　　第二、大量兵員的存在。有唐一代，無論府兵、兵募、曠騎、官健、團結兵等，在服役期間，皆是課口見不輸，依法免除租庸調和雜徭。唐初實行"實近虚遠、居重馭輕"政策，全國折衝府分布極不均衡，鼎盛時期總府數六百幾十個中，除關内道外，河東、河南及河北三道最多，總數達 281 個。[49]若以中府一千人計算，其兵員亦有 28 萬左右。則天時，府兵制漸廢，至玄宗一朝，無論中央禁軍還是諸道邊防軍均以募兵爲主。據上文統計，天寶年間，河東、河北二道駐軍總數達 18.39 萬，其中絶大多數是本地人。《唐大詔令集》卷二《中宗即位敕》載：

　　　　天下軍鎮……其應支兵，先取當土及側近人，仍隨地配割、分州定數。年滿差替，各出本州。永爲格例，不得踰越。

明確規定邊兵先取當土及側近人充當，即使年滿更替，亦需"各出本州"。這樣既可省免遠道出戍，徒增煩費，又能達到增強軍隊戰鬥力的效果。從大量吐魯番出土文書看，此項制度確實施行了；即使在本區，亦有史實爲證。如開元八年（720），玄宗下詔曰："仍敕幽州刺史邵寵，於幽、易兩州選二萬灼然驍勇者，充幽州經略軍健兒，不得雜使。租庸資課，並放免。"[50]經略軍如此，其它自不例外。這樣，黄河流域中下游區又會損失 18 萬多見輸課丁。

　　以上，我們分别從三道軍需粟帛、官吏禄米、驛站遞糧及租賦徵收實際等方面，對黄河中下游區賦税支留情況一一進行了探討。由此可以看出，正是在本地所需粟帛數額龐大、課税徵收量較少的雙重壓力下，黄河流域中下游成爲以支留爲特徵的財賦區。其中，邊防駐軍尤是促成這一特徵的關鍵。安史亂後，三道屯兵日重，該區進而出現財賦自專、不再上供的局面。據《唐會要》卷八四《户籍雜録》記載，元和時不申户口的七十一州中，除京西北軍事重鎮外，皆在黄河中下游流域。既不申户口，當然不向國家上供賦税。歐陽修解釋説："京西北、河北以屯兵廣，無上供"。[51]由此看來，這種局面的形成不過是玄宗一朝的繼續和發展而已。

　　①　此處所言諸道，皆以貞觀十道地域爲準。

②　《漢書》卷二九《溝洫志》，中華書局 1962 年版，第 6 冊第 1677 頁。

③　參考張弓先生《唐朝倉廩制度初探》第 44 頁所列《唐朝八道水利工程統計表》（中華書局 1986 年版）及牟發松先生《唐代長江中游的經濟與社會》第 76 頁所列《中唐前後南北水利工程數量對比簡表》（武漢大學出版社 1987 年版）。

④　翁俊雄：《唐朝鼎盛時期的政區與人口》，首都師範大學出版社 1995 年版，第 218—219 頁。本文凡舉"天寶十二載户口"，皆採翁説。

⑤⑫　《册府元龜》卷四八七，《邦計部·賦税》，中華書局 1960 年影印本，第 6 冊第 5830—5831 頁。

⑥　《史記》卷一一二《平津侯主父列傳》，中華書局 1959 年校點本，第 9 冊第 2954 頁。

⑦　《漢書》卷二四《食貨志》，第 4 冊第 1141 頁。

⑧　《隋書》卷二四《食貨志》，中華書局 1973 年校點本，第 3 冊第 681—682 頁。

⑨　《資治通鑑》卷二〇九景龍三年（709）條，中華書局 1956 年版，第 14 冊第 6639 頁。

⑩　《新唐書》卷五三《食貨志三》，中華書局 1975 年校點本，第 5 冊第 1366 頁。

⑪　《唐代財政史稿（上卷）》，北京大學出版社 1995 年版，第 2 分冊第 448 頁。

⑬　參見拙文《"租輸三分制"與唐前期財賦格局特點》，《魏晋南北朝隋唐史資料》第 17 輯，武漢大學出版社 2000 年版。

⑭　《舊唐書》卷一四九《沈傳師傳》，中華書局 1975 年校點本，第 12 冊第 4036 頁。

⑮　《龍筋鳳髓判》，叢書集成本第 23—24 頁。

⑯　《大唐六典》卷三《户部郎中員外郎》，（日）廣池本，三秦出版社 1991 年版，第 69 頁。並參《白氏六帖事類集》卷二三《旱》。

⑰　《通典》卷一七二《州郡·序目下》，中華書局 1988 年校點本，第 4481 頁。關於威武軍與漁陽軍的關係，諸書記載不一，今採《新唐書·地理志》。

⑱　同注⑮，第 21—22 頁。

⑲　唐長孺先生曾考證，當時天下所置諸軍已知有 16 處（《唐書兵志箋證》卷 2，科學出版社 1957 年版，第 33—74 頁）；張弓先生據《全唐文》卷二六七嚴識元《潭州都督楊志本碑》又補"平州紫蒙軍"一處，合爲 17 處（《唐朝倉廩制度初探》第 85 頁）。

⑳　據《金石萃編》卷六一《李晦碑》，傳主曾被授予"都督恒州兼燕水軍經略大使"一職。李晦死於永昌元年二月，因知高宗時期已置燕水軍，在河北道恒州界地。

㉑　據《舊唐書》卷三八《地理志一·序》，凡記載有誤者，並據《通典》改正。如平盧節度使下"兵萬七千五百人"，依《州郡二》改爲"三萬七千五百人"；而范陽諸軍所需軍糧數則依《食貨·賦税下》，改爲"七十萬石"。

㉒　《唐朝倉廩制度初探》第 101 頁下注(33)。

㉓　有學者認爲，平盧道衣糧數並未失載，而是包含在范陽道總數之内。此説缺乏依據，兹不取。

㉔　李筌《神機制敵太白陰經》卷五《人糧馬料篇》謂："人日支米二升，一月六斗"；若是支粟，"一月一石"；馬一日給粟五升。

㉕　《通典》卷二《食貨二·屯田》載，天寶時河北道屯田收入 40.328 萬石，又據《大唐六典》卷七統計，河北道共有 208 屯，則每屯收獲量約 0.19 萬石。

㉖　《神機制敵太白陰經》卷五《軍資篇》云："軍士一年一人支絹布十二匹"。

㉗　據《資治通鑑》卷二一七玄宗天寶十四載(755)十月條："禄山使張獻誠將上谷、博陵、常山、趙郡、文安五郡團結兵馬萬人圍饒陽"。而上谷、博陵、常山、文安分别是高陽、北平、恒陽、唐興諸軍所在地。無疑，這些團結兵皆來源於此。

㉘　杜佑在《通典》中計算天寶中天下收入時，庸調物皆以每丁二匹計。以下凡涉及此類計算，方法皆同。

㉙　《文苑英華》卷四七八，中華書局 1966 年影印本，第 3 冊第 2440—2441 頁。

㉚　劉俊文：《敦煌吐魯番唐代法制文書考釋》，中華書局 1989 年版，第 336 頁。

㉛　《文苑英華》卷六一六，張廷珪《論萊州置監牧及和市牛羊奴婢疏》，第 4 冊第 3199 頁。

㉜　《陳子昂集》卷四，《爲金吾將軍陳令英請免官表》，中華書局 1960 年版。

㉝　《册府元龜》卷四九八《邦計部·漕運》，第 6 冊第 5966 頁。

㉞　周紹良：《唐代墓誌匯編》開元一三四，《唐故朝議郎行登州司馬上柱國王府君墓誌銘並序》，上海古籍出版社 1992 年版，第 1249 頁。

㉟ 《文苑英華》卷七九三,盧藏用《陳子昂别傳》,第5册第4191頁。
㊱ (清)仇兆鰲《杜詩詳注》卷四《後出塞》、卷十六《昔游》,中華書局1979年版第289頁、第1435頁。
㊲ 陳明光《唐代財政史新編》,中國經濟出版社1983年版,第74—77頁;李錦綉《唐代財政史稿》上卷第3分册第806—818頁。
㊳ 資料來源於《大唐六典》卷三《倉部郎中員外郎》,第76頁。
㊴ 翁俊雄先生對天寶十二載諸道郡縣的考訂,見《唐朝鼎盛時期政區與人口》第三部分,第72—111頁。
㊵ 《通典》卷六《食貨六·賦税下》載"折粟一斛,輸米六斗",以此標準計。
㊶ 關於州縣胥吏請糧問題,李錦綉先生論述頗詳,見《唐代財政史稿》上卷第3分册第909—920頁。
㊷ 李錦綉先生統計爲26人,見《唐代財政史稿》上卷第3分册第913頁。
㊸ 《唐代財政史稿》上卷第3分册第997頁。
㊹ 《唐會要》卷九〇《緣封雜記》,商務印書館1935年影印本,第1642—1644頁。
㊺ 《唐大詔令集》卷三八《加相王封制》,商務印書館1959年版,第169頁。
㊻ 《册府元龜》卷五九五,《掌禮部·謚法》,第7册第7131頁。
㊼ 同注㊹,第1643頁。
㊽ 同注㊹,第1645頁,原文脱"三",據《大唐六典》卷二《司封郎中員外郎》注補。
㊾ 參考菊池英夫氏《唐代折衝府分布問題研究》所列《各道户口順序和折衝府的分布》表,載《日本學者研究中國史論著選譯》第4册《六朝隋唐卷》,中華書局1992年版。
㊿ 《册府元龜》卷一二四《帝王部·修武備》,第2册,第1490頁。
(51) 《新唐書》卷五二《食貨志二》,第5册第1362頁。

《魏書》諸志時誤補校(四)

牛繼清　張林祥

19.〔明元帝永興二年〕五月甲子,月掩斗第五星。己亥,月掩昴。(卷一百五之二頁2350)

按五月壬子朔,甲子十三日,無己亥。《宋書》卷二十五《天文志三》、《晉書》卷十三《天文志下》亦作義熙六年(當永興二年)五月"己亥,月掩昴。"後有"六月己丑"條,疑"己亥"爲"乙亥"之訛,乙亥二十四日,日序亦合。"乙""己"形近。

20.〔永興〕四年春正月壬戌,月行畢,蝕歲星。癸亥,月掩房北第二星。(卷一百五之二頁2350)

按《宋書》卷二十五《天文志三》作:"義熙八年(當永興四年)正月庚戌,月犯歲星,在畢,占同上。七月癸亥,月奄房北第二星。占同上。甲申,太白犯填星,在東井。占曰:'秦有大兵。'己未,月犯井鉞。八月戊申,月犯泣星。"《晉書》卷十三《天文志下》略同,中無"甲申"條;而卷十二《天文志中》、《魏書》卷一百五之三《天象志三》均有"七月甲申"條。正月癸卯朔,庚戌初八日,壬戌二十日,癸亥二十一日;七月己巳朔,無癸亥,甲申十六日,無己未。疑《宋志》"癸亥"、"己未"日干支有誤。此文"癸亥"繫正月爲抄録誤置。

21.〔明元帝神瑞元年〕五月壬寅,月犯牽牛南星。(卷一百五之二頁2352)

按五月己未朔,無壬寅。《宋書》卷二十五《天文志三》、《晉書》卷十三《天文志下》均作義熙十年(當神瑞元年)"五月壬寅,月犯牽牛南星。乙丑,歲星犯軒轅大星。"乙丑初七日,則"壬寅"當爲"壬戌"之訛,壬戌初四日。

22.〔神瑞二年〕十一月,月暈軒轅。戊午,月犯畢陽星。(卷一百五之二頁2352)

按十一月庚辰朔,無戊午。《宋書》卷二十五《天文志三》、《晉書》卷十三《天文志下》作義熙十一年(當神瑞二年)"十一月癸亥,月入畢。"亦無。姑存疑。

23.〔明元帝泰常元年〕十月丙戌,月入畢。占曰:"有邊兵。"(卷一百五之二頁2353)

按十月乙巳朔,無丙戌。《宋書》卷二十五《天文志三》、《晉書》卷十三《天文志下》均作義熙十二年(當泰常元年)"十月丙戌,月入畢",同誤。疑"丙戌"爲"丙辰"之訛,"戌""辰"形近易淆,丙辰十二日。

24.〔太武帝神䴥四年〕十月丙辰,月掩天關。占曰:"有兵。"(卷一百五之二頁2355)

〔神䴥四年〕五月,太白犯天關;十月丙辰,月又掩之。(卷一百五之三頁2402)

按十月戊寅朔,無丙辰。《宋書》卷二十六《天文志四》亦作元嘉八年(當神䴥四年)"十月丙辰,金土相犯,在須女,月奄東井天關。"疑"丙辰"爲"丙戌"之訛,丙戌初九日,"辰""戌"形近。

宋代轉運司治所考述

李 昌 憲

宋懲唐方鎮割據之弊，始終堅持貫徹轉運司路、州、縣三級地方行政、監察體制。因此，轉運使制度應是宋史研究的一個重要問題。但是，目前學界對此關注並不够，並且在現存的成果之中，尚存在着較大的分歧。拙作《也談北宋轉運司的治所》①曾論述過京東、京西、河東、福建等路的轉運司的治所，本文擬在此基礎上，對宋代轉運司治所作全面的探討，以就教于方家。由于提點開封府界諸縣鎮公事掌同轉運使，文獻中亦多將提點與轉運使相提並論，故府界亦在本文討論之列。

一、府界與京畿路

真宗景德三年三月，"始命朝臣提點開封府界諸縣鎮公事"，始置府界。時府界所轄，即開封府之開封、浚儀、尉氏、陳留、雍丘、封丘、中牟、陽武、酸棗、長垣、扶溝、鄢陵、考城、太康、襄邑、東明、咸平十七縣。②

皇祐末，以"近京諸郡皆屬他道，制度不稱王畿"，因此"析京東之曹州，京西之陳、許、鄭、滑州並開封府，總四十二縣爲京畿"，置京畿轉運使，並配置屯兵三千。③但歷時不足二年，至至和二年十月己丑，爲防止宦官乘機攪取兵權，詔罷京畿，恢復府界，"陳、許、鄭、曹、滑各隸本路，爲輔郡如故"。④

徽宗崇寧三年，復置京畿路。此次轄區與仁宗時頗不相同，它以潁昌府爲南輔，鄭州爲西輔，澶州爲北輔，並建拱州于襄邑縣爲東輔。⑤其後，"大觀四年，罷四輔，許、鄭、澶州還隸京西及河北路，廢拱州，復以襄邑縣隸開封府"。政和四年，復四輔。"宣和二年，罷四輔，潁昌府、鄭州、開德府各還舊隸，拱州隸京東西路。舊開封府界依舊爲京畿"。因此，宣和二年時，京畿路僅領開封府之十五縣。宣和六年，太康縣復歸開封，⑥京畿路因此又增一縣。

開封府界提點司治所原在開封城中。元豐四年四月甲申，以御史滿中行言，提點司官員"名曰外臺，而治所在城中，不務管職赴功，惟以請謁奔競爲事"，故徙提點司至白馬縣。⑦然四年八月己巳，復置滑州，白馬爲其屬邑，則提點司當復歸于京城。不過，鑒于滿中行所言，也可能徙至府界諸縣,並極有可能是徽宗朝京畿路轉運司治所陳留縣。京畿轉運司,仁宗時,治于何地,不詳,但肯定不在開封城中。《宋會要·食貨》49之16言,"至和元年二月詔,京畿轉運使自今遇乾元節許上壽,仍歲終一入奏事。二年十月,罷京畿轉運使,……仍召轉運使王贄赴闕"。可知京畿漕必設于陳、許、鄭、滑、曹諸州中之州治所在地。至于徽宗時,據《渭南文集》卷32《陸公墓誌銘》所言,則京畿轉運司"置司陳留"。

二、京東路

京東路設立于開寶元年。《太平寰宇記》卷13廣濟軍條言,"皇朝乾德元年,東疏菏水,漕轉兵食于(定陶)鎮,置發運務。開寶元年,尋改爲轉運司。太平興國二年,轉運使何(和)峴奏請升定陶鎮爲廣濟軍"云云可證。又《宋史·和峴傳》亦明言和峴時爲京東轉運使。其傳言,峴,"太平興國二年,知兗州,改京東轉運使。峴性苛刻鄙吝,好殖財,復輕侮人,嘗以官船載私貨販易規利。初爲判官鄭同度論奏,既而彰信節度劉遇亦上言,按得實,坐削籍,配隸汝州"。

至道三年,畫一制度。以"應天府、兗徐曹青鄆密齊濟沂登萊單濮濰淄、淮陽軍廣濟軍清平軍宣化軍、萊蕪監利國監爲京東路"。[⑧]熙寧七年四月甲午,京東路分爲東西兩路。"以青淄濰萊登密沂徐州、淮陽軍爲東路,鄆兗齊濮曹濟單州、南京爲西路"。[⑨]元豐元年閏正月己卯,又詔京東路、西路轉運司,"並依未分路以前通管兩路,其錢谷並聽移用"。[⑩]

京東路轉運司之治所,據上引,自開寶初"轉運使副廨皆在廣濟軍"。景德二年三月,始"詔以青州神海夐遠,符牒或致淹緩,徙一人廨於青州"。[⑪]然據《龍學文集》卷七《京東路轉運使廳名記》所言,康定二年前,鄆州已成爲京東路轉運司治所。時置使二員,並駐于鄆。文曰:

> 我司勳張公郎中、工部馬公郎中領漕運於京東,既再稔。……鄆之名州惟舊,某年以河決徙今新州,而二公之署在焉。今所追録斷自徙州而下,凡若干人,徙州而上者,蓋亡矣。……康定二年六月十日記。

鄆州以河決徙州,據《宋史·河渠志》,在咸平三年五月。鄆州新城建成,在五年四月。時就命知鄆州姚鉉爲京東轉運使,獎其勞也。[⑫]《龍學文集》,祖無擇之文集。祖無擇,寶元元年進士第三人及第,寶元、康定間任齊州通判,所言當不誤。如此,則鄆州在咸平三年以前就成爲京東轉運司治所,然與上引《長編》所言抵牾。

廣濟軍何時不再作爲京東路漕司治所,今不得而知,可能廢于景德二年後不久。其地位的低落大概與轉運司不僅漕轉兵食,還要兼廉察、統理州軍有關,廣濟軍偏處京東路之西端,于治理一路事務實有所不便,從地理位置而言,遠不如青、鄆二州。加之,廣濟河道日漸淤淺,水流枯澀,漕運困難。元豐五年,宋罷廣濟河輦運司,不再用廣濟河道轉運京東上供,原因就是,“廣濟河用無源陂水,常置壩以通漕,……間一歲旱,底著不行”。[13]因此,其被取代便是不可避免的了。移轉運司至他州,置輦運司主持漕務。至熙寧元豐,再廢廣濟軍及輦運司。這大概是廣濟軍一步步衰落的過程。要之,青、鄆二州當是景德後百餘年間京東路轉運司的治所。有關這方面的史料,熙寧以後,管見所及,大約如下:

《宋會要·選舉》32之15:(熙寧元年)九月十九日,詔訪聞資政殿大學士吳奎葬事及本家闕人照管,慮孤遺失所,今(令)京東轉運使陳汝羲就照管。既而,汝羲權知青州,委轉運孫琳幹其事。[14]

檢《宋會要·方域》14之21,孫琳于熙寧元年七月十八日前已爲京東轉運使。由此可知,孫琳並非陳汝羲之後任,而是同臺共事之僚友。

《長編》卷299元豐二年七月,權知青州、轉運使、祠部郎中王居卿罰銅三十斤,坐失察青州民楊和真自熙寧六年傳習妖教也。

《要錄》卷13記載:建炎二年二月乙卯朔,“直秘閣、京東轉運判官柴天因爲本路轉運副使兼知青州,主管京東東路安撫兼提刑司公事,……時金已陷青、濰,而朝廷未知也”。

據《宋史·畢仲游傳》,畢仲游,徽宗時曾出任京東轉運副使。又據《永樂大典》卷20205《西臺畢仲游墓誌銘並序》,知畢仲游“遷京東計度轉運副使”時,並“權知鄆州”。又,《西臺集》卷11《上李少卿》一書中也稱:“某才到東部,值鄆守與西路憲車皆闕官,兼領其事”,可知。徽宗時,鄆州亦是京東漕治所。據《三朝北盟會編》卷74靖康二年正月三日條記載,“王(趙構)以正旦過華(莘)[15]縣,宿陽穀縣。二日,過景德鎮,宿迷魂寨。至是到東平府,本路安撫使盧益、轉運副使黃潛厚、轉運判官閻邱陞以下官吏出郊迎接”。則知欽宗時鄆州(即東平府)仍是京東轉運司治所。

總之,京東路轉運司治所,開寶以來迄于景德初設在廣濟軍。自真宗以來,則分駐于青、鄆二州。熙、豐間分東、西路,青州當爲東路轉運司治所,鄆州當爲西路轉運司治所,並均是兩員並駐。

三、京 西 路

《玉海·乾德轉運使》條言,“乾德元年正月,以沈義倫爲京西、韓彥卿爲淮南轉運使,諸道置轉運始見此”。因此,京西路應始建于乾德元年。至道三年,定制爲十五路之一。

京西路出現後,經歷了兩次分合。第一次在太平興國三年,是年四月甲戌,京西分爲南北兩路。北路轄“孟、滑、衛、陳、潁、許、蔡、汝等州,以轉運使程能統之”。南路轄“襄、均、房、復、郢、金、隨、安、鄧、唐等州及信陽軍,以副使趙載統之”。⑯後復併。

　　第二次是在熙豐時。熙寧五年八月二十四日,“詔以京西路分南北兩路,襄、鄧、隨、金、房、均、郢、唐八州爲京西南路,(西京)、⑰許孟陳蔡汝潁七州、信陽軍爲北路”。⑱元豐元年閏正月己卯,詔京西南北轉運司,“並依未分路以前通管兩路,其錢穀並聽移用”。南北兩路依然保留,但在財政上作了合併。

　　北宋時期,京西路轉運司的治所,據《欒城集·京西北路轉運使題名記》,應在洛陽、襄陽二地。該記言:

　　　　熙寧之初,朝廷始新政令,其細布在州縣,而其要領,轉運使無所不總。政新則吏有不知,事遽則人有不辦。當是時也,轉運使奔走于外,咨度于內,日不遑食。由是京西始判,而鄭、滑併于畿內。自某某若干州爲南,自某某若干州爲北。南治襄陽,北治洛陽。殿中丞陳君知儉自始更制而提舉常平,既而爲轉運判官,復爲副使,以領北道。始終勞瘁,置功最力。將刻名于石以貽厥後,而顧瞻前人泯焉未紀,乃按典籍以求遺放。自開寶以來得若干人。

　　《題名記》所言爲北道,作于熙寧六年十月,又言:“自開寶以來”,則其間洛陽當爲京西路(分路後,爲京西北路)之治所。檢《宋史·欒黃目傳》,傳言,黃目“遷太常博士、京西轉運使。丁內艱,時真宗將幸洛,以供億務繁,起令蒞職。(父)史尋卒,上復詔權奪”。真宗幸洛,在景德四年正月。可見景德時京西漕治于洛。據《宋史·王隨傳》及《長編》,大中祥符三年十一月戊戌,王隨“爲京西轉運副使,陛辭,且言曰:‘臣父母家洛中,乃在所部,得奉湯藥,聖主之澤也。’真宗因賜詩寵行,以羊酒束帛令過家爲壽”。又,《宋會要·職官》61之38載,大中祥符八年二月二十八日,“詔河東轉運使段惟幾、京西轉運使陳堯佐交換其任,以弟堯咨親嫌故也。先是,堯咨知永興軍,與轉運使欒黃目不協,乃徙知河南府,因有是命”。可見祥符時京西漕仍治于洛。據《長編》載,慶曆三年八月丙辰,以度支判官鄭驤權陝西轉運按察使兼三門發運使、判鹽鐵勾院夏安期爲京西轉運按察使兼白波發運使。舊制:三門白波發運使治河清縣,議者以置使煩而比歲漕益耗,故令陝西、京西兼領之。按,白波發運使既以京西漕兼領,則治所當在洛陽,而不當在許州,否則不知何以遙制。此爲仁宗時京西漕治洛之例。

　　由此可見,熙寧前京西路轉運司確乎治于洛陽。元豐元年,稍變熙寧體制。京西南北路轉運司,通管兩路,以京西路爲名。自此以後,至于北宋末,洛陽仍爲京西漕治所。《宋史·唐義問傳》言,義問“擢湖南轉運判官,……移使京西。文彥博守西都,義問求罷去。彥博告以再入相時,嘗薦其父,晚同爲執政,相得甚歡,故義問乃止”。可見元豐時京西漕仍治于洛。又,《甲申雜記》載:紹聖中,重實(周秩)爲京西轉運使。既至西京,捕文、劉,置運司別廳。

《宋會要·職官》61 之 43 載，政和八年九月十一日，工部侍郎蔡安時奏，先于政和四年任河南尹日，與京西轉運使王瓂議論不合。《鴻慶居士集·朱公(彥美)墓誌銘》言，彥美，宣和二年，"漕京西，尤稱于天下，京西治河南"。《三朝北盟會編》卷 64 靖康元年十一月二十二日，粘罕自河東入寇，河東澤、潞州官吏多棄城走西京，……粘罕渡河乘勝陷河陽及西京，執京西南北路都轉運使時道塵使擔糧"。可見哲、徽、欽三朝京西漕治所依舊在洛陽。然《宋史·劉汲傳》言，靖康元年，"時置京西轉運司于鄧州，以汲添差副使"。但此時已進入宋金戰爭時期，置司鄧州，應非常制，不足爲據。

北宋時，洛陽爲京西漕治所，此爲確論。但間亦設于許州。這方面的史料極少，僅見于《東軒筆錄》卷 12。該卷言，"蘇舜元爲京西轉運使，廨宇在許州"。據《長編》，這當是皇祐中事。另外，熙寧九年二月辛丑，"詔以廣西軍興，令京西南、北路轉運司常輪一員應副軍須。南路唐州，北路許州，候事平日仍舊"。[19] 此亦可證轉運司治許，僅爲一時之權制。

京西路，熙寧分路後，南路治于襄陽。南宋初，京西爲邊面。直至紹興六年，始復建京西南路。十年閏六月，始復置轉運司。"置漕臣一員，兼提舉茶鹽常平等公事，襄陽府置司"。然類以他官兼，或兼以他路之職。十二年四月壬午，始以"蔡安疆爲京西(南)路轉運判官，兼提刑、提舉茶鹽公事，填復置闕"。[20] 自兹以後，直至南宋末，京西漕治于襄陽，且多兼憲、倉之事，未有變化。[21]

四、河　北　路

河北路，宋初置。太宗時數度調整行政區劃，"太平興國二年，分河北南路。雍熙四年，分東、西路。端拱二年，併一路"。[22] 直至至道三年，畫一制度，河北路作爲全國十五路之一的地位才最終確立。

熙寧六年七月，以河北路"所部廣遠"，而分爲兩路。"以濱棣德博恩冀滄瀛雄(霸)澶莫州、大名府、信安保定乾寧永靜軍爲東路，懷衛磁相邢洺深祁保定趙州、真定府、安肅廣信順安永寧軍爲西路"。[23] 元豐元年，詔河北東、西路轉運司，通管兩路，以河北路爲名，提刑、提舉司仍舊分路。[24]

河北路轉運司治所設于大名府。太平興國六年九月壬寅，田錫爲河北南路轉運使。據李燾之注文"錫方守大名"[25] 云云可知。"景德初，契丹入寇，帝將幸澶淵。欽若自請北行，以工部侍郎、參知政事判天雄軍，提舉河北轉運司"。[26] 則景德時河北漕亦當治于大名。《忠肅集》卷 13《兵部員外郎直史館梁公(蒨)墓誌銘》言，慶曆中，公"通判大名府。程文簡公琳方居尹，與轉運使張公昷之以氣權相睨不安"。則慶曆時河北漕亦治于大名。《青瑣高議·後集》載,韓魏公在大名日,有人送玉盞二只,"一日召漕使,且將用之酌勸"。《齊東野語》卷9載,韓魏公留鑰北京日,李稷爲漕使,公待之甚禮。韓琦熙寧六年二月壬寅,"自大名判相州",⑦則熙寧六年分路前河北漕仍治大名。

熙寧六年至元豐元年間,河北東路轉運司仍治大名。《宋名臣言行録·後集》卷3載,文彥博判北京,運判汪輔之入謁。檢《長編》,文彥博熙寧七年至元豐三年在北京大名府,而汪輔之則于熙寧末至元豐初三任河北東、西兩路轉運判官。由此可證,分路期間,河北東路漕仍治大名。

元豐元年閏正月,河北東、西路轉運司通管兩路,仍以河北路爲名。自茲以後,迄于北宋末年,河北路轉運司仍治大名。《三朝北盟會編》卷117載,張愨"靖康初,授龍圖閣直學士、河北都轉運使、權大名府。康王至大名,愨來迎,陞延康殿學士。建炎初,召赴行在,同知樞密院"。又,《浮溪集》卷20《郭永傳》載,永"遷河北東路提點刑獄。時車駕在維揚,命宗澤守京師,澤屬兵積粟,將復兩河,以大名當衝要。檄永與帥杜充、漕臣張益謙相犄角。永得檄大喜,即朝夕謀戰守具,因結東平權邦彥爲援。……居無何,宗澤死。充守京師,以張益謙代之,而裴億爲轉運使。……會范瓊脅邦彥南去。劉豫舉濟南來寇,大名塊然孤城居其間,敵以十倍之師攻之"。兩例均可爲證。

熙豐分路時期及元豐以後,是否在大名以外河北其他州府,設置河北及西路轉運司治所,管見未見于載籍。據《長編》卷284熙寧十年八月己亥條所載呂溫卿請置河北東、西路都轉運司札子,呂溫卿以爲"河北分爲東、西路,其於監司巡按點檢甚便,至於通融移用之法,則不能無害。如東路出絲綿、紬絹,西路饒材木、鐵炭,而有無不得以相通,用度不得以相補"。爲此,他請"于北京特置河北京㉘東、西路都轉運司,選重臣以領事。應合通融移用財賦課利、按察郡縣事件等,委四路都轉運司通管,專以經制邊計爲任,北邊之財庶可以充足"。此札距元豐元年閏正月河北通管兩路,僅及半年。或接受呂溫卿之建請,河北轉運司僅設于大名。甚或分路期間,河北西路轉運司即設于大名,亦未可知。大名府位于河北與中原的交通幹綫御河的南端,是南方物資運往河北的集散地,其樞紐地位是河北其它州軍所無法比擬的,因而這種可能性不是沒有。

五、河 東 路

河東路應設于太平興國四年滅北漢時,爲至道三年十五路之一。河東路轉運司治于潞州,茲引《宋史·孫冲傳》以爲證。

(孫冲)"歷湖北、河東轉運使。會南郊賞賜軍士,而汾州廣勇軍所得帛不逮他軍,一軍大謀,捽守佐堂下劫之,約與善帛乃免。城中戒備,遣兵圍廣勇營。沖適至,命解圍弛備,置酒張樂,推首惡十六人斬之,遂定。初,守佐以亂軍所約者上聞,詔給善帛。使者至潞,沖促之還,曰:'以亂而得所欲,是愈誘之亂也。'卒留不與。"

《長編》亦載此事,繫于天聖六年正月,知天聖時河東轉運司治所當在潞州。又,《歐陽文忠公文集》卷115《倚閣忻代州和糴米奏狀》中説:"又緣轉運使二人並在潞州,相去絕遠,不及計會商量"云云,更明言慶曆中轉運司治所置于潞州。

《宋史·王鼎傳》亦可爲證。傳言,鼎"入爲三司鹽鐵副使。數與包拯爭議,不少屈。拯素强,然無之何。遷刑部郎中、天章閣待制、河北都轉運使,徙使河東,卒"。又言,鼎卒所在"潞州八義館"。包拯嘉祐四年至六年任三司使,可見仁宗末年河東路治所亦在潞州。

畢仲游,哲宗時,"出提點河東路刑獄",在任時與友人趙司業書信往還。在《與趙司業》[29]中,他説:"比緣歲事,出至旁近郡,欲歸而得漕臺公移,會議役法,因徑到上黨,論有不決者,少爲淹留。及歸太原,始領所賜教輸。"可見,哲宗時轉運司治所仍在潞州。

河東路提點刑獄司設于太原。《西臺集》卷10又有《與王觀文又》,該書明言,"前任承乏河東,廨舍在太原"。另外,天聖時杜衍之事亦可爲反證。《長編》天聖四年四月戊午條載,"光禄卿、知汝州王曙爲給事中知潞州,上黨民王氏誣伏殺繼母,獄已具,僚吏皆以爲無足疑者,曙獨曰此可疑也。既而提點刑獄杜衍至更訊之,果得真殺人者"。

河東路憲司在太原,漕司在潞州,一南一北互有偏重,正符合宋朝監司分部按舉的原則,應當説是基本符合歷史原貌的。靖康元年九月三日,粘罕陷太原,"運判王毖、提舉單孝純(忠)皆被殺"[30],據此,轉運司可能移至太原,這大概是因戰局需要而作的變動。由于文中不載提刑,因此亦不排除漕、憲二司互移的可能。

六、陝 西 路

《宋史·沈倫傳》言,乾德元年春,"爲陝西轉運使"。因此,陝西路的設置當不晚于此。至道三年定制,陝西路爲十五路之一。

陝西路行政區域大體經歷過兩次大調整。《宋會要·食貨》49之2言:"太平興國二年,分陝西河北、陝西河南兩路,各置使一員。又有陝府西北路,後皆併焉。熙寧五年,分永興、秦鳳二路"。太平興國時,各區轄境今已無從得知。熙寧五年時的永興、秦鳳路轄境則很清楚。是年十一月壬申,分永興保安軍,河中陝府、商解同華耀虢鄜延丹坊環慶邠寧州爲永興軍等路,鳳翔府、秦階隴鳳成涇原渭熙河洮岷州、鎮戎德順通遠軍爲秦鳳等路[31]。元豐元年,永興、秦鳳路轉運司通管兩路,以陝府(西)路爲名。提刑、提舉司仍舊分路。

陝西路轉運司當治于永興軍。《宋會要·職官》61之38載,大中祥符中,陳"堯咨知永興軍,與轉運使樂黄目不協,乃徙知河南府"。可見時轉運司治于永興軍。熙寧五年,規定永興軍路"轉運使於永興軍,提點刑獄於河中府置司";秦鳳等路"轉運使於秦州,提點刑獄於鳳翔府置司"。由此可知,熙寧五年至元豐元年,陝西兩路轉運司治于永興軍、秦州。

元豐元年以後,轉運司通治兩路財賦,兩司當合而爲一。仍治于永興軍。據《長編》所載,"元符元年正月壬申,曾布言:'李譓實有才幹,本司事不少,若止令在長安本司,卻令巴宜往軍前乃便。'上然之。先是,朝旨令轉運判官巴宜在長安本司,李譓管勾涇原軍須故也"。則元符初陝漕依舊治于永興軍。又據《會編》卷115所載,"建炎二年正月十三日,金人襲宿陷長安,安撫使唐重戰卒,總管楊宗閔、運使桑景詢、通判曾謂、提刑郭忠孝皆被害"。則終北宋末,陝漕仍治于永興軍。

應當指出的是,徽宗時,在陝西繼續推行進築政策,爲了治理擴大後的轄區,政和中,"詔陝西以三員,熙、秦兩路各二員。宣和初,又詔陝西以都漕兩員總治于長安,而漕臣三員分領六路"。[32]則政和時除永興軍爲陝西路或永興軍路的治所外,熙、秦二州當爲熙、秦兩路轉運司之治所。宣和時,由于是"每兩路一員主之",[33]故永興軍外亦當另有三漕司治所。陝西六路,如三分之,則熙河與秦鳳、涇原與環慶地里相接,戰略目標也較一致。如判斷不誤,則熙秦兩路之漕司可能設于秦州,涇原、環慶兩路漕司之所可能設于涇州。慶曆時,范仲淹請求與韓琦並駐于涇州,居中聲援東西兩側的秦鳳與環慶路,或可援以爲據。[34]延在四路之東、永興軍之北。如獨置轉運司則當在延安府,元豐時即如此。

七、兩浙路

太平興國三年,漳泉、吳越相繼獻地。併開寶八年江南所得之汀、建、劍、常、潤五州及江陰軍,宋初統稱之爲"兩浙諸州"。五月丙戌,以"刑部郎中楊克讓充兩浙西南路轉運使,宗正丞趙齊副之;祠部郎中河南劉保勳充兩浙東北路轉運使,右拾遺鄭驤副之"。[35]始分閩、浙諸州爲兩路。兩浙東北路後改兩浙路,但史文闕逸,不得其時。據《長編》所載,太平興國六年八月,罷免兩浙東北路轉運使王德裔。九月,其後任高冕官銜已改爲"兩浙轉運使"。則兩浙東北路改名兩浙路,當在六年王德裔、高冕到罷之際。

熙寧七年四月壬辰,從檢正中書刑房公事沈括之請,分兩浙路爲東、西兩路。以杭、蘇、湖、潤、常、秀、睦七州爲兩浙西路,越、明、婺、溫、台、衢、處七州爲兩浙東路。[36]此後屢分屢合,熙寧七年九月合爲一路,九年五月復分,十年五月復合。[37]

據《吳郡志》卷7《官宇·提舉常平茶鹽司》條所載,"宣和五年,又分淮、浙爲(兩路),西路則八州軍三十八縣隸焉,治平江府"。又,《輿地紀勝》卷 10《紹興府·監司沿革·提舉司》亦言,"宣和末,分爲東、西兩路、東路治越"。故可斷定宣和五年兩浙復分東、西路,即臨安平江鎮江嘉興四府、安吉常嚴三州、江陰一軍爲西路,紹興慶元瑞安三府,婺台衢處四州爲東路。㊳然兩浙路不同于它路,而有其自身的特點,即如王象之所言:"今荊、淮、江、廣諸路漕臣皆分路自置,惟兩浙以財賦合一,故共置一司,兼統兩路,並得刺舉,尚熙寧舊制也。"㊴所謂"尚熙寧舊制",即熙寧十年五月所詔,兩浙東、西路復"合爲一路。蓋以財賦不可分,又已責監司分定巡歷諸州縣歲遍故也"。㊵因而,就轉運司而言,北宋末,兩浙東、西兩路在財政上實仍爲一路,即兩浙路。僅設一司,通管兩路財賦。而提刑、提舉司則仍各分東、西路設置。

兩浙路轉運司,初沿唐江南東路採訪使治于蘇之舊制,設于蘇州。《吳郡圖經續記·下》言,"兩浙轉運使治所初在吳郡,孫何漢公自京東遷二浙,實居于此"。孫何爲浙漕,據《長編》所載,在咸平三年六月後不久。又《宋史》卷 306《孫何傳》言,"景德初,代還,判太常禮院"云云,則至少景德前兩浙轉運司治于蘇。

仁宗景祐時,兩浙漕已移司杭州。據《長編》所載,景祐二年六月,度支判官、直集賢院段少連爲兩浙轉運副使。"是時,龍圖閣直學士鄭向守杭,無治才。訟者不服,往往自州出,徑趨少連。少連一言處決,莫不盡其理"云云,可證。自茲以後,迄于英宗,浙漕仍治于杭,茲舉三例以證。

《蘇學士文集》卷 15《兩浙路轉運使王公(雍)墓表》言:"(慶曆四年)春,充兩浙轉運按察使。是歲秋七月甲子,考終于錢塘之官舍"。

《浮溪集》卷 26《周公(之道)墓誌銘》言,"皇祐五年,進士第,調主杭州錢塘簿。轉運司治錢塘,吏習倨驕,視州縣蔑如。轉運使元絳委公督租,吏胡通者,絳任之,有田邑中,租過期不入,公執通歸,伏而徇,一邑大驚,他租不日而辦"。

《宋史·孔文仲傳》言,"舉進士,南省考官呂夏卿,稱其詞賦贍麗,策論深博,文勢如荀卿、楊雄,白主司,擢第一。調餘杭尉。恬介自守,不事請謁。轉運使在杭,召與議事,事已,馳歸,不詣府。人問之,曰:'吾於府無事也。'"

呂夏卿爲考官,據《宋會要·選舉》19 之 12,在皇祐五年,則孔文仲爲餘杭尉當在是年及至和時。

熙寧七年,兩浙分爲東、西兩路。西路轉運司治于杭,東路轉運司治于越。此後屢經分合。分則各治于杭、越,合則併治于杭州臨安府。㊶從宋代諸《會稽志》不載轉運司治所,即可知浙漕基本未設于越州紹興府。

總之,兩浙路轉運司,景德前治于蘇州,後治于杭州臨安府。熙寧分路時期,則分治于杭、越。

八、淮　南　路

《玉海·乾德轉運使》條言,乾德元年,以韓彥卿爲淮南轉運使,此爲宋諸道置轉運使之始。北宋時,淮南路的分合,凡三次。據《元豐九域志》言,太平興國元年,分爲東、西路,後併一路。至道三年,淮南路爲十五路之一。熙寧五年,復分路。據《長編》九月丁卯載,"詔以淮南路分東、西路。揚、亳、宿、楚、海、泰、泗、滁、真、通十州爲東路,壽廬蘄和舒濠光黃八州、無爲軍爲西路"。元豐元年,詔淮南東、西路轉運司通管兩路,以淮南路爲名。提刑、提舉司仍舊分路。宣和五年,淮南路如兩浙路,轉運司以淮南路爲名,而提刑、提舉司復分路。南宋時,淮南路的分合有兩次。紹興七年,淮南局勢平穩後,分東、西兩路,復置兩轉運司,而在相當長的時間内,以漕司兼領憲、倉職事。十四年,基于通融財政,使兩路"事力相濟"這樣一種考慮,復合爲一路,仍以淮南轉運司爲名。但由于淮南漕南宋時始終分設于兩地,與兩浙路不同。因而,一般仍將淮南視爲淮東、西兩路。故王象之言,"今荆、淮、江、廣諸路漕臣皆分路自置"。[42]而任淮南漕臣者,其官銜也淮南、淮東、淮西互出。

淮南路轉運司治所,《燕翼詒謀錄》卷4言之最備,謂"淮南轉運使舊有二員,皆在楚州。明道元年七月甲戌,詔徙一員于廬州。南渡以後,廢江淮發運使,而治楚州者移治真州,治廬州者移治舒州。其後又自舒州移治無爲軍"。廢發運使,據《宋會要·職官》42之55,南渡後有三次,首次在紹興二年。《輿地紀勝》卷38《真州》條言,淮南轉運司,"舊治山陽。自頃兵革灰燼,移於真之城東南行春坊,即舊發運之治所也"。則淮南轉運司移司真、舒二州當在紹興三、四年間,轉運司初復之時。又據《宋會要·兵》2之45,乾道八年十月十二日,淮南轉運判官馮忠嘉言,"本路二漕,一置司真州,一置司無爲軍"。則此時淮西轉運司已于舒州移司無爲軍。故西漕移司無爲,極有可能在紹興七年淮南漕再度復置之時。西漕直至嘉定十四年仍在無爲,[43]但理宗時,已移司廬州。而真州則始終是"淮東轉運司置司"之所。[44]

總之,淮南路轉運司初治于楚州。明道以後,分治于楚、廬二州。紹興二年,治于真、舒二州。可能在乾道時,移治于真州、無爲軍。理宗時,治于真、廬二州。

九、江南東路

宋開寶八年,克平南唐。九年(即太平興國元年),命知昇州楊克遜(讓)兼江南諸州水陸計度轉運使事。[45]江南路,太平興國元年,分東、西路,後併一路。至道三年定制,爲十五路之一。天禧四年,復分爲東、西兩路。[46]即以江寧府、宣歙江池饒信太平州、南康廣德軍等十州軍四十八縣爲東路,以洪虔吉袁撫筠州、興國南安臨江建昌軍等十州軍四十五縣爲西路。

建炎四年,"合江東、西爲江南路,以鄂、岳來屬"。[47]時分江東、西爲鄂州、江州、池州三安撫司,故合江南兩路爲一路,置都轉運使。紹興元年,各置轉運司。[48]

江南轉運司的治所,在昇州。開寶八年十二月丁未,宋以楊克讓權知昇州。太平興國元年二月,又兼江南轉運使。[49]自此以後,迄于宋末,江東轉運司依舊治于此。[50]《至正金陵新志》卷1言,"端拱元年,轉運使治於鄱州",此事不見于宋代文獻,或別有所據。

十、江南西路

太平興國元年,江南路分爲東、西兩路。但據《輿地紀勝·隆興府》所言,開寶九年,命知昇州楊克遜(讓)兼江南諸州水陸計度轉運使事。時兼東、西兩路,故治不在豫章。是年,又命知洪州王明兼江南西路轉運使,故漕臺未有治所。因此,興國初年的分路,可能在實際上僅僅是區域分工有所側重。又由于轉運使由首州知州兼任,故西路竟無漕臺。雖然該書又言,"雍熙中,楊緘爲江西漕,始治焉"。但據《宋史·和㠓傳》,時楊緘官銜仍爲江南轉運使。又,《宋史·張齊賢傳》言,太平興國六年,"爲江南西路轉運副使。冬,改右補闕,加正使"。但在張齊賢所撰《洛陽縉紳舊聞記》卷2《虔州記異》中,又屢言"江南"。該文言,"余在江南掌轉輸之明年,……未半歲,自京奏公事回,泝流至虔州。懷琪乘舟三十許里相接,睹揖之際,連拜數十,但云某罪過。余自暫離洪州來上京,却歸江南,往復僅四五個月,固未知法定之死,聞懷琪稱罪懇切,甚訝之"。儘管虔州、洪州盡爲江西州郡。但此時都統屬于江南路。故分路行之未久,而有併路之舉。

江南西路,建于天禧四年。其轉運司治于洪州,上引《輿地紀勝》、《虔州記異》可證。但,建炎時因戰亂,已"權在吉州置司"。紹興元年八月,江州安撫大使朱勝非以"江州置帥,措置屯兵防托江路,正要漕司就近經畫錢糧"爲由,移"江西轉運司依舊於洪州置司"。[51]自茲以後,直至德祐元年十一月壬午,"轉運判官劉槃以隆興降",[52]江西漕始終設于洪州隆興府。[53]

十一、荆湖北路

宋乾德元年,先後消滅荆南、湖南,得江陵府、歸峽潭衡邵道永全岳澧朗辰獎錦溪叙州及荆門軍、桂陽監。二年九月,又從南漢奪得郴州。據《太平寰宇記》卷118《朗州·桃源縣》條所載,該縣,乾德二年"從轉運使張永錫之所請"而建。則乾德初平荆南、湖南後可能就立即設置了轉運司。[54]太宗太平興國時,曾將荆湖分爲南、北兩路。興國末,又以北路兼總南路,採取分中有合的方式。《長編》三年五月丙戌，"詔免荆湖南路轉運使崔憲"及"五年七月戊申，(李)惟清自湖北運判改運副。八月己卯，遷使。七年九月戊戌，兼總南路"云云，可證。至道三年，始分天下爲十五路。其中荆湖分爲南、北兩路。不過據《長編》、《元豐九域志》、《宋紀》所載，"咸平二年三月戊辰，荆湖南、北路始置兩使"。故荆湖分爲南、北兩路，實在咸平二年。

　　荆湖路，咸平二年前，無論分合，轉運司治所當均在江陵。《宋史·許仲宣傳》言，"開寶四年，知荆南轉運司。及征江南，又兼南面隨軍轉運事，兵數十萬，供饋無闕"。可證。咸平二年以後，湖北漕治所，據《輿地紀勝》卷 66《鄂州》條言，"國朝咸平二年，置湖南、北路轉運使，而湖北路轉運使治江陵。建炎二年省罷，紹興二年復置，始治鄂州"。《王文公集》卷 95《劉牧墓誌銘》言，"治平元年，荆湖北路轉運判官劉牧卒，皆荆南士人爲具"。亦可爲北宋時湖北漕治于江陵之旁證。又，陸游《入蜀記》卷 4 言，"乾道六年八月二十三日，……食時至鄂州。……見知州右朝奉郎張郯之彦、轉運判官右朝奉大夫謝師稷。……二十六日，與統紓同游頭陀寺。寺在州城之東隅石城山。……州治及漕司皆依此山"。《鶴山先生大全文集》卷 77《直寶章閣提舉冲佑觀張公(忠恕)墓誌銘》言，嘉定中，忠恕"改除轉運判官兼知鄂州"。《宋史·理宗四》"開慶元年正月丙寅，印應飛依舊職知鄂州兼湖北轉運使"。《文山先生全集》卷 7 有"賀前人改除湖北漕兼知鄂州"事。《方輿勝覽》卷 28 言，鄂州，"湖北轉運置司"。均可證紹興二年後湖北漕始終置司于鄂州。然《輿地紀勝·鄂州》條尚略有欠完備處，據《宋會要·食貨》49 之 40 所載，南渡之初，"湖北轉運司，因荆南府殘破，於枝江縣置司"。

十二、荆湖南路

　　咸平二年，分荆湖爲南、北兩路。荆湖南路轉運司治于潭州。《輿地紀勝》卷 55 衡州荆湖南路提點刑獄司條載，"皇祐三年，仁宗嘗謂輔臣曰：'諸路轉運、提點刑獄官廨宇同在一州，非所以分部按舉也，宜析處別州。'"于是，湖南提刑司"自潭州移治衡州"。可知皇祐三年前後荆湖南路轉運司治于潭州。又，據《長編》卷 226 載，熙寧四年八月，權發遣荆湖南路轉運副使范子奇權發遣戶部判官。以"子奇與潭州之提點刑獄交爭不已，勢須移立"。可見熙寧時仍舊治。

　　南宋初，"自孔彦舟之亂，漕司移寓(潭州)衡山縣"。紹興五年四月己酉，以"轉運判官薛弼已入潭州視事，而餘官未遷"，故"詔湖南轉運司限一月依舊於潭州置司"。⑤則知紹興五年以後湖南漕復治于潭州。又，《方輿勝覽》卷 23 言，"潭州，湖南轉運置司"。則知南宋時湖南漕始終治于潭州。

十三、福　建　路

　　兩浙西南路,建于太平興國二年。"雍熙二年,改福建路"。[56]其轉運司治于建州。[57]"建炎二年,以建寇故移司福州。紹興二年,還建州。三年,復移福州,尋仍舊"。[58]從此以後,迄于宋末,閩漕始終治于建州建寧府。

十四、益州成都府路

　　乾德三年,宋平後蜀,凡得益州等四十六州府。遂置西川路。開寶六年,分峽路。[59]宋初的峽路領"遂、合、渝、瀘、昌、開、達、渠、巴、蓬、資、戎、涪、忠、萬、夔、施十七州及廣安、梁山、雲安三軍"。[60]太平興國二年二月丙午,宋又分西川爲東、西兩路,各置轉運使、副。七年八月,"廢東川轉運使並屬西川"。由于直至太平興國六年峽路仍然存在,[61]故太平興國中應爲"劍南東西、峽路"三路並存時期。[62]據《輿地紀勝》卷184《利州》條所言,"太平興國三(二)年,分西川東道,各置轉運副使(使副)"云云,則時東川治于利州。此次東、西川的轄區不明,但據治所在利州及峽路多爲後來梓、夔路所轄這兩點來判斷,東川可能多爲後來利州路之轄區,與唐代劍南東川節度使所轄大不相同。至道三年末始定制,川峽分爲西川、峽路。此時的峽路,據《宋史·李繼昌傳》所載,凡轄"二十五州軍"。大抵與後來的梓、夔兩路所轄州軍數接近,疑兩路即由峽路分出。咸平四年三月辛巳,宋又將川、峽兩路分成益、梓、利、夔四路。"益州路總益、綿、漢、彭、邛、蜀、嘉、眉、陵、簡、黎、雅、維、茂、永康凡十五州軍,梓州路總梓、遂、果、資、普、榮、昌、渠、合、戎、瀘、懷安、廣安、富順凡十四州軍監,利州路總利、洋、興、劍、文、集、壁、巴、蓬、龍、閬、興元、劍門、三泉、西縣凡十五州府軍縣,夔州路總夔、施、忠、萬、開、達、渝、黔、涪、雲安、梁山、大寧凡十二州軍監"。[63]自此以後,迄于宋末,川峽地區轉運司路無所變更。

　　咸平四年以前,西川轉運司治于益州成都府。《長編》乾德四年六月丁未"詔西川轉運使沈義倫于成都寫金銀字金剛經,傳置闕下"。可證。淳化五年正月,李順帥衆攻成都,"己巳,城陷。(新知成都府郭)載與運使樊知古斬關而出,帥餘衆奔梓州"。咸平三年正月,爆發王均之亂,知成都府牛"冕及轉運使張適縋城出奔漢州"。並可證。

　　開寶六年,分峽路。"別置水陸計度轉運使,仍以知雲安監、太子中允張顒充使"。[64]史未明言峽路轉運司治所,疑設于雲安監。宋轉運使設置之初,偏重于將輸轉漕。太平興國元年,以"峽鹽悉趨荆南,西川民乏食","于是命西川轉運使申文緯遙兼峽路,峽路轉運副使韓可批兼西川路,使鹽筴流通"。⑥因此,峽路轉運司設于產鹽地雲安不是没有可能的。至道三年再設峽路,其轉運司治于何地,史無明文。以情理揆之,爲兼顧將輸、刺舉兩方面,可能設于夔州梓州,或並置使、副于兩地。太平興國時的劍南東川,上已論證,應設于利州。

咸平四年以後,益州成都府路轉運司仍舊治。寶元二年六月丁丑,益州大火。"知州張逸心疑有變,與轉運使明鎬夜領衆往而實不救火,故所焚甚衆"。可見益路漕時仍治于益州。《宋史·彭思永傳》言,思永爲益州路轉運使嘗攝府事。時"中使歲祠峨眉,率留成都掊珍玩,價直數百萬錢,悉出于民,思永朘其三之一,使怒去,而不能有所中傷"。思永任轉運使,在仁宗中期。可見時仍治于益州。《文定集》卷17有《與成都李運使啓》。作者汪應辰,高、孝時人,則時成都府路漕仍治于成都。據《方輿勝覽》卷51所載,理宗時成都府仍爲本路漕治所。淳祐元年,成都再次淪陷後,嘉定作爲宋方在川西的重要據點,至德祐元年(元至元十二年)六月方失陷。⑥⑥故極有可能是成都府路諸司最後的設置之所。

十五、利 州 路

太平興國二年二月丙午,始分西川爲東西兩路,各置轉運使、副。至七年八月,東川廢,復併入西川。東川轉運司治于利州,應爲利州路之前身。

利州路置于咸平四年,其轉運司治于利州。《輿地紀勝》卷184言,利州有"司馬溫公世德堂,在寶峰山。溫公年十三,隨侍天章公作漕來此"。司馬池,天聖九年爲利州路轉運使。可見天聖時利路漕治于利。同書卷183《興元府》言,"皇祐三年,提、轉不許同在一州,故憲居興元,而漕居利州"。知時利漕仍舊治。

曹彦約,嘉定中,爲利路轉運判官兼知利州。⑥⑦《輿地紀勝·利州》載,唐武則天廟"在州西告成門外。舊碑云,其母感溉龍而生后。廟舊號則天金輪皇帝廟。嘉定乙亥(八年)運使曹彦約謂理有未安,乃改曰則天順聖皇后廟"。可知寧宗時利漕仍治于利。據《輿地紀勝》及《方輿勝覽》卷66,理宗時,利州仍爲利漕之治所。但《永樂大典》卷14627《薦舉門》載,"端平二年十月四日敕:利路提刑、轉運司申,昨在興元府,借舉關外舉狀。今在成都府置司,所有借舉關外舉官員數,合令逐司薦舉。"則端平時利漕已在興元、成都。

端平以後,合、閬二州成爲利路抗蒙的重要據點,⑥⑧利州東、西路安撫司就設于此。閬州至寶祐末年失陷,而合州則一直堅持到祥興二年(1279),是四川最後一個陷落的城池。⑥⑨因此,極有可能是利路諸司的最後之所。

十六、梓州潼川府路

梓州路置于咸平四年,其轉運司治所,初設于梓、遂二州。大中祥符七年八月丙寅,梓州路轉運使寇瑊言,"本使公署在梓、遂,去戎、瀘地遠,緩急邊警難以照應。請徙於資州"。⑩可證。時宋廷接受寇瑊的建議,移梓州路漕司至資州。《輿地紀勝》卷157《資州》載,"初,朝廷分梓、夔四路,而梓漕宅東川。祥符六年,寇瑊出使,屯師東川,供饋維艱,奏請置衙于兹,後復故"。可證。《輿地紀勝》卷155《遂寧府》言,"遂寧舊爲梓部臺治。大中祥符中,寇瑊置于梓州。皇祐中,田況請復置司遂州"。祥符之事,與上相較,所言不確。但由此或可窺知祥符後梓漕治于遂。該條又言,提舉學事,崇寧六年置,宣和二年廢,以轉運兼領。可知北宋末遂州遂寧府仍爲本路漕司治所。《宋史·魏了翁傳》言,嘉定八年,遷轉運判官,"遂寧闕守,了翁行郡事"。又,《宋紀》嘉定十二年五月乙未朔,"張福薄遂寧府,潼川府路轉運判官、權府事程邁孫棄城遁"。並可證寧宗末遂寧府爲潼川府路轉運司治所。《方輿勝覽》卷63言,遂寧府爲"本路轉運置司之所,然端平以後難以確言在否。

十七、夔 州 路

夔州路置于咸平四年,其轉運司治于夔。《皇朝編年綱目備要》卷6載,咸平五年,施、黔諸州蠻攻州縣,夔路轉運使丁謂自入溪洞,其首領田彦伊願世奉貢,"謂要與俱至夔州"。可證。又,《方輿勝攬》卷57言,本路轉運置司夔州。可見,南宋時夔漕依舊治于夔。理宗景定二年,劉雄飛出任四川安撫制置副使兼知重慶府,同時又兼四川總領、夔路轉運使。自此以後,其後任夏貴、朱禩孫均兼夔漕,則理宗後期夔漕已移至重慶。⑪

十八、廣南東路

開寶四年,平廣南。端拱元年,始分廣南爲東、西路。⑫至道三年,定天下爲十五路,廣南東、西爲其中兩路。端拱以前的廣南及其後的廣南東路轉運司治于廣州。《長編》開寶五年八月丙申,"命同知廣州潘美、尹崇珂并兼嶺南轉運使,其原轉運使王明爲副使"。可證設置之初,即在廣州。《范文正公集》卷14《王絲墓表》言,"廣州當交趾之衝,無城守備,君議陶磚爲城"。絲,慶曆中,充廣南東路轉運按察使。可見時仍治于廣。皇祐四年,儂智高犯廣州。時王罕爲廣南東路轉運使,"往潮州議鹽事。聞智高圍廣州,即領兵還入城爲守禦備"。則皇祐時廣東漕仍舊治。[73]《揮塵録・後録》卷 7 載，"鄒志完，元符三年，自右正言上疏論中宮事，除名竄新州。鍾正甫將漕廣東，次年上元，廣帥朱行中約正甫觀燈，已就坐矣，忽得密旨，令往新州制勘公事。正甫不待杯行，連夜星馳以往。抵新興，追逮志完赴司理院，荷校囚之"。可見元符時廣東漕仍治于廣。南宋時，《興地紀勝》卷 89、《方興勝覽》卷 34 並言廣州爲廣東轉運置司之所。然《攻媿集》卷 20《論二廣賞典》則言，"廣東漕司在惠州"。樓鑰，孝宗隆興元年入仕，寧宗嘉定六年卒。此文大約寫于光宗時。不知廣東漕何時移至惠州，又何時復還廣州。理宗景定以後，冷應澂"知廣州，主管廣南東路經略安撫司公事、馬步軍都總管，領漕、庾如故"。[74]可知南宋末，廣東轉運司仍治于廣州。

十九、廣南西路

　　廣南西路置于端拱元年，其轉運司治于桂州。據《宋史・陳堯叟傳》載，太宗時，陳堯叟，"再遷工部員外郎、廣南西路轉運使。嶺南風俗，病者禱神不服藥。堯叟有集驗方，刻石桂州驛"。可證。又，《攻媿集》卷 20《論二廣賞典》言，"廣西漕、憲置司靜江"。可見南宋中期，廣西漕仍舊治。《興地紀勝》卷 103、《方興勝覽》卷 38《靜江府》均言靜江爲"本路轉運、提刑、提舉置司"之所，可見至理宗端平之前廣西漕仍治于靜江。《宋史・楊大異傳》言，大異"改提點廣西刑獄兼漕、庾二司"。大異于理宗後期任此職，由此可知，廣西漕直至南宋末年仍治于靜江。

① 《中國歷史地理論叢》92 年第 2 期。
② 《續資治通鑑長編》卷 62(以下簡稱《長編》)；又，《宋會要輯稿》、《建炎以來繫年要録》本文均簡稱爲《宋會要》、《要録》。
③ 《長編》卷 175。
④ 《長編》卷 181。
⑤ 《宋會要・方域》5/12。
⑥ 《宋史》卷 85《地理一・京畿路》、《地理一・拱州》。
⑦ 《長編》卷 312。
⑧ 《宋史》卷 85《地理一・京東路》。
⑨㊱ 《長編》卷 252。
⑩ 《長編》卷 287。
⑪ 《長編》卷 59。
⑫ 《長編》卷 51。
⑬ 《長編》卷 323 元豐元年二月癸亥。
⑭ 按:據《宋史》本傳，吳奎時死于青州任上。
⑮ 按:"華"當爲"莘"之訛。宋無華縣，據《宋史・高宗紀》，趙構靖康元年十二月二十九庚寅日自大名府出發，建炎元年正月初三癸巳日至東平府。正旦所過應是位於大名府東界之莘縣。故據改。
⑯㉟ 《長編》卷 19。

⑰ 西京,據《長編》卷 237 熙寧五年八月己亥條補。
⑱ 《宋會要·方域》5/18。
⑲ 《長編》卷 273。
⑳ 《要録》卷 145。
㉑ 《宋會要·職官》45/23、《宋史》卷 364《韓彦直傳》、《宋史》卷 401《柴中行傳》、《方輿勝攬》卷 32《襄陽府》。
㉒ 《元豐九域志》(以下簡稱《九域志》)卷 2。
㉓ 《長編》卷 246;又,霸州,據《宋會要·方域》5/26 補。
㉔ 《九域志》卷 1 京東路。
㉕ 《長編》卷 22。
㉖ 《宋史》卷 283《王欽若傳》。
㉗ 《長編》卷 242。
㉘ 按:"京"當爲衍文。
㉙ 《宋史》卷 281《畢仲游傳》、《西臺集》卷 10。
㉚ 《三朝北盟會編》卷 53。
㉛ 《長編》卷 240。
㉜ 《宋史》卷 167《職官七》。
㉝ 《宋會要·食貨》49/32。
㉞ 《宋史》卷 314《范仲淹傳》。
㊲ 《長編》卷 256、275。
㊳ 《宋史》卷 88 兩浙路。
㊴㊶㊷ 《輿地紀勝》卷 2《臨安府·兩浙轉運司》。
㊵ 《長編》卷 275 熙寧九年五月丙寅。
㊸ 《宋會要·職官》75/29。
㊹ 《方輿勝覽》卷 45《真州》、卷 48《盧州》。
㊺ 《輿地紀勝》卷 26《隆興府》。
㊻ 《宋會要·方域》6/23。
㊼ 《宋史》卷 88《地理四》。
㊽ 《宋史》卷 26《高宗三》。
㊾ 《長編》卷 16。
㊿ 《輿地紀勝》卷 17《江南東路·建康府》、《方輿勝覽》卷 14 同條。
(51) 《宋會要·食貨》49/38。
(52) 《宋史》卷 47《瀛國公紀》。
(53) 《方輿勝覽》卷 19《隆興府》。
(54) 《長編》卷 8 乾德五年八月。
(55) 《要録》卷 88。
(56) 《九域志》卷 9。
(57) 《輿地紀勝》卷 129《建寧府》、《方輿勝覽》卷 11 同條。
(58) 《淳熙三山志》卷 7《轉運行司》。
(59) 《九域志》卷 7。
(60) 《長編》卷 14 開寶六年正月甲子。
(61) 見《宋會要·食貨》49/5,是年七月張宏爲峽路轉運副使。九月,王晦名爲峽路轉運使。張宏事,又見《宋史》本傳。
(62) 《長編》卷 18、23。
(63) 《長編》卷 48。
(64) 《長編》卷 14。
(65) 《長編》卷 17 太平興國元年十二月戊午。
(66) 《元史》卷 8《世祖紀》。

㉘　《宋史》卷 410《曹彦約傳》。
㉙　《宋史》卷 44《理宗紀》寶祐二年八月乙亥、卷 46《度宗紀》咸淳二年十一月丁巳。
㉚　《宋史》卷 451《張鈺傳》、《元史》卷 10《世祖紀》。
㉛　《長編》卷 83。
㉜　《宋史》卷 45《理宗紀》。
㉝　《輿地紀勝》卷 103《靜江府》。
㉞　《長編》卷 173 皇祐四年八月乙酉。
㉟　《宋史》卷 416《冷應澂傳》。

從《續資治通鑑長編》注文
看李燾對王安石及其新法的態度

李 華 瑞

李燾編撰的《續資治通鑑長編》(以下簡稱《長編》)①是研究北宋歷史的重要參考書,其中記述王安石變法始末之翔實,在現存宋代文獻中無出其右者。因而李燾對王安石變法史實的取捨,無疑對今人研究王安石變法具有不容忽視的重要影響。對於這個問題,目前學界就李燾取捨《神宗實錄》等問題發表了一些很有意義的意見。②但還有許多問題沒有充分展開討論,特別是對李燾在《長編》注文中所反映出對王安石變法史實的取捨態度,尚未引起人們的注意,故本文想略陳管見,以就教於方家。

一

《長編》的注文是《長編》一書的重要組成部分,在某種意義上《長編》萃一代典籍的廣博特點,主要是從其注文表現出來,李燾本人在總結司馬光制作長編方法時說:"事亦有與正史、實錄不同者,蓋所見所聞之異必兼存以求是,此文正長編法。"③

據研究,李燾《長編》注文可以分作四種情況,一是從其內容來分,大致有:1.注明史料來源者,2.注明人物初見年月、邑里、譜系者,3.注釋和加詳正文者,4.並書、附見、以明史文主次者;二是考異;三是存疑待考;四是李燾略作評議之筆。④

具體到李燾在注文中對王安石及其新法的態度,大致有兩種情況:一是對正文事關王安石及其新法略作評議,二是通過加詳正文或考異史實以他人之筆來展現他對王安石新法的態度。先說第一種情況,以下有兩個典型例子。

王安石執政時期,曾發生宋遼交涉邊地的糾紛,邵伯溫、蘇轍等人鼓吹王安石棄地說,李燾對此深信不疑。熙寧八年四月癸亥,王安石白上曰:"契丹無足憂者,蕭禧來是何細事……"安石又言:"蕭禧不當滿所欲,滿所欲則歸而受賞,是開契丹之臣以謀中國求賞,非中國之利也。"又言:"外敵強則事之,弱則兼之,敵則交之。宜交而事之則納侮,納侮而不能堪則爭,爭則啓難,故曰示弱太甚,召兵之道也。"此段話李燾引自《王安石日録》,但他不相信王安石與神宗皇帝的對話的原始記録,懷疑蔡卞修改《日録》,因而在這段話之後加了"然安石本謀,實主棄地,雖對語云爾,竟弗克行。"⑤又在附注中引録了《邵氏聞見録》和蘇轍《龍川別志》爲證——

> 邵伯温《聞見録》云:"敵爭河東地界,韓琦、富弼、文彦博等答詔,皆主不與之論。會王安石再入相,獨言:'將欲取之,必固與之',以筆畫地圖,命韓縝悉與之,蓋東西棄地五百餘里。韓縝承安石風旨,視劉忱、吕大忠誠有愧。"蘇氏《龍川別志》亦云:安石謂咫尺地不足爭,朝廷方置河北諸將,後取之不難。

然後李燾概言之,"據此,則棄地實安石之謀。今《日録》四月二日對語,乃謂許蕭禧不當滿其欲,與蘇、邵所記持異,疑蔡卞等後來增加,實非當日對語也,今姑存之,仍略著安石本謀,庶後世有考云。"⑥

關於熙寧時期宋棄地於遼的責任是否應由王安石來負的問題,自邵氏説王安石獨言"將欲取之,必固與之"之後,爲後來很多史家採用。⑦直到近世鄧廣銘先生給以堅決的反駁。⑧當時李燾没有把邵氏的言論寫入《長編》正文,對此,有人認爲這是李燾没有附會邵氏那般臆説,也有人説李燾雖然相信邵伯温的那段記載,但是又察覺到邵伯温的記載未必全可信據,因而採取了謹慎態度。筆者以爲這兩種看法似可再作探討。因爲李燾之所以不直接把邵氏之説引入正文,主要是受《長編》以國史、實録等官修史書爲史文,旁採異聞,如果紀事與正史、實録不合,則兼存以求是的編寫體例所限,也就是説邵氏所言,既不見於朱墨本神宗實録,又不見於當事人王安石的《日録》,因而邵氏的言論作爲異聞祇能"兼存以求是",但李燾對邵氏的記述是深信不疑的,"然安石本謀,實主棄地",就表明了李燾的基本態度,甚至不顧王安石日録未載的事實,而寧願懷疑蔡卞僞造,硬要把邵氏的誣構之詞强加於王安石。

再看熙寧九年十月丙午,王安石第二次罷相,李燾於正文論述王安石罷相緣故時云:"又有一云,'勿令上知',由是上以安石爲欺,故復用(馮)京,仍詔京撫定蕃部訖"。⑨李燾這一記載來自墨本實録,朱熹就這件事曾發表過一番議論:"'勿令上知'之語,世所共傳,終以手筆不存,故使陸佃得爲隱諱,雖以元祐衆賢之力,爭辯之苦而不能有以正也。"⑩雖然這一傳聞"不能有以正",但由於元祐史官載入實録,李燾便以"蓋(陸)佃嘗從安石學故也",置陸佃的辯駁於不顧,"佃集要不可信,姑存之。"⑪而將傳聞"勿令上知"之語入正文。

從這兩例不難看出,李燾對誣構王安石的傳聞寧可信其有的基本取捨態度。

二

李燾在注文中以他人之筆來表現其對王安石的否定觀點的作法,主要是大量徵引和匯集否定王安石及其新法的"異聞",如司馬光《日記》、《涑水記聞》、范鎮《東齋紀事》、魏泰《東軒筆錄》、邵伯溫《聞見錄》、蘇轍《龍川別志》、林希《野史》、陳瓘《四明尊堯集》等等,其中尤以徵引陳瓘《四明尊堯集》和林希《野史》爲典型。從《長編》卷二百十至二百七十記述了王安石第二次罷相之前變法活動史實,其中注文中徵引《四明尊堯集》約40餘處,徵引林希《野史》約30餘處。

陳瓘,字瑩中,號了翁,歷仕神、哲、徽三朝。四庫館臣爲《四明尊堯集》所撰提要云:"是書《書錄解題》著錄止一卷,此本十一卷,乃後人併其原表、序、跋合而編之者也。瓘以紹聖史官專據《王安石日錄》改修《神宗實錄》,變亂是非,不可傳信,因作是書以辯其妄。……此書分爲八門,曰聖訓、論道、獻替、理財、邊機、論兵、處己、寓言,始力斥王安石之誣,皆摘實錄原文而合著,駁論其下共六十五條,坐此羈管台州。其總論中所云:安石退居鍾山,著此訕書,以授蔡卞,卞當元祐之時增損、潤色,九年筆削云云。"[12]

對於陳瓘謂《王安石日錄》由蔡卞撰造之說,朱熹在《讀兩陳諫議遺墨》一文中曾予以駁斥:"嘗即其書(即《王安石日錄》)而考之,則凡安石之所以惑亂神祖之聰明,而變移其心術,使不得遂其大有爲之志,而反爲一世禍敗之原者,其隱微深切皆聚此書,而其詞鋒筆勢,縱橫捭闔,煒燁譎詭,又非安石之口不能言,非安石之手不能書也,以爲蔡卞撰造之言,固無是理。"[13]

通觀李燾引用陳瓘《四明尊堯集》尊神宗而非安石的主要觀點大致可分作四個方面。

其一,熙寧時期改祖宗之法係王安石誘導,並爲貽害後世的淵藪。

李燾在熙寧五年七月丙申條下記王安石與宋神宗議定保甲法:"先是,王安石白上曰:'臣前欲以近畿郡爲畿輔,固推行保甲者,利在使趙子幾等按察官吏差易耳。若付之諸路,即恐諸路推行滅裂,無以使四方觀法。'上曰:'不如令屬兵部,置屬官,令出乃點檢。'……既而安石又言:'令兵部管保甲,恐百姓心疑將刺以爲兵,不如令司農領之,仍便差官編近畿數州保甲,且增置丞、主簿,令更迭出入案察保甲,即農田、水利、常平、差役皆可使案察也。'上皆從之。"[14]

在此正文下,李燾注引:

陳瓘《尊堯集·聖訓門》論曰:神考欲置尚書省,安石以爲不須;安石欲建四輔,神考以爲不可。三十餘年,先訓未遠。乃者都省之毀,誰不流涕;四輔之成,誰不寒心! 此豈一(蔡)京之罪乎？……然而四輔之所以必成者,因《日録》而成也；都省之所以必毀者,因《日録》而毀也。……又論毀柝都省曰:嘗謂(蔡)卞等初意專以熙寧宰相爲聖,而不以元豐獨斷爲是,故其所以繼述者熙寧而已。……⑮

熙寧五年十月壬辰,王安石因中書與樞密院賞李憲功不一,與神宗論用人,宋神宗以爲,"近習亦有忠信者,不皆爲欺","小人不過以邪諂合人主,人主有好邪諂,即爲其所中。"王安石則認爲,人主僅分辨君子小人以及不好邪諂、好正直還不够,最重要的是人主要聞道,自古惟大無道之君,乃以恣睢致亂亡,"要揆君子、小人情狀,決天下大計,須聞道；苟能聞道,即聲色玩好不能累其心","三公以論道爲職者,必以爲治天下國家,不可以不聞道故也。"⑯

在此正文下,李燾注引:

陳瓘論曰:宦者四星在皇居之側,其人近至尊,國家安寧則其身亦安,尤當自異於疏遠之臣也,……神考謂近習亦有忠信者,此聖主公平之訓也。……當時謀者,正謂其人都不可聽,故欲以此而代彼也。《新經義》既取其説,而《日録》又欲變亂舊規,自以爲此乃宗廟社稷久長之計。嗚呼！太祖皇帝規模宏遠,保全内外,國本强固,私家亦寧,一百五十年矣,長久之計何以加此,何爲而忽欲變更也？自有《經義》以來,凡三十餘年,而王氏學術始見窟穴,計謀秘奧,包藏深遠,章惇不知也,蔡京雖凶果敢行,而亦不能深察其謀,主此謀者,蔡卞而已矣。序辰、洵武,其心腹也,陰挾計數,用《新經》、《日録》之術,算人於談笑之中,陷人於簡册之内,使人習之而不覺,信之而不疑,積日累年,然後令人大悔恨也。既往之事不可追矣,未來之事豈可不以爲鑒哉？然則今當何鑒,莫如忠信愛國而已矣。⑰

其二是宋神宗欲施仁政,而王安石則盡沮神宗本意。

熙寧五年四月丙子,先是,三司起請市易十三條,其一云:"兼并之家,較固取利,有害新法,令市易務覺察申三司,按置以法。"御批:"减去此條,餘悉可之。"御史劉孝孫言:"於此見陛下寬仁愛民之至。"因言宜約束市易務。王安石曰:"孝孫稱頌此事,以爲聖政。臣愚竊謂此乃是聖政之闕。天付陛下九州四海,固將使陛下抑豪强、伸貧弱,使貧富均受其利,非當有所畏忌不敢也。……"⑱

在此正文下,李燾注引:

陳瓘論曰:……臣竊謂神考不欲于律外立較固之條,可謂仁厚愛民之意,劉孝孫將順聖美不爲過也。《日録》之内,但爲顯揚嘉問,故不以御批爲是,不以孝孫爲然。于是,造神考之言曰:"若設法傾之,則兼并不能爲害。"……神考愛民守法而指爲闕政,力主嘉問,遂至于侮薄君父,不亦悖乎？⑲

又於熙寧五年十一月丁巳有關市易法條下注引:

陳瓘論曰：神考聖訓謂市易法苛細，恐其有害細民，故初欲罷之，所以懷保小民也。而安石則曰“非帝王大體”，此《書》所謂“元首叢脞”也。神考沮抑呂嘉問，所以去蟊賊而養嘉穀也，义之用明，何以如此？安石則曰“俊民不章”矣。借《典》、《謨》、《洪範》之言以文私意，豈獨此哉！⑳

其三，所謂“是則掠美於己，非則斂怨於君”。㉑

熙寧六年四月戊寅，新知桂州沈起，乞自今本路有邊事，依陝西四路止申經略司專委處置及具以聞，從之。起又乞差人出外界勾當，上顧王安石曰：“如何指揮？”安石請依所乞，劄與監司，上曰：“可。”安石私記又云：“上令起密經制交趾事，諸公皆不與聞，凡所奏請皆報聽。”㉒

在此正文下，李燾注引：

陳瓘論曰：安石入告之言曰：“兵無時不可用。”神考曰：“用兵安可無名？”安石曰：“陛下若果欲用兵，何患無名？”於是七年執政而四作邊事，神考垂拱仰成，任其所為，事成則歸功於安石，事不成則引咎於己。韓絳西事既敗，神考降詔罪己，未嘗責安石也。熙河奏功，則解玉帶以賜安石曰：“非卿主謀於內，無以成此。”梅山用兵，章惇受旨於安石，及其奏功，則神考擢惇而驟用之。廣西之事，沈起亦受旨於安石，及其敗也，神考掩護中書生事之過，曲從安石，貸起之死，而亦未嘗責安石也。神考之於安石，可謂厚矣，安石之所以報上者，宜如何哉？臣今考《日錄》，安石於熙河、梅山先書李若愚妄沮王韶，而神考崇長若愚，又先書經制成算已付章惇，而神考為人游說，即欲改授蔡燁，然後言王韶、章惇必可任使之意，以謂能知王韶者安石也，非神考也。矜主謀之功，返復張大，至于數十萬言，自謂有天地以來無此功矣。至于韓絳敗事，則曰：“陛下于一切小事勞心，于一大事獨誤。”……沈起引惹蠻事……罪悉在起。然起之所以不得死者，良以安石護起，神考重違其請，不欲盡行耳。安石退而著書，追記其事，則謂沈起經制，皆上密謀，諸公皆不與聞，起所奏乞，上皆許之。嗚呼！四作邊事，二敗二勝，二勝則掠美於己，二敗則斂怨於君，呂誨之言，辨之早矣。㉓

其四，王安石借神宗之“聖訓”以兜售新法之私。

熙寧五年六月辛未，王安石欲辭相位，神宗挽留不許，並說“朕與卿相知，近世以來所未有，所以醻君臣者形而已，形固不足累卿；然君臣之義，固重於朋友……”

在此正文下，李燾注引：

陳瓘《尊堯餘言》曰：臣竊考《日錄》，安石書神考聖訓曰：“所以為君臣者形而已，形固不足以累卿。朕既與卿為君臣，卿宜為朕少屈。”嗚呼，果自神考之訓乎？托訓如此，縱而不辨，臣恐自今以後，事君以形者蹙笑進止，皆無真實之心矣；自尊大者驕很傲上，皆有難屈之氣矣。此等托訓之言,爲臣子者安可以不辨哉![24]

熙寧七年二月壬申,遼遣使蕭禧將與宋議邊界,宋神宗甚感爲難和畏懼,王安石爲之開導:"以今日土地、人民、財力,無畏契丹之理。"[25]

在此正文下,李燾注引:

> 陳瓘論曰:"安石所欲建立,所欲排陷,必造神考聖訓,欲以文飾前非,歸過宗廟,其言其事,不可以一二數也。至於'何嘗理曲'之言,歸于神考,則矯誣乖悖,尤爲甚矣。"[26]

以上舉證雖是大段徵引,但也僅是一小部分。四庫館臣云,陳瓘《四明尊堯集》申斥王安石及其新法計六十五條,今據四庫存目叢書所收明代天一閣藏本相驗基本一致。《長編》僅從熙寧三年四月至王安石第二次罷相,便徵引陳瓘論點四十餘處,這還不包括熙寧二年任參知政事近一年已佚部分,說明李燾幾乎合盤將陳瓘對王安石及其新法批判的論點全部收入《長編》,由此不難得出李燾就是用陳瓘的論點,以加注的方式道出自己對熙寧新法是非論定的結論。

三

李燾在注文中引用較多的另一部書是《林希野史》。林希,字子中,福州人,據《宋史》本傳,歷仕神宗、哲宗、徽宗三朝,官至同知樞密院,紹聖時曾參與修《神宗實錄》兼侍讀,時人"疏其行誼浮僞,士論羞薄,不足以玷從列。"[27]所撰《野史》爲《直齋書錄解題》卷五著錄,"《林氏野史》八卷"條下云:

> 同知樞密院長樂林希子中撰,希不得於元祐,起從章惇,甘心下遷西掖,草諸賢謫詞者也。而此書記熙寧元豐以來事頗平直,不類其所爲,或言此書作於元祐之前,其後時事既變,希亦隨之,書藏不毀。久而時事復變,其孫懋於紹興中始序而行之耳。

陳振孫推測《野史》作於元祐之前,據《長編》於熙寧四年四月甲戌記事條下引《野史》中有"今上即位",應是正確的。是書今大部已佚,僅存一卷,書名《鞠堂野史》,爲《說郛》所收。故《長編》注文所引彌足珍貴。陳振孫雖說"此書記熙寧元豐事頗平直,不類其所爲",但通檢《長編》所引《野史》的文字來看,大致以丑化王安石及其新法爲基調。李燾注引《野史》主要有兩種情況:

一是所紀事與正史、實錄不合,兼存以求是,須別考詳。

熙寧四年八月丁卯,屯田員外郎、知陽武縣李琮權利州路轉運判官。役法初下,琮處之有理,畿內敷錢獨輕,鄰縣撾登聞鼓,願視陽武爲比,故召對擢用焉。[28]

在此正文下,李燾注引:

　　此據詔旨內所載,琮本傳,《實錄》因之。……《林希野史》云:李琮知陽武縣,素爲王安石所知,人意其首當進用。琮自以爲赤心裨贊,嘗諷其改作不當。安石大怒,同類盡用而不與語。三年,琮爲推行青苗、役法爲畿之最,始召對,除梓路運判。此事當考。㉙

　　熙寧四年九月丁亥,光禄寺丞崔公度爲崇文院校書。公度再除彰德軍節度推官,充國子監直講,辭不赴,作《一法百利論》萬餘言,論久任衆職之事以進。召對,擢光禄寺丞、知陽武縣。

在此正文下,李燾注引:

　　《林希野史》云:直講崔公度舊爲(韓)琦所薦,母服除,安石不喜其來,公度曲致誠意,復召爲直講,乃上《熙寧稽古一法百利論》。安石大喜,引與握手,解衣燕語,即除光禄丞、知陽武縣。……日夜造安石,或踞厠以對,公度亦不慚。一日,從安石後而執帶尾,安石愕然,公度笑曰:"相公帶有垢,謹以袍拭去之。"客皆見。按今《實錄》公度傳,載公度本末甚美。希云云當考。㉚

　　熙寧七年正月甲子神宗言:"(程)昉昨修漳河,聞漳河歲歲決,修滹沱河,又却無下尾。"安石曰:"修漳河出却三縣民田,百姓群至京師,經待漏院出頭,謝朝廷差到程昉開河,除去百姓三二十年災害。……"㉛

在此正文下,李燾注引:

　　《林希野史》云:"原武等縣民因淤田浸壞廬舍墳墓,又妨秋種,相率詣闕訴。使者聞之,急責其令追呼,將杖之,民即繆云:‘詣闕謝耳。’使者因代爲百姓謝淤田表,遣吏詣鼓院投之,狀有二百餘名,但二吏來投。安石大喜,上亦不知其妄也。今附注此,當考。"㉜

　　這三例儘管與實錄記事不盡相同,且李燾也採取了較爲謹慎的態度,屬以"當考",但由《林希野史》來看,王安石所用之人如李琮、崔公度之類都是些善於鑽營、投機的"小人",而王安石本人也是好大喜功,欺上瞞下之徒,這種敘事基調與南宋以後對王安石變法的否定批判是前後一脉相承的。《宋史》的編撰者對王安石及其新法是全盤否定的,值得注意的是《林希野史》對崔公度的描述與《宋史》本傳的資料如出一轍。雖然《林希野史》在《長編》注引中屬"旁採異聞",但對這種"異聞",李燾還是頗爲欣賞的,或者說《林希野史》表達了他自己想要說的話。熙寧四年六月丙寅,李燾先是在正文中記"錄繫囚,雜犯死罪以下第降一等,杖以下釋之。時雨愆亢故也。"在此正文下,李燾又緊接着注引:

　　時雨愆亢,據《御集》。《林希野史》云:趙子幾以司農旨諭諸縣陞降等第,以就助役。東明民二百詣丞相訴,又訴御史。上聞之驚,安石亦惶恐。上手批付中書:"民之不願出錢者仍舊供役。"內外歡然,以此解訴者。中丞(楊)繪、諫官(孫)洙猶以爲非便,而助役之議直可罷也。而(曾)布、(鄧)綰言於安石曰:"助役爲衆所摇,不可成矣。"安石悔,又納御批而不行,疑東明令賈蕃誘民來訴。……自四年以來,手批多不行矣。按希云安石屢納御批,今附注此,當考。孫洙自諫院出知海州,在五月二十二日,蓋從洙所乞,不聞洙論助役當罷,並合考詳。㉝

林希所記這段文字,既與李燾《長編》正文不甚相關,而且屬於"風聞",並無其他史料依憑,但李燾却寧肯信其有,儘管他説還要"並合考詳",這實際上是李燾對待反變法或否定變法文字言論的一種基本取捨傾向。

二是用以加詳正文。李燾對與正史、實録不合的《林希野史》已如上揭,而當《林希野史》與正史、實録所載相類時,李燾更是不惜筆墨大段徵引,用來作爲正文的詳細注解。當然這種記事相類的另一一致處,在於正文與注文都在刻意貶斥王安石及其新法。由於文繁,下面僅舉一例。

熙寧四年十月壬申,前武昌節度推官王安國爲崇文院校書。安國常非其兄安石所爲,爲西京國子監教授,溺於聲色。安石在相位,以書戒之曰:"宜放鄭聲。"安國復書曰:"安國亦願兄遠佞人也。"官滿至京師,上以安石故召對……又問:"安石秉政,外論謂何?"對曰:"但恨聚斂太急,知人不明耳。"上默然不悦。安國初召對,人以爲必得經筵,由是别無恩命,久之乃得館職。……安國嘗力諫安石,以天下洶洶不樂新法,皆歸咎於兄,恐爲家禍。安石不聽,安國哭於影堂。曰:"吾家滅門矣!"又嘗責曾布以誤惑丞相更變法令。布曰:"足下,人之子弟,朝廷變法,何預足下事?"安國勃然怒曰:"丞相,吾兄也。丞相之父,即吾父也。丞相由汝之故,殺身破家,僇及先人,發掘邱壠,豈得不預我事邪?"㉞

在此正文下,李燾注引:

此據安國本傳及司馬光《紀聞》删修。《林希野史》云:富弼知河陽,陳襄爲屬縣,弼甚禮之。富自并門入相,襄在京師,迓富於中牟。安石笑曰:"以道事人,乃若是邪?"自是薄之。及安石執政,士夫伺從閣下,諛佞百端,安石喜之爲賢,隨其佞媚厚薄,量授官職。有日至而夜不出者,有間日而至者,有安石據厠而見之者。平時故人以道義相期者,由是漸疏,小人讒曰:"此乃立異者。"安石果怒,書至不省,來亦不見。其弟安國學業文章與安石相上下,任氣强悍,論事未嘗少屈。安禮夸誕澆薄,尤能卑辭以結雰,安石於上前譽禮而毁國。二人召對,國不霑一命,禮即日改命,充校書。章望之、曾鞏、孫侔三人者,忘形之交,其詩書相贊美,天下皆傳之。安石既相,佞媚者日進,而三人者猶如平時,以語言詆忤之,書至不復視,徑抵於地。布見其兄書未發封者,懷之而去。望之將死,爲書詒安石,且祈賙其後。安石大笑曰:"群兒妄爲爾。"國從旁曰:"望之二字,似其手迹,曷少賙之?"安石不答,左右目其僕使急去。……㉟

《林希野史》關於王安國與其兄王安石關係的文字雖與國史安國本傳,司馬光《涑水記聞》有所不同,但在表現王安石親近喜用小人、佞人的意旨上則是一致的。值得注意的是,關於王安國與王安石的關係,並不僅見於司馬光《涑水記聞》,魏泰《東軒筆錄》亦有較詳細的記載:

> 王安國性亮直,嫉惡太甚。王荆公初爲參知政事,閒日因閱讀晏元獻公小詞而笑曰:"爲宰相而作小詞,可乎?"平甫曰:"彼亦偶然自喜而爲爾,顧其事業豈止如是耶!"時呂惠卿爲館職,亦在坐,遽曰:"爲政必先放鄭聲,況自爲之乎!"平甫正色曰:"放鄭聲,不若遠佞人也。"呂大以爲議己,自是尤與平甫相失也。
>
> ……選人鄭俠監安上門,遂畫《流民圖》,及疏言時政之失,其辭激訐譏訕,往往不實。書奏,俠坐流竄,而中丞鄧綰、知諫院鄧潤甫言:"王安國曾借俠奏藁觀之,而有獎成之言,意在非毁其兄。"是時平甫以著作佐郎,秘閣校理判官告院,坐此故放歸田里。逾年,起爲大理寺丞,監真州糧料院,不赴而卒。平甫天下之奇才,黜非其罪,而又不壽,世甚嘆息。臺官希執政(指呂惠卿)之旨,且將因此以浼荆公也。……
>
> ……平甫博學,工文章,通古今,達治道,勁直寡合,不阿時之好惡,雖與荆公論議亦不苟合,故異時執政得以中傷,而言事者謂非毁其兄,遂因事逐之,天下之人皆以爲冤。⑧

顯然,魏泰所記與宋國史王安國傳、司馬光《涑水記聞》、《林希野史》有很大出入,不盡相同,按《長編》"旁採異聞"的編寫體例,則理應兼存以求是,但李燾並沒有這樣做,爲何如此?大抵是因爲魏泰對王安石及其新法的評論毁譽參半,而《涑水記聞》、《林希野史》則以丑化王安石及其新法爲基調,對這兩者的選擇,李燾當然是更傾向於後者,這也就不難看出李燾揭批王安石及其新法的主觀意圖。

提到魏泰《東軒筆錄》,還有一個值得注意的現象,即李燾在《長編》注文中也多次注引魏泰的記載。尤其是有關王安石與呂惠卿的關係引用較多。我們知道,曾布與呂惠卿同是王安石變法的主要助手,曾布是魏泰的姐夫,曾布與呂惠卿因市易法的實施意見不合,而遭貶,因而魏泰在《東軒筆錄》中對呂惠卿多痛加揭露貶斥。而李燾注引魏泰的記載又恰恰多是涉及呂惠卿與曾布反目,王安石與呂惠卿交惡之事。王安石集團内部矛盾多爲元祐以後否定王安石變法的論者所樂道,並被大肆渲染,因爲在他們看來,王安石變亂祖宗法度的重大過失之一,就在於王安石始用小人,終爲小人所誤,呂惠卿、曾布、章惇等人即是誤王安石的"小人"。所以,李燾用不完全否定王安石及其新法的《東軒筆錄》叙事,來印證和揭批王安石集團的"内部傾軋",當更有説服力。

至於在注文中直接引用其他批評王安石及其新法的言論,如熙寧五年三月丙午頒行市易法,正文下注有:"四月七日檢繼宗文字,《國是論》曰:'興利之中,其罪亦有輕重。青苗、均輸、助役,世以是爲安石大罪,猶可恕也。何者? 安石之始學在此而始謀出此也。市易、免役、徵利及於瑣屑,皆小人之附安石者爲之,而安石以爲王政,將誰欺乎?"㉗類似的注引還有許多,因文繁不再複贅。

要之,李燾被歷代舊史家譽爲"史才"、"良史",的確,通覽《長編》,其取材之豐贍,叙事之謹嚴,給人留下至爲深刻的印象。但是李燾囿於對王安石及其新法固有的成見,使他在取材、叙事,均不可避免地打上了他的思想烙印。《宋史·陸佃傳》云,元祐編撰《神宗實録》時,陸佃"數與史官范祖禹、黄庭堅争辯,大要多是安石,爲之晦隱。庭堅曰:'如公言,蓋佞史也。'佃曰:'盡用君意,豈非謗書乎!'"那麽李燾編撰《長編》無疑是盡用元祐史官之意,從這個角度而言,稱其爲謗書也並不爲過。因而,今天在依據《長編》研究王安石變法時,對此要有清醒的認識。

① 本文使用的《續資治通鑑長編》,係中華書局點校本。
② 裴汝誠、許沛藻《續資治通鑑長編考略》,中華書局1985年9月出版;胡昭曦《〈宋神宗實録〉及其朱墨本輯佚簡論》,載《胡昭曦宋史論集》,西南師大出版社1998年版;燕永成《今七朝本〈續資治通鑑長編〉探源》,載《古籍整理研究學刊》1994年第5期。
③ 《文獻通考》卷一九七,《經籍考》二四、李燾《跋〈温公日記〉》。
④ 《續資治通鑑長編考略》第79—82頁。
⑤ 《長編》卷二百六十二。
⑥ 《長編》第6373頁。
⑦ 參見《宋遼關係史研究》第159—161頁,臺灣聯經出版事業公司1984年版。
⑧ 《北宋政治改革家王安石》第230—233頁,人民出版社1997年版。
⑨ 《長編》卷二百七十八。
⑩ 《朱文公文集》卷七十,《讀兩陳諫議遺墨》。
⑪ 《長編》第6805頁。
⑫ 《四庫全書存目叢書》史279—756。
⑬ 《朱文公文集》卷七十。
⑭ 《長編》卷二百三十五。
⑮ 《長編》第5710—5711頁。
⑯ 《長編》卷二百三十九。
⑰ 《長編》第5816頁。
⑱ 《長編》卷二百三十二。
⑲ 《長編》第5641—5642頁。
⑳ 《長編》第5829頁。
㉑ 《長編》卷二百四十七,第6017頁。
㉒ 《長編》卷二百四十四。
㉓ 《長編》第5933—5934頁。
㉔ 《長編》第5686頁。
㉕ 《長編》卷二百五十。

㉖　《長編》第 6084 頁。

㉗　《宋史》卷三百四十三,《林希傳》。

㉘　《長編》卷二百二十六。

㉙　《長編》第 5505 頁。

㉚　《長編》第 5512 頁。又《宋史》卷三百五十三,《崔公度傳》與《林希野史》相吻合。

㉛　《長編》卷二百四十九。

㉜　《長編》第 6074 頁。

㉝　《長編》卷二百二十四,第 5452 頁。

㉞　《長編》卷二百二十七。

㉟　《長編》第 5532 頁,卷一百一十一、第 5136 頁,卷一百一十三、第 5170 頁,又見卷二百二十二、第 5407 頁,卷二百二十六、第 5507 頁、第 5509 頁,卷二百二十八、第 5546 頁,卷二百二十九、第 5572 頁,卷二百三十、第 5585 頁,卷二百三十一、第 5614 頁,卷二百四十二、第 5899 頁,卷二百四十七、第 6013 頁。

㊱　《東軒筆錄》卷之五。

㊲　《長編》卷二百三十一、第 5623 頁。

《魏書》諸志時誤補校(五)

牛繼清　張林祥

25.〔太武帝〕太延元年五月壬子,月犯右執法。(卷一百五之二頁2356)

按五月丁巳朔,無壬子。《宋書》卷二十六《天文志四》作:"元嘉十二年(當太延元年)五月壬戌,月犯右執法。"壬戌初六日,是。此"壬子"爲"壬戌"之誤。

26.〔太延〕四年四月己卯,月犯氐。(卷一百五之二頁2356)

按四月庚子朔,無己卯。《宋書》卷二十六《天文志四》作:"元嘉十五年(當太延四年)四月己卯,月犯氐。"疑"己卯"爲"乙卯"之訛,乙卯十六日,"乙""己"形近。

27.〔太延四年〕十一月丁未,月犯東井。占曰:"將軍死。"(卷一百五之二頁2356)

〔太延〕二年正月、四年十一月,月皆犯井,亦爲秦有兵刑。(卷一百五之三頁2403)

按是月丁卯朔,無丁未。《宋書》卷二十六《天文志四》作:元嘉十五年(當太延四年)"十一月癸未,熒惑入羽林。丁未,月犯東井星。"癸未十七日,此"丁未"當日干支誤。

28.〔文成帝〕和平元年正月丁未,月入南斗。(卷一百五之二頁2358)

和平元年正月丁未,歲犯鬼。鬼爲死喪,歲星,人君也,是爲君有喪事。(卷一百五之三頁2408)

按正月甲子朔,無丁未。《宋書》卷二十六《天文志四》作:"大明五年(當和平二年)正月,歲星犯輿鬼積屍。占曰:'大臣誅,主有憂,財寶散。'月入南斗魁中,占曰:'大人憂,天下有兵。'"雖不繫日,然天象全合,此年正月戊午朔,亦無丁未。姑存疑。

29.〔和平元年〕六月戊子,月犯心前星。(卷一百五之二頁2358)

自〔和平〕元年六月,月犯心大星,三犯前後于房。(卷一百五之三頁2408)

按六月辛卯朔,無戊子。《宋書》卷二十六《天文志四》作:大明四年(當和平元年)"六月,太白犯井鉞。占曰:'兵起,斧鉞用,大臣誅。'月犯心前星。占曰:'有亂臣,太子惡之。'"不繫日。疑"戊子"爲"戊午"之訛,戊午二十八日,"子""午"形近易淆。

30.〔和平〕五年二月甲申,月入南斗魁中,犯第三星。三月庚子,月入輿鬼、積屍。(卷一百五之二頁2359)

〔和平〕五年二月,月入南斗魁中,犯第四星。(卷一百五之三頁2409)

按五年二月庚子朔,無甲申;三月庚午朔,無庚子。《宋書》卷二十六《天文志四》作:前廢帝永光元年(當和平六年)"二月甲申,月入南斗。南斗,揚州分野。又爲貴臣。三月庚子,月入輿鬼,犯積屍。輿鬼主斬戮。"和平六年二月甲子朔,甲申二十一日;三月甲午朔,庚子初七日,是。此"五年"當爲"六年"之訛。《魏書》作者抄錄誤置。

明人文集題記(四)

趙萬里遺著

裴村遺稿一卷　明末刻本

明閔裴撰。裴字裴村，嘉定人，初學制舉業，棄之學詩。所居老屋數椽，竹厨土銼，饘粥不給，日仰屋苦吟，有憐其貧賑之者，峻拒弗受。事母至孝，同邑侯峒曾題其廬曰孝恭，事蹟具詳乾隆《嘉定縣志·隱逸傳》。初，裴卒時，手執一卷不稍釋，家人取視之，則其所作詩稿，時正崇禎十一年也。同邑黃淳耀廉得其情，以其有衡門詩人之遺風，因索得其稿，序而付諸梓。其本世已無傳。此乃鶴湖錢繼章所輯《人琴集》之一。皆不見於黃刊《裴村詩集》中，蓋佚稿也。繼章自云：“始以詩交，終以詩別。”蓋嘗爲詩以哭之，故云詩別，可以知二人之交誼矣。裴詩骨瘦神清，韻高調古，如平望云：“菱田低夜雨，官稅待秋蘆。”南屏僧夜至古菴相約看梅云：“雙眉山雨繡，一衲秋雲從。遲我來遊日，梅花聽短筇。”秋窗云：“獨吟細雨至，小坐一燈移。”聽計元孺琴云：“天霜群木潔，月浸衆山寒。”諸作無不滌蕩塵情，刊落浮囂，得唐賢元白之真諦。雖才不足以濟其學，然哀樂所發，長歌短章，咸具規度，實不在李長蘅、婁子堅下也。古人云，詩窮而後工，其裴之謂與？

肆雅堂詩選十卷　舊寫本

明孫臨撰。臨字克武，更字武公，桐城人，少讀書任俠，與同里方密之爾止、周農父、錢飲光齊名。崇禎末，流寇蹂躪楚豫，蘄黃英蓼間皆成戰場，皖適當其衝。臨渡江走金陵，益散家財，結納奇士，慨然有馬革裹尸之志。後以監司參楊中丞文驄，卒慷慨俱死。此編乃康熙初其孫元衡所輯刻，首有戶部左侍郎濟南王士禎及張實居序文。凡樂府一卷，五言古二卷，七言古二卷，五、七言律各二卷，五言、七言絕句合一卷，共得詩七百餘首。統觀全書，詞峰磊砢，風格老成，長歌尤擅勝場。如結客少年場、美人妝、招魂歌、扁舟江月行、烏夜啼、白雲歌、夜坐吟、秋日讀書、龍眠椒園觀李伯時山莊秋色圖、西洲曲、行路難、鼓瑟歌、楚客歌、章臺柳、杏花歎諸作，無不俊邁高華，得大曆長慶諸子之神髓，其爲漁洋傾倒，固其所矣。漁洋老人謂其詩在大小雅,則正月繁霜以下諸什。其在楚辭,則國殤哀郢之遺。既憐其才,又哀其遇,故不覺言之逾量也。臨與吳次尾齊名,乃《樓山堂集》盛行宇内,而臨之名獨泯没不傳,亦可謂之不幸矣。

樓山堂集二十七卷　貴池二妙集本

　　明吳應箕撰。應箕初字風之,繼字次尾,貴池人。善今古文辭,意氣横厲,阮大鋮以附璫削籍,僑居南都,聯絡南北附璫失職諸人,劫持當道,應箕與顧杲等爲《留都防亂公揭》討之。崇禎十五年以鄉試副榜貢入京,公卿咸加禮遇。南都不守,起兵應金聲,唐藩授以池州推官,監紀軍事。兵敗被獲,不屈死。乾隆間賜諡忠節。應箕生於明神宗萬曆二十二年,卒於清世祖順治二年,得年五十二。事蹟具詳應箕友人劉城撰傳及當塗夏燮撰年譜。按應箕爲復社巨子,名滿天下,所作古文,不減賈長沙、劉中壘,史論尤所擅長,遠紹胡致堂,近逼王船山,高文遠識,成一家言。詩如龍興虎嘯,慷慨悲歌,不可一世,聞雞擊楫之志,可於字裏行間見之,誠不世雄才也。其集編於崇禎十二年,曾刻之金陵。後張自烈、劉廷鑾等合已刻未刻諸稿,重編爲廿七卷,其中文二十卷,詩七卷,順治戊戌刊成,李時爲之跋,惜今已不可得見。逮道光戊申,涇縣潘錫恩校刻《乾坤正氣集》,中收文集十八卷,所據本頗有缺失。如時務策缺問兵一首,賦類缺所歡賦、老娼賦二首。而第七第八論辯全缺,實不足饜人意。稍後咸豐癸丑,南海伍崇曜又刊入《粤雅堂叢書》,而同治乙丑當塗夏燮校刊《樓山全書》於永寧官廨,合《兩朝剥復録》、《東林本末》、《熹朝忠節死臣傳》、《留都聞見録》並年譜逸事刊之,尤稱巨帙。歲在辛丑,貴池劉世珩又據夏本參他本重加校正,與劉城《嶧桐集》合刊爲《貴池二妙集》,即此本也。蓋至此其書凡六付剞劂矣。應箕見危授命,無負其所學,百代之下,讀其集者,無不爲之感歎。士君子處末世,當知所先務矣。

嶧桐集二十卷　貴池二妙集本

　　明劉城撰。城字伯宗,晚歲更字存宗,貴池人,少負雋才,與吳應箕齊名。史可法撫安慶,器重之,大事每諮焉。應詔保舉以知州用,辭歸。福王時,廷議分江北爲四鎮,聞之感然,亟上書於可法,言四鎮桀驁不臣,或起降盜,非懷忠義,後卒如其言。知南都必敗,杜門不出,及應箕以起兵死,愈憤恨不自得。卒後,黄文焕、沈壽民等私諡之曰貞文。城生於明神宗萬曆二十六年,卒於清世祖順治七年,得年五十三。事蹟具詳蔣臣撰行略及劉世珩撰年譜。此編凡詩文各十卷,乃城卒後和州戴移孝所編。城無兄弟,取嶧陽孤桐一語,故以嶧桐名其集。

吳山賓就戴本跋之，鋟版於康熙戊午，歷世二百，流傳無幾。貴池劉世瑋又據戴本重刻，其本奪去二十九、三十兩葉，且文字多舛譌，未爲美備。世瑋之弟世珩，得江陰繆荃孫、桐城蕭穆之助，重加訂補，合吳次尾《樓山堂集》編爲《貴池二妙集》再刻之，即此本也。蓋自康熙以來，其書凡三刻矣。城著述等身，嘗據古今志乘以正史傳之牴牾，撰次《古今名賢年譜》一書，又以古來禮樂文章之未遭澌滅，繫於廟學，因輯《古今廟學記》以記之。此外又作《劉氏家訓》、《古事異同》、《今事異同》、《劉氏藏書題跋》等書，不盡傳世，今可見者僅此集寥寥二十卷而已。城作詩有追風逐電之勢，吐語豪俊，不同凡響。文亦絕無明人纖仄之習，一種凛然剛正之氣，讀之令人肅然生敬。非依艸附木之流所可同日語矣。

素水居遺稿一卷　明末刻本

明魏學洙撰。學洙字子聞，嘉善人。忠節公大中少子，邑廩生。年二十七，侍母疾心力交瘁，母愈，學洙竟以是殞。事蹟具詳光緒《嘉善縣志·孝友傳》。此編凡古今體詩五十六首，長短句十七首。首有後死友人錢繼章序文。此爲繼章所輯《人琴集》之一帙。學洙浸淫漢魏，凌視六朝，子夜四時各極其致。如集焦四十首，第十五章云：“遺我瓊與琚，云在桑中會。失信不復道，憂思約裙帶。”又第三十六章云：“少女寧輕裙，結珠綴小履。背風約衣帶，含笑不開齒。”置之玉臺集中可亂楮葉也。長短句短令居多，小秦王、搗練子、如夢令、長相思諸闋爲最擅場，風華掩映，寄託遙深，不必模範秦、柳，學步邯鄲，而不失爲雅製，以視同時諸子，若劉墨仙芳、潘大文炳孚，有過之無不及也。學洙之兄學洢既死，學濂又走闕下，學洙家居侍母，患難中能得母歡。勤敏博學，同輩無不以遠大期之。錢繼章序中有“節槩滂膊，精研關洛，閨門之行，肅於嚴朝，眕盱之思，在隱彌篤”等語，推崇備至，蓋深悼其不永年也。明末魏塘多才人，若錢若魏，代有詞匠。《檇李詩繫》記之最詳，惜今已無人齒及矣。

王侍郎遺書一卷附錄一卷　四明叢書本

明王翊撰。翊字完勳，《南疆繹史》作字定勳，號篤庵，慈谿人，諸生。好言兵，畫江之役，御史王正中疏薦爲職方主事，盡以軍事付之。兵潰走天台，魯藩拜翊爲兵部右侍郎，清兵下翁洲，被執不屈死。事蹟具詳光緒《慈谿縣志·人物傳》。此編乃近人四明張壽鏞、馮貞群二氏所輯。上卷錄詩四首、文二首，從高宇泰《雪交亭正氣錄》抄出。下卷則首爲傳記，從《正氣錄》及邵廷寀《東南紀錄》、翁洲老民《海東逸史傳》、《勝朝殉節諸臣錄》、乾隆《餘姚縣志》、光緒《慈谿縣志》錄出。次爲遺聞，則迻錄黃黎洲、陸周明墓誌銘、全祖望明故都督江漢墓碑銘二文。陸、江二公與翊有生死之誼，故録其傳以資參證。最後爲贈言，録張煌言、高斗樞、董守諭、林時對、李鄴嗣、朱之瑜諸氏所作輓歌祭文，字字血淚，不啻"望帝魂歸化杜鵑"也。翊以諸生，而死事之烈過於北庭宰輔，其詩曰："鼎革從來有，忠臣何代無？一身存正氣，百折不糊塗。"又曰："守禮樂綱紀，舍肝腦身軀。留身復留事，全髮復全膚。"其辭凛凛有生氣，雖文山集杜之作，亦無以加焉。嗚呼！當斷續之交，處無妄之世，讀此集者，當知所行止矣。

清喚齋遺稿一卷　　明末刻本

　　明劉芳撰。芳字墨仙、號鶴湖，嘉善人，諸生。崇禎中遊金陵，疽發背而死。事蹟具詳光緒《嘉善縣志·文苑傳》。此編凡古今體詩二十七首、長短句三十三首。首有同邑友人錢繼章序文。芳詩境簡練幽遠，如哀猿叫月，令人腸斷。如有贈云："擊竹簪聲冷，慵針繡眼疎。"韻先新病爲貴人迫去詩云："露壓芙蓉江水汗，滿床憔悴紅珊瑚。"懷人詩云："云誰美在山榛外，似此人應湘景中。"皆哀感頑豔，不可卒讀。詞亦高華清厚，出入耆卿、子野間，然不合格律及務頭處，幾於無首無之。蓋明自張眉菴、高扣舷以還，日惟花間、草堂是務，格律疏曠，辭旨蕩然，固不僅芳一人已也。芳以弱歲鍾情，鬱鬱而死。錢繼章序中有"蕩子之羈魂千里，章臺之清淚數行。何有彭澤之田園，空存廋樓之風月"等語，鄰笛之痛，溢於言表，蓋深惜之也。繼章卒於清順康間，嘗輯所交知友遺著爲《人琴集》，除譚友夏、卜舜年、閔裴外，其名大抵見於《魏塘詩陳》，此集即其一帙，以世不經見，故存其目於此。

春暉堂詩集二卷　　鉛印本

　　明葉樹人撰。樹人字古爲，吳江人，系出宋尚書石林之後，明末諸生。乙酉歲清兵南下，以不薙髮與諸生馬桂徵、文學范邦宿等同及於難，時年四十有八，邑中人士私諡之曰毅烈先生，事蹟具詳長沙唐仲冕撰傳。此編乃咸豐初樹人七世孫堯羹所輯，凡得詩七十三首、雜文九首。其詩類皆傷時感事之作，如感遼事、漫興、苦雨歎、客有談熊經略事者感賦、甲申書感等篇，無不激昂慷慨，頓挫沈雄，直入少陵之室。此外閒居遊覽諸詩，則又明麗風華，逼近大曆諸子，和陶二十首，亦皆冲澹渾厚，直追柴桑。雜文或以意境勝，或以議論勝。如所作朱孝介先生傳、顧祖奎先生傳，表揚忠貞，不遺餘力，尤以見其性行之純正，非鮮廉寡恥者所可同日語也。此帙乃長沙葉氏遺書，卷末有葉煥彬先生手題跋語。其文曰：

　　　　古爲先生以諸生抗節殉國，遺詩文稿，雖寥寥數篇，讀之令人蕭然生敬。然其族出自秀水，其先世不可考。國初以來，即與吾族有往來，而不合譜，可見先輩不以私誼妨公道也。先生勁節高風，爲天地古今共仰之人，非吾族私有之人，兩家子孫固不可不明此義也。丁巳冬仲德輝記。

此文不見於《郎園讀書記》，於樹人之大節稱道備至，讀此集者，當知所自處矣。

吞月子集三卷　　四明叢書本

明毛聚奎撰。聚奎字象來，自號吞月子，鄞縣人，與其弟聚壁齊名，時號西皋雙鳳。初以郡明經貢入太學，會乙酉南都有變，聞浙東諸郡奉魯王監國，聚奎夙遊錢忠介公幕，因參與軍事，授户部清吏司員外郎。事蹟具詳汪國全祖望撰傳。此編共收文七十五篇，詩六首。約園張氏據鎮亭山房陸氏藏舊抄本迻錄，益以《甬上續耆舊詩》所輯詩二首，《甬上正氣集》所載《異獸傳》（即孽狐傳），編爲三卷，復輯諸家贈詩誌序等爲附錄殿焉。聚奎少時與華翰林夏、王職方家勤、楊右都文瓚、董户部志寧、屠駕部獻宸號六狂生，皆鄞人也。五人逮捕死，獨聚奎得免，遂棄妻孥，入海島，所過蠣灘鯨背之間，尋謝晞髮、王席帽諸氏所嘗至地，徬徨憑弔，時時效唐衢之哭。所作詩文，淒涼激越，得騷雅兩京之神理，海濱士生多誦習之。晚歲殢留故里，與友人吴于蕃、管聖一、汪伯端、倪端木諸子，結吟社於西皋，群推聚奎爲祭酒。邗上周維柞自號爲江南看殘月頭陀，亦來入社。雖沈淪里巷，而聞鷄擊楫之志，無時或已。聚奎卒後，西臺復社之徒，零落殆盡。明季四明忠義之士，要以聚奎爲魯殿靈光，洵非虛譽。惜其集傳世至希，所作孽狐傳，比物喻人，意在言外，尤遭時忌。全謝山嘗竭力求其集不可得，惟錄其方石銘、輿人、皁人、丐人傳，周乘六自序卷跋，吞月銘等四文，及四明懷古、謁文丞相詩二首，存傳中。此本篇什之富，遠過於謝山所見，天相忠義，亦足彌謝山之餘憾矣。

雪翁詩集十七卷　　四明叢書本

明魏畊撰。畊原名璧，又名時珩，字楚白，甲申變後，改名畊，又名甦，慈谿人。以世胄少失業，學爲衣工於湖州，能讀書，有富室奇其才，客之，尋以贅壻隸歸安籍，成諸生，國亡棄去。嘗遣死士致書鄭成功圖恢復，鄭如其言，幾下金陵，軍退被執，至錢塘不屈死，妻子盡歾，時康熙壬寅六月也。事蹟具詳《慈谿縣志》本傳。此編本名《息賢堂集》，堂在吴興郡城東南別鮮山之陽，晋元帝時，沈禎、沈聘避亂棲隱此山，名其渡曰息賢，以自寓肥遯之意。畊丁酉後嘗居其地，故亦以此自況也。全書凡五言古詩六卷，五言律詩七言律詩五言排律各二卷，五言絶句七言絶句樂府各一卷。蔣馭閎、朱伯虎、徐禎起、周青士等所作詩評，及魏霞撰傳，全祖望撰雪竇山人墳版文，奉萬西郭問魏白衣息賢堂書，孫德祖撰詩集跋，則輯爲附錄二卷殿於詩後。初，畊歿後，全謝山友人萬氏曾得其集，謝山復書盛道死事之烈，且謂“萇弘碧血，不至盡爲冷風野馬，即此足扶宇宙一重元氣。”景慕其爲人，可謂至矣。顧謝山所見本，世已久佚。近歲海寧張氏得魏氏傳家之稿，自序稱雪岩，分卷爲十四，題作《雪翁詩集》，與《續甬上耆舊詩》稱《息賢堂集》異。約園張氏既得是稿，又假慈谿馮氏藏本參補，仍名其稿曰《雪翁集》，刊入《四明叢書》，即此本也。畊居苕谿日，爲詩酷嗜太白，繼又於山陰祁氏許得盡讀澹生堂藏書，詩日益工，神遊於謫仙之門，離奇夭矯，難以準繩相格，其才其學，固非同時六狂生輩所能望其項背也。

愚囊彙稿三卷　　四明叢書本

明宗誼撰。誼字在公，鄞縣人，布衣。事蹟具詳同邑全祖望所撰“宗徵君墓幢銘”。此編首有證山周斯盛序文，末署戊辰七月，戊辰爲康熙二十七年，距明社之屋，已三十餘年，而麥秀黍離之痛，隱約於字裏行間，不獲暢其辭，亦可哀矣。誼少承祖業，豪於貲，江東事起時正餉、義餉俱缺，誼慨然發其家得十萬金，徑送錢督師營。錢疏請獎之，且言其才，宜在館閣，監國召詣都堂，以卜式出身辭不赴。稍後，江師航海，資糧仰之內地，猶貨其田園奴婢之未盡者以應之。家無擔石之儲，而獨怡然自得，晚歲與陸披雲宇燝、董曉山劍鍔、葉大益謙、陸雪樵稷、范香谷兆芝、余生生盦等六人結社湖上，號曰湖山七子。放歌相和，如月泉吟社故事。於是詩篇日益富，所著有南軒、南樓二集、湖上集、蘿嚴集、西村集、療飢集。友人周斯盛選其南樓詩，又選其湖上草，爲之序。誼復自删其詩爲《愚囊稿》，得六卷，此本以古今體類次，仍題南軒、南樓之名於詩題下，似係最後删定之本。然與謝山所記六卷不合，蓋今所傳者，實出後人删節，非謝山所見之全帙矣。誼作詩直抒胸臆，不假人力，如詠史、鉏菜、秋興、贈湖客、賣畫歌、西郊吟、吳山夜歸、西溪看梅等篇，讀之恍若怪峰奇瀾，嵯峨冷冽，不自人間，蔚然孤秀，獨標一格，而西臺之慟，自然流露。其可傳者，固不在區區詞采間矣。

過宜言八卷　　四明叢書本

明華夏撰。夏字吉甫、一字默農，鄞縣人。爲諸生時，與王家勤齊名，同受業於倪元璐，又同學於黃道周、劉宗周，已而同受知於新城黃端伯、華亭陳子龍，浙東稱爲華、王二子。福王監國，以丙子副榜例成貢生。乙酉六月浙東兵起，首與董志寧倡大議，預於六狂生之目。授兵部司務，晉職方主事，皆不受，請以布衣從軍。後以謀恢復被執死難，事蹟具詳董沛《鄞縣志·人物傳》。此編乃夏婿楊大介所編，原爲十卷，藏於巖谷，迄未梓行。忌者削其二，得詩一卷，文七卷。近人張壽鏞留意鄉邦文獻，以此書湮没不傳爲憾事，因從華氏族裔華永祺家錄得副册，釐訂一過，刊入叢書中，蓋已非全帙矣。當明之末葉，浙東人士文章德業之盛，爲大江以南之冠，而鄞江一隅，又爲浙東首選，毅聲奇節，殉身罹難者不可勝數。最著者前有陳恭愍，後有錢忠介、張蒼水，而夏之死事爲尤烈，臨難尚三呼高皇帝以示不屈。今讀其與婿楊大介書，及與高玄老、駱天植、林霞舉諸君書，忠義之氣，洋溢於楮墨間，精誠魂魄，殆可與日月争光矣。雖間有課藝酬應之作，此在夏爲羽毛，其可傳者固在其忠藎之概，而不在區區文辭間也。《甬上耆舊傳》謂夏著有《操縵集》，《句餘土音》載夏在獄中著《泗水鼎樂府》述蒙難事，東澥礐樵撰《狀略》稱夏嘗選《昭代名賢傳》，惜時移代遠，其存佚今皆不可知矣。

和今人詩一卷　虞山叢刊本

明毛晉撰。晉初名鳳苞，字子九，更名晉，字子晉，常熟人，居東湖，不樂仕進，以藏書、刻書爲事，順治十六年卒，得年六十有一。事蹟具詳錢謙益撰隱湖毛君墓誌銘。此編爲《隱湖遺稿》四帙之一，晉生前欲校刊而未果者也。首有通家社弟陳瑚序文。通卷古今體詩雜厠，計次高季迪詩九首，次郭定襄、王紀善詩各一首，次顧山甫詩二首，次袁海叟詩八首，次楊眉菴詩二首，次樊古厓詩四首，次史明古、屠文升、王仲山、陸少卿、彭龍池、張文邦、李夢廬、蔡廷彝、王敬夫、駱兩溪、康涵武、何仲默詩各一首，次黃陶菴詩二首，次李西涯、張滄洲、薛君采詩各一首，次丘文莊詩三首，次邵文莊、王陽明及晏鐸詩各一首，共得五十首。所和皆當代名家，自明初迄於隆萬之際，而同時諸友生不與焉。晉詩雄豪跌宕，沈鬱頓挫，嘗執贄於錢東澗之門，故格調亦略近東澗，然猶不脱前後七子窠臼，則其天才限之使然也。陳序謂晉不幸丁晚季，僅從雞鳴風雨之時，登山涉水之際，神交而酬唱之，猶以爲未足盡其志。十年以内，時異世殊，風流歇絶，子晉不忍古之，而仍目曰和今人詩云云。弦外之音，可以推見，此序之作，當在順治初矣。

野外詩一卷　虞山叢刊本

明毛晉撰。此編亦《隱湖遺稿》四帙之一，《隱湖遺稿》者，一曰和古人詩，二曰和今人詩，三曰和友人詩，其四即此帙也。世傳汲古閣藏版目載《隱湖遺稿》四種，注云已刻，顧印本迄未之見，蓋意欲付刊而未果者。今寫樣本尚存呂里瞿氏，歲在丙辰，虞山丁祖蔭假瞿藏本重付剞劂。首爲同社金俊明序文，盛稱晉"歗傲琴酒，跌宕文翰，景光物狀，輝映千古。"既服其才，又歎其幸爲不可及，則未免阿其所好矣。晉詩以田園雜興四十三首最擅勝場，頗得石湖居士三昧。此外登錢夫子絳雲樓和韻八首,一則曰"仙吏只依香案籍,姮娥深護蕊淵書。"再則曰"錦帳春深藏窈窕,冰壺日永貯清虛。"振采騰華,不可方物,玩其語意,此詩之作,似在牧翁花燭詩之後矣。

夏節愍全集十卷補遺一卷　　清嘉慶刻本

　　明夏完淳撰。完淳字存古,華亭人,吏部郎中允彝之子。年十六從師陳子龍起兵太湖,遵父遺命,盡以家產餉軍,魯王監國,遙授編修。子龍戰敗,走吳被執,至金陵死焉,時年十七。乾隆間賜謚節愍。事蹟具詳《成仁錄》及《鎮洋縣志》。此編乃嘉慶中婁縣莊師洛所輯。先是師洛嘗輯《陳臥子遺集》,以完淳為臥子高弟,遂兼輯完淳詩文,零星掇拾,積久漸多。師洛弟子青浦何其偉、婁縣陳均俱預於編訂之役,蓋綜其生平所作《玉樊堂集》、《內史集》、《南冠草》三種彙錄成帙者也。《玉樊堂集》作於甲申、乙酉間,《內史集》作於從軍以後,始丙戌迄丁亥四五月間。《南冠草》則皆臨難時道中、獄中之作。計得賦十首,騷九首,古今體詩二百五十三首,詩餘四十一首,問一首,論三首,檄、序各一首,書三首。卷首冠以像贊、列傳、事略,卷後又繫以贈言、哀辭等文。編刊既畢,師洛又從柘湖黃氏得《內史集》別本,內有賦二首,騷一首,樂府十一首,五言古詩三十六首,七言古詩二首,為初編本所失載,因輯為補遺續刊之,完淳遺文遂釐然可讀。至《續幸存錄》自序所云南都大略一卷,雜志二卷,又師大略一卷,先忠惠行狀一卷,死節考一卷,俱未搜採入集,殆已佚矣。完淳詩遒麗壯偉,絕無懦音。長短句得秦柳之遺韻,拾花、草之餘沫,殿步一朝,洵非虛譽。大哀一賦足敵庾蘭成哀江南一篇。《小長蘆詩話》謂"終童未聞善賦,汪踦不見能文。方之古人殆難其匹。"其傾崇之忱可謂至矣。嗚呼!當斷續之交,丁無妄之世,懷申胥之志,賦汨羅之文,生為才人,死作鬼雄。百世之下,讀其歌章,亦可哀其遇矣。

擔當遺詩八卷　　雲南叢書本

　　明釋普荷撰。普荷一名通荷,號擔當,雲南晉寧州人。唐氏子,本名泰,字大來,天啓中,以明經入對大廷。明亡,就水目山無住和尚受戒律,往來雞足、點蒼間。康熙癸丑圓寂,距生於萬曆癸巳,得年八十有一。事蹟具詳晉寧方樹梅、騰衝李根源撰傳。案普荷詩名甚盛,著有《翛園集》,為儒生時作。又有《橛庵草》、《拈花頌百韻》、《罔措齋頌古》、《罔措齋對聯》,則皆出世後作。諸書世久無傳,近人晉寧方氏偶於普荷裔孫處,得《翛園集》、《橛庵草》合刻本,僅缺五七言近體詩二卷,因別從《聽泉樓雜鈔》、《滇詩略》、《滇詩拾遺》等書輯得佚詩若干首,合編爲七卷,而以諸家投贈詩文六十八首,輯爲附録一卷殿於卷末,即此本也。大泌山人李維楨及陳眉公、董玄宰所作儃園集序及普荷自作檞菴草序跋,仍一一冠於卷首,以符編例。初普荷少時,嘗遊董香光之門,傳書畫之術,皆臻其妙。並訪陳眉公於空山,眉公以磊落奇男子許之。明社既屋,嘯傲山水間,與蒙化陳翼叔佐才、浪穹何雅元蔚文、劍川趙雲升炳龍,及閩人許子羽鴻、歙縣汪宸初蛟諸氏,遊處唱酬無虛日。普荷畫意取法倪雲林,饒有枯林寒鴉之趣。其自題山水畫云:"大半秋冬識我心,清霜幾點是寒林。荊關代降無踪影,幸有倪存空谷音。"蓋自道也。普荷詩境蒼老圓勁,了無釋子蔬筍之氣。春雨杜鵑,秋風禾黍,不少憂時涕淚,可於言外得之。眉道人評其詩,謂"靈心遒響,麗藻英辭,調激而不叫號,思苦而不呻吟。"洵非虛譽。世有徵淇中詩繫者,自當推擔公爲一代翹楚矣。

豐草菴集十一卷　清初刻本

明董説撰。説字若雨,號俟菴,又號西庵,烏程人,邑諸生。少時父斯張授以《孟子》,繼以《圓覺經》,自謂得教外別傳。長從虞山錢宗伯謙益遊,又出太倉張太史溥之門,名著復社。沈浸典籍,就思旁訊,所得益多。國變後,依靈巖和尚弘儲出家,更名南潛,字月函,事蹟具詳《吳興董氏家乘》。此編皆説所作詩,近體古風雜厕,蓋以編年爲次。其作於唐藩隆武元年丙戌、桂王永曆元年丁亥、二年戊子者,曰《人間可哀篇》。作於四年庚寅者,曰《採杉編》、曰《落葉編》。作於五年辛卯者,曰《西臺編》。作於五年及六年壬辰者,曰《病孔雀編》。作於七年癸巳者,曰《紅焦編》。作於八年甲午者,曰《登峰編》。作於九年乙未者,曰《臨蘭亭編》、曰《雒陽編》、曰《洞庭雨編》。作於九年及十年丙申者,曰《鬭韻牌編》。編各爲卷,實出從子漢策輩所輯。秀水朱彝尊於《静志居詩話》評其詩,謂"硬語澀體,絶不猶人,方諸陸涪翁不足,比於饒德操有餘",洵非過譽。今通觀全集,頗有楚齒落梅、静睇鴻雪之妙,有時如哀猿叫月,令人腸斷;有時則洗盡繁縟,淡而彌永。自寫胸情而不拘繩墨,超乎塵埃之外,究非世俗所能攀躋也。吳興董氏自正、嘉以來代有詩匠,光禄振聲於前,逌周颺舉於後,豐草菴晚出,幾奪父祖之席。雖曰人爲,抑亦天授矣。説著述等身,著録於《四庫全書》者,有《易發》、《七國考》、《運氣定論》、《天官翼》、《漢鏡歌發》等書。此外尚有《周禮緯》、《律呂發》、《六書考》、《掃葉録》、《問道録》、《文苑英華詩略》、《補船長語》等十餘種,未見傳本。此書近已刊入《吳興叢書》。此則秀水莊氏蘭味軒藏書,尚是原刊初印本,極可寶也。

景翩翩小集三卷　　民國二十五年鉛印本

明景翩翩撰。翩翩本盱江人，小字三昧，一字驚鴻，建昌名妓。博學能文，謳歌繞樑，八閩士人無不與遊者，有十二金釵第一人之目。誤嫁建寧商人丁長發，羞忿自經而死。事蹟具見乾隆《建寧縣志》古蹟門附傳。翩翩所撰《散花吟》久佚不傳。此編乃近人南陽王均所輯，卷一爲《散花吟》殘帙，輯自《列朝詩集》、《明詩綜》諸書，得古樂府六首，七言古詩一首，五言律二首，七言律一首，五言絕句九首，七言絕句三首，迴文一首。後二卷皆明以來各家悼念之作，彙輯爲一帙以爲附錄者也。翩翩才情傾動一時，王伯穀有詩云："閩中有女最能詩，寄我一部散花詞。雖然未見天女面，快語堪當食荔枝。"據此知其集當時曾有刊本。錢東潤輩亦曾見之，故《列朝詩集》中既甄錄其詩，又鄭重爲之傳也。翩翩詩楚楚有致，如泰寧病中云："不知夢外垂絲柳，青入南頭第幾村。"寄友云："二十五弦聲欲斷，遍留明月印蒼苔。"皆哀婉動人，清麗可誦。康熙間玉峰徐樹敏評選《衆香詞》，中收翩翩佚詞凡三闋：一曰生查子宿虹橋紀夢、二曰憶秦娥秋晚、三曰賣花聲花窗夜坐，皆此本所未收，他日重印，當據以增入也。

康熙第六次南巡前後的皇、儲矛盾

林 乾

廢立太子是康熙後期牽動朝局的重大政治事件,清史界對此研討頗多。本文從滿文硃批奏折入手,圍繞康熙第六次南巡前後的皇、儲矛盾衝突,將幾個看似不相關聯的事件聯繫在一起進行考察,提出一些不甚成熟的看法,以就教於方家。

一、康熙西巡的真實目的

康熙四十二年五月,玄燁採取斷然措施,將懲愚、支持允礽早登大位的索額圖拘禁,並於九月底將其秘密處死。①十月十一日踏上西巡之路。誅索與西巡表面上並無必然聯繫,實則不然。

在處理索額圖一案時,康熙採取嚴懲元凶、寬赦脅從的策略,以免事態擴大,牽連人眾。但是,由於索額圖助太子圖謀大事,問題並非能簡而化之,康熙意識到西北的地方大員與太子頗爲親近,或者受太子所左右,尤其是晋、甘等省官員更迭頻繁,他懷疑有幕後操縱者。早在囚禁索額圖不久後的七月初四日,康熙帝責備山西巡撫噶禮“與索額圖甚好,看索額圖指示行事”,命其將“爲何向着索額圖之事著明白具奏,密之!”②噶禮接到密旨的次日,立即密奏《未照索額圖指示行事摺》,噶禮稱自己從初授主事,陸續拔至今職,皆爲皇上特用。“無一人幫助奴才”,來山西受職後,多次疏參索額圖在山西之親信官員。③康熙對噶禮的辯解顯然不滿,硃批“知道了”。

除噶禮外,康熙還對甘肅巡撫齊世武很不放心。七月二十六日,玄燁令川陝總督華顯密奏齊世武,並責備總督曰:“齊世武之事,奏摺内爲何不寫?此人做官何如?心緒何如?甘肅官員盡被參劾離職,其故何在?”命其“逐一繕摺奏來。”並囑其“此等密事,爾當親手寫來,字不好不妨,不可令人寫。”④華顯接到密旨後即密奏“齊世武意氣用事,爲其參劾之官員甚多,故衆人怨聲載道。”⑤玄燁決定西巡後,將消息透露給山西巡撫噶禮,噶禮接御批後“不勝騰歡”,可是,康熙不談“公事”,硃批曰:“爾母最恨爾弟,想殺之,朕在此亦要勸阻。是何緣故?著爾密奏。此爲家事,勿令人知。”⑥噶禮之母乃康熙乳母,噶禮一家與康熙及皇太子的關係都非同一般。然而如後面還要講到的,噶禮確實禀太子旨意,背着康熙做了許多事。因此,康熙所言"家事",絕非一般的家事,很可能是與皇家有重要關係的"家事"。

十月十一日,康熙在皇太子允礽等扈從下,踏上了西巡之路。從嚴格意義上講,這也是康熙一生中唯一的一次西巡。噶禮迎駕至慶都,山西境内每一站皆作行宮,玩童妓女班列其中。⑦由於康熙欲觀察西北官員對處置索額圖一事的態度,因此西巡路上一再訓戒那些獻媚索額圖的官員。康熙先於初五日接見張鵬翮時,責其所保舉者十之七八皆徇情面,"如索額圖家人,爾曾保舉,可云無此事乎?"張不能對,垂涕請罪。進入陝境後,川陝總督華顯因"忽然生瘡",未能效勞,因此請康熙多留幾日,康熙透露此行頗爲不易,因元旦已近,必須提早趕回。⑧康熙行色匆匆,取道河南返回京師。

噶禮的處境也很微妙。是年底,他遭到御史劉若鼐疏參,噶禮疏辨,康熙硃批:此事知與不知者無不議論,爾不必生氣,自有公論也。只是官員保的很多,升的太快,因此不能不使人懷疑。此事爾心裏亦明白罷。⑨同日,噶禮上《奏謝頒旨完結家事摺》透露了噶禮之母欲殺其弟之事,以及康熙代爲處理的内情。康熙命噶禮弟塞爾齊及其妻子、家人等皆前往盛京,其房田俱交付族内大員看守。噶禮稱其家事甚爲年久,特頒諭旨,頓時完結,保全闔家人性命。康熙硃批:這雖爲爾之家事,但衆人聽之不恰當。今已明白辦理完畢,不必諱言,爾儘管放心,勉之,惟將爾母斷不可帶往住所。若帶往住所,必出大事,可殃及爾身命。⑩康熙的硃批閃爍其詞,尤其不令其母至噶禮住所,否則"必出大事"。這裏的"大事",或許是噶禮之母掌握其子們參與皇太子"潛謀大事"。

康熙爲了保全太子,降旨完結參奏噶禮一案,似可説明此時父子關係尚不至完全破裂。但康熙西巡並未能使噶禮停止與太子的秘密交往。相反,噶禮與皇太子背着康熙做了不少事。這也表明允礽插手地方事務,在西北尤爲突出。山西平陽知府馬超贊貪酷不法一案就是一個例證。馬曾在兵部任職,在承接捐納之事時負債十萬餘兩,他還擅將府庫所存一萬餘兩馱載而去。就是這樣一個膽大妄爲者,竟升任平陽知府。升任的理由是"以其勇鋭,善操滿語",從康熙所説與馬"從不相識"判斷,這項任命似可肯定乃太子之意。或許是噶禮得到太子的旨令,馬到山西後,受到噶禮的激賞。但馬超贊貪婪之性不改,遇有詞訟之案,"死要銀兩",又向州、縣官遍行勒取銀兩,甚至人命重案,只要給錢,即行改供,"置律例於不顧"。馬還干涉地方州縣官之任免,未到任前,他就請噶禮將大寧知縣徐晋調往夏縣,不果後又請調往並非屬於平陽府管轄的介休。康熙西巡時,對馬的種種惡行有所耳聞。回到京城後,皇長子允禔及諸皇子也曾就此事奏聞康熙:"皇父爲何用馬超贊? 此人甚亂,形迹强勝。既已用之,故忍其行爲將如何。"康熙對諸皇子的責問有苦難言。或許是噶禮得知馬超贊已經敗露,遂於四十三年七月初四日密奏康熙將參劾馬。康熙並沒有責怪噶禮以前爲何不參,硃批曰："今覽所奏,愈與阿哥等言相合,從來不正是實,參的甚當。"並命噶禮密奏"新布政使何如?綽奇何如?走時説了什麼?"⑪

隨後發生的兵部縛送張和等四人之事似乎與馬超贊案有關,而噶禮禀太子旨意處置四人,可見二者關係非同一般。是月十六日,允礽的奶公博達塞召噶禮之弟、副都統噶爾弼,傳宣皇太子批語:"鐸霍一到,交付該部,鎖以鐵索,副都統噶爾弼家人使陪,送交太原巡撫噶禮,説予之批語。此人爲爾山西平陽府人,很亂膽大。再飭噶禮,説與其家人,斷不可傷害其命。予若尋之,仍完整送來。"兵部將鐸霍、張和等四人乘驛送到太原後,噶禮派官二員妥慎看守的同時,於八月初八日向皇太子具啓以聞。噶禮本想嚴懲張和等人,但因太子有"不可傷害其命"的批語,因而只好作罷。一個月後噶禮沒有得到太子的進一步指令,遂於九月十一日又啓奏太子對四人如何處置。皇太子批語稱噶禮前所辦之事甚當,故未批發。並告噶禮曰:"今皇上亦已聞此人,勿令此人與任何人見面,不可使其死。皇上若問於爾,則照予所寄之語具奏。具奏時只説交我弟噶爾弼寄之,不得寫批語人之名。爲此特批發。"⑫

此事按時間、地點、牽涉人物推斷,當與馬超贊案有關。而諸皇子奏問康熙爲何用馬超贊,其意在引火燒至太子身上。二廢太子後,噶禮因其母告發不孝事被處死,其弟塞爾齊處斬監候。但康熙以後言及廢太子之事時,將索額圖與噶禮並稱,言"朕皆誅之",可見指使下毒事很可能是噶母勸阻噶禮參與朝廷大事後所發。

康熙經過密查及西巡召見,對甘肅巡撫齊世武的看法有所改變。在翌年十一月齊的謝恩摺中,玄燁硃批:"據前風聞,爾性暴躁,操守雖好,但無恕心。朕巡幸西安觀之,爾之忠心義志,猶如日被驅使之奴僕,即在目前,並無隱瞞,表裏如一,由此愈加稔信。朕思齊世武誑朕,則再無一可信者。"命其將陝西總督、巡撫、布政使、按察使、提督、總兵官等,居官誰甚優,誰平常,誰甚劣,據其所知,親寫奏來。並一再囑咐:"除朕與爾外,勿再令一人知道。再者,外人有怨艾京城官員者乎?密之!密之!"⑬

更能説明問題者是新任川陝總督博霽。華顯於四十三年二月十一日病死,博霽以西安將軍兼授川陝總督。九月初一日,博霽同上二摺,一給太子,一給玄燁。在給太子請安摺中曰:"奴才自辭慈顏已有半年,依戀主子厚恩,時刻弗忘。身雖在西疆,仍如跟隨左右。"皇太子批語:"知道了。身體安善,爾好?"⑭這是筆者所見地方大員給太子請安摺中,僅有的幾份之一。在給玄燁的奏謝摺中稱其"上無兄下無弟,無朋友,孤獨一人,故終生以皇父爲賴。"⑮博霽與太子、康熙同時保持"單綫"聯繫,並稱太子、康熙都是自己的"主子",明顯透露出他足踏兩條船的心態。

以上可見,康熙對親太子的西北地方大員表示了極大的關注。在誅索額圖後匆匆踏上西巡之路,主要目的似不是"觀風省俗",而是要把握西北大員的動向,對親太子者起到某種威懾作用。在廢太子前夕，康熙密召齊世武進京，以致引起甘肅布政使綽奇出現諸多反常之舉，一時都下議論紛紛。這都説明西北在太子和康熙的心目中具有很重要的地位。

二、廢儲之議與懲治皇八子

康熙中葉以後，宗室因"結交匪類"、"行止乖亂"而被黜革的案件越來越多，儘管懲處這些案件多語焉不詳，但仍可以肯定與愈加複雜的政治鬥爭有關。[16]同時，諸皇子長大成人，各結勢要，尤其是隨着皇、儲矛盾逐漸公開化，大概康熙四十年後，爭儲之勢已成。其中廢儲之議及皇八子因爭儲受懲治是被人忽略而又影響頗大的事件。

允禩生於康熙二十年二月，其母良妃衛氏是内管領阿布鼐之女，出身貧苦，故不爲康熙所重。允禩出生後由允禔之母惠妃撫養，這或許是後來允禔支持允禩的原因之一。允禩的嫡福晋郭絡羅氏自幼生長在外公岳樂身邊。[17]岳樂是順康兩朝清廷的核心人物之一，經常主持議政王大臣會議。康熙前期，他受玄燁之托，任職宗人府管教年幼諸王。平定三藩時，岳樂堅持先定江西、再取湖南之策，爲清朝打贏這場戰爭立下汗馬之勞。二十年，玄燁以"岳樂原膺斯任"，命重掌宗人府。[18]郭絡羅氏被外公視若掌上明珠，頗加嬌寵。岳樂因其在朝中有崇高而尊貴的威望，一時奔走門下者不乏其人，努爾哈赤長子褚英之孫、鎮國公蘇努即因此受到嚴旨申飭。[19]

作爲努爾哈赤之孫、饒餘郡王阿巴泰的第四子，岳樂於康熙二十八年病卒，因其外孫女嫁給皇八子允禩，在以後諸皇子黨爭中，岳樂一支受到牽連。三十九年，因已革多羅貝勒諾尼控告，岳樂於死後十一年被追革親王，降爲郡王。據雍正後來回憶，岳樂生前"居心甚屬不善，諂附輔政大臣等，又恃伊輩長，種種觸忤皇考之處，不可悉述。"雍正還説：由於康熙遲遲不令岳樂子孫襲爵，允禩從中"鑽營讒害，離間宗室"。[20]不管此説是否可靠，但似乎岳樂一支的勢力與允禩相固結，當屬事實。而允禩"籠絡人心，其術必有大過人者。"[21]允禩爭儲，與"廢立之議"的時間頗相吻合。

綜合諸多史料推斷，處死索額圖前後，清廷高層曾有廢立太子之議。玄燁囚禁索額圖後，在山西巡撫噶禮奏報糧價摺上硃批："又據風聞，爾與索額圖甚好，看索額圖指示行事。等語。想爾爲妃母胞弟所生之子，凡所思所行，應向着裕王我二人，而爲何向着索額圖。此事著明白回奏，密之！"[22]

索額圖以"怨尤國事"、"潛謀大事"被處死，"怨尤"一種可能是康熙未兑現平準後將皇位傳給允礽的許諾，[23]另一種可能是康熙已不屬意允礽爲皇太子，裕親王等建議另立允禩，玄燁或者首肯，索額圖遂鋌而走險。從康熙後來承認他誅殺索額圖和噶禮觀之，噶禮無疑是站在太子一邊且是太子黨的核心人物之一。而硃批中將"裕王我二人"與索額圖相對立,而後者爲太子謀即位,那麼裕親王與康熙是否有一個"廢立太子"的計劃呢? 二人在何種意見上一致要噶禮"向着裕王我二人"呢? 宮門深似海,康熙的某些不可宣説的計劃只有他的親信才能知道。噶禮身份特殊,其母是康熙乳母,其本人又是"妃母胞弟所生之子",説明噶禮家族與皇家有着非同一般的關係。而且,噶禮之母似乎常在宮中,與裕王關係也很好,很可能噶母早年曾爲康熙與裕王二人之乳母。裕親王病逝時,噶母即在宮中,並寄信給兒子噶禮告知此情,噶禮隨即上摺請康熙節哀,康熙硃批言其"悲哀無處傾訴,爾母亦目睹之。"[24]説明噶禮之母會將宮中信息透露給其子。索額圖拘執於四十二年五月十八日,裕親王卒於六月二十六日,噶禮的奏摺上於七月初四日,康熙硃批時裕王已卒。福全病逝前夕,曾向康熙揭發皇太子的劣迹,並舉薦允祉,認爲他"是可以代替允礽做皇太子的人選之一"。[25]康熙後來也曾談及,"裕親王存日亦曾奏言八阿哥心性好,不務矜夸"。[26]這也可證廢立之議當屬事實。另據秦道然後來供稱:皇太子允礽被廢前,對允禩、允禟、允䄉"三個人不好,所以同心合謀,有傾陷東宮希圖儲位之意,因竭力趨奉老裕親王,要他在聖祖前贊揚。所以裕親王病時曾以廣善庫爲因,力薦允禩有才有德。再允禟時常稱贊阿靈阿有忠心,肯替朝廷出力,又稱贊揆叙才學好,操守也好。又稱贊七十蘇努有文武全才。他們一氣串連,謀爲不軌。"[27]

如果將這些材料綜合在一起,似乎可以説當時康熙與裕親王已取得一致,要廢皇太子。這也不難理解噶禮、索額圖堅決站在太子一邊,先後被康熙所誅了。因爲有裕親王等人的舉薦,允禩乘太子之位難保之機,加緊謀奪儲位。但福全不久病故,索額圖亦於九、十月間被秘密處死,康熙希望索額圖死後太子能改過自新,因而將廢立之議擱置,允禩隨即受到懲處。

四十四年九月,皇八子允禩患病,十七日下午四肢抽搐,病情嚴重。康熙認爲是瘧疾,指示御醫"用金吉那必效。"[28]但允禩神情恍惚,病情嚴重。允禩的別墅在暢春園邊,爲康熙常川必經之地。時康熙即將從塞外歸來,認爲路遇病重之人,是大不吉利,因此想將允禩遷往城中王府,但康熙又意識到這對病危之人可能帶來更大的危險,於是降旨給允祉等:"設借朕之名,誆其入內,斷然不可,是悖逆大義。故星夜遣三阿哥往。所有阿哥等與朕所遣二臣商酌,再議具奏。"此時病勢沉重的允禩很想見上皇父一面。但允祉等會議後奏稱:雖八阿哥病篤,欲觀聖顏,但爲臣子之人,決不配君父來會見。八阿哥病,重大可危。今其住所,並非原居,且係太后祖母、皇父常川往返之路,距暢春園亦甚近。臣等即於二十七日遷移。遷移後諸項事宜,臣等願承擔。[29]

允祉是堅定支持皇太子的人,在一廢太子中他亦受到追查,以他爲首作出的"遷移"之舉,似有落井下石之意。[30]

此次允禩大病不死,但一年後舊病復發,且透露出他受到康熙冷落、幾年不得見皇父等許多內情:四十五年八月二十六日,允禩身染寒熱,似瘧之症,二日後,允禩下人喚大夫李德聰去診視,病勢雖不重,但李大夫診視後認爲是瘧病。因瘧病會隨時加重,大夫勸允禩服藥。"彼時,阿哥拒不服藥"。自九月初七日始,允禩病勢加重,李大夫"與戴君選一同診視,欲稟告辦事諸阿哥,時八阿哥言,我是獲重罪於皇父之人,多年尚未得見聖顏,今有何臉想活。我的這病,勿得告訴諸阿哥。初十日,八阿哥病勢又加重,以致病篤。"李德聰二人覺得人命關天,"我等乃末等奴才,實不能當",故去稟告允祉等掌事皇子。允祉得報後,以爲"將此情形,本不應奏聞於皇父,惟詳問大夫等,八阿哥病勢似甚嚴重,此三、四日內若稍有好轉,則無妨;萬一甚險,臣等亦承擔不起,故將大夫等之呈文,一併謹具奏聞。"㉛

考查康熙四十年後至廢太子期間,玄燁重大出巡活動中,諸子輪番扈從。但自四十三年後却無皇八子允禩側身其間。似可斷言,允禩自康熙處死索額圖,皇、儲矛盾公開化後,加緊爭儲活動。所謂"多年"可能即指四十三年爲始。允禩所謂"獲重罪於皇父",當指奪嫡,奪嫡使皇、儲矛盾加劇,故康熙不原諒允禩。此次重病,康熙僅批"知道了,著勤加醫治"八字,㉜似不是一向重親情的康熙所爲,此中允禩必有大過失,致使康熙當他病危之際仍不痛不癢。數日後,御醫李德聰、戴君選奏報允禩病情有所好轉時,康熙不但無關愛之語,且有責備之意,硃批曰:本人(指允禩)有生以來好信醫巫,被無賴小人哄騙,吃藥太多,積毒太甚。此一舉發,若幸得病痊,乃有造化。倘毒氣不静,再用補濟,似難調治。㉝果然,御醫李德聰等承認"聖明洞見極是",並奏稱:八貝勒素日原好信醫巫,多服藥餌,不善調理。所以一病即十分險大。十七日後"神情恍惚,遺溺不知",脉息時好時壞,並於二十日奏報病情;康熙硃批:"用心調理。"㉞但允禩大難不死,不久痊愈。

允禩黨羽何焯此時的遭際也可證明其主子"獲重罪之事"。何焯是長洲人,康熙四十一年李光地將何薦給康熙,何隨即至京師爲藩邸伴讀。何給李光地的信中一再謙稱自己"學淺性疏,懼滋尤悔,有忝門墙。"㉟由於何以太學生值南書房,"兼侍直皇八子府中","因此招致忌者滋多。"㊱何焯入值時尚無名分,康熙賜其舉人,同時授南書房另外兩名官員汪灝和蔣廷錫同樣資格。三人不久參加了親近太子的熊賜履主持的考試,但均告落選,玄燁大爲不滿,又賜三人爲進士。熊賜履在殿試揭曉的四天後"以原官解任"。這件事説明四十二年前後,皇八子與皇太子之爭已是公開的秘密。何焯在南書房入值時,兼武英殿纂修,"頗攬權勢",作爲允禩的心腹,有"袖珍曹操"的綽號,㊲因此,"忌者滋多"也就很自然了。三年散館後,"置之下等而斥之",㊳時間正是允禩"獲重罪於皇父"、受玄燁冷落之時。

考察以上史實,似乎可以説:康熙處死索額圖前,皇、儲矛盾已公開化,皇室內已有廢立之議。在這種情况下,皇八子加緊奪儲。但隨後主廢立之議的裕親王病故,支持太子早登大位的索額圖也被處死,康熙因而擱置廢立之事,他希望允礽能懸崖勒馬。允禩正是在這樣的形勢變化下受到懲處。但爭儲之勢已成,太子一日不登大位,一日不安。在最後一次南巡中,康熙越發意識到允礽離他心目中的繼承人形象越來越遠。

三、溜淮套工程的出籠與康熙第六次南巡

康熙的後三次南巡時間均相隔一年,這對向以節省民力著稱的康熙似乎是一個矛盾。但如果考察這三次南巡都有太子相隨,其間隔之短也就不足爲怪了。本文還認爲,最後一次南巡,康熙是"被逼無奈",是太子及親太子的南方派的策動。

在南方派中,出於豁免虧空及迎合太子的欲求而策動南巡當是主要原因。這些人中包括兩江總督阿山及曹寅、李煦等內務府織造官。

阿山是滿洲鑲藍旗人,姓伊拉哩氏,曾任翰林院侍講、日講起居注官等職。此人爲官非常圓滑,是個"巧宦",因此康熙中葉以前仕途不暢。阿山的發跡是在康熙親征噶爾丹後。他作爲從征者雖無勞績,但班師後擢盛京禮部侍郎。次年授翰林院掌院學士。三十九年五月任兩江總督。

多年來,江南(包括內務府織造衙門)的巨額虧空是令清廷頭痛的事。康熙四十年以後的連續三次南巡,尤其是皇太子、皇子的勒取,是造成虧空的重要原因。當然,這個謎底直到太子被廢後才由康熙揭開。

康熙第五次南巡(四十四年)前,阿山欲借備辦南巡名義,加徵錢糧耗銀三分,各郡皆懾服唯唯,江寧知府陳鵬年獨持不可,阿山怒,借故罪之,近侍也造蜚語上聞。賴張英及曹寅等力諫,陳鵬年才得以免罪。㊴陳鵬年的持正對阿山加徵耗銀是一大障礙,必去之而後快。四十五年二月,阿山劾陳鵬年不將聖訓供設吉地,而以妓館供奉,屬大不敬。刑部等擬立斬。玄燁知阿山意,命陳鵬年革職免罪,來京修書。㊵按康熙的勤儉作風以及對清官政治的倡導,他不會動殺陳之念,極有可能是迫於太子的壓力。

康熙很不滿意這位兩江總督,阿山也清楚自己在皇帝心目中的位置,因而連請安摺也很少了。四十五年正月二十五日,由於阿山想行捐納,便給康熙上請安摺。康熙的硃批曰:"素日甚少奏摺請安,或有捐納事需條陳,故順便請安耳。"康熙同時得知阿山在龍潭地方大修行宮以備南巡,表示:"朕無事南巡,即臨幸,亦絕不駐蹕龍潭地方。若違此言,再不能見人矣。爾只是徒勞而已。若拆毀所建房屋,朕甚喜悅。毋疑,著即拆毀。"㊶

康熙確實看準了阿山的用意。同一日,阿山奏請開捐納以興溜淮套工程。康熙硃批:"此事爾三總督(另二爲漕督、河督)既知之,朕不必諭爾等具奏或停止。"㊷

溜淮套工程是阿山設置的一個陷阱。他要借此實行捐納,並促請康熙南巡,蠲免錢糧,

以彌補虧空。早在四十四年十一月，阿山提出將泗州西溜淮套開河築堤，泄淮水，至黃家堰入張福口，會出清口。玄燁命漕運總督桑額、河道總督張鵬翮會同閱視。張、桑皆謂不可開，"因阿山之議，乃列名奏請。"⑬四十五年正月初十日，九卿以該工程屬"創興"，議照該督所題，請康熙親臨河工指授方略。康熙稱其屢次南巡，河工利病知之甚明，即有未曾經歷之地，亦可即行定奪，並且四十二、四十四年兩舉南巡，"瀕河官民不無勞憂"，拒絕親往。十四日，九卿會議再請。玄燁頗爲不解，稱即欲往閱，亦須冬月乃可。他深知阿山借開河工之名，行捐納之實，因此明確表示："至捐納之事，大非善舉，斷不可行。"⑭九卿仍堅持聖駕南巡，並一反常態，"請將此本交與內閣"。康熙對這種違反議事成規的做法頗爲不滿，責備曰："爾等會議未成之事，何必交與內閣？"命"議結具奏"。九卿再請時，他只好將心中憂慮告知："朕不往巡，亦因灼知地理之故。且近來策妄阿拉布坦處頗有所聞，朕今年亦不宜南行。"康熙將隱憂相告，這使九卿再無理由陳請。但康熙對九卿"毫不諳練河務"，又"再四請朕親臨河工"大惑不解。他謂大學士曰："朕昔欲往閱下河，因張鵬翮奏以爲斷不可往，是以中止。今即去，仍然不能親莅其地，則亦何事復往？果欲閱此河，惟冬月冰凍時尚可。"他還說，開此河雖於淮安、揚州、鳳陽等地生民有利，但此項錢糧斷不可交地方官。至於捐納之事，"阿山、張鵬翮奏請行捐納者，特爲彼處虧空銀兩，欲取足於此之意。今伊等勸開捐納，亦爲阿山輩耳。"康熙進而認爲新開工不如修治高家堰爲緊要，如不修治高家堰，"倘有沖決，即開此河何用？"隨後九卿在議阿山捐納河工之請時，議照山東養民例，康熙知其用意便於行私，嚴旨申飭，稱按此之例，"名爲捐助，及其結局全無實際，所欠銀兩皆朕免之。"如願捐助河工，命將銀交到戶部。⑮五月十五日，九卿等再請南巡指授河工。康熙仍不許，並曰："阿山甚巧，既不得謂之善，亦不得謂之非。以此觀之，非巧而何？"並稱"噶禮亦與阿山相同。"⑯十一月，阿山內調刑部尚書。

　　四十五年雖因康熙堅持未能南巡，但朝中親太子派並未就此罷休，大學士馬齊即其主要人物。

　　馬齊是米斯翰之子，因康熙二十六年往按湖廣巡撫張汧貪黷案而受康熙賞識。翌年遷左都御史。馬齊習邊事，二年後列議政大臣，開"都御史與議政"之始。⑰三十五年，康熙親征噶爾丹，馬齊以戶部尚書兼理藩院尚書，是協助皇太子留京理政的三位重臣之一。三十八年授武英殿大學士。隨着馬齊權勢日隆，交結文武大臣，引起康熙帝的高度警惕。在備受皇子們關注的馬超贊案審理過程中，又引出馬齊屬下人、山西按察使覺羅巴哈布詐取馬案牽連人劉志銀兩一事。巴哈布有馬齊作爲靠山，"甚屬狂妄，又引導保定府知府羅鑾爲馬齊之徒弟。"巴哈布之兄、護軍參領扎克丹亦於馬齊處行走。四十三年底，噶禮密奏康熙，稱其將參劾巴哈布。康熙的硃批雖承認"巴哈布爲人甚庸懦且驕傲"，說巡視山西時，"見後甚厭惡之。"但考慮到"按察使乃大員且爲滿洲",此事又與噶禮有"牽連",令噶禮慎之。⑱四十五年春,康熙令親信大臣密奏馬齊等人情況。四月初十日,甘肅巡撫齊世武奏稱:惟有大學士馬齊,凡文官無不與之往來;副都統馬武(馬齊弟),凡外地武官無不與之往來。官員對彼兄弟合意之人,凡遇事互相照顧,若係不合意者,借故威脅,造謠傳揚。因此,文武各官,無不畏懼其兄弟。⑲康熙稱"爾所奏事情,朕從別處亦打聽到了。彼等雖暗中勾結,但弗能倒置是非。"囑齊世武:"此等事宜甚密之。"⑳康熙經過明察暗訪,認定馬齊是皇太子的有力支持者。㉑

是年十二月十九日,九卿以明年南巡再請,大學士馬齊也以之請。康熙以其年歲漸加,頗憚行路,命另議具奏。二十三日,大學士也違反成例,將九卿奏請聖駕親臨摺子,票擬"上親往"字樣進呈,康熙大爲不悅,即遣批本主事蘇成格等傳諭曰:"昨已有諭旨曰朕不去,爾等又何爲票擬准往字樣?"稱"此行心實厭之。"命另票進呈。馬齊又兩次懇請,康熙均拒之。九卿、詹事、科、道又赴乾清門奏請,康熙只得勉從所奏。並説:"至溜淮套,相度往返約四十日,朕指示開河,隨即回鑾,斷不渡江。倘彼處又有來請渡江者,九卿諸臣當保之。"九卿等以南民叩聖爲理由,表示"臣等何能保之?"㉒

四十六年正月二十二日,康熙在皇太子允礽等陪同下,開始了他一生中的最後一次南巡。二月二十日,康熙由清口登陸,方知溜淮套工程完全是一個騙局。因溜淮套地勢甚高,開挖新河工程艱巨,即使挖成也不能直達清口,無助於泄出高家堰堤下之漲水。康熙命扈從文武臣工及地方大小官員、河道總督及河工官員等列跪,嚴屬訓責河督張鵬翮、安徽巡撫劉光美、蘇撫于準等人,諸人"皆不能對,惟叩首認罪"。㉓康熙還發現,此地勢地形與阿山"所進圖樣迥乎不同",㉔再次大怒,稱"數年來兩河平靜,民生安樂,何必多此一事?"諭大學士等:"此河斷不可開,即繕寫諭旨傳諭在京諸臣,前任總督阿山,何所見亦奏此河當開?著問阿山回奏?"康熙回京後命革阿山職。

溜淮套的騙局揭穿後,康熙對允礽多了一層防範,也增加了一層不信任。三月十六日,康熙一行抵達蘇州。次日,密諭工部尚書王鴻緒:"前歲南巡,有許多不肖之人騙蘇州女子,朕到家里方知。今年又恐有如此行者,爾細細打聽,凡有這等事,親手密密寫來奏聞。此事再不可令人知道。有人知道,爾即不便矣。"王鴻緒遵旨多次密奏。㉕在六月二十日的密奏中稱:現范溥已知有漢大臣説我不好,范溥曰,是御前第一等人與我的信。密摺提醒康熙曰:"皇上行事至慎至密,人莫能測,真千古帝王所不及。但恐近來時候不同,有從中窺探至尊動靜者,伏祈皇上密密提防,萬勿輕露,隨事體驗,自然洞鑒。"㉖從王鴻緒的密摺及康熙一廢太子時所言,皇帝的所有活動確都處於太子黨的嚴密監視下,王所説的"近來時候不同"大概是指皇、儲關係高度緊張時。

允礽在江南確實做了許多丟盡皇家臉面的事,太子的惡劣形象無疑成爲他很快被廢的重要原因。查康熙六舉南巡,前三次閲視河工,事務殷繁,但第一次往返僅六十日,在江南逗留不過旬日,第二次往返七十日,逗留江南三十五日,第三次一百零四日,在江南停留四十二日;第四次六十日,宣布河工告成。而第五次南巡往返一百一十日,在江南逗留六十一日,第六次一百二十日,在江南逗留七十六日。可見後二次南巡主要目的並非閲視河工,很可能是徇太子之請。又康熙前令阿山拆毁龍潭行宫,並稱決不駐蹕於此,"若違此言,再不能見人矣",但事實上第六次南巡仍駐蹕於此。[57]這也可能是爲滿足太子之要求。

太子在南方的另一項失政是勒取財物。儘管太子勒財遍布宫内外及不少省份,但江南無疑是其勒取的集中之地,而其奶公凌普充當了重要角色。康熙後來承認,讓凌普出任内務府總管大臣是爲了便於允礽"取財",也即能够滿足允礽對財物的貪求。一般認爲,凌普任總管當於四十四年二月,[58]實際上似乎要早,可能在處死索額圖之後。康熙承認,部院的許多貪賄舞弊大案都因太子奶公凌普等人插手干預而不能公正審結。[59]

凌普雖直到太子被廢的當月才革内務府總管一職,實則康熙對凌普任總管早就不滿,多次戒飭凌普"於事漫不經心",對宫中所屬欠銀之事,"假充好人,日久天長,則日後必致爾等償還。"[60]由於太子的關係,儘管凌普一再干涉部院事務,把手伸得很長,也未能履行總管之責,但康熙仍令其革職留任,這也有顧全太子的成分。

在凌普任内務府總管大臣的四、五年間,皇太子"便於取用",究竟取用了多少財物,很難確查,只能舉其代表性事例。一廢太子後,康熙以噶禮爲兩江總督,其用意之一是令其清查江南以及由内務府控制的兩淮鹽運使等處虧空。噶禮在陛辭入覲時,康熙告之明年將更換兩淮鹽差。[61]四十八年十月,康熙還召曹寅赴京議事。[62]同年十二月初六日,噶禮奏報清查鹽運使庫銀虧空情況,令康熙大爲驚訝,噶禮奏稱:僅兩淮鹽運使李斯佺虧欠銀即達三百萬兩,"其中曹寅、李煦侵用者多"。[63]

造成這巨額虧空的原因何在? 噶禮没有明言,但心中有數。康熙的硃批説得十分明白:"爾這奏的是。皇太子、諸阿哥用曹寅、李煦等銀甚多,朕知之甚悉,曹寅、李煦亦没辦法,現曹寅尚未到京城,俟到來後,其運使庫銀虧欠與否之處,朕問畢再頒旨於爾。"[64]

允礽被廢當月,允祹接替凌普署内務府總管,奉命清查允礽勒取銀兩之事。據曹寅家人交待,康熙四十四年、四十六年,凌普兩次取銀四萬兩。自四十四年至四十七年九月,凌普從李煦、曹寅處共取銀八萬餘兩。其中南巡時取用的二萬兩已不知"交付何處"。[65]由於"允礽所用,一切遠過於朕,伊猶以爲不足,恣取國帑,干預政事,必致敗壞我國家,戕賤我萬民而後已"。[66]康熙在廢太子時所講的這番話,可以作爲太子被廢的重要理由之一。

四、皇長子允禔鋌而走險與康熙廢太子

在皇、儲矛盾急劇惡化的諸多鏈條中，皇長子允禔的鋌而走險使蕭牆之禍迫在眉睫：不廢太子不但康熙自身難保，而且允礽可能被加害，諸皇子裹甲相爭的悲劇會很快出現。就此而言，康熙廢太子既是皇、儲矛盾無法調節的必然結局，也是康熙使皇室免於慘禍的正確決策。

皇長子允禔生於康熙十一年二月十四日，其母爲庶妃納喇氏（即惠妃）。康熙第二次南巡，允禔是唯一的隨扈皇子。他作爲副將軍征噶爾丹時年僅十八歲，估計他可能較早即任議政大臣。[67] 其嫡福晉伊爾根覺羅氏之父科爾坤，長期擔任户部、吏部尚書及左都御史等要職。二十七年二月初九日，作爲明珠黨成員，科爾坤以原品解任。三十八年卒。允禔雖因二十九年與裕親王福全出征不和罷去議政之職，但他作爲康熙年齡最大的兒子，仍然在以後的重大活動中側身其間。康熙三十五年，允禔從征噶爾丹。他先是奉命與領侍衛内大臣索額圖一起，統領數千人的先鋒部隊，後又負責料理賞兵事務，散發軍糧。期間西路大將軍費揚古軍後期，康熙命各營議中路軍如何行動，"亦遣官咨允禔"。[68] 大敗噶爾丹後，康熙於三十七年第一次册封諸皇子，允禔封多羅直郡王。

康熙後期，隨着元老重臣相繼而去，朝中多爲後起之輩。與朝中大臣相比，玄燁似乎更相信他的皇子，把特別重要及機密之事交由他們處理。特別是玄燁離開京城時，留守大臣有要事須與皇子協商。審訊索額圖及審處托合齊結黨會飲案，都有允祉等皇子參加。

康熙四十六年，是玄燁最後一次南巡。行前，康熙降旨給允祉、允禛："朕此番去處遠，寄信送報，往返多日。若於爾等，有事難斷，則可與内大臣明珠、大學士席哈納、尚書温達等用心商議。"[69] 是年夏，康熙率皇太子巡視塞外，七月二十日，允祉、允禛上奏曰："皇父此次出獵，凡有請旨事，除照常及時具奏外，今留京城大臣内，皇父欽指某員，遇有臣等難斷事，欲與用心商議。"康熙硃批："照舊。"[70] 約康熙四十年以後，玄燁離京時皇子值宿大内或暢春園處理朝政逐漸形成定制。[71]

最值得注意的是，康熙不在京城時，皇子可以代其處理奏摺。四十六年四月初九日，甘肅巡撫齊世武將該省雨雪情形奏報，因康熙在南巡途中，奏摺遂交内閣。其後康熙發現該奏摺經内閣拆視，責備齊世武"糊塗"，並明確説："將爾奏摺，應送與掌事阿哥等"，"朕若不在宫，務必交與阿哥等。"[72] 密摺制此時實行不久，而"掌事阿哥"能代皇父處理此種機密文書，可見對其信任之一斑。並且，康熙外出時，發給皇子及大臣同閲的諭旨時，一般將皇子排在前面。

期間,頗通武藝的允禵利用其保護父皇之機,也加緊謀奪儲位,朝中一些人倒向允禵一邊,連康熙都承認,"馬齊父子、朕之包衣牛録、渾托豁下佛保等人,伊等皆係已與皇子反目之人,奢望轉向大阿哥者甚多。"[73]而負責京城保衛的步軍統領托和齊更成爲允禵爭取的對象。康熙諄諄告誡托和齊"不可與任何阿哥、王等來往。將此至死敬之。企圖陷害爾者多,爾若不得罪於朕,任何人不能陷害爾矣。"[74]允禵因爭取托和齊不果,便惱羞成怒,幾次聲言要殺托和齊。

康熙四十七年,是最不平静的一年。廢太子之前,大有山雨欲來之勢。由於太子貪淫、暴虐及恣取國帑等種種不法之事的敗露,其皇儲之位隨時有被廢棄之可能。因此,允禵搜羅武藝高强者謀劃除掉允礽。現在仍無法斷定此謀劃是允禵出於保護其父皇不受傷害,還是要奪嫡以代之。但事實却是確鑿不疑的。此事之倡行者,包括公賴西、順王、王府長史阿魯爲首。這幾個人向允禵倡議,"方起行刺之惡念"。張明德又蠱惑人心,稱其有朋友五人,武藝非凡,能抵殺數百人,"可翻越如城之高牆,可進入四、五十人群行刺。"允禵等人很相信張明德,令張務於年前十月初旬到京。張遂前往邀約,並遣人至京師。可是,皇太子於九月被廢。張明德到京後,前往允禵處告稱:我諸友相約,十月十五到來。"以事已告成,雖到來,現無用處。"[75]托和齊密奏的這份材料表明:允禵謀刺太子事在前,廢太子在後。這也是允禵於廢太子後被嚴加監禁並被康熙立即淘汰出未來皇儲的重要原因。

在允禵密謀行刺的早些時候,康熙將甘肅巡撫齊世武召入京師並授川陝總督。這項看似尋常的任命引起滿朝議論。齊世武是於當年四月初三日升任川陝總督的,五月初九日內閣學士舒圖接替甘肅巡撫任。[76]而原川陝總督博霽至遲於五月初病卒。[77]也就是説,齊世武當在四月間到京。此間,"正值大事未定之際"。[78]四月初六日,康熙在齊世武所上請安摺中,向他曉示提擢"兩省要職",是"以爾作官聲名好",囑其當愈加廉潔,"若稍違朕簡用之意,則不僅無臉見人,而且有負朕恩。"[79]齊世武入京前,原甘肅布政使綽奇得到這一消息,這位本與齊世武"甚爲不和"的同僚,這次親赴正定府相迎,見面後,相談許久,並"彼此結親",綽奇先至京城,齊世武隨即也趕到。齊世武在京期間康熙交待過什麽,"國人不知"。但從康熙所説"外人多猜測,議論紛紛"來看,肯定與皇太子有關,因爲綽奇從此後"自稱建立大功之人,於其故舊家中,侃侃曉諭,傲慢、無畏懼之狀,朝臣無不知者。"康熙對托和齊所上的這份密摺十分關注,他對綽奇想拉齊世武"入其黨類"仍持否定的判斷,硃批曰:"爾所奏甚是。綽奇之悖亂,舉國莫不知者。朕可作保,齊世武斷不爲綽奇所欺。綽奇之悖逆,膽大不怕死等情,皇太子、大小諸阿哥皆知之。此事確鑿,有證據。朕將保證,此人斷不得好死。齊世武來京城時,朕未説一句話。今看來,外人多猜測,議論紛紛。此亦齊世武之不幸,人皆猜錯。以此觀之,恐係綽奇張揚,亦未可料。"[80]

九月初四日,康熙在行獵途中拘繫允礽,廢其太子之位,這是皇、儲矛盾發展的一個必然結局,也是穩定局勢、免皇室慘禍的正確決策。值得注意的是,廢斥允礽之當日,康熙明確曉諭衆臣:"朕前命直郡王允禔善護朕躬,並無欲立允禔爲皇太子之意。"並説允禔"秉性躁急愚頑",不可立爲太子。"躁急愚頑",就什麼事都能做出,因此,允礽被廢後,允禔成爲最危險的人物,康熙將其囚禁後,恐其黨徒"鋌而走險","内心疑慮難止",[31]令托和齊嚴加防範的同時,又命他"勤打聽大阿哥之消息。"[32]由於允禔平素"好製造鐵質器械等物",允禔被鎖禁時,鐵器等物也全部搜出,允禔府只留下一杆鳥槍,作爲滿族男兒的象徵。但托和齊仍擔心報恩寺集市貿易時,"邪惡之人聚集較多",奏請康熙取締集市。康熙硃批稱:"此人昏且暴,不可輕視。這齷齪怎麼得了,對朕其易,朕自有處置。唯爾處所,著爾固之,並不時打聽奏聞。"[33]品性暴烈的允禔一直被嚴加監禁,至康熙五十六年,玄燁還堅持認爲:"無論(允禔)如何改正,斷不可釋放",倘若釋放,"無益於全國,亦與朕無好。"[34]話説得够明白了,所謂"無益於全國",又對康熙構成危害,這就不是簡單的爭儲問題了,其性質已走向謀奪大位了。當然,這一切的一切,都極可能在史官的多次删改中,將歷史真相隱藏在冰山之下,欲讓世人窺其全貌,不亦難乎!

① 據齊克塔哈稱,索額圖乃"餓禁"而死。見《康熙朝滿文硃批奏摺全譯》,309頁。
②㉒㉔ 《康熙朝滿文硃批奏摺全譯》,285頁。
③④ 《康熙朝滿文硃批奏摺全譯》,293頁。
⑤ 《康熙朝滿文硃批奏摺全譯》,294頁。
⑥ 《康熙朝滿文硃批奏摺全譯》,299頁。
⑦ 李光地《榕村續語録》卷一八。
⑧ 《康熙朝滿文硃批奏摺全譯》,302頁。
⑨ 《康熙朝滿文硃批奏摺全譯》,306頁。
⑩ 《康熙朝滿文硃批奏摺全譯》,307頁。
⑪ 《康熙朝滿文硃批奏摺全譯》,330—331頁。
⑫ 《康熙朝滿文硃批奏摺全譯》,337、343頁。
⑬ 《康熙朝滿文硃批奏摺全譯》,356頁。
⑭ 《康熙朝滿文硃批奏摺全譯》,341頁。
⑮ 《康熙朝滿文硃批奏摺全譯》,342頁。
⑯ 參見《聖祖實録》卷一三三,444頁、卷一四九,655頁、卷一八八,1000頁。
⑰ 《康熙朝滿文硃批奏摺全譯》,1658頁。
⑱ 《康熙起居注》第一册,800頁。
⑲ 《聖祖實録》卷一二七,364—365頁。
⑳ 《雍正上諭》雍正元年十二月初一日條。
㉑ 《孟森學術論著》,196頁。
㉓ 參見吴秀良《康熙朝儲位門爭記實》,55頁。
㉕ Silas H. L. Wu: Passage to power, P. 127, HARVARD UNIVERSITY PRESS. 1979. 引自楊珍《康熙皇帝一家》,329頁。
㉖ 《聖祖實録》卷二三五,25頁。
㉗ 《允禩允禟案》,《清代三朝史案》,29—30頁。
㉘㉙㉚ 《康熙朝滿文硃批奏摺全譯》,392頁。

㉛ 《康熙朝滿文硃批奏摺全譯》,464 頁。

㉜ 《康熙朝滿文硃批奏摺全譯》,465 頁。

㉝ 《康熙朝滿文硃批奏摺全譯》,466 頁。

㉞ 《康熙朝滿文硃批奏摺全譯》,467 頁。

㉟ 何焯《義門先生集》卷四,《與友人書》。

㊱㊳ 《何焯墓碑銘》,全祖望《鮚埼亭文集選注》,163 頁。

㊲ 鄧之誠《清詩紀事初編》卷三,《何焯》,331 頁。

㊴ 《陳恪勤公年譜》卷上;《清史稿》卷二六七、二七七;《國朝先正事略》卷一二。

㊵ 《康熙起居注》第三册,1947 頁。

㊶ 《康熙朝滿文硃批奏摺全譯》,405 頁。

㊷ 《康熙朝滿文硃批奏摺全譯》,406 頁。

㊸㊾ 《滿洲名臣傳》卷二三,《阿山傳》。

㊹ 《康熙起居注》第三册,1934 頁。

㊺ 《康熙起居注》第三册,1936—1937 頁。

㊻ 《康熙起居注》第三册,1978 頁。

㊼ 《清史稿》卷二八七,《馬齊傳》。

㊽ 《康熙朝滿文硃批奏摺全譯》,358 頁。

㊿㊾ 《康熙朝滿文硃批奏摺全譯》,414—415 頁。

51 《康熙朝滿文硃批奏摺全譯》,1653 頁。據康熙稱,太子被廢後,馬齊"已與皇太子反目","奢望轉向大阿哥"。

52 《康熙起居注》,第三册,2060—2061 頁。

53 《康熙朝滿文硃批奏摺全譯》,490 頁。

55 《康熙朝漢文硃批奏摺匯編》第一册,613—615 頁。

56 《康熙朝漢文硃批奏摺匯編》第一册,664 頁。

57 《康熙朝滿文硃批奏摺全譯》,494 頁。

58 《八旗通志初集》卷一一四,《八旗大臣年表》。

59 《康熙朝滿文硃批奏摺全譯》,339 頁。

60 《康熙朝滿文硃批奏摺全譯》,1543 頁。

61 63 《康熙朝滿文硃批奏摺全譯》,656 頁。

62 《關於江寧織造曹家檔案史料》,76 頁。

64 《康熙朝滿文硃批奏摺全譯》,657 頁。

65 《關於江寧織造曹家檔案史料》,60—61 頁。

66 《聖祖實錄》卷二三四,336 頁。

67 《清代職官年表》,《軍事統帥年表》,第 2998 頁。

68 《清史稿》卷二二〇,《允禔傳》。

69 70 《康熙朝滿文硃批奏摺全譯》,532 頁。

71 《康熙皇帝一家》,229 頁。

72 《康熙朝滿文硃批奏摺全譯》,500 頁。

73 81 《康熙朝滿文硃批奏摺全譯》,1653 頁。

74 《康熙朝滿文硃批奏摺全譯》,1640 頁。

75 《康熙朝滿文硃批奏摺全譯》,1641 頁,無年代,當爲四十八年再立允礽爲皇太子時所奏。

76 《清代職官年表》,《巡撫年表》。

77 《康熙朝滿文硃批奏摺全譯》,579 頁,據禮部尚書富寧安於五月二十一日奏請博霽靈柩可否入京,康熙准入。《清代職官年表·總督年表》載博霽卒於九月初二日,誤。

78 80 82 83 《康熙朝滿文硃批奏摺全譯》,1654 頁。

79 《康熙朝滿文硃批奏摺全譯》,574 頁。

84 《康熙朝滿文硃批奏摺全譯》,1177 頁。

祝賀季羨林先生從事東方學研究六十六周年

唐敦煌城市的禮儀空間

姜 伯 勤

一、引 言

季羨林先生指出:"中國人講'天人',印度人講'梵我',意思基本上是一樣的"。"'天人合一'的思想是東方思想的普遍而基本的表露"。①中國禮學研究對理解"天人合一"這一東方思想有重要意義。

饒宗頤先生指出:"《吠陀》的 Rta,意義是指天地的秩序……這種秩序是代表禮儀上道德上的宇宙性的經常之道……它和'禮'表示天經地義的'禮經',有點相似"。②

十八世紀用樸學精神研究禮樂之學的第一流人物凌廷堪(1755—1809),在《校禮堂文集》中有《復禮》上、中、下三篇,提出"聖人言禮不言理之旨"。揚州學派樸學大家阮元嘆爲唐宋以來儒者之未有。③

1997 年 11 月,楊向奎先生在《宗周社會與禮樂文明(修訂本)》第 2 版中討論"禮樂文明"時指出:"因之這種文明,可以名之曰'義深文化',此名取自周一良先生。"又説:"程頤、朱熹一派的哲學思想未能全面發展先秦的禮樂文明,而走向偏枯"。"明清之際南北諸大思想家,對傳統理學多持批判態度,乾嘉時代樸學興,遂使一代新學代替舊學而起,所謂漢宋之爭由此而起。原來由儒家而經學而理學,遞禪而興,漢學亦經學之發展,又以理學轉向漢學,自此而上溯爲先秦之禮樂文明,殆所謂中國之'文藝復興'乎?"④

順着楊向奎先生前揭書的揭示,我們玩味凌廷堪所説"不知聖學禮也,不云理也"的命題,認識到:此乃站在樸學家的立場,揚棄宋代以後道學家吸收佛學而對"禮學"所作的"理學"化解釋,而回復到揭示先秦及漢唐禮學的古樸的人文内容。

和宋代"理學"化的禮教相比,唐禮還保留着若干古樸禮儀和觀念,例如:(1)在唐代五禮的軍禮中保留着儺禮,這是被朱熹視爲"近於戲"的"古禮"。(2)在唐代五禮中,還保留着祭馬社和祭先嗇的禮儀,體現了華夏民族自遠古以來禮敬自然和禮敬生命的傳統。(3)在唐禮中,賓禮及有關禮制成爲處理不同族類文明關係、在"天可汗"體系内整合華夷關係的制度框架,並在唐中葉以前取得了永垂青史的成果。⑤

　　宋代以後,唐禮中的這類傳統逐漸不顯。宋人歐陽修遂云,“由三代而下”,“而禮樂爲虛名”。陳寅恪先生同意沈垚的説法:“六朝人禮學極精,唐以前士大夫重門閥,雖異古之宗法,然與古不相遠,史傳中所載多禮家精粹之言”。寅恪先生進而指出:“唐以前士大夫與禮制之關係既如是之密切”,“故治史者自不應以其僅爲空名”,“遂忽視之而不加以論究也”。⑥高明士先生對隋唐禮制及廟學制的研究,⑦甘懷真、⑧陳戌國⑨等先生的研究殊堪注目。

　　誠如池田温先生指出者,禮,“稱之爲漢民族數千年精神文化與物質文化的精華的結晶亦不爲過”。⑩1992年,妹尾達彦先生發表了《唐長安城的禮儀空間——以皇帝儀禮的舞臺爲中心》,⑪文章對於了解唐長安及唐代的物質文化與精神文化,給我們以重要的啓發。1995年,John Lagerwey先生又發表了《道教的禮儀空間與王朝正統性》一文。⑫這樣,“禮儀空間”已經成爲學術界備受關注的話題。在唐禮研究方面,金子修一先生、⑬Weshcler先生、⑭石見清裕先生、⑮小島毅先生⑯諸位饒有貢獻。在前人啓發下,本文擬就“敦煌城市的禮儀空間”爲題,作一研究。

　　歷史上一個新朝往往有新的禮、新的儀注或新的祀典的制作。在研究敦煌城市禮儀空間時,與研究長安唐代禮儀空間相比較,困難在於:這裏所能憑藉的適用於州縣一級祀典的資料,比適用於國家京城的資料少得多。於是,敦煌發現的官訂的《沙州都督府圖經》和官頒的《具注曆》,就成爲分析敦煌州郡官式祀典的重要材料,這是研究敦煌時在《大唐開元禮》以外的重要憑藉。

　　以上,我們在《引言》的討論中,回顧了清代禮學家凌廷堪的“聖人言禮不言理之旨”的學説,又回顧了楊向奎先生關於“理學”未能發展禮樂文明而走向偏枯的學説,認識到清代若干傑出樸學家的“禮學”,已從偏枯的“理學”向涵蘊着歷史人類學内容的古樸的禮學的復歸。由此,我們也就有可能通過敦煌城市的禮儀空間的討論,來體悟歷史人類學在禮學研究和史學研究中的意義。

二、沙州城城市結構與禮儀

　　在《敦煌社會文書導論》一書中,筆者曾提出:“沙州城市在中國中古城市史上,是一種值得注意的類型,作爲綠洲城市,它受到沙漠邊沿的灌溉系統和灌溉組織的支持;作爲絲路城市,它與隊商聚落及來往國際商路的‘商業民族’有不解之緣;作爲邊塞城市,它受到邊防軍鎮體制的支撐;作爲郡縣城市,它是郡縣政治權力的集結點,也是官僚和在鄉間擁有地產的城居地主與坊市行肆工商人户的聚居地。”⑰

　　本文需要作一補論的是,在八至十世紀沙州城結構的變動中,與禮儀有不解之緣。如:

1.在子城—羅城結構中,子城成爲重要的儀禮中心。2.在從坊市制向街巷制的轉變中,"行"與社有一定的關係。3.在沙州"城鄉連續體"中,[18]對自然和動物界"神聖"的祭祀,仍佔有重要地位。

2.1 在子城羅城結構中子城成爲都市儀禮的中心

郭湖生先生大作《子城制度》,將子城制度的出現追溯至兩晋。而沙州"子城"記載已見於隋唐之際。《通鑑》卷一九○武德六年(623)六月:

> 瓜州總管賀若懷廣按部至沙州,值州人張護、李通反,懷廣以數百人保子城;涼州總管楊恭仁遣兵救之,爲護等所敗。

則隋唐之際,沙州已有子城之設。其東北有"羅城"。[19]

郭湖生先生又謂:"至唐代則州軍治所設子城,已爲常規,惟此期之子城羅城均已泯滅無迹,而文獻闕佚,其制度區劃未可詳知。"又謂:"子城聚一州之精華,軍資、甲仗、錢帛、糧食、圖書文獻檔案皆蓄於此,子城爲一州政治核心,政府、廟舍、監獄皆設其間,子城鼓樓司城市生活所止之節。"[20]

沙州子城南門附近應是州衙所在。S.1438《書札》中,有沙州玉關驛戶氾國忠等,在沙州爲吐蕃管轄期間,於"四更蓻火城入子城",有人"擬救節兒蕃使,乃至子城門下,其節兒已縱火燒舍,伏劍自裁,投身火中,化爲灰燼"。

子城南門附近有州館,即州府接待賓客之地,或與賓禮亦有關。P.2005《沙州都督府圖經殘卷》有云:

> 一所殿　　六門　五架　高四尺　東西十七步　南北八步
>
> 右在子城中,近城南門,據《西凉録》凉王李暠庚子年,建造此殿以聽政,至今見在,州司以爲館。

此座李暠聽政之殿,當即"恭德殿",同一卷子又云:

> 謙德堂
>
> 右按《西凉録》,王李暠建以聽政。其堂在子城中,恭德殿南,今並除毀。

則子城內前朝的殿、堂,不是改作他用,就是加以拆毀,這是在儀禮制度上不允許保存前朝政權正統化(亦即合法性政治權力)的象徵。

唐沙州子城內的正式祭祀之所,今已知者有廟學制下的州學、縣學之先聖太師廟堂。前引沙州圖經殘卷有:

> 州學
>
> 右在城內,在州西三百步,其學院內,東廂,有　先聖太師廟,堂內有素　先聖及先師顏子之像,春秋二時奠祭。

縣學

右在州學西連院，其院中東厢有　先聖太師，廟堂内有素　先聖及先師顏子之像，春秋二時奠祭。

敦煌 S.1725 號文書中有：

1　釋奠文

2　敢昭告於　先聖文宣王，惟王固天攸縱，誕隆生知，經緯禮樂，

3　闡揚文教，餘烈遺風，千載是仰，俾兹末學，依仁游藝。

4　謹以制弊(幣)醴齊，粢晟庶品，祇奉舊章，式陳明薦，以先

5　師衮公配。

6　敢昭告於　先師衮公，爰以仲春，率尊(遵)故實，敬修釋

7　奠於先聖文宣王，惟公庶幾體二德冠四科，服道聖門，實

8　臻壺奥，謹以制弊(幣)禮齊，粢盛庶品，式陳明薦，作主

9　配神。右已前釋奠文

同號文書中又有《某年月日張智剟牒》：

1　今月日釋奠要香爐二，并香，神席二，甋十六領，

2　馬頭盤四，叠子十，壘子十，小床子二，椀二，杓子二，

3　弊(幣)布四尺，餺食兩盤子，酒肉梨五十課，黍一升，

4　鍬一張，行禮人三，修壇夫一，手巾一，香棗一升(後略)

該張智剟爲本地經辦釋奠禮、社祭、祭諸神的官員，本件可作爲沙州確曾實行釋奠禮的明證。

《大唐開元禮》卷六十九有《吉禮·諸州釋奠于孔宣父》，上件敦煌釋奠文與《開元禮》所記相同。卷十一、十二有《吉禮·諸縣釋奠于孔宣父》，唐開元禮中，釋奠禮排在諸州祭社稷後，而排在"諸州祈諸神"之前，可見孔子其位已在諸雜神之上，而"先聖太師廟"又置於子城之内，而部分雜神神廟，多在州城之外附近地區。這不僅反映出孔子之尊，也反映出子城是禮祀的重心所在。

2.2　在沙州從坊市制向街巷制轉型中社祭理念向諸社組織中滲透

我們有理由相信唐代前期沙州仍實行坊市制，這不僅從唐代全局性背景中可以得到證明，而且，還看到了沙州存在坊市制的證據。

一組證據是敦煌文書中存在着沙州城市的坊名，如：永寧坊、大賢坊、護國坊、修文坊、定難坊、儒風坊、釋教坊、臨池坊、政教坊、興善坊、乘安坊等。

另一組證據是沙州文書中有市、市令、市壁師的記載。並有口馬行、木行等記載。敦煌研究院藏有《市券》，上有"市令孝昂給券"字樣。[21] P.2680 號有《丙申年四月廿六日馬市令

帖》。

坊市制逐漸向街巷制轉型。

值得注意的是,沙州子城有關記載中有"北街"和"東街"。且"北街"上還住有"知畫行都料董保德"。S.3929《節度押衙董保德建造蘭若功德頌》有:

> 厥有節度押衙知畫行都料董保德……故得丹青增妙,粉墨希奇……實佐代之良工……先於當府子城内北街西橫巷東口弊居,聯壁形勝之地,創建蘭喏一所……偶因行侣會坐(下略)

正是在此北街上,又有一西橫巷,其東口的家寺蘭若,半是畫行經營人董氏的家居精舍,半是其示範性的畫廊。㉒它開設在街巷制的子城之内,使子城内也賦有了商業色彩。

在街巷制下,出現"巷社"的組合形式。如S.2041號文書有:

　1　大中□□□□日儒風坊西巷村鄰等,就馬

　2　興晟家

在街巷制下,出現了稱爲"巷社"的組合形式。

值得注意的是,"社"的組合,往往是"春秋二社,舊規建福"(S.6357)。州縣祭社稷有春秋二祭,而諸社亦在春秋二社時,實施社禮。

隋代普安因見"年常二社,血祀甚多",遂"周行求贖,勸修法義,不殺生邑,其數不多"(《續高僧傳》卷二七)。諸社原來是運營春秋二次社邑的組織,社祭用牢禮,後來社的組織逐漸被佛教教團所運用。

2.3　沙州"城鄉連續體"與農業社會對沙州城及城郊儀禮的影響

沙州城是以馬圈口爲重要地點的水渠網中的一個重要聚落,沙州城内的世族、地方官員和住民,往往在城郊或沙州水渠網的綠洲農業中擁有別莊和地產。這就如牟復禮(Mote)所説,中國中世的城市實際上是一種"城鄉連續體"。

P.2005《沙州都督府圖經》有云:

> 馬圈口,其堰南北一百五十步,闊廿步,高二丈,總開五門,分水以灌田園……其水又東北流卌里,至沙州城,分脉溉灌,北流者名北府,東流者名東河,水東南流者二道(一名神農渠、一名陽關渠),州西北又分一渠,北名都鄉渠,又從馬圈口分一渠於州西北流,名宜秋渠。州城四面,水渠側流觴曲水,花草果園,豪族士流,家家自足。

由此可知,沙州城環城水渠中,有豪族士流的莊園,其中有花草果園,還有江南士族風習中常見的"曲水流觴",即將酒器放在蜿蜒的水中,流到面前則飲之。這種灌溉農業實際上使敦煌成爲一個農業中心。因而這裏的儀禮,也就帶有强烈的禮敬動物和植物繁衍的禮祭色彩,如祈祭保護植物生長的稷神,祈祭保護蠶桑的先蠶及諸蠶神,祈祭馬社。從而反映了農業社會

中人對生物生命的禮敬，人對自然的敬畏，人對與自然協調、和諧的追求。

三、沙州敦煌縣祭社稷

敦煌本 P.2005《沙州都督府圖經殘卷》有云：

　二所社稷壇

　　州社稷壇各一　　高四尺　　周迴各廿四步

　　　右在州城南六十步，春秋二時奠祭。

　　敦煌縣社稷壇各一　　高四尺　　周迴各廿四步

　　　右在州城西一里，春秋二時奠祭。

據《大唐開元禮》卷七十《吉禮·諸州祈社稷》謂："諸祝詣社壇，升自西陛，行埽除降，又詣稷壇；升，行埽除訖"。可知其時有"社壇"、"稷壇"各一，故《圖經》謂沙州"州社、稷壇各一"，"敦煌縣社、稷壇各一"。社壇祈社神，稷壇祈稷神。且社壇有四門，有墥。

敦煌本 S.1725 號文書中有《祭社文》：

```
1   祭社文
2   敢昭告於社神，惟神德兼博厚，道著方直，載生品物，含
3   養庶類，謹因仲春，祗率常禮，敬以制弊（幣）犧齍，粢盛
4   庶品，備茲明薦，用申報本，以后土勾龍氏配神作主。
    （中略三行）
8   敢昭告於　稷神，惟神播生百穀，首茲八政，用而不遺。
9   攻濟萌黎，謹以制弊（幣）犧齍，粢盛庶品，祗奉舊章，備茲
10  座禮。謹以后稷棄配神作主。
11  敢昭告於　后稷氏，爰以仲秋，敬修恒禮，薦於稷神。惟
12  神功叶稼穡，善修農政，允茲以從祀，用率舊章，謹以
13  制弊（幣）犧齍，粢盛庶品，式陳明薦，作主配神。
```

以上內容與《大唐開元禮》卷六十八《古禮·諸州祭社稷》所載《祝文》基本相同。

四、沙州祈諸神與敦煌縣祈諸神

州縣於社稷有祭有祈，於諸神則稱爲"祈"。

《大唐開元禮》卷七十有《諸州祈諸神》，卷七十三有《諸縣祈諸神》，這是適用於沙州及敦

煌縣的祀典。但以唐代敦煌的實情而言,則可參看 P.2005 號《沙州都督府圖經》殘卷:

　　四所雜神

　　　土地神

　　　　右在州南一里,立舍,畫神主。境內有災患不安,因以祈焉,不知起在何代。

　　　風伯神

　　　　右在州西北五十步,立舍,畫神主。境內風不調,因即祈焉,不知起在何代。

　　　雨師神

　　　　右在州東二里,立舍,畫神主。境內亢旱,因即祈焉,不知起在何代。

　　　祅神

　　　　右在州東一里,立舍,畫神主,總有廿龕,其院周迴一百步。

4.1　沙州縣祭風伯

敦煌本 S.1725 號文書中有《祭風伯文》:

　　祭風伯文

　　敢昭告於　風伯神,惟神德含元氣,體運陰陽,鼓吹萬物,百穀仰其結實,三農茲以
　　成功,蒼生是依,莫不咸賴。謹以制弊(幣)醴齋,粢盛庶品,祗奉舊章,式陳明薦,伏
　　維尚饗。

同件文書末行有:

　　祭風伯一坐,祭雨師兩坐。

　　右前件等物,用祭諸神,並須新好。

　　請處分。

　　牒件狀如前謹牒。

由上可知,在沙州原有按《大唐開元禮》運作的“祭風伯一坐”。這種祭祀在地方上後來由歸
義軍節度使首長主祭,如 S.5747 號《天復五年(905)歸義軍節度使南陽張公祭風伯文》:

　　〔天〕復五年歲次乙丑正月日

　　朔　日

　　〔敕〕歸義軍節度沙瓜伊西管內觀察處置押蕃落

　　等使金紫光禄大夫檢校司空兼御史大夫南陽張□□□□□

　　〔謹〕以牲牢之奠,敢昭告于風伯□□□□□

　　神。伏惟　神首出地户,迹遍天涯,

　　□□□□夏凉而草木□□□□□

　　□□□□四海與焉□□□□

〔下殘〕

這篇祭文表明,張氏歸義軍在收復沙州以後,以節度使長官身份主持祭禮,以表示對中原朝廷統一的認同,且如國家祀典的規定,"以牲牢之奠"祭風伯。祭風伯祈求"夏凉",祈求"草木"繁茂,表明了人對良好生態環境的祈願與追求。

本件文書還表明,祭風伯之時間爲正月,即《禮記·月令》所說之"立春後丑日祭風師於國城東北"。敦煌曆書中有:

P.2765:《甲寅年曆日》(唐大和八年,834):"正月二日癸丑,祭風伯"。

P.1439:(唐大中十二年,858)《日曆》:"廿日癸丑,祭風伯"。

P.3284:背面(咸通五年,864)《日曆》:"正月二日乙丑,祭風伯"。

P.2404:《日曆》(同光二年,924)"正月一日辛丑,祭風伯"。

P.3247 背:《大唐同光四年(926)具曆一卷》:"(正月)廿五日癸丑,祭風伯"。

P.1473:《太平興國七年(982)壬午歲具注曆日》云:"(正月)九日辛丑,祭風伯"。

前引文書中沙州要"祭雨師兩坐"。

《大唐開元禮》卷七十《諸州祈諸神》云:

> 得雨報祠牢饌,飲福受胙(注文略),瘞幣血皆同祭社之禮(注文略),餘皆與祈禮同。
> 祝文曰:維某年歲次月朔日子刺史姓名謹遣具位姓名,敢昭告於某神,往以久闕時雨,式陳誠禱,惟神鑒佑,降兹嘉液,品物沾洽,蒼生咸賴。謹以制幣犧齊,盛粢庶品,明薦於神,尚饗。

沙州當按此儀得雨報祠。

值得注意的是,在沙州州東二里,有雨師神舍,蓋因沙州境內亢旱,故祈雨爲一要事,並專門建立了雨師神舍。

4.2 祀祆與雩祭以及儺禮

《新唐書》卷四十六《百官》祠部條有云;

> 兩京及磧西諸州火祆,歲再祀,禁民祈祭。

這一史料有兩重涵意:第一,在兩京(長安、洛陽)、磧西諸州(沙州、西州、伊州等),每年由官府主持對火祆的祭祀,且在兩次以上。第二,一般庶民不得祈祭火祆,薩寶府所轄西胡居民可以祭祆,不在此限。

可見,祀祆在唐代已列入官方的祀典,但限在一定地理範圍和族群範圍內。沙州屬於官方祀典允許祀祆的地區。

沙州祀祆有如下特點:

①沙州是寫入國家祠部文件的法定祆祀區。所建祆廟一所,亦記入向中央呈報的官式

文件,這種合法性,使沙州及歸義軍官府提供祆祀資源,並參與一歲兩次以上的祆祀。官府供給酒及神食。

②沙州賽祆一般一年有兩季。據 P.4640 號《唐己未年至辛酉年(899—901)歸義軍衙内破用布紙曆》中,己未年(899)賽祆在七月廿五日及十月五日,似爲夏、秋兩季,庚申年(900)爲春、夏兩季,正月及四月八日、十六日。又據 P.2569 號《官酒户馬三娘龍粉堆牒》,四月賽祆稱爲"夏季賽祆"。辛酉年亦爲春季(正月、二月、三月)及夏季(四月)兩季。

③沙州安城祆舍(祆廟)有神主二十龕。索寫祆神主畫紙有三十張,城東賽祆神用神食五十七分,則祆神神主有二十種或二十種以上。

④夏季賽祆當與雩祭祈雨有關。敦煌本 P.2748 號《敦煌廿咏》中有:

> 板築安城日,神祠與此興。
>
> 一州祈景祚,萬類仰休徵。
>
> 蘋藻來無乏,精靈若有憑。
>
> 更有雩祭處,朝夕酒如繩。

前引《沙州都督府圖經》謂此安城祆舍"其院周迴一百步"。

⑤在列入國家禮典軍禮的沙州歲末大儺禮中,"安城大祆"也列入大儺行列的"隊仗",P.3552 號《兒郎偉》驅儺辭中有:

> 今夜驅儺隊仗,部領安城大祆,以次三危聖者,搜羅内外戈鋌。趁却舊年精魅,迎取蓬萊七賢。

五、先蠶祭祀與馬祖祭祀:對動物生命的禮敬

由於敦煌城處在一種"城鄉連續體"中,因此,這裏仍有一種農業社會下對生物界的特殊禮敬。

5.1 從享先蠶禮到祭祀蠶神——禮的下移與庶民化的實例

饒宗頤先生主編《敦煌書法叢刊》《書儀》卷,刊布敦煌本 P.2481 號文書,内中有:

> 祠祭第六　享先蠶
>
> 〔享先蠶〕至若青陽應節,玄鳥司分,杏發林芳,展親蠶之禮;蒲抽渚葉,
>
> 式事躬桑之規。於是籠挂青絲,鈎懸練魄,豈心親姬　稟訓,指桑陌以輸勤,故亦下
>
> 勸蠶妻,上供祭服。

則敦煌文書中有享先蠶的祠祭之禮的記載。

《大唐開元禮》卷四十八《吉禮·皇后季春吉已享先蠶親桑》,其中有"齋戒、陳設、車駕出

宫、饋享、親桑、車駕還宫、勞酒"諸目。《大唐開元禮》卷四十九《吉禮·季春吉已享先蠶於公桑有司攝事》，有"齋戒、陳設、饋享"諸目。則皇后季春之"享先蠶"與"親桑"祭禮，往往由官員代行，此即所謂"有司攝事"。其皇后祝文曰："皇后某氏敢昭告於先蠶氏，惟神肇興蠶織，功濟黔黎"。王涇《大唐郊祀録》卷十《饗先蠶》條，王涇注云"先蠶，天駟也。季春之月，蠶始生焉，故用此時兼饗其神耳"。王涇又案："案歷代史傳及《經籍志》悉無配先蠶之義，漢皇后親蠶苑中蠶室，祭蠶神曰苑窳婦人萬氏公主。後魏、北齊季春穀雨後吉日，使公卿以太牢祠先蠶"。

至沙州歸義軍曹氏、曹元深、曹元忠時，文書中，我們又見到民間的祭蠶延（筵）文。敦煌本S.5639＋S.5640號文書中有：

伏惟棲心鄉里，養性丘園，分地利以供輸，育蠶桑而應奉。

伏慮火虚中毳，四□九燋，致春夏以失時，遺秋冬而無望……

今則並申丹懇，虔備清齋，傾心於牛王沙門，啓（稽）首於馬鳴菩薩，所希蠶農稱意，絲綱遂心……王母賜〔養〕蠶之木，麻姑呈補網之方……后土夫人食祠，九天玄女祇（祗）供。龍王灑四壁之塵，電母點長明之燈。

考沙州有"蠶坊"之設。㉓吐蕃管轄時期，從有關"絲綿部落"的漢文文書得知，當時應有一個以絲絹生產和流通爲職能的"千户"（Sde），唐時漢譯爲"部落"。另外，敦煌所出還有藏文的有關"絲綿部落"的文書。

沙州既有蠶坊，當然也就有如上引祭蠶筵文中對蠶神的祭祀，在祭禮中，蠶神已從漢代的苑窳婦人萬氏公主、北魏以來的"先蠶"變爲一組蠶神：牛王沙門、馬鳴菩薩、王母、麻姑、后土夫人、九天玄女等。這一組蠶神又演變爲近代流行於中、日兩國的"馬頭娘"。

5.2　沙州仲夏享先牧與仲秋祭馬社

關於沙州祭馬社，盧向前氏早有研究，兹將其研究要點略述如後：

敦煌所出《唐己未—辛酉年（899—901）歸義軍衙破用布紙曆》（P.4640）有云：

65．"（己未年五月）十五日，賽馬駞神，用畫紙肆拾張"。

170．"（庚申年五月）十四日，賽馬駞神，用錢財粗紙兩貼"。

盧向前氏注意到賽馬駞的日子都在五月中旬，即仲夏之月，頗疑"它祭祀的是先牧"。㉔

又，P.3899號背面《唐玄宗開元十四年二至四月沙州敦煌縣勾徵開元九年懸泉府馬社錢案卷》：

153．"翟崇明馬社錢貳伯壹拾叁阡貳伯捌拾文"

159．"……又問翟明，得款，錢壹伯叁拾壹"

160．"貫叁伯伍拾伍文，州府下府，至秋均出千人"

如盧向前氏指出,馬社文書稱勾徵懸泉府馬社錢"至秋均出千人",然"秋出千人",頗疑其中的"秋"是否就是"仲秋祭馬社藏僕"。㉕

六、球場:身份體制下的公共禮樂空間

哈貝瑪斯有"公共空間"一説。以西方歷史而論,"公共空間"從中世紀社會中成長起來,應該是一個近代化和世俗化的進程。

唐五代仍然存在着各種身份體制,從而使"公共空間"難以成長。但是,仍然在身份體制下,生發着體制內的公共禮樂空間,如"球場"和"戲場"、"歌場"等。

6.1　球場球樂中的音聲

沙州球場有"打球會",又有"球樂"。"球樂"中又有儀式音樂,稱爲"音聲"。P.2842號背《某年月廿九日球樂音聲轉貼》有云:

1　奉□□廿　九　日球樂,切要音聲□□□□

2　不準常時,故須□净。庶來師子□□□□□□

3　零劍雜□等,不得闕少一事,貼至□(限)□□□□

4　今月二九日平明於球場門前取齊,如□□□□

5　不到者,官有重罰,其貼立遞相分付□□□□

6　如違,準上罰,五月廿八(?)日都史嚴　寶　(?)□□□□

7　張苟子　　石太平　　白德子知　　安安子　　安和平知　　張

8　張禄子　　張再子　　尹再晟　　張再興知　　申骰

6.2　球場禮儀:打球會與球樂散謝

敦煌本 P.3691 號《新集書儀一卷》有《打球會》一則書儀,内容是:

打球會,數日言會,群公悉集,朋流悦與,無過擊拂。伏丞(承)幾官,駿衛爽明,每事華飾,終是球伯,美之難及。願觀指撥,陪隨仁聽,便請降至,不宣,謹狀。

答書:忽奉來書,伏丞(承)諸賢並至,深謝眷厚,喜得倍隨,便乃奔赴,不敢推延,謹不狀不宣,謹狀。

在"打球會"之前,先按書儀程式發出邀請書及表示接受邀請的信件。而初入球場上馬開球前,又按禮儀程序致辭:

初入球場辭,上馬。厶(某)乙微賤,不敢對厶官同場上馬,客將再三屈上馬,則然始上馬。

"球樂"完成後,又有《球樂散謝》的謝辭:

　　　　ム乙庸賤,伏蒙ム官特賜同場球樂,ム乙下情,無任感恩惶懼。

七、從家廟到影堂的轉變

　　唐宋之際,經歷着從家廟到影堂的轉變。

　　敦煌歷史上存在着家廟。

　　敦煌文獻中又有數十件僧俗邈真贊,上起吐蕃管轄時期,下訖宋太平興國年間,它們對探明八至十一世紀的敦煌名族狀況有重要價值,也同時反映出敦煌名族中業已出現供奉寫真、邈真的影堂。如 P.4660(16)《張禄邈真贊》,張球撰寫,下款書"時咸通十二年季春月冥生十五葉題於真堂"。⑳此"真堂"即影堂。又,P.4660(13)《張僧政贊》,末行有"大唐乾符三載二月十三日題於真堂"。㉗ P.4660(9)《張興信邈真贊》,末行爲"乾符六年九月一日題於真堂"。㉘此二處"真堂"均指影堂。

　　《四庫全書總目提要》經部四禮類六雜禮書之屬有《司馬光書儀》,提要云:"蓋書儀者,古私家儀注之通名"。《司馬光書儀》之《喪儀》六,有《影堂雜儀》,略謂"影堂門無事常閉,每旦子孫詣影堂前唱喏,出外歸亦然"。又記:仁宗時,惟文潞公立廟於西京,他人皆立,故今但以影堂。

八、唐代敦煌城鄉連續體中所見的"變禮"

　　筆者在《唐貞元元和間禮的變遷》一文中,回顧道:"唐禮的發展大體可分爲貞觀禮、顯慶禮、開元禮、'開元後禮'等四個階段。所謂'開元後禮'的流變,尤以唐德宗貞元(785—804年)至唐憲宗元和(806—820年)年間的變動引人注目。"㉙"説貞元、元和年間是一個'變禮'迭出的時代決不爲過。《文獻通考·經籍考》著録元和十一年(816)韋公肅撰《禮閣新儀》,並引曾鞏所作序言説:《禮閣新儀》三十篇,韋公肅撰。記開元以後至元和之變禮。曾鞏點出'變禮'二字十分重要。"㉚

　　放大來説,在唐五代時期,一直不斷有"變禮"的流變,在敦煌城鄉連續體中,我們亦可考見其流變的爪痕。

8.1　從敦煌本初唐《符書儀》看"創此新規"

　　巴黎藏本 P.2481 號文書爲一《符書儀》,其中有:

　　　　祠祭第六(享宗廟、親藉田、享先蠶、祭社稷、祠五岳、歃四瀆、拜圓天、謝方地、祈日月、祭星辰)已上十道同一頭尾。

（都頭）：緬鑒遥圖(⋯⋯)，實有禋宗之禮(⋯⋯)。欽詳昔典，非無郊祀之儀；莫不千帝同遵，百王咸奉。況今化覃地峝，德被天隅，猶復齋事圓青(天也)，函陳蒼璧(⋯⋯)。恭祠方濁，屢薦黄琮(⋯⋯)。祈望之節久行，享祭之規無絶。

（享宗廟）：至若蒸嘗清廟，祀薦靈軒，儼昭穆於重筵，時申吉朔；肅威儀於複殿，每進牲牢。陳簠簋於四時，列豆籩於七廟。莫不義資忠敬，理籍嚴恭，苟或虧違，必貽繩罰。

（親藉田）：至若青陽紀律，玄鳥司辰，渚葉抽蒲，方展紺轅之禮；林花發杏，爰修黛耜之儀。是以翠幕烟舒，效躬耕於千畝；青壇岳峙，乃藉於三推。豈唯下勸兆人，上供七廟。

（享先蠶）⋯⋯

（祭社稷）⋯⋯

（祈五岳）⋯⋯

（歆四瀆）⋯⋯

（拜圓天）⋯⋯

（謝方地）⋯⋯

（祈日月）⋯⋯

（祭星辰）⋯⋯

（都尾）是以循諸故事，創此新規，陳薦素鬱，軌儀牲弊(幣)，久詳程準，自可遵承國典，祇奉朝章。罄如在之深衷，光享祀之通禮。何得不勤官守，苟縱私情？上乖祈望之儀，下失禋宗之敬。既衝湯網，宜置堯刑。請下本州節級科〔罰〕。

禮儀第七(册命、朝見、衣冠、賓會、命嫡、追服)以上六道同一頭尾。

（都頭）：緬鑒龍圖，信有周旋之禮；退瞻鳳册，非無揖讓之儀。然則制應龍蛇，義方脂(?)分，器資玉帛，式彰綿絶之規；功著安人，用表遄亡之刺；貴賤有序，長幼無差。假使五帝經邦，三王務國，升降雖異，竟無漏於防奢；沿革既殊，終有托於素典。

〔下缺〕

本件饒宗頤先生早年披露於《法藏敦煌書苑精華》，[31]並認爲此卷形成於李唐尊崇道教之時期。周一良先生在《書儀源流考》一文中，謂本卷"看來這是一種較專門的手册，亦屬《記室備要》類型"。趙和平先生進一步考證出"伯二四八一即産生於(貞觀十一年至天授二年，即公元六三七年至六九一年)這五十四年之中"。[32]

考本卷之第一部分(都尾)末句有"宜更審推，庶符緩獄"。《大唐六典》卷一左右司郎中員外郎條有云："凡上之所以逮下，其制有六，曰制、敕、册、令、教、符(⋯⋯尚書省下於州、州下於縣、縣下於鄉,皆曰符)。則"符"文、"符"書或"符"牒指自尚書省以下乃至由州縣下達的下行公文。從前引"遂符緩獄"一語,推知本卷爲一"符"書書儀。《唐六典》卷一曾稱引《齊職儀》諸書,本卷或可擬爲《符書儀》。

又考637—651年正是繼《貞觀禮》之後《顯慶禮》的推行時期,本卷範文,供尚書省都省及禮部、祠部以下檢查州縣禮制及祠制執行情况並作出相應判决的下行公文寫作之用。説明《貞觀禮》及《顯慶禮》在全國各州縣的推行。

在推行中,兼及道士、僧尼,此所謂"創此新規",實初唐時期相對於前代之"變禮"。

8.2　唐末《賀南郊》

唐咸通七年(866)活動於魯地的鄉貢進士郁知言,撰《記室備要》,中有《賀南郊》一首:

> 伏奉厶月日制書,皇帝郊天禮畢,大赦天下,伏維　　同增歡抃,伏以厶官道契靈符,德昌　聖曆,固　　邦家之大業,保　　社稷之鴻基,致使　　運泰時清,風和氣朗。今者郊天禮盛,響(嚮)祉福於千齡,祀地誠虔,報嘉祥於萬代,弘宣普宥,廣布鴻恩;幽蟄昭迴,沉〔而〕潛振發,四夷八表,皆嚮日以歡呼;駕海梯山,悉望風而鼓舞。厶叨承居位,仰荷國恩,抃躍之誠,倍萬常等。

P.4092號《新集雜别紙》,記"乙丑年四月七日别紙書意,别紙馬判官本是"。據趙和平先生考訂,此乙丑年當爲公元965年,即北宋乾德六年,亦即沙州歸義軍曹延禄主政的時代,其中有云:

> 兩樞密右伏覩進奏院狀報,皇帝今月廿一日郊天禮畢,御案改元,大赦天下者,伏惟慶慰。普天率土,罔不欽慶,厶叨逢聖運,幸偶(遇?)貞期,下情無任,踴躍歡呼,抃舞激切之至。限以職守,不獲隨例祇候　　臺陛。謹具狀啓起居陳賀。

九、後　論

中國傳統史學資源對於建構世紀之交的歷史學,有不可忽視的意義。司馬遷所説而爲世所習知的"察天人之際,通古今之變",至今一直閃爍着中國人溯自古遠的史學智慧。

在新的世紀之交,我們有没有可能對這一思想作出在現代知識水平上的詮釋?

"際"在漢字中是一個兼有空間概念和時間概念的字。"際",以言空間,指邊際,《易》有"天際翔也",指空間的接合點或界面,《淮南子》有"高不可際"。以言時間,介於其間曰"際",《論語》有"唐虞之際"。"際"還有會合之意,《易》有"天地際也"。

方東美先生曾論及"中國哲學之通性'究天人之際,通古今之變'",指出:"一方面我們所討論的是哲學問題,就中國哲學的傳統而言,自先秦、兩漢以至隋唐、宋明,都有一個共通點,這個共通點,藉司馬遷的話來説,就是'究天人之際'……另一方面,……就是'通古今之變',就是一切哲學思想,無論是個人的學派或是産生自任一時代的,都要表達出……歷史的持續性。要與其他各派的哲學思想發展,彼此呼應,上下連貫,形成時間上的整體聯繫,絶無所謂思想的孤立系統。"③

總括以上討論,我們得到以下幾點認識:

1.我們討論敦煌城及其城郊的禮儀空間,從以上事實可以看出,《大唐開元禮》中州、縣禮儀的規定,確曾在敦煌城鄉連續體中得到開展。

特別是祭社稷、釋奠祭孔、祭馬社、祈風伯等禮儀,在沙州得到嚴格的執行。吐蕃對沙州城久攻不下,攻下後尚綺心兒實行有別於其他各地的特殊政策。張義潮光復後仍保存漢式衣冠,乃至歸義軍張氏、曹氏對中原王朝"天使"的尊崇,都説明沙州的禮儀傳統,成爲在艱難中保存漢式衣冠文化的强韌力量。禮儀是漢唐民族凝聚力、大唐文化統合力和輻射力的一種象徵。

2.在沙州,我們看到禮儀在社會身份體制中的下降與禮儀空間的擴大。看見身份性禮儀空間的變容和庶民性禮儀空間的成長。如哈貝瑪斯所説的近代化的"公共空間",似乎還不見於唐沙州城。但當時的城門前、寺門前、祆廟門前、東水池邊常常成爲集合人群或賽神(如東水池邊)的空間。而"球場"這樣的空間,乍看起來是一種"公共空間",但實際上是官府禮儀(如節度使授旌節)和身份性儀禮(球樂開場及散場禮儀)的空間。沙州西園等地宴設,仍是身份性的禮樂空間,然而寺院設樂却容納了較大的庶民性。而《大唐開元禮》中的春秋兩季祭社稷,影響到民間各種結社形式中的"春秋二社",則典型地表現出儀禮的下移和庶民性禮儀空間的擴大。

3.在沙州祭馬社、祭靈神中,我們看到了人對自然、對生物界、對生命的禮敬。當代"克隆"技術的發展,固然對生物技術的發展具有意義,但是,同時也可能導致技術對人的異化,造成技術對人與自然界的傷害,因而,古代敬重動物生命的祭禮,給人類留下了寶貴的精神財富。

在二十世紀與二十一世紀之交,人類仍然面臨着艱難的抉擇:是文明衝突還是各文明的相互禮敬? 是破壞和濫用自然、生物界、生態與環境,還是對自然和生命保持禮敬之心? 而以唐代禮樂爲代表的東亞禮樂文明,對於上述世紀性的困惑,不啻是一劑清涼劑。周一良先生倡導了大陸敦煌研究者對唐禮的關注,在香港,饒宗頤先生大力提倡禮學的研究。在日本,由於西島定生先生的提倡,近年來做出了大量的業績。池田温先生解説的《大唐開元禮(附大唐郊祀録)》一版再版,近日又注重禮與令關係的研究。尾形勇先生、金子修一先生的研究則影響了早逝的 Weshcler 先生。妹尾達彥先生、小島毅先生、石見清裕先生亦作出了各

自的貢獻。這些研究都給本文以很大的啓發,並使我們得以窺見世紀之交的東亞史學的一
個重要焦點。

1997 年 11 月 14 日至 24 口初稿

2000 年 11 月改訂

① 季羨林:《天人合一新解》,見《東西文化議論集》上册,第 73、74 頁,經濟日報出版社,北京,1997 年。

② 饒宗頤:《春秋左傳中之〈禮經〉及重要禮論》,見《香港聯合書院三十周年紀念論文集》,1986 年。

③ 凌廷堪:《校禮堂文集》,中華書局,1998 年,第 32 頁。

④ 楊向奎:《宗周社會與禮樂文明(修訂本)》,人民出版社,1997 年,第 467、468 頁。

⑤ 姜伯勤:《沙州儺禮考》,見《敦煌藝術宗教與禮樂文明》,中國社會科學出版社,1996 年。

⑥ 陳寅恪:《隋唐制度淵源略論稿》,二、《禮儀》,中華書局,北京,1977 年。

⑦ 高明士:《唐代東亞教育圈的形成》,臺灣編譯館中華叢書編審委員會,臺北,1984 年。

⑧ 甘懷真:《唐代家廟禮制研究》,臺灣商務印書館,1991 年。

⑨ 陳戍國:《中國禮制史(隋唐五代卷)》,湖南教育出版社,1998 年。

⑩ 池田温解題:《大唐開元禮(附大唐郊祀録)》,古典研究會,汲古書院,1972 年。

⑪ 妹尾達彦:《唐長安城的禮儀空間(以皇帝儀禮舞臺爲中心)》、《東洋文化》(東京大學東洋文化研究所)72 號,
1992 年 3 月。

⑫ John Lagerwey,Taoist Ritual Space and Dynastic Legitimacy. Cahiers d'Extreme Asie,Vol. 8,1995.

⑬ 金子修一:《論魏晋至隋唐郊祀宗廟制度》,《史學雜志》88 編 10 號,東京,1979 年。

⑭ Weshcler,H. J. Offerings of Jade and Silk ,Ritual and Symbol in the Legitimation of the Tang Dynasty. Yale University Press,
1985.

⑮ 石見清裕:《唐代外國使節的宴會儀禮》,《小田義久博士選曆記念東洋史論集》,1995 年。

⑯ 小島毅:《郊祀制度的變遷》,《東洋文化研究所紀要》,第百八册。

⑰⑱ 姜伯勤:《敦煌社會文書導論》,新文豐出版公司,臺北,1992 年。

⑲ 同上,第六章《城鄉》,第一節《沙州城坊結構》,第 171 頁。

⑳ 郭湖生:《子城制度——中國城市史專題之一》,《東方學報》(京都),1985 年,第 57 册。

㉑ 郭鑾文物研究所(施萍婷執筆):《從一件奴隸買賣文書看唐代的階級壓迫》,《文物》1972 年第 12 期。

㉒ 姜伯勤:《敦煌的"畫行"與"畫院"》,見《敦煌藝術宗教與禮樂文明》,中國社會科學出版社,1996 年。

㉓ 姜伯勤:《突地考》,《敦煌學輯刊》1984 年第 1 期(總第 5 期)。

㉔㉕ 盧向前:《馬社研究——伯三八九號背面馬社文書介紹》,《敦煌吐魯番文獻研究論集》第二輯,北京大學出
版社,1983 年。

㉖ 饒宗頤主編,姜伯勤、項楚、榮新江合著:《敦煌邈真贊校録並研究》,新文豐出版公司,1994 年,第 171 頁。

㉗ 同上,第 176 頁。

㉘ 同上,第 183 頁。

㉙ 姜伯勤:《敦煌藝術宗教與禮樂文明》,第 442 頁。

㉚ 同上,第 449 頁。

㉛ 饒宗頤:《法藏敦煌書苑精華》第四册《書儀文範·牒狀》,《書儀》(P. 2481 號),廣東人民出版社,1993 年,第 49—
64 頁。參見趙和平:《敦煌表狀箋啓書儀輯校》附録二,〔唐前期尚書省禮部報都省批復下行公文程式〕,江蘇古
籍出版社,1997 年,第 411—413 頁。

㉜ 周一良、趙和平:《唐五代書儀研究》,參見其中《書儀源流考》論《記室備要》,中國社會科學出版社,1995 年,第
102、283 頁。

㉝ 方東美:《新儒家哲學十八講》,第二講《談宋儒之"學弊"的歷史因緣》,黎明文化事業公司,臺北,1989 年,第 21
頁。

"儒童"和"儒童菩薩"

——爲慶祝季希逋(羨林)老師九十華誕而作

白 化 文

一、"儒 童"

"儒童"這個專名詞,似乎是後漢三國時期佛教翻譯家翻譯佛經時以意譯方式創造的。它的梵語詞是 mānava,音譯作"摩納婆"、"摩那婆";或是此詞的另一種形式 mānavaka,音譯作"摩納縛迦"。簡略的音譯則是"摩納"。這個詞的意譯又譯作"少年"、"仁童子"、"凈持"、"年少"、"年少凈行"等。

另有一個梵語詞 mānava,也音譯作"摩納婆"的,意譯常作"勝我"。這個詞是早期印度教中的毗紐天派用來指靈魂所在的專名詞,意爲"以我爲身,心中最爲殊勝"的一種認識。這個詞與上述的那個"摩納婆"在梵語中讀音相近,在音譯中用字相同,很容易混淆。有個別譯經者也有把它們混淆使用的時候。

我們且先看一看古代中國僧人的解釋:

八、摩納婆,此云"儒童",謂"計有我人",爲少年有學之者。此名依一聲中但呼一人;若呼多人多聲中呼,應云"摩納婆縛迦"也。①

"摩納縛迦"者,此云"儒童",或云"多年少"。此等是神之異名,"盛年自在意高下"故,昔云"摩納略"也。②

四、摩納縛迦,"依止於意而高下"故。若總釋義:此名"儒童"。儒,美好義;童,少年義。美好少年名曰儒童。論依別釋:"摩納"是"高"義,高慢他故;"縛迦"是"下"義,卑下他故。以依止意,或陵慢他,或卑下他,名"摩納縛迦"。③

我們注意到,前面節引的澄觀、窺基兩疏中有"八"、"四"等字樣。這是在順序解釋經文中出現的多種人時臨時爲他們編的號。這多種人在佛經中頻頻出現。現姑且引用玄奘翻譯的《大般若波羅蜜多經》來穿插説明:

如是:般若波羅蜜多能滅我見、有情見、命者見、生者見、養育者見、士夫見、補特伽羅見、意生見、儒童見、作者見、受者見、知者見、見者見,增彼對治。④

以上這些都是在接受世尊的佛法前持有異端見解的某一種人當初的見解。但是，他們也都是"可以通過理解佛法並皈依改造好的人"。不嫌詞費，再引上引經文中的第五十卷内所列，他們是："有情、命者、生者、養者、士夫、補特伽羅、意生、儒童、作者、使作者、起者、使起者、受者、使受者、知者、見者"。各經所列名目及前後次序容有不同，大致如是。按當代形式邏輯的分類法，這些人很難歸入一類。但是，我們體會佛教是把他們全都納入可以爭取的有"外道"思想的人群來看待的。而且，無論按哪種點名方式，其中全包括"可以教育改造好的從學男青年"，即那個特定時期内的"儒童"。

鼎鼎大名的唐代的一行法師，在其所著《大日經疏》卷二中，嚴格區別"勝我"與"儒童"，説：

　　經云"摩納婆"者，是毗紐天外道部類，正翻應言"勝我"，言我於身心中最爲勝妙也。彼常於心中觀"我"，可一寸許。《智度》亦云："有計神在心中，微細如芥子；清净，名爲'净色'。或如豆、麥，乃至一寸。初受身時，最在前受，譬如像骨。及其成身，如像已莊。"唐三藏翻爲"儒童"，非也。"儒童"，梵云"摩拏婆"，此中云"納"，義別，誤耳。

一行嚴格地區別勝我與儒童，是對的。可是，他説儒童就是當時漢語的"納"，也就是"衲子"的"衲"，則太籠統又不够周延了。

按，古代南亞次大陸婆羅門（brāhmaṇa）一生中分四個時期度過，稱爲"四住期"（áśrama）。第一期可稱爲"學生期"（brahma–cārin），即男性青少年單獨築舍（多在林中等僻静之處）學習"吠陀"等經典的時期，大致相當大學中學時代。"儒童"原來就是對這樣的青少年的特殊稱呼，大體上相當咱們的"大學生"。早期譯經中也有簡單地和一般的"外道"修行者統一譯作"梵志"、"梵士"的，没有把年青和學習兩大特點給照顧到。後來，"儒童"的内涵擴大化，對童子、年幼的人都可以這樣譯了，但大體上還都帶有男性和正在讀書的内涵，只不過不限於婆羅門，連刹帝利種姓的也可包括了。且先看一則典型的婆羅門青年事例：

　　【釋迦牟尼佛本生，即前生中之一次】即復還生蓮華王都，托生彼處婆羅門婦——足滿十月，生一童子，端正殊妙，最上無比，身色具足。年二十後，於時父母而語之言："摩那婆！當須造舍。"時彼童子報父母言："爲我造舍，爲有何義？我心今者不在於舍，唯願放我入於深山。"父母即聽。……彼摩那婆即至餘處樹林之中，量地作屋。……我是爾時婆羅門子摩那婆也。⑤

這就是那時典型的婆羅門青年學生期的生活，這就是典型的"摩那婆"，即"儒童"。這則故事也顯示出，"儒童"還不是佛教徒，那時，釋迦牟尼佛還處於"本生"時期呢！就是佛教建立之後，儒童也不過是"可以教育好的男青年"罷了。且看一位婆羅門中的摩納婆皈依的故事：

爾時會中有一婆羅門,名曰黄髮摩納婆,從座而起,整衣合掌白佛言:"我今樂欲隨喜讚歎!"佛告摩納婆:"隨汝意説。"……時摩納婆見彼諸人辭佛去後,少時而住。即從座起,整衣合掌白佛言:"……各持一衣來施於我,我持奉佛。……"世尊爲受,告言:"……復次,摩納婆!知恩報恩名大善士。少尚不忘,何況多恩。是故汝今應勤修學!"摩納婆聞佛説已,歡喜信受,頂禮雙足,辭佛而去。⑥

這位儒童成了一位居士。

二、本生故事中的儒童

儒童在本生故事中充當了"受記"角色,也就是説,在這樣的本生故事中,錠光佛(定光佛)要預言作爲釋迦牟尼一次前生的儒童必定成佛。別的本生故事,絶大部分只是在借故事説明某種道理,没有提及"授記"和"受記"的事。照那樣迴圈不已地轉生下去,釋迦牟尼何日成佛?終非一局。從此看來,儒童本生故事的重要性就可以想見了。

儒童充當這種角色,可以首舉《六度集經》(吴·康僧會譯)卷八所載"儒童受決經"爲例:

昔者,菩薩生鉢摩國,時爲梵志,名曰儒童。自師學問,仰觀天文,圖識諸書聞見即貫,守真崇孝,國儒嘉焉。師曰:"爾道備藝足,何不遊志,教化始萌乎?"對曰:"宿貧乏貨,無以報潤,故不敢退也。母病尤困,無以醫療,乞行傭賃,以供藥直。"稽首而退。周旋近國,睹梵志五百人,會講堂,施高座——華女一人,銀錢五百——升坐高座,衆儒共難,睹博道淵者,女錢貢之。菩薩臨觀,睹其智薄,難即辭窮。謂衆儒曰:"吾亦梵志之子,可豫議乎?"僉然曰可。即升高座。衆儒難淺而答道弘,問狹而釋義廣。諸儒曰:"道高明退者,可師焉!"僉降,稽首。菩薩辭退。諸儒俱曰:"斯雖高智,然異國之士,不應納吾國之女也!"益以銀錢贈焉。菩薩答曰:"道高者厥德淵。吾欲無欲之道,厥欲珍矣。以道傳神,以德授聖。神聖相傳,影化不朽。可謂良嗣者乎!汝欲填道之源,伐德之根,可謂無後者乎!"説畢即退。衆儒悤然而有恥焉。女曰:"彼高士者,即吾之君子矣。"褰衣徒步,尋厥迹,涉諸國。力疲足瘡,頓息道側。到鉢摩國,王號制勝,行國嚴界,睹女疲息,問:"爾何人,爲道側乎?"女具陳其所由。王喜其志,甚悼之焉。王命女曰:"尋吾還宫,以爾爲女。"女曰:"異姓之食,可徒食乎?願有守職,即從大王。"王曰:"爾采名華,供吾飾也。"女即敬諾,從王歸宫,日采名華以供王用。儒童還國,睹路人擾擾,平填墟,掃地穢。問行人曰:"黎庶欣欣,將有慶乎?"答曰:"定光如來:無所著,正真道,最正覺,道法御,天人師——將來教化,故衆爲欣欣也。"儒童心喜,寂而入定,心净無垢,睹佛將來。道逢前女,采華挾瓶,從請華焉,得華五枚。王后、庶人皆身治道,菩薩請地少分,躬自治之。民曰："有餘小溪，而水湍急，土石不立。"菩薩惟曰："吾以禪力下彼小星，填之可乎?"又念曰："供養之儀，以四大力苦躬爲善。"即置星輦石，以身力填之，禪力住焉。餘微淹塹，而佛至矣。解身鹿皮衣，著其濕地；以五華散佛上——華羅空中，若手布種、根著地生也。佛告之曰："後九十一劫，爾當爲佛。……"儒童心喜，踴在虚空，去地七仞。自空來下，以髮布地，令佛踏之。……儒童者，我身是；賣華女者，今裵夷是。……

這類故事中的兩個重要情節是"借花獻佛"（五華，這是雲南地區受上座部佛教暗中影響而固定化的"五朵金花"的老根）和"布髮"。且先説借花獻佛，這是當時處於輪回中菩薩身份的釋迦牟尼佛前身儒童從獻花女那兒要來的，儒童與女郎是夙世因緣。這是許多本生故事的老套，用來解釋釋迦牟尼和他的妃子、兒子的關係是無數前生中早已確定了的。季羨林先生在《論釋迦牟尼》（載於《季羨林文集》第七卷，下引文見於第77頁）中精闢地分析説：

> 【釋迦牟尼】成年後，娶了妃子，……他們生了一個兒子，……這一定是歷史事實，因爲教和尚是不許結婚的，可是佛祖却竟結婚生子，給後來的佛徒帶來一個尷尬局面。
>
> ……爲了這件事，和尚編造了不少的神話故事，以圖擺脱窘境。……

上述那一則儒童故事中的夙世因緣情節，不過是大量的這類故事中的一種罷了。但是，較一般的本生故事情節複雜些，同時，寫出了女郎的執著追求與純潔本質，不像某些本生故事把妃子的前生寫成引誘菩薩（或者説是仙人）的淫女，那種寫法，未免對釋迦牟尼的妃子大不敬了，對釋迦牟尼佛也不見得有太大好處。其實，把夙世因緣處理成儒童本生的情節這樣，男女主人公可謂雙赢，恰到好處。

再説布髮。這本來是古代南亞次大陸一種最高禮儀，這則故事中把布髮的理由交代得很清楚，就是在佛到時還有一處水窪（或説濕地）來不及填好。這就把布髮的原因説得比較自然，而不是過分地拍馬屁，給釋迦牟尼預留身份。這個與衆不同的細節被後來的雕塑家和畫家特別地注意並使用了，成爲他們創造這個本生故事時必用的題材。古代南亞次大陸以至西域的雕塑與繪畫，莫不突出這一個細節，它幾乎成爲儒童本生的標誌。我國如雲岡第10窟、敦煌莫高窟294窟和61窟等，也突出了這一個特點。

《修行本起經》（後漢·竺大力共康孟詳譯）卷上也有這麼一個情節大體相同的故事，大致如下："是時有梵志儒童名無垢光"，在山林中從師，學成後想報師恩，下山參加"丘聚"中"祀天祠"集會，論道七日七夜，極受歡迎，主人長者送他許多物品與銀錢，他獻給本師了。主人要把女兒"賢意"施給他，他不肯要。他遊行到國都，知道"錠光佛"要來，找不到供養之物。聽説國王要在七天内獨佔供奉香花，心裏不愉快。須臾，佛到了，知道這個"童子"的心，就對一名持瓶盛花的女郎處大放光明，花瓶變成透明的琉璃瓶。儒童向女郎買花，女郎只希望嫁給他，不要錢。後來讓儒童代她送兩朵花，再加上給儒童的，一共五朵花，見佛時"便散五華，皆止空中,變成華蓋,面七十里。二花住佛兩肩上,如根生"(後來的佛教造像中,有些佛,特別是有些菩薩,兩肩上各立蓮華一枝,似乎與此有關)。並且"布髮著地",佛"蹈之,即住而笑",預言儒童百劫後當得作佛,名釋迦文(漢言能仁)。還預言那時他的父母、妻子、兒子和三個弟子的名字。這位能仁菩薩承事錠光佛,直到錠光佛涅槃,自己才繼續轉生。

這個故事中隱含着表示出儒童當時已經出家,而不像上一個故事中那樣僅僅是位"居士"、"信徒"。為了坐實出家這一點,有的佛經,如《薩婆多毗尼毗婆沙》第五卷中,還特別指出:

> 昔儒童菩薩於然燈佛所,以髮布地,令佛蹈過。以此因故,得髮紺色。即於爾時剃髮出家。時無數人得菩薩髮,尊重供養。……

按,佛教自釋迦牟尼佛成道說法後始建立,他的前身如何能當和尚?可是,佛教創造出"過去現在未來三世佛",並建立起"過去七佛"的傳法體系,也就可以自圓其說了。

再說,前引《有部毗奈耶雜事》卷三十六中那一則故事,主人公是"黃髮摩納婆",剛剛引的這則故事,又強調布髮後"得髮紺色",然後才"剃髮出家"。可見,布髮的效果在於要徹底的"改換門庭"。為甚麼要如此?拙見以為,其中隱含着故事改編者的強烈的受欺壓的弱小民族的思想感情。釋迦牟尼出身釋迦族,這個小種族(或說小民族)是古代南亞次大陸北部,當今尼泊爾與印度邊境地區的一個弱小民族。古代南亞次大陸,特別是在其中南部,佔統治優勢的是公元前2000—1000年之間逐步侵入的雅利安人(Aryans),他們是黃頭髮的種族。釋迦牟尼佛的頭髮,則是"紺琉璃色",或者稱為"紺青"色的。如《大般若波羅蜜多經》卷三百八十一中就說:"世尊首髮修長,紺青,稠密,不白"。紺青色據說是一種青而含赤的顏色,筆者揣想,這恐怕是世尊中老年時青黑色頭髮中一部分變淺時的狀態,經文中特別強調"不白"以及"稠密",以示世尊未老。同上引經的卷三百八十還強調世尊的睫毛與頭髮顏色相同:"世尊眼睫猶若牛王:紺青,齊整,不相雜亂。"以上都能證明,釋迦牟尼不屬於雅利安族。至於釋迦族血統中有没有千年以來的種族融合成分,聽說專家們議論紛紛,尚無定論。姑且不談。但是,從故事的改編者強調布髮當場見效的黃髮變紺青的過程,起碼能顯示他(或他們)的強烈的民族自尊心。中國人是很愛讓外國人歸化的,把"諸天"漢化就是例子。像這樣立地從頭作起的神奇改變,自然是喜聞樂見的了。

《生經》卷五中有一個與此類似的本生故事,其中增添了一個反面人物,就是佛經中常見的那位:釋迦牟尼佛的叔伯弟弟,先皈依後叛變,屢屢與佛陀為難的調達(提婆達多)。也引述一部分原文如下:

> 昔無數劫時,有一人大興布施,供養外道梵志……諸梵志法:知經多者,得為上座。中有梵志,年耆多智,會中第一。時儒童菩薩亦在山中學諸經術,無所不博。時來就會,

坐其下頭。次問所知，展轉不如，乃至上座間，長老梵志所知亦不如儒童。十二年向已欲滿，知經多者，當以九種物以用施之……長老梵志便自思維："吾十二年中，無係我者，而此年少欻乃勝吾。人可羞恥！……"便語儒童："所施九物，盡當相與。卿小下我，使吾在上。"儒童答曰："吾自以理，不强在上。若我知劣，我自在下，無所恨也。"梵志懊惱，避座與之。……因問儒童："卿之學問，何所求索？"答言："吾求阿惟三佛度脱萬姓。"長老梵志心毒恚生，内誓願言："吾當世世壞子之心，令不得成……"菩薩道成，調達恒與菩薩相隨，俱生俱死，共爲兄弟。恒壞菩薩。爾時長老梵志，調達是也；儒童者，釋迦文佛是。

《季羡林文集》第七卷中又有一篇文章《佛教開創時期的一場被歪曲被遺忘了的"路線鬪争"——提婆達多問題》，同樣精闢地論述了另立山頭的提婆達多與釋迦牟尼佛長期鬪争的問題。文章較長，請有興趣的讀者自行閱覽，不贅引。本生故事中反映並立場鮮明地企圖説明與解決這一問題者不少。有些達到詛咒提婆達多下最低一層地獄的程度。上述這一則儒童本生故事却是有利有節，只把前生結怨的情節交代清楚，就算完成任務。

儒童本生故事在佛經中多有記載，版本多種多樣，我們不多加引述，下面只引一種特殊的簡本，記載在《大方廣佛華嚴經隨疏演義鈔》第十三卷中的比較清晰，述其大略：有一位"外道"出世，他白天在山窩内隱藏，夜深人静時才出來乞食，人們認爲他的行爲像晝伏夜出的鵂鶹鳥，就稱呼他爲"鵂鶹仙人"，他就是《百論》中記載的優樓佉，或名羯拏僕。"羯拏"的意譯是"米臍"，"僕"的意譯爲"食"。據説他先在夜間行乞，驚擾了婦女小孩，於是只去揀碾場内糠秕中殘餘的米臍爲食，"故時號爲米臍仙人"。他要找傳法之人，必須具有"七德"的。經過多劫，找到波羅疪斯國有一位婆羅門，名叫摩那縛迦，"此云儒童"，"其儒童有子名般遮尸棄，此云'五頂'。頂髮五旋，頭有五角"。但此人"既染妻孥，卒難化道"。於是等待。過了三千年，此人在園中與妻子争花，打起架來，鵂鶹仙人趁此去化他，他不從。如此連化三次，此人因和妻子鬧得實在利害，對老婆十分厭惡了，想念起鵂鶹仙人來，仙人才接引他入山學道去了。

這則故事，似乎顯現出儒童本生故事的早期形態。它不能成熟地表達儒童本生故事應表述的内涵，雖然指引者也有了，花兒也有了，妻子也有了，但主題只表述到入山學道，與佛教搭鈎太少，意境也太低下：和老婆鬧翻，才負氣入山學道。學的是什麽道也不明確。佛教善於改造民間故事傳説，使之爲己所用，大約這個古老故事傳説的原型基本上就是這個樣子，後來幾經加工，才化爲真正能得心應手地爲佛教所用的儒童本生，並且可以添枝加葉地在多種用途中使用了。

三、孔子爲儒童菩薩

《廣弘明集》卷八載有道安的《二教論》十二篇，其“服法非老第九”中，引《清净法行經》所載：“佛遣三弟子震旦教化：儒童菩薩，彼稱孔丘；光净菩薩，彼稱顏淵；摩訶迦葉，彼稱老子。”卷十二載明概的《決對傅奕廢佛法僧事》八條“決破”的第七條中，同樣引《清净法行經》，説“儒童菩薩化作孔丘”。第八條中又引《須彌圖經》：“寶應聲菩薩化爲伏羲，吉祥菩薩化作女媧，儒童化作孔丘，迦葉化爲李老。”接着引《涅槃經》説：“三皇、五帝、孔、李、周、莊，皆是菩薩化身。”卷十三引法琳《辯正論·九箴篇下》注中引《空寂所問經》説：“迦葉爲老子，儒童爲孔子，光净爲顏回。”《辯正論》單行本卷六引注與之相同。法琳在《破邪論》卷上中也引《清净法行經》，與上引《二教論》的話相同。“師子比丘述注”的《折疑論》卷五中，又有“大迦葉菩薩稱爲老子，净光童子菩薩稱爲仲尼，儒童菩薩稱爲顏回”的説法，並且説是出於《佛説空寂所問經》及《天地經》。

劉謐《三教平心論》卷上説：“或者又徒見道家有《化胡經》，謂釋迦、文殊乃老子、尹喜所化也；佛家有《破邪論》，謂‘佛遣三弟子震旦教化：孔子乃儒童菩薩，顏回乃净光菩薩，老子乃摩訶迦葉也。’審如此，則三教優劣豈易以立談叛（判）哉！殊不知，二書之作，各欲尊己而抑彼，遂至於駕空而失實。”按，此論十分平實地指出，“三教”爲了“各欲尊己而抑彼”，以至“駕空”、“失實”，全是神聊。其實，真正的儒家並不太重視什麼“儒童菩薩”的事，可能認爲那不過是佛道兩家爭勝，拉儒家祖師爺孔子來湊趣罷了。

可是，有借此生事的，那就是民間會道門。會道門以神道設教，總得捧幾位祖師爺出來。有的就想到借重孔子了。例如，白蓮教就説孔子是“儒童佛”，把孔子由早期佛道鬥爭中的菩薩級擢升到佛，以加强號召力。明末，白蓮教的重要支派東大乘教的一個分支“大乘天真圓頓教”承襲之，説是在末劫臨頭之時，儒童佛奉無生老母差遣，臨凡下界，普化天下之人。此教派的重要“理論著作”《古佛天真考證龍華寶經》（約在清順治九年即公元 1652 年寫成，順治十一年刊刻）中説道：“後有儒童佛出世，乃是聖人化現，走馬傳道，周流列國。化愚爲賢，挨門送信，找化人天。叫醒天下人民：吃齋念佛，改惡向善。”並唱道：“孔聖臨凡號儒童，千賢萬聖緊跟蹤。子路顏回傳書信，曾子孟子講三乘。三千徒衆傳法客，七十二賢考修行。”而孔子即儒童佛的歸宿則是：“儒童佛，暗臨東，周流列國化賢人。天下傳道三年整，十日功勞果完成。衆諸佛，會雲城（程？），龍華會上續長生。”這就是“孔子爲儒童菩薩”的從我們當代人看來近乎胡鬧的結尾，絕對是古代中國教育不普及（特別是農村教育不普及）和神道設教的惡果。明末長生教創始人汪長生甚至發展到把自己當作儒童佛孔子二次轉世，[⑦]那就使我們時代的人感到更加匪夷所思了。

儒家和後來的，或者説直到現代的知識分子，却是偶爾使用"儒童菩薩"作爲典故，稱頌有德、碩學的高年老人，特別是領袖群倫的山東籍貫的可入《無雙譜》的大學問家。嘗有一副這樣的壽聯：

　　　　仲尼爲儒童菩薩；佛陀是廣大真人。

筆者認爲，這副聯暗點山東，貫通三教，特別是把中國與天竺聯繫起來，十分巧妙而口氣很大，可謂善頌善禱。只有季先生這樣的人才能當得起。

① 《大方廣佛華嚴經疏》卷第二十二，唐·澄觀撰。

② 《瑜伽論記》卷第二十二上，唐·遁倫集撰。

③ 《成唯識論掌中樞要》卷上本，唐·窺基撰。

④ 《經文》卷第一百零一。

⑤ 《銀色女經》，元魏·佛陀扇多譯。

⑥ 《有部毗奈耶雜事》卷三十六，唐·義净譯。

⑦ 見於《衆喜寶卷》，清道光年間陳重喜編寫，道光三十年即1850年首次出版。

印度早期佛教食净法與偸開七事

湛　如

一　净地與律的學處

净地(kappiya－bhūmi)是與食物密切相關的一項净法,其功能是僧伽的穀物儲藏所或糧庫。净地的出現是僧伽不斷擴大的産物,佛教教團誕生的最初階段,僧伽人數有限,尚能遵循樸素的律制。隨着精舍與園的出現,僧伽的生活形態也發生了重大變化。衆多比丘集中生活並一起修學,固定的食物來源無疑是修學的重要保證。律藏中曾明確規定,嚴禁僧伽儲存食物及接受穀物,"宿食戒"與"壞生種戒"對此有詳盡的規定説明。據南傳律藏波逸提法第三十八條記載:

> 38. Yo pana bhikkhu sannidhikārakaṃ khādaniyaṃ vā bhojaniyaṃ vā khādeyya vā bhuñjeyya vā, pācittiyaṃ. ①

sannidhikāraka 一詞爲"儲藏",巴利律對此的解釋是當日得到的食物留作次日食用,已經入手的食物禁止隔夜食用,其他律藏對此也有着同樣解釋。②殘宿食(sannidhikāraka－bhojana)的"殘"指食事後的剩餘食物,"宿"則指隔夜。佛教的比丘爲省去次日乞食的麻煩而有意留食,而佛陀制戒的目的是讓比丘應以修道爲業,無須爲食事煩惱,同時也是爲了令比丘破除對食物的貪著。大衆部的律藏稱"停食食",③根本有部律稱"曾觸食"。④《四分律》卷十五載:

> 宿食者,今日受已至明日,于一切沙門釋子受大戒者,皆不清净。食有二種:正食、非正食。非正食者,根食乃至細末食。正食者:飯、麨、乾飯、魚及肉。若比丘,擧宿食而食咽咽波逸提。非時過非時食者波逸提。受七日藥過七日食者波逸提。盡形壽藥無病因緣而服者,突吉羅。⑤

律藏中對殘宿食的記載基本上是相同的。殘宿食作爲禁戒也許與當時氣候炎熱有關,僧團從健康的角度嚴禁比丘等食用隔夜食物。這裏所指出的殘宿食是比丘親自托鉢而來,同時又是經過細加工的食品。但净地的設置因緣則是衆多檀越以無數車乘運載食物供養僧團,此中供養對象是僧伽全體,從將食物置于中庭等記載來看,這些食物應以穀物等糧食爲主,即爲經加工的食物。爲使檀越的供養心得到增長,僧團無疑是從變通的角度接受了這些食物,净地的出現正是這種背景下的產物。雖然從某種程度上與殘宿食等律制相左,但與佛陀制戒的隨時、隨地、隨人的制戒原則是相符的。

　　另外,伐草木戒也與净地、净厨相關。根本有部律將此戒稱爲"壞生種學處",置于波逸提法第十一條。⑥《四分律行事鈔》稱之"壞生種戒",置于波逸提法第十一條。⑦ 草木的原語是 bhūta‒gāma,根本有部律譯爲"生種",在語意上似乎不是很明確。南傳律藏對這一條戒的記述是:11. Bhūtagāmāpātabyatāya pācittiyaṃ.⑧ 漢譯律藏幾乎將 bhūtagāmā 一詞譯爲"鬼村"。大衆部系的説出世部傳持的梵文戒本記載: bījagrāmabhūtagrāmapātāpanake pācattikaṃ.⑨ bījagrāma 譯爲"種子村",bhūtagrāma 譯爲"鬼神村"。"鬼神村"與巴利律的"草木"相同,巴利律缺乏"種子村"。其他律藏均將伐草木戒置于波逸提法第十一條,翻譯名稱大致相同。⑩

　　南傳律藏認爲 bhūtagāmā 由五類種子而生,即根種子(mūla‒bīja),幹種子(knhandha‒bīja),節種子(phalu‒bīja),枝種子(agga‒bīja),種子種子(bīja‒bīja)五種分類揭示出植物分別從根、幹、節、枝、種子所生出。《四分律》將五類種子分別譯爲"根種"、"枝種"、"節生種"、"覆羅種"、"子子種"。⑪《十誦律》則將五類種子譯爲"根種子"、"莖種子"、"節種子"、"自落種子"、"實種子"。⑫《根本説一切有部律》將此譯爲"根種"、"莖種"、"節種"、"開種"、"子種"。⑬《五分律》譯爲"根種子"、"莖種子"、"節種子"、"實種子"。⑭《摩訶僧祇律》譯爲"根種"、"莖種"、"心種"、"節種"、"子種"。⑮

　　南傳律藏主張,作爲草木的種子,禁止砍伐、破壞、煮(pacati),犯者則墮波逸提罪。⑯ pacati 包括穀物與野菜等食物,即通過加熱是對植物生物的毀壞。但南傳律藏通過對净人的指示,如"請知道"、"請給予"、"請搬運"等,已經作净語者不犯。實際上伐草木戒主要是禁止比丘從事直接的食事加工等活動。

二　净地、净地羯磨、四種净地

　　净地實際就是精舍附近的地内,而不屬于地内的則爲土地。關于净地的制戒因緣,南傳的律藏有着詳細記載。即僧伽許多地方的在家信衆,一時用車運載着鹽、油、米等日常飲食必需品來到僧園附近準備供養佛陀及僧伽,龐大的車隊在僧園外排成了長隊,等待着按順序進入僧園供養。但由于天色忽變,山雨欲來,供養者不知如何處置飲食,經阿難向佛陀請示,佛陀主張僧伽全體認爲合適的地方即可選爲净地,作爲食物的儲存場所。

　　被僧伽選定的場所有精舍(viharā)、半覆屋(aḍḍhayoga)、殿樓(pāsāda)、樓房(hammiya)、地窟(guhā),⑰ 僧伽可以在以上選定的場所進行煮粥、煮食、調汁、切肉及折薪等。但爲了不影響比丘的禪定修學,在精舍進行食物處理時嚴禁高聲、大聲等。

巴利律將净地分爲四種,即布告地内(ussvanāantika)、牛舍(gonisādika)、在家人所有(gahapati)、臨時性净地(sammuti)。其中,布告地内是指在精舍或僧園建造的初期,將一部分用地劃分出來作爲净地,即在僧園外結界並告知一般世人,其處爲僧伽的食物儲備所,經過結界的程序則不犯戒。牛舍净地並非是飼養牛的場所,而是在建築物的形式上采取以牛舍的方式儲蓄飲食。在家人所有則指在家人建造净地供僧伽使用,但不放棄土地所有權。臨時性净地,爲儲備食藥與非食藥的場所。而這些净地的管理者,一般由守園人(arāmika)與净人擔任(kappiya - kāraka)。除南傳律的記載之外,漢譯的諸部律藏也有相關的記述。

《五分律》卷二十二記載,摩揭陀國、鴦伽國、迦夷國等七國的奉佛居士,以七寶車馬盛滿時食、非時食、七日食及終身食,一同來到佛陀的當時住所毗舍離進行供養。由于人車衆多,許多營住城外。僧團將接受的食物放置在庭院中央,因僧團沒有安置場所,使食物縱橫狼籍、塵土污染並引得許多鳥獸來食。當佛陀得知後,贊嘆諸比丘的少欲知足,並令以中房白二羯磨做安食净處:

> 一比丘唱言:大德僧聽! 今以某房作僧安食净處,若僧到時僧忍聽,白如是。大德僧聽! 今以某房作僧安食净處,誰諸長老忍默然,若不忍者説,僧已以某房作僧安食净處竟,僧忍默然故,是事如是持。

經過白二羯磨後,僧團確定了安置食物的場所。有比丘在食後于安食净處煮羹或湯藥,食前、食後及初中後夜經常會發出諸種聲響。佛陀規定,若在僧團的安食净處作食及合藥者犯突吉羅。《五分律》還記載了白衣作净屋、新住處應指出某處爲净地、十二年無人居住的空房可隨意作净屋、羯磨中房作净處、一房墻内作净處、一房齊屋溜處作净地、中庭作净地、房屋一角或半房作净地、重屋下及通結作净處、僧坊内作净地。而佛陀所不允許作净地的場所有:機架、重屋上層、乘物,其原因是安置食物的場所應依地而作。[18]

法藏部的律藏對净地同樣有着詳細記載。《四分律》卷四十二説,時世穀貴,人民饑饉,乞食較爲困難,當時有六百乘車滿載飲食跟隨世尊至毗舍離。負責食事的净人高聲做事或蓋藏器物,佛陀規定禁止在界内共食俗或煮食食。而諸比丘將飯食置于露地,又遭到牧羊者等人的偷盜,佛陀以此因緣令在邊房的静處或僧坊中的某一處結作净屋。[19]

據《四分律》藥犍度的記載,于僧坊作净地有四種方法:

> 有四種净地,一者檀越若經營人,作僧伽藍時,分處如是言:某處爲僧作净地。第二者若爲僧作僧伽藍未施僧。第三者若半有籬障,若都無籬障,若垣墙、若塹亦如是。第四者僧作白二羯磨結。[20]

第一方法是如何設置净廚屋的説明。在家的檀越欲建造僧伽藍之時,負責的經營比丘

(navakammika – bhikkbu)首先應在檀越面前指出一定的處所,並宣布某處爲净厨屋的净地。也就是説在僧伽藍尚未形成之前,就已預先保留了净地,同時没有舉行結界羯磨,大衆部的律藏對此作了相應的記載。

佛陀在鴦求多羅國游行之時,梵志支尼耶螺發心供養僧坊與净地,佛陀令優婆離前去將僧坊與净地分開接受。營事比丘應以繩量出某處爲僧坊、某處爲僧净屋,並且應當説:"此中而許作僧净屋,受若不受者,至初夜過即名不净,隨事定净屋,净屋定"。[21]大衆部的報道主要説明了僧伽藍在具體營建之前,已經僧坊用地與净地進行區分,爲了避免在儲存食物或食事活動時遭一般世人的譏嫌,法藏部與大衆部的記載與南傳律藏的布告用地(ussāvanantika)大體上是相同的。《善見律毗婆沙》根據這一記載,對如何營造净屋也進行説明。[22]

第二種方法的净地是"若爲僧作僧伽藍未施僧"。檀越所作的僧伽藍,尚未正式供養僧伽,即不屬於僧伽所有,但僧伽可以利用該净地。僧伽可以自由在此地進行儲存及進行食事活動。大衆部的律藏説:"如是住處,温室、講堂、門屋、浴室、薪屋、井屋、井屋定。若檀越言莫預分處,須待成設飯施僧已,僧隨意分處。成已,應作是説:下閣、中閣、上閣,僧净屋受。"[23]即檀越正式將净屋供養僧伽之前,檀越在此設飯供僧,其後僧伽接受净屋使用,與南傳律藏所記載的第三種净地相等同。

第三種方法的净地"若半有籬障,若都無籬障,若垣墙、若塹亦如是",與南傳律藏的牛舍(gonisādika)相類似。净地的周圍並非全部設有垣墙,大衆部律藏説將净地設在東厢或西厢,厢類的建築物或許建構簡單,並以此作爲净地。

第四種方法的净地"僧作白二羯磨結"。净地在律制上原屬於不適當的場所,經過僧伽羯磨而變爲適當。最初净地的所在地或許在僧伽藍内,經白二羯磨決定將一部分内地重新結界而成爲净地。經過羯磨的净地與《四分律》的"作食處"及《五分律》的"中房安食處"相同。因此,净地的設置屬于界内結界的範疇。

三 净厨與露地燃火戒

通過僧伽的白二羯磨所決定的净地,是現前僧伽的穀物等未加工食品的儲藏所,而净厨(kappiya – kuṭī)則是僧伽食物調理所。但由于出家比丘受戒律的制約不直接接觸穀物及從事蔬菜等蒸煮活動,而是由專門的净人代替,在通知净人進行勞務時必須使用净語,净厨的設置在净地的範圍内。

《四分律》卷五十因比丘露地看煮食,被雨淋濕的衣服污染了净人的飲食器具,佛陀規定作净食厨屋。[24]同律卷四十三則記載了由于僧伽藍内没有净厨的設置,一病比丘需要的粥等稀食補給,從舍衛城市内取回後,病比丘已經死去。以此因緣,佛陀制定僧伽藍内的房舍、温室或經行處可以通過白二羯磨的形式決定净地及净厨的設置。[25]僧團的净厨陳舊,諸比丘欲以木柱支撐,木材不在净地的範圍,佛陀允許其未爲净法。但僧伽在饑饉年代接受了檀越的一次性的供養,作爲一段時期的儲備糧食。置于露地被牧羊人偷取或引來其他動物,故設置專門的净屋作爲儲蓄所。净厨作爲食物蒸煮的地方設在僧坊的僻静處,具體由净人負責食物加工。

儘管食物的儲藏與殘食法、食殘宿食、壞生種戒等戒律相違背,但這却是律制的精神與特色。當穀物的價格回落,饑饉的態勢逐漸緩和,佛陀所允許的"界内宿"、"界内煮"、"自煮食"、"自手取食"、"受早起食"等規定又恢復如初。由于特殊的年代與特殊的因緣,佛陀一度允許比丘自己于界内進行食物煮食。法藏部的律藏記載,佛陀允許在糧食緊缺的情況下,比丘可以在界内共食宿及界内煮食。但净人煮食或分取或被人食盡,佛陀允許比丘自煮食。自煮食的行爲,應屬于人數較少的現前僧伽,在人數較多的僧團較難進行。[26]

無論自煮食或净人煮食,均用木材等作爲燃料,這樣僧伽猶受到"露地燃火戒"的困擾。巴利律將"露地燃火戒"置于波逸提法第五十六條,《根本説一切有部律》將此戒稱爲"觸火學處",並置于波逸提法第五十二條。據巴利律記載,佛陀在 Bhaggā 國時,時逢冬日(hemantika – kāla),諸比丘以粗大並空洞的木材取火,結果引出孔内的黑蛇襲擊了比丘,佛陀由此而結戒。這裏是指嚴禁燃燒木材在露地取暖,但爲了治療各種疾病或温室用火等則屬于特殊因緣。[27]

《四分律》關于此戒的制戒因緣是,六群比丘不能在上座面前隨意説話,而自由集結在室外雜談,並用木材等燃火取暖,引出毒蛇的攻擊,又使火焰四處燃燒,最後將佛陀的講堂燒毀,佛陀由此因緣制戒,但爲病比丘煮粥、温室用火、厨屋、浴室、熏鉢、染衣、燃等、燒香等屬于特殊因緣。[28]巴利律關于此戒的條文内容是:

> 56. Yo pana bhikkhu agilāno visibbanāpekkho jotiṃ samādaheyya vā samādahāpeyya vā aññatra tathārūpapaccayā, pācittiyaṃ.[29]

大衆部系統的説出世部傳持的梵本戒經載:

> (41) Yo puna bhikṣur ātmārthāyā agilāno jyotismiṃ vitāpanāprekso tṛṇaṃ vā kāṣṭhaṃ vā gomayaṃ vā sakalikāṃ vā tuṣaṃ vā saṃkāraṃ vā ādaheya vā ādahāpeya vā anyatra samaye, pācattikaṃ.[30]

《四分僧戒本》波逸提法第五十七條載:

> 若比丘無病,爲炙身故,露地燃火,若教人燃,除餘時波逸提。[31]

《四分律》對燃火的場所有嚴格的限制,條文中稱"餘時"。律藏還舉出了具體的燃料,並對條文進行了解釋：

> 若以火置草木、枝葉、紵麻、芻麻、牛屎、糠糞、掃麥中燃者，一切燃者波逸提。若被燒半燋擲著火中者突吉羅。若燃炭突吉羅。若不語前人言：汝看是知是者突吉羅。比丘尼波逸提，式叉摩那、沙彌、沙彌尼突吉羅，是謂爲犯。不犯者，語前人言：看是知是，若病人自燃、教人燃，有時因緣。看病人，爲病人煮糜粥、羹飯，若在厨屋中，若在温室中，若在浴室中，若熏鉢、若煮、染衣、汁、燃等、燒香，一切無犯。[32]

《十誦律》對比丘使用燃火的場合也做出了舉例，即比丘患有冷熱等病，均可以燃火。[33]大衆部的律藏與法藏部的解釋基本相同。同時，大衆部的律藏對净厨的相關問題也有詳細的記載，並設有較好的通風及排水系統。大衆部的記載還使我們知道，爲僧伽作净的還有較小的净人。[34]義净在七世紀巡禮印度時，對净地與净厨也作了説明性的記載，對净地的産生辦法與净厨在寺院的位置，就漢地的一些律師對净厨的看法也提出了質疑。[35]

四　儉開七事

據《四分律》及《五分律》的記載，王舍城五百比丘第一次結集法藏之際，富蘭那（Purāna）與大迦葉（Mahākassapa）關于食事問題引發了一次辯論，富蘭那提出了八件事（或七事），同大迦葉意見相左：

> 大德！我親從佛聞，憶持不忘。佛聽内宿、内煮、自煮、自取食、早起受食、從彼持食來、若雜果、若池水所出可食者，如是皆聽不作餘食法得食。大迦葉答言：實如汝所説，世尊以穀貴，時世人民相食，乞食難得。慈愍比丘，故聽此八事。時世還豐熟，飲食多饒，佛還制不聽。彼復作是言：大德迦葉！世尊是一切知見，不應制已還開，開已復制。迦葉答言：以世尊是一切知見故，宜制已還開，開已還制。富蘭那！我等作如是制，是佛所不制，不應制，是佛所制則不應却。如佛所制戒，應隨順而學。[36]

《五分律》對此的記載略有不同，巴利律有富蘭那與大迦葉的對話，但却不見相關的八事，《十誦律》對八事則提及較少。當然，第一次結集與食事八事相聯繫，也有許多疑點，各種律藏中藥犍度均對饑饉時的食物變通處理有詳細的記載，而當饑饉結束，一些特殊的允許也隨之取消，這已是不争的事實。《五分律》對食事八事（或七事）的内容也作了記載：

1.内宿：允許比丘于住所儲存食物。

2.内熟：于精舍内製作食物。

3.自熟：允許比丘于精舍内自己料理食物。

4.自作自持食：在施主與净人不在之際，自己用手取食物，有净人則從净人手受。

5.木果木想取食:自己以手取果物,作木想。若有净人在則從净人手受。

6.就池水受:水中的蓮根可食,净人作池水想。

7.去核食果:净人不在,自己可以去除果核食用。⑤

現將其他律藏對八事的内容抄録如下:

巴利律《大品》第六:

1.藏屋内、2.煮屋内、3.自煮、4.果嚼食置地取食、5.食後受食家來食、6.前後受食、7.林中所生、8.池中所生、9.無種子。

《十誦律》卷二十六:

1.前受小食後食食、2.食家殘餘食自來自食、3.木果食、4.池物食。

以上内宿前三項,除饑饉時的特殊外,均犯宿殘食戒。4—7項則犯壞生種戒,同時自手取食爲不受食戒所禁止。巴利律的第七項與《五分律》的所指是等同的,《十誦律》還舉出"胡、桃、栗、枇杷"等木果。

《五分律》卷二十六對各種果物提出了沙門五種净法(Pañcahi samaṇakappehi phalamạ):a.火净、b.刀净、c.鳥净、d.傷净、e.未成净。⑧對池中物的蓮根等也有五種净法:a.剥净、b.截净、c.破净、d.洗净、e.火净。

《摩訶僧祇律》在對壞生種戒進行説明時指出了七種净:a.火净、b.刀中折净、c.脱皮净、d.爪甲净、e.手揉净、f.鸚鵡净、g.火燒净,並説:"若有爲僧作知事人,一切不得語净人言,截是、破是、碎是、燒是、剥是。若爾者有罪,皆應言:是净是無罪。"⑨當然部派的律藏對食事的七事記載與説明也不完全相同,但基本可以肯定的是,食事七事的爭論出現在殘食法與壞生種戒出現之前。

①　*Vin*. vol. IV, p.87.《南傳》卷2,p.138.

②　《十誦律》卷13,T.23,no.1435:95c;《四分律》卷14,T.22,no.1428:663a;《五分律》卷8,T.22,no.1421:54b.

③　T.22,no.1425:360a.

④　T.23,no.1442:824c.

⑤　T.22,no.1428:663a.

⑥　T.23,no.1442:775c.

⑦　T.40,no.76c.

⑧　《南傳》卷2,p.54.

⑨　N.Tatia, *Lokottaramahāsāṃghikānāṃ Prātimokṣasūtram*, Patna, 1975, p.20.

⑩　《摩訶僧祇律大比丘戒本》,T.22,no.1426:552b;《四分僧戒本》,T.22,no.1430:/1026b;《五分戒本》,T.22,no.1422:/197a;《十誦比丘波羅提木叉戒本》,T.23,no.1436:474b;《根本説一切有部戒經》,T.24,no.1454:/504a;《解脱戒經》,T.24,no.1460:662b.

⑪　T.22,no.1428:641c.法藏部的律藏不僅舉出五種類別的種子,還對具體的種子所生的植物進行了詳細説明。

⑫　T.23,no.1435:75a－b.

⑬　T.23,no.1442:776b – 777a.

⑭　T.22,no.1421:42a.

⑮　T.22,no.1425:339a.

⑯　《南傳》卷 2,p.55.

⑰　*Mahāvagga*,Ⅵ,33,1 – 4.《南傳》卷 3,pp.419 – 420.

⑱　T.22,no.1425:149c – 150b.
　《十誦律》卷 26 所記載的净地設置因緣與巴利律及《五分律》大致相同,經白二羯磨決定某一房舍作净地。但結果因遭到外道及露地俗人的干擾而最終取消了净地的設置,净白二羯磨所定的净地也取消,現將其相關的内容抄録如下:"……著飲食具舍内,煮飯、作羹、作餅、煮肉,諸外道嫉妒譏嫌言:是秃居士舍内作飯食,諸居士内有庫藏,食筭食厨。諸沙門釋子自言善好有德,而舍内亦有庫藏、食厨,與白衣何異? 諸比丘少欲知足、行頭陀,閒是事心慚愧。以是事白佛,佛以是因緣集僧,集僧已告諸比丘,從今日僧坊外作食。僧坊外作食烟火起,露地多人見來索飯食,比丘各個分與使僧食少,以是白佛。佛言:從今日不聽作净地羯磨,若作犯突吉羅罪,先作者應舍。"T.23,no.1435:190a – b.
　《摩訶僧祇律》卷 16 記載,當新伽藍落成之時,厨屋應設在南厢與西厢,並對通風、通水等作了充分考慮。T.22,no.1425:358a。而由于排水系統造成污水流入街巷,遭到世人的譏嫌。佛陀禁止内作净厨、潘汁外流,如比丘内作净厨及潘汁外流者,越比尼罪。T.22,no.1425:477a.

⑲　T.22,no.1428:871a – b.

⑳　T.22,no.1428:874c.

㉑　T.22,no.1428:/477a – c.

㉒　《善見律毗婆沙》卷 17:"云何結作净屋? 若初竪柱時,先作坑以柱近坑。比丘圍繞捧柱而説:爲僧衆作净屋,如是三説。説亦竟柱亦竪,第二、第三、第四柱亦如是説。若説一柱,亦成净屋。若已成屋,云何作净? 應唤屋主來語言:此屋未净,汝爲衆僧作净。檀越作是言:此净屋布施衆僧,隨意受用,即成净屋。若先作屋,無屋主,云何作净? 若聚落有老宿,應唤來。此屋未净,請爲净主。若檀越不解説,比丘應教作是言:此是净屋,布施衆僧,隨意受用。即得作净屋,受用隨意。安置飲食,無内宿、無内煮罪。"T.24,no.1462:795b.

㉓　T.22,no.1425:477c.

㉔　T.22,no.1428:/942b.

㉕　T.22,no.1428:874c.

㉖　T.22,no.1428:876a – b.

㉗　*Vin*.vol.Ⅳ,pp.115 – 116.《南傳》卷 2,pp.182 – 183.

㉘　T.22,no.1428:675b.
　有關此戒的制戒因緣還見于《摩訶僧祇律》卷 17,T.22,no.1425:363c;《十誦律》卷 15,T.23,no.1435:104b;《五分律》卷 9,T.22,no.1421:64b;《根本説一切有部毗奈耶》,T.23,no.1442:837b.各種譯本的律藏的制戒因緣幾乎大同小異,佛陀制戒的地點以中印度與北印度爲主,與當地的冬天氣候寒冷有關。

㉙　*Vin*.vol.Ⅳ,P.116.《南傳》卷 2,p.183.

㉚　N.Tatia,*Lokottaramahāsāṃghikānāṃ Prātimokṣasūtram*,Patna,1975,p.23.

㉛　T.22,no.1430:1027b.

㉜　T.22,no.1428:675b – c.

㉝　T.23,no.1435:104c.

㉞　T.22,no.1425:358a – 359a.

㉟　王邦維《南海寄歸内法傳校注》,pp.109 – 110:
　　　有五種净地,一起心作,二共印持,三如牛卧,四故廢處,五秉法作。起心作者,初造寺時,定基石已,若一苾芻爲檢校人者,應起如是心,于此一寺,或可一房,爲僧當作净厨也。共印持者,定寺基時,若但三人者,應一苾芻告餘苾芻言:"諸具壽皆可用心印定此處,于此一寺,或可一房,爲僧作净厨。"第二第三應如是説言。如牛卧者,其寺屋舍猶如牛卧,房門無有定所。縱使元不作法,此處即成其净。言故廢處者,謂是經久僧舍費處,如重來者,至舊觸處,便爲净也。然此不得經宿即須作法也。言秉法作者,謂秉白二羯磨結界。文如《百一羯磨》中説。如前五種作净法已,佛言令諸苾芻得二種安樂:一在内煮,在外儲,二外煮,在内貯,並無過也。檢驗四部衆僧,目見當今行事,並復詳觀律旨,大同如此立净。但未作净之前,如共飲食同界宿者,咸有煮宿之

過。既其加法,雖共界宿,無煮宿之罪,斯其教也。言一寺者,憑唱住處以爲净厨,房房之内,生熟皆儲。如其不聽内宿,豈可譴僧出外而住? 一則僧不護宿,二乃儲蓄無愆。西國相承,皆憑結一寺爲净厨也。若欲局取一邊,並在開限,不同神州律師見矣。且如未結衣界,離宿招愆。僧若結已,離便無失。净厨亦爾,既其聖許,勿滯凡情。又復護衣之法,界有樹等不同,但護界分,意非防女。净人來入厨内,豈得即是村收? 假令身入村坊,持衣元不護女,維那持衣檢校,斯亦漫爲傷急矣。

㊱　T. 22, no. 1425:968c.

㊲　T. 22, no. 1421:191c – 192a.

㊳　T. 22, 1421:171a.

㊴　T. 22. no. 1425:339c.

《魏書》諸志時誤補校(六)

牛繼清　張林祥

31.顯祖天安元年六月甲辰，月犯東井。十月癸巳，月掩東井。（卷一百五之二頁 2359）

是歲（天安元年）六月，月犯井；十月，又掩之。（卷一百五之三頁 2411）

按是年六月丁巳朔，無甲辰；十月乙卯朔，無癸巳。《宋書》卷二十六《天文志四》作：“泰始三年（當天安二年）六月甲辰，月犯東井。占曰：‘軍將死。’”天安二年六月辛巳朔，甲辰二十四日；十月己卯朔，癸巳十五日，當是。《魏書》作者抄錄誤置。此“天安元年”應作“天安二年”，或作“皇興元年”，北魏是年八月戊申改元。

32.〔獻文帝〕皇興元年正月丙辰，月犯東井北轅東頭第三星。（卷一百五之二頁 2359）

皇興元年正月，月犯井北轅第二星。（卷一百五之三頁 2411）

按正月癸未朔，無丙辰。是年閏正月癸丑朔，丙辰初四日，疑“正月”上脫“閏”。

33.〔皇興元年〕八月辛酉，月蝕東井南轅第二星。占曰：“有將死。”（卷一百五之二頁 2359）

〔皇興元年〕八月，又蝕之。占曰：“貴人當之，有將死，水旱祥也。”（卷一百五之三頁 2411）

按八月庚辰朔，無辛酉。以月蝕望日論之則甲午，或“辛酉”爲“甲午”之訛。姑存疑。

34.〔孝文帝太和元年〕三月甲午，月犯太微。戊辰，月蝕尾，下入濁氣不見。（卷一百五之二頁 2361）

按三月甲申朔，甲午十一日，無戊辰。戊戌十五日，恰望，又合序，則此“戊辰”當爲“戊戌”之訛，“辰”“戌”形近。

35.〔太和〕五年二月癸卯，月犯太微西蕃南頭第一星。二月甲辰，月在翼，暈東南，下帀；……戊戌，月犯心，京師不見，濟州以聞。（卷一百五之三頁 2363）

〔太和〕五年二月癸卯，月犯太微西蕃上將。（卷一百五之三頁 2415）

明年（太和五年）二月，大赦。是月，月在翼，有偏白暈……（卷一百五之三頁 2415）

按二月辛卯朔，癸卯十三日，甲辰十四日，戊戌初八日，失序。當因“京師不見，濟州以聞”遲到，編者誤置“戊戌”於後致訛。又《志二》“二月”重出，月份無誤，於例不符，後一“二月”當係衍文。

36.〔太和六年〕五月戊申，月入南斗口中。戊寅，月犯昴。（卷一百五之二頁 2363）

按五月甲寅朔，無戊申，戊寅二十五日。“戊申”當日干支有誤。

藏譯本《大唐西域記》的翻譯、譯者
和大乘上座部等幾個問題述記

王　堯

　　欣逢季羨林(希逦)先生九十華誕,衷心祝賀先生健康長壽,以此短文略表五十年來受先生教誨的謝意!

一

　　1989 年秋冬兩季,余應日本京都佛教大學之聘,在該校佛教文學系客座講學。期間又應大谷大學之邀作一次學術演講,介紹"中國藏學研究發展之概況"(演講稿收在拙著《西藏文史考信集》)。承大谷大學佛學研究所負責人川崎先生厚意,贈我《大唐西域記》藏文譯本之複印本。此册共 151 頁,十分精美,清晰整潔,完整可讀。

　　關於《大唐西域記》一書的重要意義,其在歷史學、地理學、宗教學、社會學、語言學和中西交通史諸學科上的重要價值早有定論,毋庸多言。其有英、日、法、德諸多譯本也早爲學術界所熟知。而且以季羨林(希逦)先生爲主編的一批國内頂尖學者組成專門班子對該書進行大規模的整理、注釋,完成了迄今爲止的一大工程,更傳爲美談。(謝方同志曾撰專文介紹,刊于《書品》。)但該書的藏文譯本本應受到更多的關注,希逦師曾就書中"大乘上座部"一詞垂詢于區區:在藏文本中是如何解釋的? 當時手中無書,只能就一條複印短件奉覆,心中甚爲懸念藏文譯本全文的情況。西藏社會科學院的馬久和阿才二位同志曾在《世界宗教研究》1984 年第 3 期上有一專文,發表他們二位的研究《〈大唐西域記〉藏譯本校勘》,使我增加了不少知識,非常高興。但馬、阿二同志文中對譯者問題没有解決,其寫本又爲 166 頁,似與我手中的 151 頁寫本不同,借閲又很不方便,心中躊躇良久,難以如願。今借此機會,將流傳在日本的寫本情況略加介紹,以供同好。

　　應該説明,蒙古人民共和國藏學家比拉博士曾在 1973 年發表過 Tibetan Translation of Hsuan–Tsang's Ta–Tang–si–yu–ki made by Gung Gom–bo–jab with the foreward of Dr. Sh.

Bira一文,不知他使用的哪一種寫本。日本大谷大學名譽教授佐佐木教悟曾在1953年發表過"西域記的藏語語譯及其譯者"一文(刊于《印度學佛教學研究》第二卷第1號),是第一位利用這一寫本的學者。而且在寫本前就附有一册比勘表,使用方便。這裏僅僅就寫本的内容和譯者情況作一簡單介紹,更深一層的研究尚待來日。

二

《大唐西域記》的藏文譯本共151頁,勒爲十卷,與漢文本十二卷相比,稍有不同,各卷分列如下:

第一卷:自第3頁b.2起,至第18頁b.2止(藏文本每頁兩面,正面爲a,背面爲b,每面7行)。

内有三十四國:阿耆尼國、屈支國、跋禄迦國、笯赤建國、赭時國、怖捍國、窣堵利瑟那國、颯秣建國、弭秣賀國、劫布呾那國、屈霜你伽國、喝捍國、捕喝國、伐地國、貨利習彌伽國、羯霜那國、呾蜜國、赤鄂衍那國、忽露摩國、愉漫國、鞠和衍那國、鑊沙國、珂咄羅國、拘迷陀國、縛伽浪國、紇露悉泯健國、忽懍國、縛喝國、鋭秣陀國、胡實健國、呾剌健國、揭職國、梵衍那國、迦畢試國。

第二卷:自第18頁b.2起,至第28頁b.3止。

内有三國:濫波國、那揭羅曷國、健陀邏國。

第三卷:自第28頁b.3起,至第54頁b.1止。

内有二十三國:烏仗那國、鉢露羅國、呾叉始羅國、僧訶補羅國、烏剌尸國、迦濕彌羅國、半笯蹉國、曷邏闍補羅國、磔迦國、至那僕底國、闍爛達羅國、屈露多國、設多圖盧國、波里夜呾羅國、秣菟羅國、薩他泥濕伐羅國、窣禄勤那國、秣底補羅國、婆羅吸摩補羅國、東女國、瞿毗霜那國、堊醯掣呾羅國、毗羅删那國。

第四卷:自第54頁b.1起,至第64頁b.1止。

内有七國:劫比他國、羯若鞠闍國、阿踰陀國、阿耶穆佉國、鉢羅耶伽國、憍賞彌國、鞞索迦國。

第五卷:自第64頁b.1起,至第81頁b.4止。

内有六國:室羅伐悉底國、劫比羅伐窣堵國、藍摩國、拘尸那揭羅國、婆羅疤斯國、戰主國。

第六卷:自第81頁b.4起,至第101頁b.4止。

内有四國:吠舍厘國、弗栗恃國、尼婆羅國、摩揭陀國(上半)。

第七卷：自第 101 頁 b.4 起，至第 115 頁 b.7 止。

內爲摩揭陀國之下半部續編。

第八卷：自第 115 頁 b.7 起，至第 128 頁 b.5 止。

內有十六國：伊爛拿鉢伐多國、瞻波國、羯朱嗢祇羅羅、奔那伐彈那國、迦摩縷波國、三摩呾吒國、耽摩栗底國、羯羅拿蘇伐剌那國、烏荼國、恭御陀國、楞羯伽國、憍薩羅國、案達羅國、馱那羯磔迦國、珠利耶國、達羅毗荼國。

第九卷：自第 128 頁 b.5 起，至第 141 頁 a.6 止。

內有二十三國：僧伽羅國、恭建那補羅國、摩訶剌陀國、跋禄羯呫婆國、摩臘婆國、阿吒厘國、契吒國、伐臘毗國、阿難陀補羅國、蘇剌侘國、瞿折羅國、鄔闍衍那國、擲枳陀國、摩醯濕伐羅補羅國、信度國、茂羅三部盧國、鉢伐多國、阿點婆翅羅國、狼揭羅國、波剌斯國、臂多勢羅國、阿荼國、伐剌拿國。

第十卷：自第 141 頁 a.6 起，至第 151 頁 b.3 止。

內有二十二國：漕矩吒國、弗栗恃薩儻那國、安呾羅縛國、闊悉多國、活國、瞢健國、阿利尼國、曷邏胡國、訖栗瑟摩國、鉢利曷國、呬摩呾羅國、鉢鐸創那國、淫薄健國、屈浪拿國、達摩悉鐵帝國、尸棄尼國、商彌國、曷盤陀國、烏鍛國、斫句迦國、瞿薩旦那國。

再比較一下漢藏本之異同，有以下幾點：(1)漢文本卷首本有秘書著作郎敬播的序文，其後又有尚書左僕射燕國公張説的序文；二序均未譯成藏文。(2)卷二文前有關于印度(天竺)的總論及議論文字，頗長。在藏文譯文中也全部予以省略。漢文原意説："印度之境疆界具舉，風壤之差大略斯在。同條共貫，粗陳梗概。異政殊俗，據國而叙。"藏文翻譯者認爲，既然是"據國而叙"，何必多此一舉，顯得重複、累贅，乾脆省去不譯。(3)藏文譯文前加一總説，提示翻譯此書的緣起及重要性，言簡意賅；在緊要處附上簡短而明晰的脚注，使譯文更加順暢明了，都是譯文可取之處。至于藏文譯文中省略若干民俗、神話，大概也是譯者認爲刪繁就簡，旨在達意也。

三

《大唐西域記》的藏文譯者爲誰，過去有幾種揣測，没有定論。據手頭的寫本(日本京都大谷大學藏本)而言，可以確信爲乾隆年間蒙古族學者工布查布無疑。

該寫本尾頁(第 150 頁 b)有如下題跋：

vdivi – mjug – tu/thang – gur – gyi/sde – snod – gsum – pa/lo/chen theg – chen – lhavi/rnam – thar/phyogs – gcig – tu/bkod – pa – ni/bdag – gi – rgya – nag – chos – byung – du/lo – chen – devi –

rnam – thar/mdor – bsdus – bsgyur – yod – par – don – gyis – thob – pas/yang – bsgyur – ma – dgos –
so//sivi – yus – kyis – zhes – bya – ba 　vdi/rgya – nag – gi – bstan – vgyur – du – yod – pa/kung –
mgon po – skyabs – kyis/bod – skad – du – bsgyur – ba/bod – skad kyi – nyams – ma – thon – pa –
dang/yul – gyi – rgyal – povi ming – dang/chu – klung – gyi – ming – dang/ri – bo – sogs kyi – ming/
phal – che – ba/sam – skri – ta – dang – phal skad – dang/yul – so – sovi – skad – dang/kla – klovi –
skad sgos/rgya – nag – gi – yi – ger/zur – chag – tu – yod – par bod – yig – duvang – de – ltar – bris –
vdug – pa/ji – bzhin – mi – shes – pas/vchos – ma – nus – shing/rnam – dbye nor – ba – dang/tshig –
phrad – nor – ba/bod – nyams – ma – thon – pa – sogs/rgya – yig – gi – si – yus – kyis – dang – stugs
– te – bsgyur – bcos – byed – pa – ni/mchod – rten – dkar – povi – dgon – gyi/dza – sag – bla – me/
cha – kan – zhabs – drung/bskal – bzang – dge – legs – rgyal – mtshan – no//

　　漢譯如下：

　　　　譯文之末附有“(作者)《大唐三藏大譯師大乘天本傳》,在拙著《漢地佛教源流》一書
　　中,已有大譯師之傳略專章,可以參閱了解,故于此闕譯。”

　　　　《西域記》在漢文大藏經論著部中收錄。公工布查布譯爲藏文,其中某些地方不合
　　藏文習慣,且(西域)王國君主之尊號、山川地名、梵文、印度俗語方言、夷蠻土語等等,在
　　漢文中均以約定俗成,藏文循例譯出,未敢妄改。而藏文文法之誤,遣詞措語有不合藏
　　文習慣者,乃取漢文本對照,略加改動而已。白塔寺扎薩克喇嘛、察罕夏仲、噶桑格來堅
　　參謹白。

　　按:“大乘天”是印度人對玄奘法師的尊稱。這位校訂者是西藏人(或蒙古人而通藏漢文
者),對《大唐西域記》譯者工布查布是十分尊重的,對文字“不敢妄改”和“略加改動而已”,態
度誠懇而謙虛。他官拜白塔寺扎薩克喇嘛,品級不低,依《藏漢大辭典》第 2332 頁的解釋:
“札薩、札薩克:清代官名,義爲總管。有備兵札薩克與旗札薩克。外有喇嘛爲札薩克者管轄
僧衆。此官在原西藏地方政府爲正三品。”而且充當察罕活佛的夏仲(近侍),在京城白塔寺
即西四牌樓以西的妙應寺擔任總管。白塔寺是元代以來歸屬藏傳佛教的著名寺廟,在《蒙藏
佛教史》第七篇 68 頁至 69 頁有專章描寫:元代依遼代舊址興建白塔,尼泊爾工匠阿尼哥設
計監造者。“制度之巧,古今無匹”,名爲大聖壽萬安寺,供奉帝后御容及旃檀佛像,屢經重修
擴建。明天順元年改稱妙應寺。“成化朝,復于塔上環造鐵燈 108 座,入夜燃之,金彩四射。”
清代康熙、乾隆年間又經修繕,成爲都城一大勝迹。這位噶桑格來堅參喇嘛有一定的水平,
能在都城大寺掌印管僧。公務之餘,居然校閱《大唐西域記》的藏文譯文,使之貼近原文,流
傳人間,功不可没。

　　而譯者工布查布更值得大書一筆:

工布查布（mgon‐po‐skyabs）有"公"一級的爵位，蒙古烏朱穆沁部人。幼時承康熙帝鞠育之恩而爲儀賓（即外事官員），因而與西藏喇嘛、信徒接觸，精通西藏語文。雍正帝將他留在帝都，擔任西番學總理。這是專門應對藏事的研究、教學和服務于帝王的機構。他直接與宮廷接觸，經常擔任翻譯的任務，頗有名氣。到乾隆年間，陸續譯出並刊布其所譯經典，其一爲《造像度量經》。其在引言中云：

> 余先在恩師敕封弘教三藏廣智法王寶躅前親受《密集》曼（達）那羅尺寸時，並得佛像及塔之尺寸，附安藏法要集偈番本。雖未能熟習，亦自知珍惜之，蓋慎藏而弗失者有年矣！……近陝西洮州敕賜禪定寺崇梵静覺國師喇嘛來朝，晤于公署……國師贈經之模本並圖像五篇，俱擇日而程其功……仰賴佛力，已獲垂成。凡我同好，永遠供爲資糧矣！因仿番王佛陀阿布提所作無明傳略引，而書于經首。時乾隆七年佛從忉利天還日，依番（曆）九月二十二（日）番學總管漠北工布札布謹識。

在乾隆八年又譯出《彌勒菩薩發願王偈》。另有《藥師七佛供養儀軌如意王經》不知在何年譯出，其卷首云：

> 大清册封西天大善自在佛領天下釋教普智持金剛達賴喇嘛造；
>
> 内閣常譯西番蒙古語文番學總管儀賓工布查布舊譯，崇梵静覺國師琢樣珞瓚校對；
>
> 傳賢首宗講經論沙門京都静默寺主持僧海寬潤色；
>
> 内廷經咒館行走梵香寺大喇嘛巴爾藏嘉磋補譯；
>
> 顯親王府潤色校勘。

此外，傳世的《漢地佛教史》一書，是工布查布專門著述，更受人們重視。如今，通過《大唐西域記》這一重要譯作，使我們對這位促進漢藏文化交流的資深學者深爲崇敬。作爲蒙古族人，受滿族領袖人物的囑托，溝通漢藏文化，增進人民情誼，其功厥偉。在今天，我們不由得記起 1400 年前的玄奘法師的事迹在藏族人民間得以傳頌，他的精神得以弘揚，而工布查布的孜孜不倦敬業的美德更是我們後生小子學習的榜樣。

四

季羨林先生在《關于大乘上座部的問題》一文中寫道：

玄奘在《大唐西域記》中有五個地方提到"大乘上座部"。大乘本無所謂"上座部"和"大衆部"之分。因此就給各國研究《大唐西域記》的學者帶來了問題和困難。一百多年來，歐洲和日本的學者議論紛紜，然而始終沒有準確地解決這個問題。[①]季先生把《大唐西域記》中提到的五處"大乘上座部"一一劃出，讓大家注意這個矛盾。現在依照季先生所提示的五處，把藏譯本中相應的地方找了出來,對應着藏漢兩種文字,來看看藏文本中是如何對待這個矛盾解決該矛盾的。

1.摩揭陀國

"僧徒減千人,習學大乘上座部法。"

藏文 101 頁 b

der – gnas – pavi – dge – vdun chig – stong – lhag – tsam thams – cad – gnas – brten – sde – pa theg – chen – spyod – pa kho – navo

譯文:彼處住生僧侶千餘人,均爲上座部專一奉行大乘教法者也。

2.羯棱伽國

"少信正法,多遵外道。伽藍十餘所,僧徒五百餘人,習學大乘上座部法。"

藏文 123 頁 a

nang – pa – la mos – pa nyin – skar – tsam – dang phal – cher phyi – rol – pa kho – na – la brten – no/gtsug – lag – khang bcu – lhag – tsam – la dge – vdun lnga – brgya lhag gnas – brten – sde – pa – theg – chen – pa sha – stag – go

譯文:信仰内教的寥若晨星,大都信奉外道。伽藍十餘所,僧徒五百餘,均爲上座部大乘教徒也。

3.僧伽羅國

"伽藍數百所,僧徒二萬餘人,遵行大乘上座部法。"

藏文 130 頁 b

yul – na – yin – cing rgyal – pa – a – sho – kavi – nu – bo – dbang – ches lhag – par – mdzad – do gtsug – la – khang – chig – brgya tsam – la dge – vdun – gnyis – khri – lhag – tshogs – shing theg – chen – pa sde – pa gnas – brten – pavo

譯文:此處人衆當時唯宗淫祀,崇奉天祠,無憂王弟摩醯因陀羅尤殊崇奉。伽藍百餘所,聚僧徒二萬餘衆,大乘教徒上座部衆也。

4.跋禄羯呫婆國

"伽藍十餘所,僧徒三萬餘人,習學大乘上座部法。"

藏文 134 頁 b

gtsug – lag – khang bcu – la dge – vdun – sum – brgya – lhag – theg – chen – spyod – pa gnas – brtan sde – pavo

譯文:伽藍十所,僧徒三萬餘人,爲行大乘教法之上座部衆也。

5.蘇刺佗國

“伽藍五十餘所,僧徒三千餘人,多學大乘上座部法。”

藏文 137 頁 a

gtsug – lag – khang lnga – bcu – lhag – par dge – vdun – sum – stong – lhag – pa theg – chen – spyod – cing – sde – pa gnas – brten – pavo

譯文:伽藍五十餘所,僧徒三千餘人,爲行大乘教法上座部衆也。

從以上五處的藏文譯文來看,分爲(1)上座部奉行大乘教法者;(2)上座部大乘教徒;(3)大乘教徒上座部衆三類。究文字實義來講都是上座部教徒,而又奉大乘教法者,意思是一樣的。看來,藏文譯者對于這一點是毫不懷疑的,就像季先生在文中引用的瓦累布散(Louis de la Vallée Poussin, 1869—1937)的話:“這指的是遵守小乘上座部的律而又採用大乘某些教義的寺廟。”也就是説就大乘上座部的僧團而言,他們執行的律仍然是上座部的律,他們的法統仍然是上座部的法統,但同時他們又接受了大乘的學説,可能這就是玄奘法師在《大唐西域記》中稱之爲“大乘上座部”的原因。藏族學者多羅那它(Taranatha, 1575—1634)在其所著《印度佛教史》一書第四十二章中,總結性地説:“先前只有聲聞(小乘)教法弘傳時,他們肯定有不同的宗派。大乘興起以後,大乘的所有僧衆雖然也屬于這些部派之中,但是由于他們奉持大乘教法,所以不受原先各自所屬宗派的影響。……無論奉持大小乘各種宗派的,在戒律行持與實踐方面都互不混淆,因此,應當懂得四部的區分也是因戒行的差別而產生的。”[②]王邦維先生在他的博士論文《南海寄歸内法傳校注》88 頁引用了這一段話的藏文原文,並表明“這就是我所想要説的觀點!”[③]季羨林先生在文中也肯定地指出:“在佛教史上,大乘和小乘的形成與部派的形成完完全全是兩回事。部派最初形成時,主要分歧是在律的方面。在以後的發展中,逐漸產生了教義方面的分歧。”[④]

談到此處,我們是否可以這樣來看:本來按佛教發展的歷史,聲聞乘(小乘)在佛入滅後百年由于對戒律的認識不同,分裂爲大衆、上座二部。後又繼續分出十八部或二十部。影響最大而且爲僧衆多數認可的有四部就是:上座部、大衆部、説一切有部和正量部。迨大乘興起,那是信仰和教法理念上的問題,最初並不涉及部派。後來,佛教的宗教教義和哲學得到了大發展,異説紛紜,出現了大量的“阿毗達摩”之類的著作,部派也就參合了信仰和理念。王邦維在《南海寄歸内法傳校注》一書中有一個比較平實的概括:“毗舍離結集以後,佛教分裂爲上座、大衆兩大部派,在這以後的數百年裏,上座、大衆二部又繼續發生所謂分十八部、二十部或更多部。……我們這裏關心的是導致部派分裂的最初根本的原因。應該説,這個原因就在于律的分歧。”[⑤]我們再回到義净以最簡單的劃分來區別大小乘的觀點。他説:“若禮菩薩,讀大乘經,名之爲大。不行其律,名之爲小。”[⑥]

①④　　該文收在《季羨林學術論著自選集》，北京師範學院出版社 1991 年 1 月版。

②　　《印度佛教史》（rgya – gar chos – vbyung，1608 年成書），漢譯本張建木譯，四川民族出版社 1988 年版，引文在第 264 頁。

③⑤　　王邦維校注，[唐]義净法師《南海寄歸内法傳》第 88 頁，中華書局 1995 年 4 月版。

⑥　　[唐]義净《南海寄歸内法傳》卷一，金陵刻經處藏版，支那内學院印本。

圖書在版編目(CIP)數據

文史.第 55 輯,2001 年.第 2 輯/中華書局編輯部編.
北京:中華書局,2001.7
ISBN 7 – 101 – 02848 – 9

Ⅰ.文… Ⅱ.中… Ⅲ.文史—研究—中國—叢刊
Ⅳ.K207 – 55

中國版本圖書館 CIP 數據核字(2001)第 25806 號

文 史

2001 年第 2 輯

總第五十五輯

中華書局編輯部編

*

中 華 書 局 出 版 發 行

(北京豐臺區太平橋西里 38 號 100073)

北 京 冠 中 印 刷 廠 印 刷

*

787 × 1092 毫米 1/16·17 1/2 印張·326 千字

2001 年 7 月第 1 版   2001 年 7 月北京第 1 次印刷

印數:1 – 3000 冊   定價:32.00 元

ISBN 7 – 101 – 02848 – 9/K·1196